I0137413

www.ingramcontent.com/pod-product-compliance
Lightning Source LLC
Chambersburg PA
CBHW080658110426
42739CB00034B/3323
* 9 7 8 1 9 4 2 9 1 2 2 4 8 *

تصویر زن

در آثار برندگان جایزه نوبل ادبیات

(با تأکید بر آلیس مونرو)

مولفین:

مائده رحماندوست

دکتر افسانه توسلی

بسم الله الرحمن الرحيم

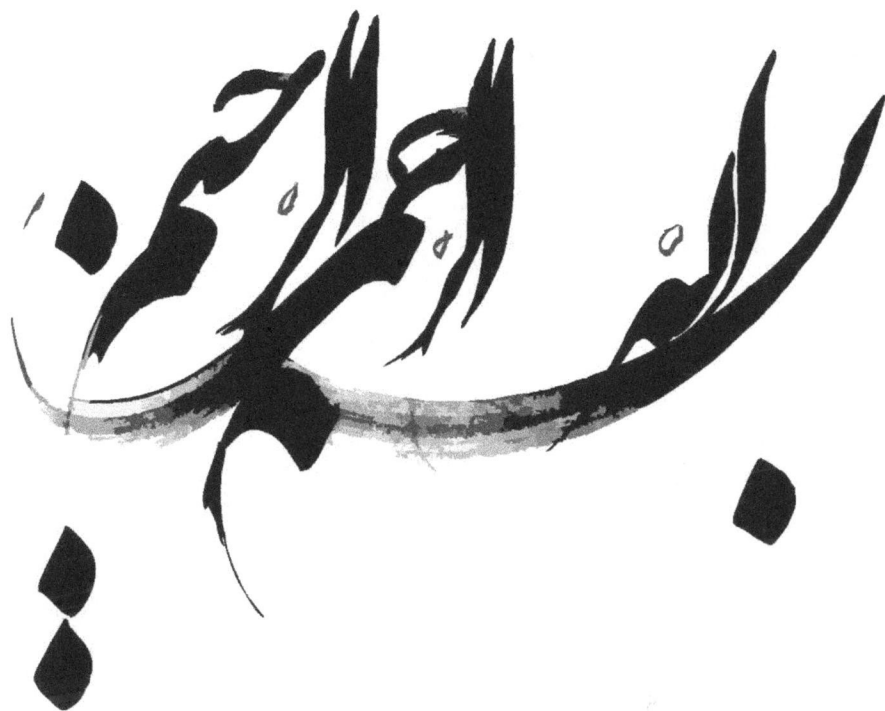

عنوان: تصویر زن در آثار برندگان جایزه نوبل ادبیات (با تأکید بر آلیس مونرو)

نویسندگان: مائده رحماندوست، دکتر افسانه توسلی (عضو هیات علمی دانشگاه الزهرا)

طراح جلد: علی خیابانیان

ناشر: هنر برتر (سوپریم آرت، آمریکا)

شابک: ۹۷۸-۱۹۴۲۹۱۲۲۴۸

شماره کنترلی کتابخانه کنگره: ۲۰۱۷۹۱۱۸۹۸

مقدمه مؤلف

«زن که یکی از پایه‌های اصلی زندگی و تمدن بشر است، سهم عمده‌ای در بالا بردن تمدن بشر داشته و یکی از پایه‌های دوام نسل انسان بوده است؛ اما شأن و مقام زن در طول تاریخ به دلایل مختلف اجتماعی، اقتصادی و سیاسی فراز و نشیب‌های زیادی داشته است»(ستاری، ۱۳۷۵ به نقل از غنی‌پور و تیرگر، ۱۳۸۹: ۲). «زن در طول تاریخ، شاهد رفتارهای مختلفی از جانب مردان بوده است .گاه عزیز و محترم و گاه مطرود و منفور؛ اما به خاطر ویژگی‌های خاص خود از جمله ضعف وجودی، غالباً مقهور و مظلوم و مورد شکنجه و آزار و از طبیعی‌ترین حقوق انسانی خود محروم بوده است»(طباطبائی، ۱۳۸۷ به نقل از غنی‌پور و تیرگر، ۱۳۸۹: ۲).

«از قرارگیری زن و مرد در کنار هم، زندگی خانوادگی و اجتماعی شکل می‌گیرد و با فقدان یکی، زندگی و حیات از معنا تهی می‌گردد. در گذر قرون، تفکرات گوناگون از گوشه و کنار جهان این اندیشه را تحت تأثیر قرار داده‌اند. مذاهب و اندیشه‌های فلسفی، هرکدام راهی را برای بهتر شدن و پیشرفت و تعالی ارائه نموده‌اند. اما جنس مؤنث، در این مسیر هرچه پیشتر رفت، بیشتر مورد ظلم و اجحاف قرار گرفت. تفکرات پدرسالارانه و مردسالارانه غالب، در بازه زمانی مشخصی تا به امروز، اجازه بروز و ظهور را به زن نمی‌داد و او را هرچه بیشتر در محیط بسته و مهجور محصور می‌نمود. این مسأله، در آثار و منابعی که از دوران-های مختلف باقی مانده است، به روشنی نمود می‌یابد»(کوچکی، ۱۳۸۹: ۸۵).

«ادبیات، آئینه تمام نمای جامعه، یک نیروی اجتماعی، و یا یک بخشی از زندگی اجتماعی است... متون ادبی، به شیوه‌های مختلف، به‌عنوان بازتاب دهنده اقتصاد، روابط خانوادگی، اقلیم و چشم‌اندازها، ایستارها، اخلاقیات، نژادها، طبقات اجتماعی، رویدادهای سیاسی، جنگ‌ها و مذهبِ جامعه‌ای که این متون را تولید می‌کند، توصیف شده‌اند»(کورس، ۱۳۸۳: ۱۳- ۱۴).

طبق آن‌چه گفته شد، ادبیات و داستان‌ها در هر جامعه در هر زمانی، به وضوح، نشان‌دهندهٔ اقتضائات فرهنگی آن جامعه، مسائل فرهنگی دست به گریبان در آن و تفکرات افراد جامعه در مورد زنان نیز هست. بررسی آثار هنری و ادبی به ما این امکان را می‌دهد که واقعیت را از دریچه اشخاص مشخص در جوامع مشخص بررسی کنیم.

در این راستا، این پژوهش، به بررسی آثار «آلیس مونرو[1]» می‌پردازد. آلیس مونرو، نویسندهٔ کانادایی ۸۵ ساله‌ای است که علاوه بر جایزهٔ نوبل ادبیات در سال ۲۰۱۳، جایزه‌های فراوان دیگری نیز در عرصه‌ی ادبی به خود اختصاص داده است. آثار وی که به صورت داستان‌های کوتاه هستند، در نشریات و روزنامه‌های معتبری چون نیویورکر[2]، گرند استریت[3]، آتلانتیک مانسلی[4] و پاریس ریویو[5]، منتشر شده و در اختیار علاقه‌مندان قرار گرفته‌اند. از این نویسنده کانادایی، تا زمان نوشته‌شدن این پژوهش، ۴۰ داستان‌کوتاه ترجمه شده است که در ۷ کتاب با عنوان‌های رویای مادرم، دورنمای کاسل راک، زندگی عزیز، فرار، عشق زن خوب، خوشبختی در راه است، پاییز داغ، به چاپ رسیده است؛ و کتابی تحت

---

[1] Alice Munro
[2] The New Yorker
[3] Grand Street Magazine
[4] The Atlantic
[5] The Parisa Review

عنوان، سرنوشت زنان و دختران، که حاوی یک داستان بلندتر بوده و تنها داستان اوست که بعضی متخصصان آن را همانند رمان می‌دانند، نیز به چاپ رسیده است.

تم اصلی داستان‌های مونرو، وقایع تخیلی است. او در کودکی و جوانی، زنی متفاوت از زنان معمول زمانه خود بوده است و همین مسئله باعث می‌شده تا با مادر خود مشکل داشته باشد. از نظر مونرو، مادرش یک دختر کوچولوی شیرین می‌خواست که باهوش باشد اما واکنش هایی مطیع و منطبق با خواسته های او نشان دهد و درباره چیزی سوال نکند، در حالی که او چنین نبود. مونرو به ویژه در داستان‌های اولیه‌اش به مضامینی چون بلوغ و کنار آمدن با خانواده پرداخته است. اما با گذر سن، توجه او به میانسالی و تنهایی بیشتر شده است. او مضامین خود را از زندگی روزمره مردم انتخاب می‌کند و نگاه ویژه‌ای به مسائل و جزییات زندگی زنان دارد. مونرو به دلیل حضور زنان به عنوان موضوع اصلی آثارش نویسنده‌ای فمینیست خوانده می‌شود. گفته های او مدام برمی‌گردد به انتخاب‌هایی که زنان دارند، سختی‌های وفق دادن مادری با بلندپروازی، ازدواج با استقلال، آن‌چه به دست آمده و آن‌چه نه. او در سال‌های آغازین نویسندگی مثلا در مورد شاهزاده خانم‌های جوان می‌نوشته است، بعد کم‌کم زن‌های خانه‌دار و بچه‌هایشان محور داستان‌هایش شدند، بعد هم زنان پا به سن گذاشته سروکله‌شان در داستان‌هایش پیدا شد(مونرو، ۱۳۹۳: ۴۱-۵۱).

آلیس مونرو ۸۵ ساله، به گفته «پیتر انگلوند[6]»، دبیر دائمی آکادمی سوئد، که پس از اعلام نام مونرو به‌عنوان برنده نوبل ادبیات او را «استاد داستان‌کوتاه

---

⁶ Peter Englud

معاصر» توصیف کرده است و «مارگارت آتوود[۷]» دیگر نویسنده‌ی نام‌دار کانادایی، که آلیس مونرو را یکی از «مقدسات ادبیات جهان» نام داده است؛ با توجه به تعدد و اهمیت جوایز جهانی‌اش، یکی از بزرگترین داستان کوتاه نویسان معاصر تلقی می‌شود، در سال ۲۰۰۹، جایزه بین المللی من بوکر [۸]را دریافت کرد. وی سه بار در سال‌های ۱۹۶۸، ۱۹۷۸ و ۱۹۸۶ موفق به کسب جایزه داستانی گاورنر جنرال [۹] کانادا شد.

در سال، ۱۹۹۰ جایزه کتاب تریلیوم[۱۰] را گرفت و در سال ۱۹۹۷، شایسته دریافت جایزه پن مالمود [۱۱] برای داستان کوتاه شد. مونرو که دو بار در سال های ۱۹۹۸ و ۲۰۰۴ جایزه ادبی گیلر [۱۲] را کسب کرد، در سال ۱۹۹۸ جایزه انجمن ملی منتقدین کتاب آمریکا را به دست آورد. وی، دو بار در سال‌های ۲۰۰۶ و ۲۰۰۸ جایزه داستان کوتاه اوهنری[۱۳] را دریافت کرد و جایزه نویسندگان کشورهای مشترک‌المنافع نیز در افتخارات او دیده می‌شود. این نویسنده کانادایی، همچنین در سال ، ۲۰۰۵ مدال افتخار ادبیات را از انجمن ملی هنرهای آمریکا گرفت و در سال ۲۰۱۰، نشان شوالیه فرانسه را به گردن آویخت. این نویسنده سرشناس، اکنون عضو افتخاری آکادمی ادبیات و هنر آمریکا است و همان‌طور که گفته شد، در سال ۲۰۱۳، برنده جایزه بزرگ نوبل ادبیات شده است.

---

[7] Margaret Attwood
[8] Man Booker Priza
[9] Governor General's Award for English-language Fiction
[10] Trillium Book Award
[11] Pen/Malamud Award
[12] Giller
[13] O'Henry

فصل اول

زن و ادبیات

زن و ادبیات

«گفت و گو درباره زن و دیدگاه‌هایی که درباره وی وجود دارد، کاری بسیار مشکل ولی ارزشمند است که نیاز به مطالعه و کند و کاو بیشتری دارد. مسئله زن به مثابه موجودی انسانی که همه خصوصیت‌های انسان‌بودن دروجود او جمع است، در طول تاریخ بشری همواره از جمله‌ی مهم‌ترین مسائل بوده است»(فقهی زاده، ۱۳۷۸: ۹). «جایگاه زن در جامعه، اغلب به واسطه تصویری معرفی می‌گردد که فرهنگ، مذهب، فعالیت‌های روزمره، و باورهای هر کشور از آن ارائه می‌دهند. بی‌تردید، ادبیات کشورهای مختلف، بیشتر از هر نهاد دیگری در به تصویر کشیدن زن و جایگاه او، نقش تعیین کننده دارد. زن در ادبیات، به مثابه یک صحنه طبیعت یا تابلوی نقاشی، ظاهر نمی‌شود، بلکه نویسندگان ادبی، همواره او را در شرایط، حوادث، و یا در تقابل یا تقارن با سایر عناصر اجتماعی به تصویر می‌کشند»(علوی و سعیدی، ۱۳۸۹: ۳۹-۴۰).

«هر جامعه، میراث‌دار مجموعه‌ای از آراء، افکار و عقاید پایدار و غیرقابل تردید تلقی می‌شود. زندگی فردی و اجتماعی مردم تابع اصول و قوانینی است که به دلیل سرچشمه گرفتن از عقاید گذشتگان، غیرقابل بازنگری به‌نظر می‌رسند. بر این اساس، تا قبل از عصر روشنگری، تعریفی که جامعه اروپایی از زن ارائه می‌کند، تعریفی برگرفته از افسانه‌ها و اسطوره‌هایی است که چهره زن را یا به روایت هومری، برخوردار از خصلت‌های زیبا و جذاب به تصویر می‌کشند و یا به روایت هزیودی، او را نفرین شده و آفت جامعه معرفی می‌کنند. در حالی که ادبیات یونان، زن را در دو قطب متضاد قرار می‌دهد، ادبیات لاتین، چهره‌ای کاملا خصمانه از او را به تصویر می‌کشد... با پیدایش ادبیات حماسی و یا ادبیات غنایی

کورتوا[۱۴] در قرون وسطی، نویسندگانی هم‌چون «ماری دوفرانس[۱۵]» ، تصویر ایدئالیستی از زن ارائه می‌کنند و تا حدودی او را هم‌تراز مردان قرار می‌دهند. هم‌زمان با این آثار، ادبیات بورژوایی، ادبیات مذهبی و ادبیات عامیانه، تصاویری گاه متضاد از زن می‌آفرینند...ظهور دین مسیحیت و به تبع آن ادبیات مسیحی و مذهبی، تعریف جدیدی از جایگاه زن در جامعه ارائه می‌کند. نقش زن به عنوان معشوقی بدگمان و حسود، که عمدتا دلبستگی‌اش منجر به مرگ غم‌بار قهرمان داستان‌ها و افسانه‌ها می‌شود، دگرگون می‌گردد و نویسندگانی مانند «پرودانس[۱۶]» ، به توصیف زن به عنوان مادری فداکار می‌پردازند که جان خود خالصانه و در راه عشقی مادرانه از دست می‌دهد»(همان: ۴۰-۴۱).

اما فارغ از همه جریان‌های ادبی و هنری، «دنیز ونسن [۱۷]»، با بیانی طنزآلود، در مقاله خود با عنوان زن بودن و ادبیات، چهره زن به تصویر کشیده شده توسط ادبا را در سه برهه زمانی تقسیم می‌کند. «در برهه نخست، شاعر به زن می‌گوید: «من تو را جاودانه خواهم ساخت. ساکت باش، زیرا از تو و بنابراین برای تو سخن می‌گویم.»، در برهه دوم، نویسنده ادبی به او می‌گوید: «اگر می-خواهی حرف بزن، به شرط آن‌که آن‌قدر خوب سخن برانی، که واقعی به نظر آید.»، و بالاخره در برهه سوم، نویسنده می‌گوید: «زنان می‌نویسند، کاری از دست ما بر نمی‌آید، همین است. اما همه نوشته‌ها، فقط ارزش کمی دارند. بیست کتاب نوشته شده توسط زیر پاسکال‌ها(ی زن)، هرگز ارزش کاتاب یک پاسکال را

---

[14] Littareture courtoise
[15] Marie de France
[16] Prudence
[17] Denise Venaissin

ندارند. سی مکتوب زیر شکسپیرها(ی زن)، حتی نیمی از اثر شکسپیر را نمی-
آفرینند»(پیرلوئی ری، به نقل از علوی و سعیدی، ۱۳۸۹: ۴۱).

مطالب فوق، همگی حاکی از آن است که در دوران مختلف، با توجه به
بینش‌ها و ارزش‌های مردم و جامعه و هم‌چنین شرایط اجتماعی مختلف جوامع،
زن، معانی و تصاویر متفاوتی در جامعه و در بین مردم داشته است که این تصویر
از طریق ادبیات و هنر قابل پیگیری و شناسائی می‌باشد. این تصویر بیانگر دید
مردم و جامعه نسبت به زن بوده و جایگاه او را نشان می‌دهد و خود دوباره،
همانند چرخه‌ای، بر این دید و جایگاه تأثیر می‌گذارد. اگر زن، همانند موجودی
پلید تصویر شود، این تصویر هم از متن جامعه تأثیر گرفته و هم به نوبه خود بر
آن تأثیر گذاشته و تصورات باقی‌مانده را در همین سو شکل داده و یا باعث قوت
آن می‌شود. زیرا، هنرمندان و نویسندگان بسیاری معتقدند که هنر، تأثیر خود را
به صورت دفعتی ولی عمیق بر مخاطب خود می‌گذارد. هم‌چنان که امروزه،
متفکران دنیا، برای انتقال مفاهیم مورد نظرشان، آن را در ظرف هنر می‌ریزند. هر
چه در ظرف هنر ریخته شود، تأثیرگذاری آن چندین برابر است؛ زیرا ماندگاری،
تأثیرگذاری و لذت‌بخشی، ازپارامترهای مهم هنر است. به واسطه لذت بخشی،
تأثیرگذاری در فرد ایجاد شده و بر اثر این تأثیر هیجانی، در فرد ماندگار می‌شود.
هنر هم برای اصلاح است، هم برای به نقد کشیدن و هم برای خراب کردن. حتی
شریف‌ترین و مقدس‌ترین مضامین، مانند عاشورا، در قالب جنبه‌های هنری سینه
به سینه و دهن به دهن منتقل می‌شوند. به وسیله روضه، که شعر است و جنبه
عاطفی و هنری دارد، یا از طریق تعزیه که حالت نمایشی و عاطفی است. هم-

چنان‌که امروزه در تمام جوامع پیشرفته دنیا، برای انتقال مفاهیم مورد نظرشان، از هنر و فیلم استفاده می‌شود.

تأثیر جایزه نوبل بر ادبیات ایران و جهان

در مورد دلیل انتخاب مونرو، به عنوان موضوع این کتاب، علاوه بر حضور فراوان زنان و مسائل آنان در داستان‌های این نویسنده ۸۵ ساله، با توجه به مصاحبه‌ای که با مدیران انتشارات از جمله، آقای «سید علی شجاعی»، مدیر مسئول «انتشارات نیستان»، که از نویسندگان جوان کشور نیز می‌باشد، (این انتشارات، ترجمه موفق آثار برگزیده جهان را نیز در کارنامه خود به ثبت رسانده است)، می‌توان گفت که؛

برای مشخص کردن دلیل این مسئله، باید این مسئله را مورد بررسی قرار داد که ابتدا، جایزه نوبل ادبیات، چه تأثیری بر ادبیات جهان و بعد از آن، چه تأثیری بر ادبیات ایران دارد. سپس این مسئله را مورد بررسی قرار داد که آلیس مونرو، در درجه اول، چه اهمیتی بر ادبیات جهان و سپس ادبیات ایران دارد. در ادامه به بررسی این موضوعات پرداخته خواهد شد.

جایزه نوبل به خصوص در حوزه ادبیات، همیشه به این صورت انتخاب می‌شده است که عموما نویسندگانی با سنین بالا و تجربه‌های بسیار انتخاب می‌-شده‌اند؛ که این مسئله، خود نشان دهنده این است که، این نویسندگان، توانائیشان را، در گونه‌های مختلف ادبی، طبع‌آزمایی کرده‌اند، یا این‌که در یک گونه ادبی استوار شده و تکلیفشان مشخص شده است. ما در نوبل‌های علمی ممکن است که با این مسئله مواجه شویم که، مثلا یک جوان ۳۵ ساله برنده

جایزه نوبل بشود ولی در برندگان نوبل ادبی، فردی زیر ۵۰، ۶۰ سال دیده نمی-
شود. سن برندگان بالا بوده و این مسئله، نشان از این دارد که این فرد، تجربه
ادبی‌اش کامل شده است و در حیطه ادبی خود به پختگی لازم رسیده است. از
طرف دیگر، بخشی از این تکاملِ تجربه ادبی، مربوط به فراگیر بودن مخاطبان او
است. نکته قابل ملاحظه در این‌جا این است که، یکی از دلایل این مسئله که
کسی از ایران نوبل ادبی نمی‌گیرد نیز همین مسئله است. زیرا فراگیری ادبی
ندارند. برنده نوبلی مانند «هرتا مولر[18]»، نویسنده آلمانی رومانیایی، کارهایش
ترجمه شده و در کشورهای دیگر نیز، دیده شده و حالا به او نوبل می‌دهند.
بنابراین در نوبل ادبیات این بخش قابل توجه است که ما با نویسندگانی رو برو
هستیم که فراگیری مخاطب دارند. یعنی از یک مرز جغرافیایی گذشته‌اند و
عموما چند مرز را گذرانده‌اند، مثلا این‌گونه نیست که یک داستان بلاروس و یا
رومانیایی، تنها به انگلیسی ترجمه بشود، بلکه به فرانسه نیز ترجمه شده است، به
آلمانی، به فارسی نیز همین‌طور. در واقع می‌توان گفت نوبل ادبیات در حوزه
ادبی، همانند اسکار است در حوزه سینما و فیلم. تا زمانی که یک پخش‌کننده
بین‌المللی یک فیلم را پخش نکند، آن فیلم وارد اسکار نمی‌شود. شرط اول در
اسکار این مسئله است که، آن فیلم از جغرافیای خودش بیرون بیاید و چند
کشور آن را اکران کنند و بعد این فیلم وارد اسکار می‌شود. در نوبل هم، همین
اتفاق می‌افتد. بنابراین ما با نویسندگانی روبرو هستیم که علاوه بر سن بالا و
پختگی سنی، فراگیری مخاطب نیز دارند. این دو مسئله در کنار هم بدین
معناست که، ما با افرادی تأثیر گذار روبرو هستیم، افرادی که چه در گذشته‌شان

---

[18] Herta Müller

تأثیرگذار بوده‌اند و چه در آینده، خواهند بود. یعنی سیاست‌گذاران نوبل، به کسی نوبل ادبی می‌دهند که مطمئن هستند این فرد صاحب سبک و صاحب شیوه است. هم‌چنان که تک‌تک آدم‌هایی که نوبل گرفته‌اند ویژگی خاصی دارند.کارهای خانم «سوتلانا الکسیویچ[19]» که در سال ۲۰۱۵ برنده جایزه نوبل ادبی شده است، عموما خاطره‌نگاری است، ولی او، هم مشخصه سن بالا را دارا می‌باشد و هم با وجود محتوای کار او که درباره فاجعه چرنوبیل بوده و خاطره‌نگاری است، ادبیاتی را کشف کرده که از طریق آن توانسته است تصاویر زیاد و ارزشمندی از داخل کشور و فضای آن منتقل کند؛ و کتاب او نه تنها تا قبل از گرفتن جایزه نوبل، به بیش از ۲۰ زبان زنده دنیا ترجمه شده، بلکه چنان فروش بالایی داشته است که نویسنده آن اکنون در آلمان زندگی کرده و آژانس ادبی شخصی خود را تأسیس کرده است(عموما ناشران ادبی، آژانس تأسیس می‌کنند و در این مورد یک نویسنده موفق به انجام این کار شده است)؛ و سپس در سال ۲۰۱۵ ، برنده جایزه نوبل ادبی شده است. این نویسنده، هم فراگیر بوده و هم تأثیرگذار و هم سبکی نو پدید آورده است. زیرا تا این سال، به سبک «خاطره‌نگاری»، نوبل تعلق نگرفته بود، ولی شیوه و سبک بیان اثر این نویسنده، چنان تأثیرگذار بود و چنان سبک نوئی را در خاطره‌نگاری پدید آورد، که این جایزه به او تعلق گرفت.

بنابراین، کسی که جایزه نوبل را از آن خود می‌کند، هم قبل از جایزه نوبل مورد توجه فراوان بوده و هم این‌که بعد از این جایزه، توجه فراوان و بیشتری به او خواهد شد. تجربه نشان داده است که حداقل در ۳۰ سال اخیری که فضای ارتباطی خیلی بیشتر شده است، آثار کسی که نوبل می‌گیرد، بسیار مورد توجه

---

[19] Svetlana Alexievich

جامعه ادبی کشورهای مختلف قرار می‌گیرد و تمامی آثار او، در اکثر کشورها ترجمه می‌شود. همانند جایزه اسکار. فیلمی که برنده جایزه اسکار می‌شود، اکنون به جای ۵ یا ۶ کشور، در تمامی کشورها به اکران در آمده و دیده می‌شود.

نوبل نیز همین ویژگی را دارد. قبل از نوبل، در بسیاری از کشورها حضور داشته و باعث دیده شدن آن توسط هیئت نوبل شده است و بعد از گرفتن جایزه نوبل، این مسئله نیز، موجب شروع دیده شدن‌ها و ترجمه شدن‌های بیشتر می‌-شود. در کشور ما ایران نیز، تمامی آثار افرادی که در ۳۰ سال گذشته، نوبل ادبی را به خود اختصاص داده‌اند، ترجمه شده است، حتی آثار کوچک و کم اهمیت آن‌ها؛ و به علت نبود قانون رایت، حتی هم‌زمان چندین ترجمه باهم. در کشورهای دیگر، بهترین آژانس‌ها و بهترین ناشران به سراغ آثار و برندگان نوبل می‌روند.

بنابراین، حتی اگر به گفته بعضی منتقدان، نوبل مربوط به یهودیان و صهیونیست‌ها نیز باشد، بازهم تأثیرگذار است. درواقع، بخش قابل توجهی از سرانه مطالعه دنیا، به واسطه جایزه نوبل ادبیات اتفاق می‌افتد. اگر از کشور خود بیرون آمده و به دیگر کشورهای دنیا نگاهی بیندازیم، تیراژ بالای کتاب و فروش میلیونی، مربوط به کتاب‌های نوبلی است و رکورد تیراژ، مربوط به نوبل است و بعد از آن مربوط به جوایز ادبی دیگر دنیا است، جوایزی مانند جایزه پن [20] آمریکا، من بوکر [21] و غیره. گویی تنها در ایران است که جوایز ادبی، تأثیر زیادی در جلب مخاطب و خوانده شدن کتاب ندارد و شاید بتوان این مسئله را به بی‌اعتمادی

---

[20] Pen/Malamud Award
[21] The Man Booker Prize

مخاطبان به جوایز و یا عدم اطلاع مخاطبان از ارزش جوایز ادبی و فرآیند انتخاب آن دانست.

فروش کتاب‌های نوبل، حتی از رمان‌های پرفروش زرد دنیا بیشتر است. ممکن است یک سال، رمانی پرفروش‌ترین شود، ولی در طولانی مدت و به طور مداوم، این برندگان نوبل هستند که همیشه پرفروش‌ترینند. مثلا، آثار «مارکِز[22]»، که در سال ۱۹۸۲برنده نوبل ادبی شده، به تمامی زبان‌های دنیا ترجمه شده است. نکته مهم این است که نوبل ادبی، نه تنها در مقابله با جوایز موجود در ایران، مانند، جایزه جلال آل احمد و یا جایزه گلشیری، بسیار فراتر و تأثیرگذارتر بوده، بلکه تأثیرگذاری زیادی در ادبیات کل دنیا دارد؛ و از این به بعد، حتی یک خط نوشته شده توسط نویسنده‌ای که جایزه نوبل گرفته است، میلیون‌ها دلار می‌ارزد و حتی آژانس‌های ادبی، آثار بعدی برندگان را پیش خرید می‌کنند.

نکته مهم بعدی این است که، نفس نوبل، شاگردانی می‌پرورد. این مسئله به معنای کپی‌کردن نیست، بلکه نویسندگان دنیا، به آثار برندگان نوبل توجه کرده و به نویسندگان آن، همانند استادی بزرگ در ادبیات که توانسته جایزه‌ای مهم را از آن خود کند، نگاه می‌کنند. همان‌طور که بعد از سال ۲۰۱۳، یعنی سالی که مونرو برنده نوبل ادبی شد، توجه به داستان کوتاه بیشتر از قبل شد و بسیاری از نویسندگان به سراغ این مدل ادبی رفتند. زیرا تا قبل از آن کسی این مدل را خیلی جدی نمی‌گرفته و اکثر توجهات معطوف به سبک رمان بوده است، ولی با تعلق گرفتن نوبل به این ژانر، توجه نویسندگان نیز به آن زیاد شده است.

---

22 Gabriel García Márquez

هنگامی که به تاریخ ادبیات نگاه می‌کنیم، متوجه می‌شویم که چه میزان اثر، تحت تأثیر «ژوره ساراماگو[۲۳]» برنده نوبل ادبی در سال ۱۹۹۸و «کوری[۲۴]» او، بعد از نوبل گرفتنش، نوشته شده است؛ یعنی شبه کارهای سمبلیک و انتقادی. بعد از این‌که «ماریو بارگاس یوسا» [۲۵]، مقاله‌نویس، روزنامه‌نگار و سیاستمدار اهل پرو در سال ۲۰۱۰ برنده نوبل ادبی شد، تحت تأثیر او کارهای تاریخی، انتقادی و جدی مورد توجه قرار گرفته و این نویسنده، الگویی برای نویسندگان شد.

پس نوبل ادبی در دنیا، هم فراگیری مخاطب دارد، هم فراگیری شکلی، هم جریان‌ساز است، هم پرفروش‌ترین‌های کتاب مربوط به نوبل بوده و هم این‌که، نوبل شاگرد تربیت می‌کند.

در مورد تأثیر نوبل ادبیات در جامعه ما ایران نیز می‌توان چنین گفت که، با بررسی کتاب‌ها و نویسندگان برنده نوبل در بازار کتاب و انتشارات ایران متوجه می‌شویم که، تمامی کارهای برندگان نوبل ادبی، خصوصا بعد از تعلق گرفتن نوبل به آن‌ها، در ایران ترجمه شده است و این آثار نه تنها مورد توجه جامعه ادبی قرار گرفته، بلکه مشابه نویسی نیز شده است. متخصصان ادبی معتقدند که «سمفونی مردگان» نوشته «عباس معروفی» که هم‌چنان بعد از حدود ۱۵ سال، از پر فروش‌ترین‌های انتشارات «ققنوس» می‌باشد، تحت تأثیر «خشم و هیاهو[۲۶]» نوشته «ویلیام فاکنر[۲۷]» بوده است. می‌توان گفت که این مسئله به این دلیل بوده است که، ما در ایران، قالب‌های هنری و مکتب‌های هنری‌مان همیشه «پیرو» بوده و ما مدت‌ها است که مکتب هنری جدیدی ارائه نکرده‌ایم. (البته در گذشته-

---

[23] José Saramago
[24] Blindness
[25] Mario Vargas Llosa
[26] The Sound and the Fury
[27] William Faulkner

های دور، مثلا در قرونی مانند قرن ۷ ه. ق. در هنر، پیشرو بودیم، اما در هنر مدرن یعنی در ۲۰۰- ۳۰۰ سال گذشته، هیچ زمانی پیشرو نبوده و متأسفانه پیرو بوده‌ایم، به طوری که حتی هنرمند بزرگ ما، کمال‌الملک نیز، بعد از رفتن به اروپا و فراگیری مکتب رئالیسم، که البته آن زمان هم مکتبی قدیمی در اروپا به حساب می‌آمده، در این مکتب، البته به بهترین شکل، به هنرآزمایی پرداخته است).

در مورد پیرو بودن جامعه ما در ادبیات، می‌توان رمان «تهران مخوف»، نوشته «مرتضی مشفق کاظمی»، را مثال زد، که اولین رمان اجتماعی ایران بوده و در سال ۱۳۰۴به صورت کتاب، به چاپ رسیده است اما اولین رمان مدرن در غرب بسیار قبل‌تر از این نوشته شده است. در این سال‌ها، که «هالیوود[۲۸]»، مشغول ساخت فیلم‌هایی قوی و استوار بوده و به افراد جایزه اسکار داده می‌شده است، هنر ایران، محدود به ساخت فیلم‌هایی با نام «فیلم فارسی» بوده و متأسفانه ادبیات نیز، از چنان شکوفایی‌ای خاصی برخوردار نبوده است و این مسئله به این معناست که فاصله‌مان زیاد بوده و پیرو هستیم و حرف جدیدی در این زمینه نداریم؛ و گاهی متأسفانه این پیرو بودن باعث می‌شود که افراد مانند کارگردانان سینما، فیلم‌هایی تقلیدی از فیلم‌های برتر دنیا بسازند.

این پیرو بودن نشان می‌دهد که تأثیر جوایز و آثار مهم ادبی و هنری دنیا در جامعه ما، بسیار بیشتر از جوامع دیگر دنیا می‌باشد. این قالب و این فرم از ادبیات مدرن، در همه وجوه خود، مانند بقیه هنرها، به شدت متأثر از ادبیات غرب است. نویسندگان ایرانی، اتفاقات ادبی جهان را رصد کرده و فرم ادبی،

---

[28] Hollywood

محتوا، زبان آثار ادبی آنان را زیر نظر دارند به طوری که گاهی، مخاطب ایرانی خود را فراموش کرده و از مخاطب خود جلو می‌زنند. برای مثال، دهه ۸۰، سرشار از نویسندگان شهاب‌سنگی است، به این معنا که یک کار عرضه کرده و سپس رفته‌اند. به طوری که در این دهه، انتشارات «چشمه»، ناگهان حدود ۵۰۰ کار جدید از نویسندگان «کار اولی» ارائه کرده است. نویسندگانی که با خواندن ادبیات «پست مدرنِ» کنونی دنیای غرب، اثری از خود ارائه داده‌اند ولی به علت عدم استقبال مخاطبان، کار دیگری ارائه نکرده‌اند. این مسئله، به دلیل درک نکردن شرایط مخاطبان توسط نویسندگان و همراه نبودن و عقب بودن فضای جامعه و فضای ادبی ما از دنیای غرب می‌باشد. این تعداد بالای نویسندگان شهاب سنگی دهه ۸۰، باز حکایت از این مسئله دارد که ما به شدت تحت تأثیر ادبیات غرب هستیم؛ و مسئله ناگوارتر این است، که بدون این‌که بشناسیم، این «کپی و پیرو بودن» در حال انجام شدن است. نتیجه این عدم شناخت، ایجاد همین نویسندگان شهاب سنگی است که نمی‌دانند مخاطب چه می‌خواهد و چه مضمونی احتیاج دارد. در محتوای آثار، ناگهان مضامین خیانت‌های تند استفاده می‌کنند و مخاطب از اثر زده می‌شود، یک دفعه بی‌محتوایی تند در کار به کار می‌رود و مخاطب زده می‌شود، زیرا این نویسندگان به این نکته توجه ندارند که، اثر بی‌محتوایی که مثلا در کشور آلمان و فرانسه به رشته تحریر درآمده است، مخصوص مخاطب همان مناطق است که مکاتب ادبی را یک به یک پشت سر گذاشته‌اند و اکنون وارد مکتب پست مدرن شده است، در حالی که، نویسندگان

بزرگ گذشته ایران، مانند هوشنگ گلشیری، جلال آل احمد و صادق چوبک و... همگی در مکتب رئالیسم[۲۹] بوده و رئال که انعکاس حقیقت است، کار می‌کرده‌اند.

بنابراین، هرچقدر ادبیات نوبل در دنیا اثر داشته باشد، میزان این تأثیر، در ایران و کشورهای دیگر در حال توسعه، به دلیل پیرو بودن، دو برابر است. اگر اثر نوبل در فرانسه و یا آمریکای لاتین و حتی روسیه، خیلی کم‌رنگ می‌باشد، به دلیل زایندگی و صاحب سبک بودن خود این کشورها در ادبیات دنیا است و این کشورها، خود، نویسندگان برنده نوبل به دنیا هدیه می‌کنند. اگر ادبیات رمانتیسیسم[۳۰] فرانسه، شاهکار «مادام بوآری[۳۱]» را عرضه کرده، ادبیات روسیه، هم‌زمان، شاهکار «آنا کارنینا[۳۲]» را دارد در حالی که مشابه و یا کپی از یکدیگر نیز نیستند.

در مورد این پیرو بودن، می‌توان گفت که حتی سرآمدان ادبی کشور ما نیز تحت تأثیر کارهای بزرگ دنیا هستند. همان‌گونه که گفتیم، سمفونی مردگان تحت تأثیر خشم و هیاهوی ویلیام فاکنر است. نویسنده دیگر کشور ما به نام، خانم «زویا پیرزاد» که از نویسنده‌های زن موفق و خوب کشور ما هستند، و تاکنون جوایز بسیاری در حوزه ادبی ایران به خود اختصاص داده و نوشته‌های ایشان، خوانندگان، خصوصا خوانندگان زن زیادی را به خود اختصاص داده است، در کتاب «چراغ‌ها را من خاموش می‌کنم» خود، تحت تأثیر کتاب «دفترچه ممنوع[۳۳]» اثر «آلبا دسس پدس[۳۴]» و کتاب «مثل آب برای شکلات[۳۵]» اثر «لورا

---

[29] Realism
[30] Romanticism
[31] Madame Bovary Novel by Gustave Flaubert
[32] Anna Karenina Novel by Leo Tolstoy
[33] Prohibited Booklet
[34] Alba de Céspedes y Bertini
[35] Like Water for Chocolate

اسکوئیل»^{۳۶} بوده است. این دو نویسنده، سرآمدان «نقد زنانه‌ی روزمرگی‌ها» هستند. زن ناامیدی که باید زندگی را بگرداند و ادامه دهد و هر دو هم بسیار خوب این حس را به مخاطب منتقل می‌کنند. «دفترچه ممنوع»، ماجرای زنی است که در دفترچه‌ای می‌نویسد. دفترچه‌ای که کسی نباید آن را ببیند چون حس‌هایی از او درآن نوشته شده است که در تضاد هستند. این‌که این زن، چیزی را نشان می‌دهد ولی در دفترچه، چیز دیگری می‌نویسد. «مثل آب برای شکلات» نیز، ماجرای زنی است که در حال آموزش آشپزی به دختر خود است و در این میان از احساساتی صحبت می‌کند که در بیرون نمی‌تواند از آن‌ها صحبت کند. تضادهای که یک زن خانه‌دار و یک مادر، فاصله آرمان‌های او تا واقعیت، ایده‌های او تا واقعیت. مضمون و محتوای کتاب «چراغ‌ها را من خاموش می‌کنم» اثر خانم زویا پیرزاد، نیز همین است و این کتاب، تحت تأثیر این دو اثر شکل گرفته است.

البته در ایران نیز، اگر کار ترجمه به قوت و سرعت نویسندگان کشورهای دیگر بود، شاید نویسندگان، ایرانی نیز، می‌توانستند در این زمینه، به عرض اندام بپردازند. همانند «خالد حسینی» نویسنده افغان کتاب «بادبادک باز^{۳۷}»، که به علت زندگی در خارج از افغانستان، کتاب خود را به زبان انگلیسی نوشته و این مسئله باعث شده است تا کتاب گستردگی مخاطب زیادی پیدا کرده و جوایز زیادی را از آن خود کند. ما نیز اگر در ایران، مرزهایمان بازتر بود، و آثارمان، یا به زبان رسمی دنیا یعنی انگلیسی نوشته می‌شد و یا سریع آثارمان ترجمه می‌شد، قطعا به این اندازه پیرو نبودیم و شاید حتی می‌توانستیم مکتب جدیدی به دنیا

---

³⁶ Laura Esquivel
³⁷ The Kite Runner

۳۰

ارائه کنیم. ولی اکنون، چون کارهایمان دیده نمی‌شوند، نمی‌توانیم مکتب و یا اثر نو و جدیدی به دنیا عرضه کنیم.

هم‌چنان‌که طبق پژوهشی که توسط جلیل شاکری، سهیلا فغفوری و راحله بهادر تحت عنوان، «بررسی تطبیقی مولفه‌های زمان روایی در داستان «فرارِ» آلیس مونرو و داستان «پرلاشز» زویا پیرزاد»، در پاییز و زمستان سال ۱۳۹۵ به انجام رسیده و در نشریه ادبیات تطبیقی، سال هشتم، شماره ۱۵، به چاپ رسیده است، مشخص شده که این دو داستان از مَنظرِ زمان روایی، در فُرم و محتوا دارای ویژگی‌های مشترکی همچون مؤلفه‌های زمان روایی با تأکید بر شخصیت‌های زن و رویکردِ اجتماعی به مسائل زنان است. تحلیل این دو حاکی از متأثربودن پیرزاد از سبک داستان‌نویسی آلیس مونرو می‌باشد.

دلیل انتخاب آلیس مونرو، برنده نوبل ادبیات

مسئله دوم ما، در مورد تأثیر «آلیس مونرو»، بر ادبیات جهان و بعد بر ادبیات ایران بوده است. هم‌چنان‌که در قسمت قبل هم توضیح داده شد، بعد از برنده شدن مونرو، موج بزرگی از توجه نویسندگان به «داستان کوتاه» در حوزه ادبی جهان ایجاد شده است. با وجود این‌که رمان همچنان جزو ژانر مهم ادبی است، ولی داستان کوتاه، از کنج ادبی بیرون آمده و بیشتر از قبل مورد توجه قرار گرفته است. از طرف دیگر، ویژگی دیگر داستان‌های مونرو، در زنانه‌نویسی او می‌-باشد. به طوری که متخصصان معتقدند که اگر همین داستان‌ها و یا سوژه‌ها، توسط نویسنده مردی نوشته می‌شد، نتیجه چیز دیگری می‌شد؛ ولی این‌گونه نوشتن بود که توجه داوران و مخاطبان را به خود جلب کرده است. هم‌چنان که

می‌توان گفت، «سوتلانا الکسیویچ[۳۸]»، برنده نوبل در سال ۲۰۱۵ نیز، مدیون نوبل مونرو است زیرا بعد از او، به این مسئله توجه شد که جنگ‌نگاری زن با جنگ-نگاری مرد فرق می‌کند. کارهای بسیار زیادی در مورد فاجعه چرنوبیل[۳۹]، نوشته شده است، ولی اثر الکسیویچ در مورد چرنوبیل برنده نوبل ادبی شد. زیرا جهان با مونرو، بیشتر از پیش فهمید که ادبیات زنانه راه مستقل و مؤثری دارد. زیرا بعد از نوبل او بود که، جامعه ادبی جهان، کاملا متوجه این مسئله شد که اگرچه مضامین مشترک هستند، اما، نگاه زنانه در آن مؤثر است. شاید بتوان گفت اگر همین داستان‌ها را یک مرد می‌نوشت، نوبل نمی‌گرفت، زیرا مشابه این آثار را در ادبیات دنیا میبینیم. «ریچارد براتیگان[۴۰]» آمریکایی، «ایتالو کالوینو[۴۱]» ایتالیایی، «رولد دال[۴۲]» نروژی تبار، که تخصصشان داستان کوتاه بوده است؛ و «ادگار آلن پو[۴۳]»، که از بزرگان داستان کوتاه است، با وجود این‌که سرآمدتر از مونرو هستند، ولی هیچ کدام جایزه نوبل ادبی در داستان کوتاه را از آن خود نکرده‌اند. این مسئله نشان می‌دهد که آثار مونرو، ویژگی خاصی دارد که متوجه داستان نیست، بلکه متوجه نگاه زنانه او به امور است. وقتی آثار مونرو را بررسی میکنیم، نکته خاص و ویژه‌ای در داستان‌های او پیدا نمی‌کنیم، اما به نظر داوران نوبل این مسئله آمده است که اگر نویسنده مردی این داستان‌ها را به رشته تحریر درمی-آورد، نتیجه این‌گونه نمی‌شد. همانند «الکسویچ» و جنگ‌نگاری او که نگاه زنانه و قلم زنانه‌اش، کار را متفاوت و متمایز کرده است. علی رغم این‌که، بارها و بارها در

---

[38] Svetlana Alexievich
[39] Chernobyl disaster
[40] Richard Brautigan
[41] Italo Calvino
[42] Roald Dahl
[43] Edgar Allan Poe

ادبیات دنیا، زنانی درخشیده بودند و این تأثیر دیده شده بود، مانند ویرجینیا وولف [44]، سیمون دوبوار [45] و بسیاری دیگر که در ادبیات درخشیدند و ویژگی مهم آن‌ها این بود که با جنسیت‌شان وارد کار شدند نه فقط با ادبیاتشان. همیشه در همه ادوار، هم‌شأن و هم رتبه و حتی بهتر از این افراد داشته‌ایم، ولی آنچه اینان را متمایز کرده است، نگاه زنانه آن‌ها به آن اتفاق مشترک است. هر چقدر ما در مکتب‌های ادبی جلو آمدیم و از ادبیات «حادثه محور» به ادبیات «شخصیت محور» نزدیک‌تر شدیم، و هرچقدر که نگاه روانشناسی ما رشد کرد، نگاه انسان-گرایانه [46] ما پررنگ‌تر شد، و مهم شد که درون یک آدم چه چیزی می‌گذرد، یعنی وقتی که رمان این‌قدر شخصی شد، این زمان است که تفاوت تمایلات زن و مرد مشخص می‌شود. یعنی من این مسئله را این‌گونه می‌بینم و تو گونه‌ای دیگر با یک دنیای متفاوت. این توجه ویژه به ادبیاتی که زن دارد می‌نویسد،(ادبیات زنان با ادبیاتی که یک نویسنده زن آن را می‌نویسد، متفاوت است، مرد می‌تواند زنانه بنویسد، اما ادبیاتی که زن می‌تواند بنویسد مرد نمی‌تواند آن را بنویسد. یک مرد تلاش می‌کند و با مصاحبه و توجه درباره مفهوم سقط جنین مطلبی می-نویسد ولی جنس آن با نوشته یک زن درباره این مفهوم کاملا متفاوت است هرچند که ممکن است اطلاعات بیشتر و دقیق‌تری در اختیار خواننده قرار بدهد)، پس زنانه نویسی با مردانه‌نویسی متفاوت است، این‌که مطلبی را یک زن بنویسد با یک مرد متفاوت است. در نتیجه تمام این توضیحات می‌بینیم که باید به مثل مونرویی جایزه داد به این دلایل که، اگرچه شأن ادبی او ممکن است ۱۰۰ نباشد، اما نقطه عطف در ادبیات است. او، کاری در ادبیات دنیا انجام داده

[44] Virginia Woolf
[45] Simone de Beauvoir
[46] humanist

است و به این کار باید توجه شود؛ درنتیجه داوران به این کار نوبل می‌دهند تا بیشتر دیده شود. همان‌گونه که گفتیم، نکته مهم در آثار او این نکته است که، این‌که این فرد زندگی و مسائل آن را از نگاه یک زن دیده و برای مخاطبان به صورت داستان درآورده است. جایزه مونرو در جهان ادبی، موجب توجه بیشتر به نویسندگان زن و دنیای زنانه شده است.

در کل، درباره تأثیر مونرو و آثار او در ایران، می‌توان گفت که بخشی از این تأثیر مربوط به فرم داستان کوتاه است. در ایران، در سال‌های قبل، داستان کوتاه نویسی رواج زیادی داشته است، اما تحت تأثیر موج دنیا، که به رمان بیشتر توجه می‌شد، داستان کوتاه نیز به کنار رفته و ضعیف شده بود، اما بعد از نوبل ادبی مونرو، دوباره گرایش نویسندگان به سمت داستان کوتاه زیاد شده است. از طرف دیگر، از آن‌جایی که تب موج فمینیستی دیرتر به کشور ما، رسیده است، ایران، در جنجال‌های فمینیستی و بحث‌های آن، هنوز در اوج می‌باشد. کشور ما در حال سپری کردن دوران گذار از سنت به مدرنیته است و به همین دلیل، ما در وضعیت ثبات اجتماعی قرار نداریم. از همین رو، مباحث این چنین اجتماعی، که مباحث فمینیستی هم جزو آن است، برایمان داغ‌تر است. بنابراین، فاکتورهای ذهنی و روانی مونرو، هم برای مخاطب عام ما و هم برای مخاطب فرهیخته ما که در آینده ممکن است در قالب نویسنده ظاهر شود، بسیار مهم می‌باشد؛ و اگر این مخاطبان، این فاکتورها را به درستی بشناسند، قطعا هوشمندانه‌تر، تأثیر خواهند گرفت. به طور مثال، اگر مونرو، در بعضی داستان‌هایش، زن را موجودی حقیر نشان داده است، و نویسنده این عناصر را درست دربیاورد، قطعا حواسش هست که در بومی نویسی او این اتفاق نیفتد. حتی اگر این شرایط در جامعه وجود

داشته باشد، باز هم نباید با این نوشته‌ها، گسترش پیدا کرده و در نتیجه تحکیم شود.

از طرف دیگر، مونرو در زمانه‌ای بزرگ شده است که کشور کانادا در دوران گذار بوده و در حال حرکت از کشوری سنتی به مدرن بوده است، از طرف دیگر، هم‌اکنون ایران نیز در حال طی کردن دوران گذار است و کسب اطلاعات از این دوران ما در شناخت مسائل و مشکلات آن و تلاش در رفع آن‌ها کمک می‌کند.

از طرف دیگر، همان‌طور که بیان شد، محتوای داستان‌های مونرو، بیشتر درباره زنان و دختران جوان می‌باشد. او در داستان‌هایش، نگاه ویژه‌ای به مسائل و جزییات زندگی زنان دارد. و محتوای داستان‌هایش را از زندگی روزمره مردم انتخاب می‌کند. از همین رو، بررسی و تحلیل داستان‌های او، در شناخت و بررسی مسائل زنان، از جایگاه ویژه‌ای برخوردار است.

اهمیت پژوهش و تحلیل متون ادبی

با استفاده از مباحث «نورمن فیرکلو [47]» (۱۹۹۵)، می‌توان سه دسته دلیل را برای نشان دادن این که به طور کلی چرا پژوهش بر روی متون ادبی و متون، سودمند و ضروری است، فهرست کرد. نخست دلیل نظری که می‌گوید؛ «ساختارهای اجتماعی که در مرکز توجه بسیاری از دانشمندان علوم‌اجتماعی با علائقِ کلانِ اجتماعی قرار دارد، با عمل اجتماعی، که مورد توجه خاص تحلیل اجتماعی خرد است، رابطه‌ای دیالکتیکی دارد؛ به گونه‌ای که ساختارهای اجتماعی هم شرط منشأ عمل اجتماعی‌اند و هم ساخته‌ی آن»(گیدنز، ۱۹۸۴؛

---

[47] Fairclough

کالینکاس، ۱۹۸۷ به نقل از فرکلاف، ۱۳۷۹: ۱۵۵). «متن‌ها یکی از شکل‌های مهم عمل اجتماعی‌اند. بنابراین، حتی آن عده از دانشمندان علوم‌اجتماعی، که گرایش اصلی‌شان به مسائل کلان از قبیل روابط طبقاتی یا روابط جنسیت‌ها است، نمی‌توانند به متن نپردازند. ایشان در عمل و به ضرورت، متن‌ها را مبنای تحلیل‌هایشان قرار می‌دهند، اما اغلب منکر این امر هستند. نکته مهم دیگر این است که، غالبا و به غلط، زبان، به مثابه واسطه‌ای شفاف و خنثی فرض می‌شود، بنابراین، «کار اجتماعی و ایدئولوژیکی» که زبان در تولید، بازتولید، انتقال ساختارها، روابط و هویت‌های اجتماعی انجام می‌دهد، معمولا مغفول می‌-ماند»(فرکلاف، ۱۳۷۹: ۱۵۵).

«دلیل روش‌شناختی هم این است که، متن‌ها، منابع اصلی شواهدی هستند که ادعای ما درباره ساختارها، روابط و فرایندهای اجتماعی، بر مبنای آن‌-ها بنا گذاشته می‌شود. شواهدی که ما برای این مفاهیم و ساخت‌ها در دست داریم، از اشکال گوناگون عمل اجتماعی، و از جمله متن‌ها، به دست می‌آیند.... دلیل تاریخی این است که، متن‌ها، نمودارهای حساس فرآیندها، حرکت‌ها و گوناگونی‌های اجتماعی‌اند و تحلیل متون می‌تواند شاخص‌های کاملا مناسبی برای تغییرات اجتماعی به دست دهد.... دلیل سیاسی، خصوصا به آن دسته از علوم اجتماعی که اهداف انتقادی دارند مربوط می‌شود. سلطه و کنترل اجتماعی، بیش از پیش، از طریق متن‌ها، اعمال می‌شود؛ و در واقع از طریق همین متون، هم درباره این سلطه چک و چانه می‌زنند و هم، در برابر آن مقاومت می‌-شود»(فرکلاف:۱۳۷۹: ۱۵۵ -۱۵۶).

در نتیجه، تحلیل متون نویسندگان زن و بررسی تصویر زن در نوشته‌های آنان، خصوصا زنان نویسنده مهم و تأثیرگذار، می‌تواند به روشن شدن زوایای متعددی از زمینه اجتماعی آن‌ها و عوامل مؤثر بر شکل‌گیری این نوع تصویر، بینجامد. «آشکارا داستان‌های منتشر شده توسط زنان، بر تولید، بازتولید و دگرگونی هویت جنسیتی زنان و روابط قدرت میان زن و مرد تأثیر می‌گذارد. این نوشته‌ها و داستان‌ها، شواهدی عینی برای شناخت روابط جنسیتی موجود در جوامع و تحولات گذشته و هم‌چنین تحولات جاری در اختیارمان قرار می‌دهد. می‌توان از طریق این نوشته‌ها، جنبش وسیع‌تر اجتماعی زنان را رد گیری کرد و ساختار سلطه بر زنان و مقاومت‌های زنان در برابر آن را آشکار کرد»(کاخکی، ۱۳۸۵: ۲۰).

همان‌طور که در قسمت‌های قبل نیز ذکر شد، طبق صحبت‌های مونرو و هم‌چنین نظر متخصصان هم‌چون آتوود و انگلوند، داستان‌های او، انعکاس زندگی روزمره مردم و زنان و دختران جوان و مسائل آنان است. پس با بررسی این داستان‌ها، می‌توان به شناختی دقیق و مناسب نسبت به زنان و شرایط آنان و روابط میان زنان و اطرافیان آن‌ها رسید. این شناخت، ما را در کشف عوامل ارتقا دهنده و یا پایین‌برنده زنان در جوامع مختلف یاری می‌رساند.

اهمیت دیگر تدوین این کتاب، علاوه بر تأثیرگذاری محتوای داستان‌ها و شخصیت‌های آن بر نحوه نوشتار نویسندگان ایرانی، در الگوسازی خوانندگان متون نیز هست. زنانی که در داستان‌ها منعکس می‌شوند، الگویی برای خوانندگان نیز هستند. روند چگونگی این تأثیر و چگونگی شکل‌گیری اثر تأثیرگذار، برای مخاطبان عادی، موضوع چالش برانگیزی نیست. با این همه، برای

یک پژوهش‌گر، دقت در این چگونگی‌ها اهمیت بسزایی دارد. زنان خلق شده توسط مونرو، بر آمده از جایگاه‌های مختلف اجتماعی هستند که هر کدام به نوبه خود، از جامعه و فرهنگی که در آن زندگی می‌کنند، تأثیر پذیرفته‌اند و بر آن تأثیر می‌گذارند. هم‌چنین این زنان در یک روایت کلی‌تر، یعنی داستان‌های کوتاهی که مونرو نوشته است، نقش تأثیرگذار دیگری نیز برعهده دارند. آن‌ها بر مخاطبین غیرخیالی خود نیز تأثیر می‌گذارند و تبدیل به الگویی برای آنان خواهند شد.

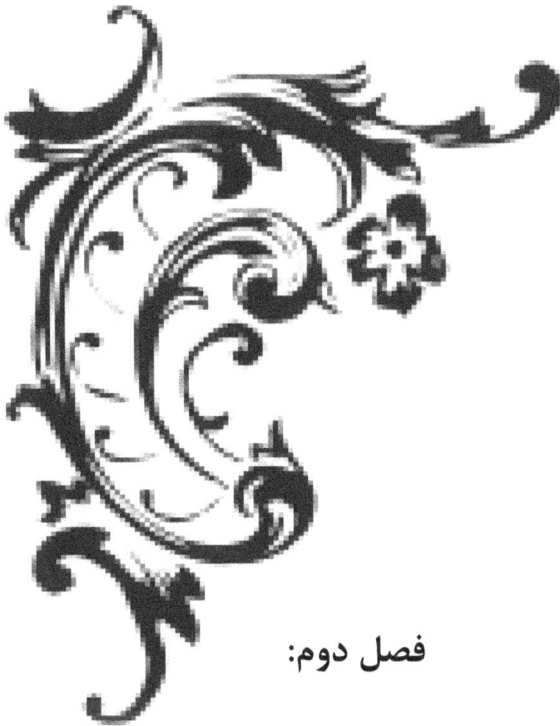

فصل دوم:

تاریخچه حضور زنان در ادبیات،

و رسانه و جامعه

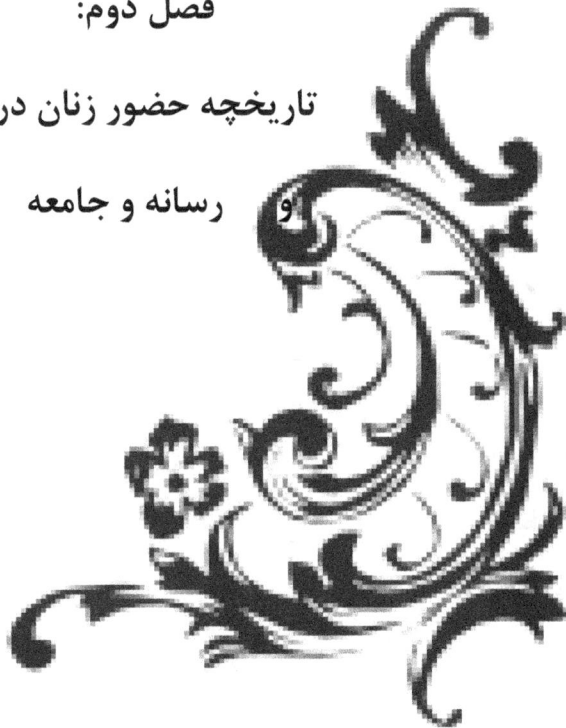

حضور زن در ادبیات ایران

پژوهشی که با عنوان، "تصویر زن در رمان‌های عامه پسند ایرانی"، توسط علی اکبر فرهنگی و تژا میرفخرایی در سال ۱۳۸۴ انجام شده است و به بررسی بیست و یک اثر از پرفروش ترین آثار عامه پسند در دهه اخیر که به وسیله یک پانل از کتاب فروشان سطح شهر تهران و بعضی شهرستان‌های دیگر انتخاب شده‌اند پرداخته است، نشان می‌دهد که ۸۹ درصد از این آثار توسط زنان نوشته شده‌اند و این‌گونه نتیجه گرفته‌اند که رابطه‌ای روشن و واضح میان جنسیت نویسندگان و جنسیت شخصیت‌های اصلی آن‌ها با اکثریت خوانندگان این آثار وجود دارد. آن ها در این پژوهش به بررسی تصویر زن در این رمان‌ها پرداخته‌اند. از دید آن‌ها مطالعه تصویر، به معنای تحلیل مشخصه‌های اجتماعی و فرهنگی شخصیت‌های درگیر در موقعیت‌های داستانی است. طبق نتایج به دست آمده، مضامین رمان‌ها نشان می‌دهد که رمان‌های مورد بررسی بخشی از تعلیم و تربیت اجتماعی هستند که زن را در جایگاهی به تصویر می‌کشند که برای او در یک فرهنگ مرد سالار تعیین شده است. نتایج این پژوهش نشان می‌دهد که رابطه‌ای بین نقش مثبت و منفی داستان زنان و طبقه اجتماعی‌شان برقرار است. به این معنا که زنان مثبت داستان بیشتر از زنان منفی داستان به میانه و بالای جامعه تعلق دارند. هم‌چنین، اکثر شخصیت‌های مؤنث در این رمان‌ها، بر اثر ازدواج و نه تلاش شخصی، موفق به صعود طبقاتی در رمان شده‌اند. در نهایت پژوهشگران به این نتیجه رسیده‌اند که آثار کتاب‌های عامه پسند که عمدتا به وسیله زنان تألیف می شوند، «جهان زنانه ای را بازنمایی می‌کنند که تنها در چهارچوب فرهنگ غالب یک جامعه مردسالار معنا دارد». گاه حتی می‌توان نتیجه گرفت که سلطه مرد بر زن در این آثار طبیعی و ازلی جلوه داده شده است. نقش اصلی را عمدتا زن بر عهده دارد، اما قهرمانان مؤنث رمان‌های مورد بررسی در محور حوادثی قرار دارند

که مردان ایجاد می‌کنند و در نهایت خود نیز آن را حل می‌کنند. فرجام زنان داستان نتیجه بازی سرنوشتی است که عمدتا به دست مردان رقم می‌خورد و فرهنگی و میرفخرایی در پژوهش خود عنوان کرده‌اند که رمان‌های عامه‌پسند ایرانی به مثابه بخشی از ابزارهای تعلیم و تربیت اجتماعی، گفتمان مردسالارانه را در چهارچوبی زنانه منعکس می‌کنند.

زهرا لقمانیان در سال ۱۳۸۰ تحقیقی با عنوان، "بررسی جامعه شناختی تصویر زن در فرهنگ ایران"، انجام داده است. در این پژوهش، محقق درصدد شناسایی تشخیص اعتبار، هویت و منزلت اجتماعی زن در قاموس و فرهنگ ایران بوده است. در پی مطالعات و مصاحبه‌های اکتشافی که طی آن از افراد خواسته شد زن را تعریف و توصیف کنند، وجود نابرابری جنسیتی در جامعه، و به تبع آن نظام ارزشی خاصی که حکایت از طرز تلقی های منفی نسبت به زن داشت، آشکار گشت. انگیزه محقق از پرداختن به شناخت موقعیت و منزلت زن در قاموس ایران آن است که می‌خواهد به رازگشایی فرهنگ مرز و بوم این سرزمین بپردازد. زیرا گفته می‌شود زن یکی از چند کلید رازگشایی فرهنگ هر قوم و ملت است. در این پژوهش، پس از شناخت پایگاه و اعتبار زن در قاموس این سرزمین به علل مؤثر در پدید آوردن وضع موجود پرداخته شده است، تا شاید بتوان یکی از هزاران مسأله موجود درجامعه در مورد نیمی از جمعیت انسانی را شناسایی کرده و به چاره اندیشی پرداخت. به عبارت بهتر در این مقوله نظری با بررسی نگرش‌ها که ریشه در ایام کهن دارند، به تحولات و تطورات گذشته زنان نظری افکنده شده است تا حال را درک و آینده را پیش بینی کننند. آن‌ها در تلاش بوده‌اند تا با توجه به امتیازاتی که مردان در عصر و جامعه ایران دارند، وضعیت زنان را ارزیابی کنند که البته اتخاذ چنین تصمیمی متضمن طرد رفتار مردسالاری است.

در این پژوهش، به منظور اثبات وجود یا عدم وجود نابرابری جنسیتی در ایران، فرضیه‌ای در سطح کلان و با هدف بررسی عوامل تأثیرگذار بر نگرش‌های منفی در خصوص زن در جامعه، فرضیاتی در سطح خرد عنوان و مورد سنجش قرار گرفتند. فرضیه کلان (وجود نابرابری جنسیتی در ایران) و کلیه فرضیات در سطح خرد (عوامل اجتماعی – فرهنگی، عدم مشارکت زنان ، عدم استقلال مالی آنها و نابرابری جنسی، به عبارت دیگر عوامل مشارکت اجتماعی زنان، عدم استقلال مالی آن‌ها و نابرابری جنسی، به عبارت دیگر عوامل زیستی و بیولوژیکی متفاوت دو جنس به عنوان علل مؤثر بر ایجاد و قوام تصورات منفی نسبت به زن) تأیید شدند. تنها عامل عدم ارزش‌گذاری اقتصادی کار زن به عنوان فاکتور مؤثر بر طرز تلقی موجود نسبت به زن رد شد.

طبق پژوهشی که توسط ولی‌زاده کاخکی در سال ۱۳۸۵ با عنوان، "سیاست‌های بازنمایی: جنسیت در آثار نویسندگان زن ایرانی"، به انجام رسیده است، این پژهش عنوان می‌دارد که در سال‌های اخیر با رشد حیرت‌آور زنان نویسنده در ایران مواجه بوده‌ایم و آثار این زنان نویسنده مورد استقبال مخاطبان قرار گرفته است که این مسئله به بحث‌های متعددی در حوزه فرهنگی ایران منجر شده است. از نظر این پژوهش، اکنون زنان ایران توانسته‌اند خود را ابراز کنند و صدایشان شنیده شود و خود در تعریف و تصویر جنسیت خود مشارکت داشته باشند و آثار آنان را می‌توان هم‌چون هر محصول فرهنگی دیگر به صورت شکلی از بازنمایی نگریست که سرنخ‌های مهمی درباره یک نظام عقیدتی و فرهنگی به دست می‌دهد. هدف این پژوهش، بررسی ایدئولوژی‌های جنسیتی در آثار مورد بررسی مربوط به نویسندگان زن ایرانی است. روش مورد استفاده در این پژوهش نظریه‌سازی یا گراندد تئوری می‌باشد. نتایج این پژوهش نشان می‌دهد که از رمان‌های مورد بررسی دو دستگاه متمایز بازنمایی زنانگی استخراج شده است که

آن‌ها را «تصویر سنتی زن» و «تصویر زن جدید» نامگذاری کرده‌اند. زن سنتی با مفاهیمی هم‌چون خانه، سکون، مصرف، خواندن، کارخانگی، وابستگی و گذشته بازنمایی می‌شد و زن جدید با مفاهیمی هم‌چون تحرک، تولید، استقلال و آینده. از دید این پژوهش، تصویر زن سنتی، در خدمت روابط جنسیتی قدرتی است که ایدئولوژی مردسالار مسلط، سعی در حفظ و بازتولید آن دارد؛ و تصویر زن جدید بدیلی در برابر ایدئولوژی مسلط است. به گفته این پژوهش، رمان‌های عامه‌پسند بازتولید کننده ایدئولوژی مردسالار مسلط است و رمان‌های نخبه‌گرا در برابر آن موضعی برانداز دارند. اما نوع نوظهوری از رمان‌های زنان که مرزهای میان ادبیات نخبه‌گرا و عامه‌پسند را مخدوش کرده اند بدون گسست از سنت‌های فرهنگی موجود تلاش دارند تا با برخوردی انتقادی و پرسش‌گرا از این سنت‌ها موقعیت زن در جامعه را مورد تجدید نظر و بازاندیشی قرار دهند.

در پژوهشی که با عنوان، "بررسی سیمای زن در رمان شوهر آهو خانم"، توسط زهرا کوچکی انجام شده است نتایج آن نشان می‌دهد که در طول تاریخ تفکرات مردسالارانه و پدرسالارانه اجازه بروز و ظهور را به زن نداده و او را هرچه بیشتر در محیط بسته و مهجور محصور نموده است. این مسئله در آثار و منابعی که از دوره‌های مختلف باقی مانده است به روشنی نمود می‌یابد. اما زن به صورت آرمانی در داستان‌های باقی‌مانده، موجب تحول جهان بینی مرد می‌شود. با شروع انقلاب کبیر فرانسه و انقلاب‌های دیگر در جهان، تحول عظیمی در تفکر و اندیشه‌ها اتفاق افتاد. با ورود اندیشه‌های جدید بین سنت و مدرنیته تقابلی ایجاد می‌شود که در رمان شوهر آهو خانم می‌توان گوشه‌هایی از این تقابل را مشاهده کرد. این رمان، دو نمونه از افراد وابسته به سنت و متمایل به تجدد را نشان می-دهد که خواهان نایل شدن به حق خود هستند. آنان در رسیدن به هدف راه‌های

متفاوتی را می‌پیمایند و با افکار و راه حل‌های جدید آشنا می‌شوند که در انتها به پایداری آهوی سنت‌گرا و گریز همای تجددگرا می‌انجامد.

پژوهشی با عنوان، "سیمای زن ایده‌آل از دیدگاه لویی آراگون در مجموعه رمان‌های دنیای واقعی"، در سال ۱۳۹۰ توسط سهیلا اسماعیلی وحمید مرادی انجام شده است. در این پژوهش آمده است که «دنیای واقعی» مجموعه‌ای است شامل چهار رمان نوشته لویی آراگون نویسنده مشهور فرانسوی (۱۹۸۲ ـ ۱۸۹ م)، در انتقاد از جامعه سرمایه‌داری فرانسه سال‌های ۱۸۹۰ تا ۱۹۴۰، که از آن می‌توان اطلاعاتی گسترده درباره جامعه فرانسه آن دوران به دست آورد. در خلال این موارد، نقش و تأثیر زنان نیز مشهود است و با بررسی دقیق این رمان‌ها می‌توان سیمای زن را در قالب زنان بورژوا، کارگر و خدمتکار، روسپی، هرج و مرج طلب و مبارزه سیاسی مشاهده کرد. این مقاله سیمای زن ایده‌آل از دیدگاه لویی آراگون را در قالب موارد فوق، با ارائه نمونه از متن رمان‌های مجموعه «دنیای واقعی» مورد تحلیل و بررسی قرار داده است.

پژوهشی با عنوان، "سیمای زن در رمان‌های برگزیده محمد محمد علی با تأکید بر نقد ادبی فمینیستی"، توسط مریم حسینی و فرانک جهانبخش در سال ۱۳۸۹ انجام شده است. در این مقاله، سه رمان از رمان‌های محمد محمدعلی با گرایش نقد فمینیستی مورد بررسی قرار گرفته است. بدین منظور سعی شده تا با استفاده از فاکتورهای مهمی از جمله مردسالاری، تبعیض جنسی، خشونت علیه زنان و... با استناد به کتب جامعه شناسی و فمینیستی، به نقد و بررسی این آثار پرداخته شود. از بررسی این رمان‌ها مشخص گردید که وضعیت زنان در رمان‌های محمدعلی به تدریج بهبود می‌یابد و روابط شان با اجتماع پیچیده‌تر می‌گردد. درون مایه‌های کشف هویت و خودشناسی و نیز تقابل دو نسل که از مهم‌ترین بن مایه‌های رمان‌های محمدعلی است، به خوبی سیر تدریجی بهبود

وضعیت زنان را در این داستان ها به نمایش می گذارد و بررسی این رمان ها از ابتدا تا انتها، جهت گیری‌های خاص نویسنده را به سمت نگارش داستانی بر مبنای دیدی مثبت نسبت به زنان آشکار می‌سازد.

تحقیق دیگری با عنوان، "فرهنگ و هویت جنسیتی با نگاهی بر ادبیات ایران"، در سال ۱۳۸۲ توسط نیره توکلی به انجام رسیده است. هدف از مقاله حاضر، نخست، تشریح مفاهیم و تعاریف نظری مربوط به هویت جنسیتی، تاثیر فرهنگ در ساخته شدن این هویت و بازنمایی آن در فرهنگ است. در این حوزه بر آرای دو تن از برجسته‌ترین نظریه‌پردازان این موضوع، ساندرا بم و مایکل کیمل، مبنی بر لزوم فراتر رفتن از رویکرد زیست شناختی در تعریف و درک این هویت تأکید کرده است. هویت جنسیتی که در فرهنگ هر جامعه‌ای تبلور می‌یابد، سرچشمه بسیاری از نابرابری های جنسیتی اجتماعی نیز هست. از این رو، بررسی بازتاب این هویت در فرهنگ برای روشن کردن این سرچشمه‌ها و آفرینش زبان و فرهنگی مبتنی بر برابری جنسیتی اهمیت اساسی دارد. هدف از این بخش نشان دادن نگاه مردانه به زنان و جایگاه آنان با ریشه‌های بسیار ژرف آن در فرهنگ و ادبیات است. این نگاه، سازنده تصویری است که از بیرون از زنان ترسیم شده است. از آن جایی که هویت هر کس برآیندی از تصاویر بیرونی و درونی آن شخص از خودش است، می‌توان پنداشت که تا پیش از انعکاس صدای زنان در عرصه رمان و ادبیات و فرهنگ، که پدیده متأخری به شمار می‌آید، یگانه تصویر هویت‌سازی جنسیتی کمابیش در این فرایند خلاصه می‌شده است. این تحقیق نیز، برای ارایه نمونه‌ای گویا از این تصویر در فرهنگ ایران، از طریق مروری بر ادبیات ایرانی صورت گرفته که باید آن را مقدمه‌ای برای مطالعات بعدی به شمار آورد.

در بررسی حاضر، بخشی از پژوهش‌هایی که در ایران در زمینه تصویر زن در ادبیات و متون گوناگون انجام گرفته، و از جمله تازه‌ترین آن‌ها گرد آمده و نقد یا تفسیر شده است. علاوه بر آن، پژوهش نگارنده با استفاده از روشی اسنادی، با حرکت از تعریف زن در فرهنگ معین و نیز نگاهی بر مهم ترین چهره‌های رمان‌نویسی معاصر ایران به انجام رسیده است.

پژوهشی با عنوان، "سیمای زن در آثار سیمین دانشور"، توسط عبّاس زاده خداویردی و هانیه طاهرلو در سال ۱۳۹۰ صورت گرفته است. نتایج این پژوهش نشان می‌دهد که دانشور سعی کرده است در داستان‌هایش به زن بپردازد و اغلب شخصیت‌های داستان‌های او زنان هستند. توجه به زنان و پرداختن به زندگی آن‌ها پیش از دانشور در ادبیات داستانی ایران سابقه داشته است؛ با این تفاوت که نوع و شخصیت زنان داستان‌های او با نوع و شخصیت زنان دیگر نویسنده‌ها متفاوت است. اصولا زنان در آثار دانشور، به دو طبقه متمایز از هم تقسیم می-شوند: زنان طبقه بالا و مرفه الحال و زنان زحمت‌کش و زیردست و محروم و اغلب کلفت‌جماعت که خدمت زنان طبقه بالا را می‌کنند و برای آن‌ها زحمت می‌کشند و از این طریق است که با هم در ارتباط‌اند. گاهی احساسات دلسوزانه و فردی گروه اول، شامل حال گروه دوم می‌شود. زنان طبقه متوسط جامعه ایرانی، کمتر در داستان‌های دانشور راه یافته‌اند و حوزه دید نویسنده بیشتر به آن دو طبقه و گروه مذکور محدود می‌شود.

پژوهش دیگری با عنوان، "تصویر زن در قصه‌های عامیانه فرهنگ بختیاری"، توسط حمید رضایی و ابراهیم ظاهری عبدوند در سال ۱۳۹۲ انجام شده است. هدف از این پژوهش، بررسی وضعیت زن در فرهنگ بختیاری بر اساس سی قصه مکتوب است. فرهنگ بختیاری، فرهنگی مردسالار است که به رغم نگرش مثبت به زنان، آنان را فرودست‌تر از مردان می‌داند. در این فرهنگ، زنان در عرصه‌های

اقتصادی و سیاسی حضوری کم‌رنگ دارند و نگاهی مردسالار بر این زمینه‌ها حاکم است؛ البته زنان در برابر این فرهنگ مردسالار سکوت نکرده، بلکه بسیاری از کلیشه‌های جنسیتی موجود را، به خصوص در زمینه‌های اجتماعی، نپذیرفته و مردان را مجبور کرده‌اند نظرشان را تغییر دهند. از جمله دغدغه‌های زن در این قصه‌ها، ازدواج و مبارزه با اندیشه‌های مردسالارانه است . از زنان انتظار می‌رود مطابق خواسته‌های مردان ازدواج کنند؛ اما آن‌ها، در بسیاری از موارد، این نگرش‌ها را رد کرده و طبق معیارهای خود ازدواج نموده‌اند. حضور زنان در قصه‌ها، هم از جهت کیفی و هم از نظر کمی، بررسی شده است. فعالیت‌های سیاسی و اقتصادی زن، اندیشه‌های مردسالارانه، مبارزه با اندیشه‌های مردسالارانه، ازدواج، و صفت‌های زن شخصیت‌های اصلی و فرعی از موضوع‌های مورد بررسی در این پژوهش‌اند.

پژوهش دیگری با عنوان، "بررسی سیمای زن در ادبیات کودکان با تأکید بر تغییرات سیاسی – اجتماعی"، توسط جواد صادقی جعفری در سال ۱۳۸۷ صورت گرفته است. این پژوهش بر آن است که با تأکید بر تغییرات سیاسی- اجتماعی دهه‌های اخیر در ایران، به بررسی سیمای زن در ادبیات کودکان بپردازد. تغییرات سیاسی- اجتماعی در این مقاله، با مؤلفه‌های جنگ، دوره‌ی سازندگی، و دوره‌ی موسوم به اصلاحات مشخص شده و پس از مقایسه با واقعیات (آمارهای رسمی)، تغییر سیمای زن در ۲۲ داستان نمونه، مورد بررسی قرار گرفته است. منابع مورد بررسی، کتاب‌های داستانی منتشر شده به وسیله‌ی کانون پرورش فکری کودکان در طی سال‌های ۱۳۵۸ تا۱۳۸۴ است و در بررسی نمونه‌ی آماری از روش تحلیل محتوا استفاده شده است. نتیجه‌ی به دست آمده بیان‌گر عدم تغییر نگرش نویسندگان نسبت به نقش‌های جنسیتی طی سه دوره ی زمانی، به رغم تغییر در واقعیت‌ها، است. حضور کمی، نقش‌های خانوادگی،

سواد، اشتغال، و فعالیت‌های سیاسی و اجتماعی زنان، شاخص‌های مربوط به سیمای زن در این مقاله است.

پژوهشی که تحت عنوان، "سایه روشن سیمای زن در رمان‌های نجیب محفوظ (پیامدهای ناگوار گذار از سنت به دنیای جدید)"، توسط شهریار باقر آبادی و علی سلیمی در سال ۱۳۹۲ انجام شده است، بر آن بوده است که با شیوه‌ی توصیفی - تحلیلی به بررسی مسائل زنان در جزر و مدّ حوادث قصه‌های نجیب محفوظ بپردازد و تصویری از زن عرب معاصر را از لابلای برخی رمان‌های او ارائه نماید. نتیجه‌ی این پژوهش بیانگر آن است که زن در گستره‌ی رمان‌های محفوظ، فاقد شناختی صحیح از چیستی و رسالت خویش در جامعه بوده و از فقر، فساد اخلاقی، تزلزل مبانی نهاد خانواده و سلطه‌ی تباه کننده ی سیاست مداران فاسد، همواره در رنج بوده است. زنان جامعه‌ی مصر در رمان‌های او، در میان افراط و تفریط نظام ارزشی جامعه، همیشه آزرده خاطر و پریشان حال هستند. آن‌ها در چنبره نقطه گذار، از سنت به مدرنیته و در برزخ میان قدیم و جدید، در جست وجوی تعریفی نو از ارزش‌های اجتماعی و نظام خانواده هستند که هم با حقایق تاریخی گذشته و هم با عصرشان هم‌سویی داشته باشد. اما آن‌ها غالباً از دستیابی به این آرزو ناکام می‌مانند.

پژوهشی با عنوان، "تصویر و جایگاه زن در داستان‌های عامیانه سمک عیار و داراب نامه"، توسط سعید حسام پور و محمد حسین کرمی در سال ۱۳۸۴ صورت گرفته است. این پروهش تأکید دارد که زن در داستان‌های عامیانه، برخلاف اشعار و آثار کلاسیک، حضوری مؤثر و سازنده دارد و در عین این‌که در اندیشه‌ورزی، حکومت، پهلوانی، عیاری و عشق، حضوری تأثیرگذار دارد. گاه در پاره‌ای موارد، مورد توهین قرارمی‌گیرد و حضورش نادیده انگاشته می‌شود. چون داستان‌های عامیانه، متعلق به عامه مردم هستند، زنان این داستان‌ها مانند زنان

در طبقات فرودین جامعه، حضوری گسترده‌تر از زنان اشراف دارند. به طور کلی حضور زن در این داستان‌ها به واقعیت نزدیک است و تصویری به نسبت واقع‌بینانه از چهره وی نمایانده می‌شود. به عبارت دیگر، نه چهره کاملا مثبت دارد و نه کاملا منفی.

پژوهش دیگری با عنوان، "سیمای زن در ادبیات معاصر نیلوفر کبود بوف کور"، در سال ۱۳۹۲ توسط محمود جعفری دهقی و نعیمه متوسلی به انجام رسیده است. در ادبیات داستانی معاصر، صادق هدایت، یکی از چهره‌های چند وجهی است. در آثار او، نگرش به زن و بازتاب این عنصر زایای خلقت، سبب شده، وی را زن‌ستیز قلمداد کنند؛ اما با تعمق در آثارش و با توجه به مسائل روانشناختی، تربیتی و اجتماعی شخصیت‌های داستان‌هایش، شاید دیگر وی زن‌ستیز معرفی نشود. در این مقاله، به بررسی جنبه‌های ناشناخته سیمای زن در آثار این نویسنده پرداخته شده و نتیجه این پژوهش نشان داد که، وی نه تنها زن‌ستیز نبوده، بلکه با شفقتی خاص به زنان ایرانی می‌نگریسته است.

پژوهشی تحت عنوان، "تصویر زن درآثار راسین با نگاهی بر سه تراژدی آندروماک، بریتانیکوس و فدر"، در سال ۱۳۸۹ توسط غلامرضا ذات علیان و عفت الله وردی انجام گرفته است. ژان راسین، نویسنده قرن هفدهم فرانسه، در آثار خود نقش چشمگیری را به زنان داده است، تا جایی که برخی، از او به عنوان بنیانگذار نقش زن در ادبیات نام برده اند. توجه خاص راسین به ظرافت رفتار قهرمان زن، و در عین حال پیچیدگی آن، بیانگر شناخت نویسنده از لایه های درونی احساسات زنانه است. در این نوشتار به بررسی موقعیت سه قهرمان زن با نام های آندروماک در تراژدی‌ای به همین نام، آگریپین در تراژدی بریتانیکوس و فدر در تراژدی فدر پرداخته شده است. این سه، زنان اند با انگیزه‌هایی متفاوت و موقعیت‌هایی استثنایی. تفاوت‌های فاحشی آنان را از یکدیگر متمایز می‌کند. با

این حال عواملی مانند نحوه برخورد گاه یکسان با مشکلات، وابستگی به گذشته و نقش تأثیرگذار هر یک از این زنان بر سرنوشت دیگر شخصیت‌های تراژدی، آنان را به یکدیگر شبیه می‌سازد.

پژوهشی دیگری تحت عنوان، "تصویر زن در داستان آفرینش متون مقدس: مطالعه مقایسه‌ای میان قرآن و کتاب مقدس"، در سال ۲۰۱۰ توسط ملیحه مغازه ای، علی محمد ولوی، صادق آیینه وند و سوسن باستانی، به انچام رسیده است.. این مقاله با استفاده از رهیافت بین‌متنی نشان می‌دهد که، علی‌رغم تفاوت عمیق میان این دو متن از نقطه نظر جایگاه زن در این داستان و با وجود تفاسیر متضاد و برداشت‌های مختلف، نظریه پردازی‌های جنسیتی مشابهی میان مفسرین مسلمان و صاحب نظران مسیحی بر مبنای این داستان به وجود آمده است. این مسأله تاییدی است بر این نظریه که زمینه تاریخی متون، گفتمان بینامتنی و گرایش‌ها و پیشافهم‌های مفسران در تولید تفاسیر موثر هستند. مقاله نتیجه می‌گیرد که به علت این عوامل ، که خود در عین حال مؤید پویایی، چند معنایی و سیالی متون مقدس بخصوص قرآن است، برخی از تفاسیر این داستان با وجود نفی نابرابری‌های جنسیتی ذاتی در داستان آفرینش در قرآن ابزار توجیه این نابرابری‌ها یا (نگاه دیگری نسبت به زن) برای پیروان هر دو مذهب شده است.

پژوهشی با عنوان، "نگاهی تحلیلی به سیمای زن در ناتو- رآلیسم سال‌های ابری"، در سال ۱۳۹۱ توسط محمد ایرانی انجام شده است. نتایج این پژوهش نشان مدهد که سبک و نوع کار نویسنده، مکتب ادبی و فکری وی و شخصیّت‌پردازی زنان در این اثر با وجود تعدّد اشخاص داستان، شخصیّت‌پردازی زنان، عمقِ بیشتری دارد و ملموس‌تر و باورکردنی‌تر است. نوع نگاه نویسنده به «زن»، «جنسیّت» و «نقش» او در جامعه و خانواده، نگاهی خاص و معنادار است

که نه رآلیسم محض است و نه صرفاً برگرفته از مؤلّفه‌های مکتب سوسیالیسم. حضور پر رنگ «زن» در متن خاطرات سال‌های ابری از او شخصیّتی خاکستری و گاه تیره می‌نمایاند که یا در پیکار مداوم با تقدیر محتوم خود است و یا بر آرزوهای از دست رفته‌اش می‌موید. رآلیسم سال‌های ابری، رآلیسمی چندسویه و چند بُعدی است که بیش از همه از مؤلّفه‌های مکتب ناتورالیسم بهره گرفته است. بنابر این، رآلیسمی که درویشیان به کار می‌برد، ترکیبی است و می‌توان آن را «رآلیسم ناتورالیستی» یا به کوتاهی، «ناتو ـ رآلیسم» (natu-realism) نامید.

پژوهشی با عنوان، "سیمای زن در پنج گنج نظامی"، توسط احمد غنی پور ملکشاه وساجده تیرگر بهنمیری در سال ۱۳۸۹ انجام شده است. نتایج این پژوهش نشان می‌دهد که نظامی برخلاف نگرش متداول جامعه خود با دید باز به شخصیت زن می‌نگریست و او را در برخی خصلت‌های مردپسند خلاصه نمی‌کرد. او زن را شایسته پذیرفتن مسئولیّت در سطح کلان اجتماعی می‌دانست و نه تنها کمتر از مردان تلقّی نمی‌کرد بلکه جایگاهی برتر هم بدیشان می‌داد تا با نشان دادن شایستگی‌های خود، بطلان عقیده عمومی را در خصوص شکنندگی و ناتوانی خود ثابت کنند. آرا و نظریّات او در زمانه خود از نگاهی روشن و پیش‌بین حکایت می‌کند که با جامعه بسته و فئودالی آن روزگار، سنخیّت زیادی ندارد؛ بلکه در میان شاعران دیگر نیز نظایر بسیاری برای آن نمی‌توان یافت. در این مقاله، توجه خاص او به زنان به عبارت دیگر «زن‌محوری» در آثارش بررسی می‌شود و مجموعه فضایلی که زن آرمانی در شعر وی دارد، با استناد به مثنوی‌های پنجگانه او، مخزن الاسرار، خسرو و شیرین، لیلی و مجنون، هفت پیکر، اسکندرنامه، شامل اقبال‌نامه و شرف‌نامه ارائه می‌گردد.

پژوهش دیگری با عنوان، "تصویر زن در اشعار احمد شوقی"، در سال ۱۳۹۰ توسط زهرا سلیمان پور و جعفر دلشاد انجام شده است. این پژوهش نشان می-

دهد که در شعر شوقی که در دوره نهضت شعر عربی زندگی می‌کرده است زن به دو گونه تصویر می‌شود: نخست مرتبط با مشکلات اجتماعی که گریبان‌گیر زنان بود و در واقع عامل اصلی جُنبش‌هایی بود که خواهان آزادی زن بودند. دوم تصویر زن به عنوان موضوعی برای تغزل. هنگامی که اشعار شوقی را می‌خوانیم با دو نوع برخورد در مورد تغزل مواجه می‌شویم: یکی گرایش کلاسیک که در غزل-سرایی او در مقدمه شعرهای مدحی‌اش، نیز در شعرهایی که صرفاً در زمینه تغزل هستند به چشم می‌خورد. دیگری گرایش رمانتیک که در شعرهای نمایشی او خود را نشان می‌دهد. در این گونه اشعار شاعر از سر احساس و عاطفه شعر می-سراید و از آن‌رو که از زبان قهرمانان داستانش سخن می‌گوید از آزادی بیان بیشتری برخوردار است. این مقاله تلاش کرده است تا با بررسی تحلیلی قسمتی از اشعار شوقی در حیطه موضوع تصویر زن، دیدگاه شاعر را در مسائل اجتماعی مربوط به زن ونیز غزل سرایی او (مادی یا معنوی) دریابد.

پژوهشی با عنوان "بررسی سیمای زن در آثار احمد عزیزی"، در سال ۱۳۹۱ توسط سعید حاتمی و فاطمه محققی صورت گرفته است. یکی از مهم‌ترین موضوعات اجتماعی مطرح در آثار عزیزی، موضوع زن و مسائل مرتبط با زنان است. هدف این پژوهش آن است که با رویکردی توصیفی – تحلیلی به تبیین جنبه‌های گوناگون این موضوع در گستره آثار ادبی منظوم و منثور این شاعر بپردازد. بر اساس نتایج این پژوهش، رویکرد عزیزی به زن از سویی کاملا متأثر از عقاید و آموزه‌های اسلامی، فرهنگ تشیع و ارزش‌های انقلابی است و از سوی دیگر جنبه تعلیمی دارد؛ یعنی او با بازآفرینی سیما و منزلت زن در جهان‌نگری و انسان‌شناسی اسلام و مکتب تشیع، در هیأت جذاب هنر و تصاویر و تلمیحات شاعرانه، کوشیده است تا نگاه جامعه به زن و نگاه زن به خودش را با تعالیم قرآن، سیره اهل بیت (علیهم السلام) و ارزش‌های انقلاب اسلامی منطبق سازد. او

برای نیل به این هدف، از دو ابزار آموزشی الگوسازی و ایجاد تقابل سود جسته است.

طیبه سادات حسینی (۱۳۸۹) پژوهشی تحت عنوان "نگاهی به تصویر زن در شعر شاعران معاصر عرب"، انجام داده است. این مقاله به بررسی وضعیت زن در شعر تعدادی از شاعران عرب پس از نهضت (سال ۱۳۲۰ق به بعد) می‌پردازد. پیشرفت‌های سریع و تحولات اجتماعی غرب در قرن نوزدهم، باعث تحول نگرش روشن‌فکران و به دنبال آن ادیبان و شاعران، به زنان شد. در این مقاله، نخست دوره‌های ادبیات عرب و ویژگی‌های بارز هر دوره به اختصار آورده شده، آن‌گاه تصویر زن در شعر دوره‌های گذشته تبیین شده است؛ عصر جاهلی، عصر اموی، عصر عباسی و عصر انحطاط. سپس برخی عوامل تغییر زندگی و به دنبال آن تغییر نگرش اعراب در عصر نهضت بیان شده است. با بررسی شعر برخی شاعران صاحب نام معاصر، می‌توان به این نتیجه رسید که هرچند گاهی تصاویر حسی و یا تصاویری از گونه ادبیات جاهلی دیده می‌شود، ولی شعر معاصر بر مسایل معنوی زنان، مانند تعلیم و تربیت، آزادی (با چشم پوشی از اختلاف نظر در مفهوم آن) و... تأکید بسیاری دارد و این تأکید، حاصل تمایز نگاه عرب معاصر به زن با دیگر دوره هاست و نتیجه‌اش بر بسیاری مسایل معنوی، انسانی و اجتماعی نمایان است.

جایگاه و نقش زن در ادبیات ایران

پژوهشی با عنوان "بررسی جایگاه زن در آثار واقع‌گرایانه ی جمالزاده و بالزاک"، در سال ۱۳۸۹ توسط فریده علوی و سهیلا سعیدی انجام شده است. از دیدگاه مکتب واقع‌گرایی، ادبیات ابزاری است برای شناساندن رویه‌ی واقعی قواعد، روابط

و مناسبات اجتماعی. این مکتب بر آن است تا گستره‌ی آگاهی‌های اجتماعی خوانندگان را افزایش دهد. این هدف، مضامین تازه‌ای را پیش روی نویسندگان قرار می‌دهد. مسأله‌ی زندگی زنانه نیز، بر اساس همین روی کرد، وارد آثار ادبی جوامع مختلف می‌شود. بررسی آثار بالزاک و جمال‌زاده، به عنوان بنیان گزاران مکتب واقع گرایی در فرانسه و ایران نشان می‌دهد که این دو نویسنده، کم و بیش به این مضمون پرداخته‌اند. آن ها از یکسو، جایگاه سنتی زنان را به تصویر می‌کشند و از سوی دیگر، تأثیر سرمایه‌داری بر زندگی آنان را افشاء می‌نمایند. اگرچه این دو نویسنده، در بعضی از موارد، موضوعات مشترکی را مطرح می‌کنند که منجر به بروز شباهت‌های قابل توجهی در دیدگاه‌های آن ها می‌شود، اما تجربیات فرهنگی و اجتماعی ناهمانند و نیز حضور در دو دوره ی تاریخی متفاوت باعث می‌شود که در تصاویری که آنان ارایه می‌دهند، همسانی چندانی وجود نداشته باشد.

پژوهشی با عنوان "جایگاه زنان در متون نثر فارسی کهن"، در سال ۱۳۸۹ توسط زهرا ریاحی زمین, محمدرضا (فریبرز) حمزه‌ای و علی اصغر میرک‌زاده صورت گرفته است. این پژوهش عنوان می‌دارد که اقوام گوناگون، بنابر فرهنگ و تمدن قومی و نژادی، اساطیر، مذهب، و شرایط ویژه جغرافیایی، تاریخی، اجتماعی، اقتصادی، و سیاسی، دیدگاه‌هایی گوناگون نسبت به زن داشته‌اند و همین مسأله جایگاه اجتماعی و حقوقی زن را، در جوامع گوناگون و در طول تاریخ، دیگرگون کرده است. در فرهنگ و ادبیات هندوستان، زنان در نقش‌های الهه، اسطوره‌ای، روحانی، جادوگر، دلاله، و مانند آن دیده می‌شوند و کتاب‌هایی چون کلیله و دمنه، سندبادنامه، جواهرالاسمار، و طوطی نامه - که خاستگاه هندی دارند - نگاهی زن‌ستیزانه را به نمایش می‌گذارند. این پژوهش، که به روش کتابخانه‌ای و به شیوه‌ای تحلیلی صورت گرفته است، پس از بررسی کتاب‌های یاد شده و

تطبیق موارد مربوط به زنان با اساطیر و باورهای مذهبی و تاریخی هندی‌ها، به این نتیجه رسیده است که بسیاری از این نگرش‌ها،که به فرهنگ و ادبیات هند راه پیدا کرده، دستاورد نگاه مردسالارانه، مسائل اقتصادی، باورهای اسطوره‌ای، آموزه‌های مذهبی کهن هندیان، و نیز دست کاری مترجمان است؛ بر این اساس، کمتر می‌توان علل و عوامل این نوع نگرش را در ناهنجاری‌های رفتاری زنان هندی یا عوامل اجتماعی جست و جو کرد.

تحقیق دیگری با عنوان "بررسی نقش زنان در چند داستان کوتاه دفاع مقدس"، توسط عنایت ا... شریف پور و فاطمه لشکری در سال ۱۳۸۹ انجام شده است. زنان بر اساس نقش‌هایشان در این داستان‌ها دسته بندی شده‌اند و برای هر نقش، نمونه‌ای از داستان‌های کوتاه آورده شده است. سپس به تحلیل نقش زنان در این گونه داستان‌ها پرداخته شده است. این پژوهش با توجه به تقسیم‌بندی زمانی داستان‌های کوتاه دوره دفاع مقدس نتیجه می‌گیرد که در دو دوره زمانی مورد نظر، زنان نقش‌های خاصی را در هریک از داستان‌ها دارند که این نقش‌ها، در هر دوره به طبقه‌های مختلفی تقسیم شده است که به شرح زیر است:

- دوره اول از آغاز جنگ تا پایان آن: نقش زنان در این دوره که مستقیما به صحنه‌های نبرد اختصاص دارد، به دو گونه است. دسته اول زنانی که مستقیما در جنگ شهرها حضور داشته و دچار آسیب شده اند. آن ها وجود دشمن را رو در رو یا در چند قدمی خویش احساس کرده‌اند و دسته دیگر زنانی هستند که در کنار مردان مبارز در جبهه‌های نبرد، در لباس پزشک یا پرستار فداکار به امداد آنان شتافته‌اند.

- دوره دوم از پایان جنگ تا کنون: این دوره در برگیرنده نقش زنان در دوران پس از جنگ می‌باشد که می‌توان آن را به طبقه‌های زیر تقسیم‌بندی نمود:

زنان معلول و جانباز، زنان منتظر و چشم به راه، زنان سوگوار و تنها و زنان پرستار جانبازان. این تحقیق بیان می‌کند که با توجه به داستان‌های کوتاهی که در دوران دفاع‌مقدس به رشته تحریر درآمده است؛ زنان به صورت‌های ذکر شده در صحنه‌های نبرد و نیز پشت صحنه‌های نیز نقش‌های مؤثری را ایفا نموده‌اند.

بازنمایی زن در ادبیات ایران :

پژوهشی که تحت عنوان "بازتاب روح زنانه در ادبیات نمایشی دفاع مقدس (با مطالعه پنج نمایشنامه نمونه)"، توسط مهدی حامدسقایان و منصوره صدیف در سال ۱۳۹۲ انجام شده است؛ با بهره‌گیری از رویکردی اسطوره‌ای – روان شناختی، با بررسی شخصیتِ قهرمانان زنِ پنج نمایشنامه نمونه، به این مسئله اساسی پرداخته است که تصویر زنان در ادبیات نمایشی دفاع مقدس تا چه میزان با مبانیِ ارزشی دفاع مقدس هم‌خوانی دارد و در این آثار در ترسیم چهره زنی راستین، که درگیر جنگی ناخواسته است، تا چه حد مسیری هم پای ارزش‌های فرهنگ دفاع مقدس پیموده شده است؟ در این مقاله، از ویژگی‌های «کهن‌الگوی زن طبیعی»، که برگرفته از دیدگاه‌های کارل گوستاو یونگ است، بهره گرفته شده است؛ کهن الگویی که در بررسی‌های ادبی و هنری کشورمان کمتر بدان توجه شده است .در نتیجه مقاله آمده است که در ادبیات نمایشی دفاع مقدس، نبودِ خلاقیت، سرزندگی، و شادی و نشاط در زندگی قهرمانانِ زن به امری معمول تبدیل شده است. شناخت هرچه بهتر کهن الگوی زن طبیعی می‌تواند زمینه‌ای را فراهم آورد که با حفظ ارزش‌ها بتوان آثاری آفرید که زن با طبیعت راستین خود به تصویر درآید.

هدف از این پژوهش، ارزش‌گذاریِ «ادبیات نمایشی دفاع مقدس» از طریق دیدگاه‌های یونگ نیست، بلکه این مطالعه به دنبال آن بوده است تا نشان دهد که خواه پژوهش براساس نظریات یونگ باشد و خواه هر روان شناس و فیلسوف دیگر، چگونه می‌تواند به شناخت بیشتر از شخصیت زن در این آثار بینجامد؛ شناختی که می‌تواند ما را از هرگونه بیراهه، که با مبانی ارزشی منافات دارد، دور کند و در ترسیم چهره‌ای راستین از زنان غیور کشورمان ما را یاری دهد.

پژوهشی دیگر با عنوان "از سوژه جنسی تا سوژه انقلابی: بازنمایی زن در گفتمان انقلاب اسلامی"، در سال ۱۳۹۲ توسط نرگس نیک‌خواه قمصری و مینا هلالی ستوده انجام شده است. این مقاله با تکیه بر بنیان نظری و روش شناسی که از پیوند استراتژیک امکانات مفهومی نظریه گفتمانی لاکلاو و موفه و نظریه تاریخی-گفتمانی وداک برآمده است، نگاهی گذرا به سوژگی زنانه در گفتارِ مهم ترین شخصیت های سیاسی و فرهنگی دوران مزبور، یعنی محمدرضا پهلوی و امام خمینی(ره)، افکنده و در پیوند با رخدادهای زمینه، فرایند واسازی گفتمان-های سنتی و مدرن و در پی آن ساخت زدایی از «زن به عنوان سوژه صرفاً جنسی یا جنسیتی» را در پرتو ظرفیت‌های زبانی اندیشه‌پردازان شاخص انقلاب اسلامی ـ آیت ا... مطهری، دکترشریعتی و امام خمینی(ره)ـ را بررسی کرده سپس چگونگی شکل‌گیری مفهوم «زن به عنوان سوژه انسانی» را درون شبکه-های معنایی صورت بندی گفتمان انقلاب اسلامی به تصویر کشیده است.

تصویر زن در رسانه ایران

اعظم راودراد و ملکه صدیقی خویدگی (۱۳۸۵) پژوهشی با عنوان "تصویر زن در آثار سینمایی رخشان بنی اعتماد"، انجام دادند و در این پژوهش سعی شده است

تصویر زن در آثار سینمایی «رخشان بنی اعتماد»، یکی از کارگردانان زن مطرح در سینمای ایران، بررسی شود. بررسی نقش جنسیت کارگردان در بازنمایی زنان و مسایل آنان یکی از ابعاد این تحقیق است که می‌تواند افق جدیدی در مطالعات مربوط به بازنمایی زنان در رسانه‌ها را روشن کند. در این مقاله با استفاده از نظریات فمینیستی رسانه‌ها و نظریه فیلم فمینیستی و همچنین به کارگیری روش تحلیل متن از طریق تکنیک نشانه شناسی به تحلیل فیلم‌های سینمایی این فیلمساز پرداخته شده است. از این رو، در این پژوهش، برای بررسی میزان تأثیر عامل جنسیت فیلمساز بر این بازنمایی و نحوه ظهور زنان، مرور کوتاهی بر بازنمایی نقش زنان در سینمای ایران صورت گرفته که در این بخش روش مطالعه اسنادی و کتابخانه‌ای به کار برده شده است. جامعه آماری در این تحقیق فیلم‌های بلند سینمایی «رخشان بنی اعتماد» است که اکران عمومی داشته‌اند. در این تحقیق، بر خلاف تحقیقات قبلی، عنصر جنسیت بررسی و مشخص شده که در کنار شرایط اجتماعی هر دوره، جنسیت کارگردان نیز در بازنمایی مسایل گروه‌های مختلف جامعه و از جمله زنان، تأثیرگذار است. این امر حاکی از آن است که، زنان می‌توانند عامل مؤثری در طرح مسایل جامعه زنان باشند و فارغ از فراهم‌بودن شرایط جامعه در جهت بیان حرف‌ها و خواسته‌های خود به بازنمایی دقیق زنان در فیلم‌هایشان بپردازند.

پژوهشی با عنوان "تحلیل محتوای تصویر زن در تبلیغات تلویزیون"، در سال ۱۳۹۴ توسط مهدی‌زاده و آذر براءگزاز به انجام رسیده است. هدف اصلی این پژوهش، بررسی و مطالعه کلیشه‌های جنسیتی موجود در آگهی‌های بازرگانی است. برای نیل به این مقصود پژوهشگران از نظریه نمایش جنسیت گافمن و فنای نمادین تاچمن استفاده نموده‌اند. در این پژوهش، آگهی‌ها ابتدا با توجه به موضوع، تفکیک شده‌اند، سپس به بررسی کلیشه‌های جنسیتی پرداخته شده

است تا مشخص شود آیا در آگهی‌های بازرگانی ایران بهویژه با توجه به محتوا، از این حیث تفاوتی در کلیشه‌سازی وجود دارد. روش مورد استفاده در این پژوهش، تحلیل محتوای کمی است. جامعه آماری مورد نظر عبارت است از، آگهی‌های پخش‌شده در ساعات پربیننده ۲۳-۲۰ از سه شبکه سراسری پرمخاطب سیما (اول، دوم و سوم) از نیمه فروردین تا پایان خرداد ۱۳۹۲، روش گردآوری داده‌ها نیز پرسش‌نامه معکوس می‌باشد. نتایج پژوهش حاکی از این است که در آگهی‌ها میان جنسیت بازیگر نقش با حضور در آگهی، شخصیت اصلی آگهی، شیوه تماس با اشیاء، مناسکی شدن فرمان‌بری، نوع شغل، عقب‌نشینی روانی، حضور در موقعیت خانواده و صدای راوی رابطه معنادار وجود دارد و موضوع آگهی در شیوه نمایش تفاوتی ایجاد نمی‌کند. علت این امر، تداوم، ثبات و حضور پررنگ کلیشه‌های جنسیتی به شکل قوی در انواع آگهی، ورای موضوع آن است، که، در همه انواع آن، بازتولید می‌شود.

تحقیقی با عنوان "نقش و تصویر زن در بازی های الکترونیکی"، توسط شاوردی در سال ۱۳۸۱ انجام شده است. بررسی محتوای این بازی‌ها از زاویه اجتماعی، نشانگر تأثیری است که روی برداشت کودکان از نقش جنسیت دارد. زیرا در این بازی‌ها زنان اغلب در نقش‌هایی منفعل ظاهر می‌شوند و در موارد افراطی، شکل قربانی را به خود می‌گیرند. در حالی که مردان نقشی فعال و آغاز کننده عملیات بازی را دارند . همچنین این بازی‌ها برای پسران ، جذابیت بیشتری دارد و تمایلات دختران را در نظر نگرفته است. به همین دلیل، بازی‌های کامپیوتری بیشتر جنبه سرگرمی مردانه دارد و دختران تمایل کمتری برای پرکردن اوقات فراغت خود از این طریق دارند.

سیدمحمد مهدی زاده و معصومه اسمعیلی(۱۳۹۱) پژوهشی با عنوان "نشانه شناختی تصویر زن در سینمای ابراهیم حاتمی‌کیا" انجام دادند. فیلم‌های مورد

بررسی در این پژوش، چهار فیلم دیده بان، بوی پیراهن یوسف، روبان قرمز و دعوت، از شانزده فیلمی است که این فیلم ساز از ۱۳۶۵ تاکنون در چهار دوره جنگ، سازندگی، اصلاحات و اصولگرایی ساخته است. داده‌ها با استفاده از روش نشانه‌شناسی به صورت کیفی به دست آمده‌اند. نتایج پژوهش حاکی از آن است که، زنان در فیلم‌های اولیه حاتمی کیا که به واسطه ارتباط با فضای جنگ، آثاری مردانه هستند، جایگاهی ندارند. مردها در محور رخدادها قرار داشتند و زن ها بدون حضور مردها تعریف نمی‌شدند، سوژه ها و موضوعاتی که اصلاً زن در آن‌ها جایگاهی نداشت. دوره اول فیلم سازی حاتمی کیا اصلاً به حضور زنان نیاز نداشت، اما از دوره‌های بعدی و با ورود حاتمی کیا به فضای شهر و تمرکز او روی مسائل اجتماعی جنگ، پای زنان طبیعتاً به سینمای حاتمی حاتمی‌کیا باز می-شود. اما همه این زن‌ها همواره یک نفر بوده و هستند و تنها با گذشت زمان ابراهیم حاتمی کیا، نقش زنان را پررنگ‌تر می‌کند.

بازنمایی زن در رسانه ایران:

پژوهشی با عنوان"بازنمایی زن در برنامه‌های گروه خانواده رادیو ایران بر مبنای تحلیل گفتمان انتقادی"، در سال ۱۳۹۲ توسط مریم سادات غیاثیان و رقیه آقازاده به انجام رسیده است. هدف این پژوهش تعیین نحوه بازنمایی زنان در برنامه‌های رادیویی گروه خانواده رادیو ایران است؛ در واقع تحقیق بر این سؤالات بنا نهاده شده است که: آیا در برنامه‌های این گروه به زنان و مسائل آنان پرداخته می‌شود؟ در صورتی که پرداخته می‌شود، تصویر مثبتی ارائه شده و یا خیر؟ از آن‌جا که ون لیوون و غیاثیان از طریق مولفه‌های جامعه شناختی- معنایی چگونگی بازنمایی کنشگرها را بررسی می کنند، لذا برای دستیابی به اهداف تحقیق، از چارچوب نظری ون لیون و بسط آن که پژوهش غیاثیان است، استفاده

می‌شود. روش این تحقیق تحلیل گفتمان و به طور هدفمند برنامه‌های گروه خانواده رادیو ایران با موضوعات «اشتغال زنان خارج از منزل»، «مطالبات زنان از منظر حقوقدانان» و« طرح حجاب و عفاف» انتخاب و بررسی شده است. نتایج این پژوهش، حاکی از حضور کم‌رنگ زنان یا حذف آن‌ها در گفتمان‌های مؤثر برنامه‌ها بوده و در صورتی نقش فعال داشته‌اند که هویت‌شان در کنار مردان مطرح بوده است و این نوع حضور فعال موجب نگرشی با ارزش‌دهی منفی به آن-ها بوده است.

پژوهشی با عنوان "بازنمایی زن در جوک های جنسیتی؛ تحلیل گفتمان انتقادی جوک‌های جنسیتی در مورد زنان در شبکه‌های موبایلی"، در سال ۱۳۹۴ به انجام رسیده است. این پژوهش، به دنبال پاسخ به این پرسش است که جوک‌های جنسیتی برآمده از چه گفتمانی بوده و نحوه بازنمایی از زنان در آن‌ها تا چه اندازه نتیجه چنین گفتمانی است. به دلیل برخورداری موضوع از وجوه کیفی بالا، از روش تحلیل گفتمان استفاده شده است، به این منظور با استفاده از الگوی سه بعدی نورمن فرکلاف، تعداد بیست مورد از میان بیش از یکصد مورد جوک جنسیتی انتخاب و تحلیل شدند. نتایج این پژوهش نشان داده است که جوک-های جنسیتی بازنمایی منفی و فرودست از زنان و دختران در مقابل مردان و حتی پسران داشته‌اند. در این جوک‌ها، بازنمایی دختران متفاوت از پسران صورت گرفته است. بازنمایی زنان تحت تأثیر باورهای کلیشه‌ای، سنتی، مردسالارانه و حتی کلیشه‌های رسانه‌ای صورت گرفته است؛ اما بازنمایی دختران، به صورت عمده تحت تأثیر کلیشه‌های رسانه‌ای بوده است. هم‌چنین نتایج نشان داده است که جوک‌های جنسیتی از درون گفتمان‌های مردسالارانه بیرون آمده و درنهایت به تأیید و تقویت این گفتمان منجر می‌شود.

پژوهشی با عوان "بازنمایی زنان در یک آگهی تجاری"، توسط فصیحی و کاظمی در سال ۱۳۸۶ انجام شده است. در این تحقیق، به بررسی بازنمایی زنان در یک آگهی بازرگانی تلویزیونی پرداخته شده است. نتایج این تحقیق نشان می‌دهد که بخش بزرگی از بازنمایی‌ها در آگهی‌های تجاری، زنان را در قالب نقش‌های کلیشه‌های فرهنگی به تصویر می‌کشد. در این مقاله، به مطالعه یک آگهی تجاری پرداخته شده که برخلاف سایر آگهی‌ها، زن را در نقش‌های جدید به نمایش می‌گذارد؛ در عین حال، در این شکل از بازنمایی هم‌چنان با زنی مسئله‌دار مواجهیم. در این‌جا سوژه‌ای از «زن مدرن ایرانی» برساخته می‌شود که کاملاً منطبق با شرایط سوژگی «زن سنتی ایرانی» است. نتیجه آن‌که، علی‌رغم تغییرات ظاهری در زندگی زنان، همچنان زنانگی به مثابه «دیگری مردانگی» تعریف می‌شود.

"بازنمایی تصویر زن در رسانه‌های عربی" نام تحقیق دیگری است که در سال ۱۳۹۵ توسط علی عبدالرحمن عواض، احسان قرنی، مرضیه محمودی انجام شده است. بررسی وضعیت زنان در رسانه‌های جهان عرب موضوع مقاله علی عبدالرحمن عواض استاد ارتباطات دانشگاه شارقه است. وی این مقاله را در کنفرانس زن و رسانه ارائه کرد که در سال ۲۰۰۲ در امارات متحده عربی با شرکت استادان و پژوهشگرانی از کشورهای مختلف عربی برگزار شد. نویسنده در این مقاله، ابتدا به بررسی ادبیات موضوع می‌پردازد و طی آن، نتایج پژوهش‌های انجام شده را در این حوزه مرور می‌کند. آن‌گاه با طرح این پرسش که آیا تصویر یکسانی از زن عرب در رسانه‌ها وجود دارد و یا با تنوع رسانه ها و مناطق این تصویر نیز متفاوت است؟ می کوشد با بهره گیری از پژوهش های گوناگون به بررسی رسانه‌های نوشتاری، دیداری و شنیداری بپردازد و نقش آن‌ها را در بازنمایی چهره واقعی زن عرب و بلکه زن

مسلمانتوضیح دهد. وی با توجه به نقش مهم تبلیغات بازرگانی، چگونگی حضور زن را در آن مورد بررسی قرار می‌دهد و نقش ایفا شده را در بیشتر موارد منفی می‌داند و خواستار تصحیح نگاه به این مقوله می‌شود. به نظر وی، این نقش زن را تا حد یک شیء همچون لوازم منزل و دیگر کالاهای تبلیغ شده تنزل می‌دهد و او را از هویت و شخصیت انسانی خود دور می‌-کند. آنگاه به بحث در مورد محتوای رسانه‌های خاص زنان می‌پردازد و توجه افراطی به مسائلی مانند مد لباس، آرایش و زیبایی، تجمل‌گرایی و ... و نیز نادیده گرفتن مسائل اصلی، دیدگاه‌ها، مشکلات و واقعیت‌های مربوط به زنان را مورد بررسی قرار می‌دهد و نقش رسانه‌ها را در واژگون نشان دادن چهره زنان و نیز ساختن الگوهای نامناسب برای آنان باز می‌نماید. این پژوهش هم‌-چنین، به بررسی وضعیت زنان شاغل در رسانه‌ها می‌پردازد و نشان می‌دهد حضور آنان نتوانسته است به تأثیر جدی در ارائه چهره مناسب از زنان در رسانه‌ها منتهی شود. نویسنده در پایان پیشنهادهایی برای بهبود کار رسانه‌ها در مورد زنان ارائه می‌دهد و آن‌ها را به آشنایی بیشتر با مسائل واقعی جامعه و خودداری از نسخه برداری صرف از رسانه‌های غربی فرا می‌خواند.

پژوهش دیگری با عنوان "سپیده یا الی...؟ خوانش انتقادی فیلم درباره الی ..."، توسط اعظم راودراد و معصومه تقی زادگان در سال ۱۳۹۳ انجام شده است. مقاله حاضر، به بازنمایی زن در فیلم «درباره الی... » اصغر فرهادی می‌پردازد تا به کشف معانی پنهان فیلم و آشکارسازی اسطوره بی‌کفایتی زن در لایه‌های معنایی این فیلم برسد. در این راستا، مقاله حاضر در بخش رویکرد نظری با گذری بر مفهوم بازنمایی به شرح نظریه اسطوره بارت می‌پردازد. سپس هم‌چون بارت که نشانه شناسی را روشی اساسی برای نقد ایدئولوژیک و کشف اسطوره می‌داند، این

مقاله نیز به تحلیل نشانه شناختی فیلم «درباره الی...» می‌پردازد تا اسطوره فیلم و گفتمان سازنده آن را برملا سازد.

احمد محمدپور، مریم ملک صادقی و مهدی علیزاده (۱۳۹۱) پژوهشی با عنوان "مطالعه نشانه شناختی بازنمایی زن در فیلم سینمایی ایران (مطالعه موردی فیلم‌های: سگ کشی،چهارشنبه سوری و کافه ترانزیت)"، انجام داده‌اند. این مطالعه درصدد است به برساخت معنایی و بازنمایی زن در سینمای ایران بپردازد. بر همین اساس، سه فیلم سینمایی سگ کشی، چهارشنبه سوری و کافه ترانزیت به عنوان میدان و نمونه مطالعه بر اساس روش نمونه گیری هدفمند انتخاب شده‌اند. چارچوب نظری این مطالعه مبتنی بر نظریه‌ی بازنمایی است و از روش تحلیل نشانه شناختی نیز برای تحلیل و تفسیر داده‌ها استفاده شده است. بر اساس نتایج این پژوهش، از آنجا که قدرت به طور تاریخی، اجتماعی و نمادین در دست مردان است، بنابراین مفاهیم و مقولات فرهنگی بر اساس نظام مردانه تعریف شده و مفاهیمی ذاتاً مذکرند. این مفاهیم و مقولات در دنیای زنان دارای معانی نامتعارف و گاه متضاد می‌باشند. برای زنان، مفاهیمی مانند احقاق حق، تساوی‌طلبی، استقلال، قدرت، رشد، وفاداری بر اساس بهای‌شان برای مردان در نظر گرفته می‌شوند. در واقع، زنان دارای هویتی تابع و غیرمستقل هستند. به این ترتیب، زنان برای پیشرفت و تغییر در زندگی خود نه تنها با موانع ساختاری و اجتماعی روبرو هستند، بلکه ساختار نظام مردسالاری همچون وجدان در اعماق ذهن و اندیشه آن‌ها جای گرفته و حتی در زمان عدم حضور خود نیز پیام قدرتمندی برای زنان می‌فرستد و به آن‌ها یادآوری می‌کند که طبق دستورات عمل کنند.

زن در ادبیات و رسانه خارج از ایران

پژوهشی تحت عنوان " تعاملات دردناک: رابطه گریزان مادر- دختر در «صلح اوترخت» آلیس مونرو" ، در سال ۲۰۱۲ توسط زتو به انجام رسیده است. این پژوهش به بررسی درمان روایت یک موضوع عقده‌ای یعنی روابط مادر- دختر، در داستان آلیس مونرو می‌پردازد. نتایج تحقیق نشان می‌دهد که دو دسته تعامل مشکل‌دار وجود دارد: اولی به ناتوانی دختر جوان در برخورد با بیماری بازسازی سلول‌های عصبی مادرش اشاره دارد. دومی، به دختر بزرگ‌تر مربوط می‌شود خصوصا به بازنگری تجربه‌های آسیب‌زای دوران کودکی او. با توجه به پیشرفت-های اخیر در حوزه روانکاوی و روان‌شناسی توسعه‌ای، این مقاله، راهی که مونرو روابط خانوادگی را نشان می‌دهد، بینش‌های عمیق درباره روانشناسی توسعه‌ای شخصیت‌های داستان را تجزیه و تحلیل می‌کند و درباره‌ی علل شکست واضح دختر بزرگ‌تر در کنارآمدن با گذشته‌اش بحث می‌کند.

پژوهشی با عنوان " «زندگی زنان و دختران» آلیس مونرو: ارائه‌ای از زنان در چرخه داستان کوتاه و فیلم اقتباس‌شده از آن"، در سال ۲۰۱۶ توسط لِس زینسکا انجام شده است. این پژوهش، زمان در چرخه داستان کوتاه «زنان و دختران» و فیلم اقتباس شده از آن (۱۹۹۴) را مورد مقایسه قرار می‌دهد. در این پژوهش، دو جنبه مقایسه در نظر گرفته شده است – آهنگ موقتی شرح داستان و پیشرفت زمان- برای بحث درباره‌ی شباهت‌ها و تفاوت‌های بین مدل‌های مختلف داستان.

دانکان در سال ۲۰۱۴ پژوهشی تحت عنوان "از دست‌دادن و اشتیاق در داستان کوئینی آلیس مونرو"، انجام داده است. این پژوهش، یک خوانش دقیق از داستان کوئینی مونرو می‌باشد. به طور کلی با استفاده از ابزارهای روایت‌شناسانه و زبان-

شناسی ادبی، این پژوهش معتقد است که این داستان بسیاری از نشانه‌های هنر مونرو را نمایش می‌دهد. مانند: اختلال زمانی، تفاوت‌های ظریف در پویایی روایت، توجه دقیق به طرز بیان و لحن سخن شخص در یک مرحله از زندگی، عدم تعین و ابهام. از طریق بررسی پاراگراف‌های این داستان این‌گونه مشخص شده است که این پاراگراف‌ها، استثناهایی در شدت عاطفی خود هستند و در نتیجه، به طور وسیعی خواننده را با خود همراه می‌کنند. این پاراگراف‌ها، (آن‌هایی که زبان-شناس، مایکل تولان آن‌ها را به عنوان احساسی فشرده بیان کرده)، قابل شناسایی هستند و توسط ابزارهای گرامری و سبکی برجسته شده‌اند. این پژوهش، بیان می‌کند که مطالب گفته شده به این صورت هماهنگ شده‌اند تا حس از دست‌دادن و اشتیاق و ترک‌کردن را در روایت پرزنگ و شدید کند و آن را یک تجربه‌ی ویژه تأثیرگذار در خواندن تبدیل کند.

دزنی دی. در ژانویه سال ۲۰۱۷ پژوهشی با نام "خودت را می‌شناسی؟ خط مرزی در داستان «بعد» آلیس مونرو" انجام داده است. در داستان کوتاه «بعد» آلیس مونرو، شخصیت دُری بخاطر عواقب کابوس کشته شدن پسرش تغییر می-کند. شوهرش لوید،یعنی قاتل، برای جنون جنایی به زندان افتاد و جنون او را می‌توان «به طور کاملا قابل تشخیص نسبت به آن‌هایی که عصبی یا بیمار روانی درک شده‌اند خواند». لوید آشکارا از «بحران خودشیفتگی» رنج می‌برد و رفتارهای او از طریق « مخالفت، نفرت، پستی» تنظیم شده‌اند. مونرو داستان خود را با دُری شروع می‌کند که برای بار سوم برای دیدن همسر خود مسافرت می‌کند؛ در دو مسافرت اول، «لوید، حاضر به دیدن او نشد». و در مورد این ساختارهای روایی مسافرت‌ها می‌توان گفت که، فضایی و روانی بوده و به صورت بالقوه شامل انگیزه‌های پاک‌کننده‌ی روان می‌باشد. نایج پژوهش نشان می‌دهد که، دُری مرزی حاوی حضوری نفرت‌انگیز را کشف می‌کند که در حال چرخش

است، یعنی گویی در عواقب تکرار امری اجباری محبوس شده است. او ناگهانی به دنبال راه‌هایی می‌گردد تا ضربه روحی خود را بی‌اثر کند در حالی که هم‌زمان به دنبال راه‌هایی می‌رود تا تصاویری که همسر بزرگترش بسیار ماهرانه و زهرآگین در او ایجاد کرده است را از بین ببرد.

چانگ جی پژوهشی با نام دختران و جنسیت در داستان‌های کوتاه آلیس مونرو در سال ۲۰۱۶ به انجام می‌رساند و نتایج این پژوهش حاکی از این مطلب است که چطور دختر جوانی که معمولا در داستان‌های کوتاه آلیس مونرو راوی اول شخص می‌باشد، مخصوصا در مجموعه‌ی رقص سایه‌های شاد، طی دوران کودکی یک هویت جنسیتی را به دست می‌آورد. هدف این پژوهش، بررسی احتمالات برای این که راوی داستان، اصول خود را براساس شخصیت‌ها و خصوصیات زنان و برای ساختن جامعه‌ای برای زنان بنا می‌کند. سازماندهی این مقاله براساس تجربه‌های دختر از فضای خانگی مادر و فضای کاری پدر، دنبال شده است. بیشتر از همه، پژوهشگر بر مشخصه‌های داستان‌سرایی دختری که مفهوم دقیق رفتار و طرز برخورد پدر و مادرش را درک نمی‌کند، ولی همه آن چیزی که برای او اتفاق می‌افتد را توصیف کرده و واقعیت پنهان ماورای دنیای مشهود را فاش می‌کند، تمرکز می‌کند. هم‌چنین، او به خلا بین لحظه نارضایتی با مادرش و افشاء غیرعمدی اینکه چطور هویت جنسیتی او در زندگی روزانه‌ی او نفوذ کرده است، توجه می‌کند. او این مسئله را مطرح می‌کند که رابطه مغایر بین مادر و دختر این احتمال را به وجود می‌آورد که او درآینده چگونه بزرگسالی می‌شود. در نتیجه در این پژوهش، در داستان مونرو احتمال برای توسعه یک شخصیت زنانه که به هردو فضای جنستی نفوذ می‌کند را کشف می‌کند. قابل توجه‌ترین ویژگی این شخصیت‌ها، توجهی است که آن‌ها به زندگی روزمره خود نشان می‌دهند و

تبدیل آن به موضوعات سیاسی است و توانایی آن‌ها به تحلیل مسائل از نظر خودشان است.

پژوهشی خارجی با عنوان "سه زن و یک غاز یک بازار تشکیل می دهند: ارائه ای از زنان تاجر در ادبیات عامهٔ قرن۱۷"، توسط پنتینگتون در سال ۲۰۱۳ انجام شده است. نتایج این پژوهش نشان می‌دهد که بر اساس این ادبیات، برای کارکرد پدرسالاری، ضروری است تا زنان به فضای خصوصی خانه محصور شده و از فضای مردانهٔ دنیای عمومی، دور نگه داشته شوند.

پژوهش خارجی دیگری تحت عنوان"ایرلندی بودن و زنانگی در نوشته های انگلیسی قرن ۱۹"، توسط تریسی در سال ۲۰۰۹ انجام شده است که نتایج آن نشان می‌دهد که بعضی نویسندگان، از طریق نمایش‌دادن زنان ایرلندی به عنوان زنانی غیر زنانه و همسرانی ضد خانه و خانواده، تصویر بدبینانه‌ای از ترکیب ایرلندی نمایش می‌دهند.

پژوهشی خارجی توسط جانت برونینگ در سال ۱۹۷۹ با عنوان "بعضی جنبه-های تصویر زن در ادبیات مدرن ترکیه"، انجام شده است. هدف نویسنده در این پژوهش بررسی کردن حقایق زندگی زنان ترک از سال ۱۹۲۳ بوده است و این که این حقایق چگونه در ادبیات این دوره بروز پیدا کرده است. از نظر او از طریق ادبیات می‌توان به تغییرات و تضادهای موجود در جامعه که در حال رخ دادن هستند آگاهی پیدا کرد.

پژوهش خارجی دیگری با عنوان "تصویر زنان در رمان‌های چارلز بوکووسکی"، توسط کورهونن در سال ۲۰۰۶ انجام شده است. در این مقاله، زبانی که بوکووسکی از طریق آن دربارهٔ زنان سخن به میان آورده است مورد بررسی قرار گرفته و نتایج این پژوهش نشان می‌دهد که بوکووسکی زنان را به عنوان ابزار

جنسی می‌بیند و از نظر او زنان فقط از طریق ظاهرشان معنا می‌یابند و ارزش کلی آنان فقط به وسیله عملکرد جنسی شان مشخص می‌شود.

تحقیق دیگری با عنوان "تصویر کلیشه‌ای زنان در فیلم‌های بازار شکن : در مقابل زمانه کنونی"، در سال ۲۰۰۹ توسط بروئر انجام شده است. این تحقیق تنها تصاویر کلیشه‌ای موجود در فیلم‌های ترسناک را بررسی نمی‌کند، بلکه محتوای آن‌ها را نیز در گسترهٔ زمان و تغییرات اجتماعی مورد بررسی قرار می‌دهد. این تحقیق، ۱۶ فیلم کلی و ۸ فیلم اصلی و هم چنین نظرات بعدی دربارهٔ هر فیلم را بررسی می‌کند که این مسئله به تحلیل کلیشه‌های زنانه که در هر فیلم و همچنین در جامعه وجود داشتند کمک کرد. نتایج این تحقیق نشان می‌دهد که اکثر کلیشه‌هایی که در فیلم‌های اصلی وجود داشتند، همچنان در اظهار نظرات بعدی وجود دارند. بنابراین با این‌که دست اندرکاران رسانه می‌گویند که تصویرهای کلیشه‌ای در طول چند دهه گذشته تغییر کرده است ولی امروزه کلیشه‌های زنانه اجتماعی همچنان وجود دارند.

پژوهشی با عنوان "تصویر زنان در افسانه‌ها"، در سال ۲۰۱۴ توسط سیلیما ناندا به انجام رسیده است. این مقاله به کشف تغییرات مختلفی که افسانه‌های گوناگون دنیا به دلیل نیروهای سیاسی و اجتماعی در طی زمان متحمل شده اند پرداخته است. نتایج تحقیق، برجستگی‌های زیبایی زنانه ایده‌آل و راه‌هایی که زیبایی در این افسانه‌ها ارائه می‌شود را به خوبی نشان داده و همچنین، این تحقیق، رابطه بین زیبایی و خوبی هم چنین بدی و زشتی که در افسانه‌ها منعکس شده را به وضوح مشخص کرده است.

پژوهشی با عنوان " انتقال توهمات: تفسیر جنسی، خواسته‌های علمی، و ترجمه زنان قهرمان در ادبیات آلمانی قرون وسطی"، توسط وندولین وبر در سال ۲۰۱۲

انجام شده است. نتایج این تحقیق نشان می‌دهد که ترجمه‌های عمومی قرن بیستم در زمینه ادبیات آلمانی قرون وسطی، تفسیری جنسی هنگام صحبت از بدن و فرم قهرمانان زن ارائه می‌دهند. که این مسئله منجر به تحلیل انتقادی ارزش‌های فرهنگی خود مترجمان می‌شود. نمونه این مسئله، در آثار مورد مطالعه «بوولف» و «ادای منظوم» موجود است. از دید نویسنده این پژوهش، تفسیرهای جنسی، منعکس کننده‌ی خواسته‌های علمی برای کاهش ابهامات جنسیِ در خدمت مردسالاری و برنامه‌های امپریالیسم فرهنگی است.

تعریف داستان و انواع آن

«در جهان امروز، شناخت و بررسی ادبیات یا ادبیات تخیلی، هر روز بعد گسترده-تری می‌یابد و از آن به عنوان دانش نو و معتبری نام می‌برند. و موازین و اصول آن را در کالج‌ها و دانشگاه‌ها به دانشجویان می‌آموزند، زیرا هر روز به قدرت و نفوذ و تأثیر بنیادی «ادبیات یا ادبیات تخیلی» در تحول و تکامل جامعهٔ بشری بیشتر پی می‌برند. از طریق ادبیات تخیلی است که می‌توانند معنویت و فرهنگ دلخواه را اشاعه دهند و میراث‌های ارزندهٔ قومی و ملی را حفظ کنند. آثار بازمانده از اقوام و ملت‌ها ثابت کرده است که ادبیات تخیلی توانسته از گزند و تاراج روزگار محفوظ بماند، حال آن که آثار اخلاقی و رساله‌های تبلیغی اغلب از میان رفته و جز استثناهایی از آن‌ها چیزی به ما نرسیده است. از این نظر، ماهیت معنوی و فرهنگی ملت‌ها غالبا از طریق آثار خلاقهٔ آن‌ها به ما منتقل شده است و از رهگذر چنین آثاری است که ما از سنت‌ها و فرهنگ‌های قومی و فرهنگی کشورها آگاه می‌شویم و احیانا تحت تأثیر مفاهیم فرهنگی و فلسفی آن‌ها قرار

می‌گیریم، آثار چون گیلگمش و ایلیاد و ادیسه و نمایشنامه‌های تراژدی و کمدی یونان باستان، نمونه‌های روشنی است بر این نظر»(میرصادقی، ۱۳۸۰: ۹).

«انواع گونه های ادبی از دیرباز در زمرهٔ شاخه‌های مهم و متداول هنر به شمار می‌رفته‌اند که با ظهور هنرهای جدید، هنوز هم اهمیت و رونق فراوانی دارند. داستان یکی از فنون ادبی است که در عصر حاضر اهمیت بسزایی دارد، زیرا داستان در واقع آیینهٔ تمام نمای آداب و سنت‌های جامعه است»(همان: ۱۶).

«ادبیات داستانی[48] بخشی از ادبیات یا ادبیات تخیلی است و تفاوت عمدهٔ آن‌ها با هم در این است که ادبیات داستانی، همهٔ انواع آثار داستانی و روایتی منثور را در بر می‌گیرد؛ خواه این انواع از خصوصیت شکوهمند ادبیات تخیلی برخوردار باشد، خواه نباشد؛ یعنی هر اثر روایتی منثور خلاقه‌ای که با دنیای واقعی ارتباط معنی‌داری داشته باشد در حوزه ادبیات داستانی قرار می-گیرد»(میرصادقی، ۱۳۸۰: ۲۱).

«داستان[49]، عنصر اصلی «ادبیات تخیلی» و «ادبیات داستانی» است. داستان، اساس همهٔ انواع ادبی خلاقه است، چه روایتی و چه نمایشی، پس تمام ویژگی-های کل ادبیات نمایشی و داستانی را نیز شامل می‌شود، از قصه و داستان کوتاه و رمان بگیریم تا نمایشنامه و فیلمنامه و داستان‌های منظوم. داستان، تصویری است عینی از چشم‌انداز و برداشت نویسنده از زندگی. هر نویسنده «فکر و اندیشه» معینی دربارهٔ زندگی دارد یا نحوهٔ برخوردش با زندگی، فلسفهٔ زندگی او را مجسم می‌کند. در ضمن هر نویسنده، چون هر کس دیگر، «احساس» به خصوصی از زندگی دارد و این «احساس» صمیمانه با «فکر و اندیشهٔ» او در

---

[48] Fiction
[49] Story

ارتباط است؛ در واقع افکار و اندیشه‌ها را نمی‌توان از احساسات جدا کرد»(همان: ۳۲).

پس، می‌توان نشانه‌هایی از نگرش‌ها و بینش‌های نویسندگان را در آن‌ها یافت. درواقع، ادبیات یک آینه است که می توان در آن، تحول و تطور فکری، اجتماعی و معنوی ملت‌ها را مشاهده کرد. زن به عنوان بخش غیر قابل تفکیک از حیات و هستی بشر، در همهٔ ابعاد و جایگاه‌ها نقش‌آفرین بوده و در عرصهٔ ادبیات نیز، هم در ایران و هم در جهان، جایگاه مهم و شایان توجهی را به خود اختصاص داده است.

«ادبیات داستانی شامل قصه، رمانس[۵۰]، رمان[۵۱]، داستان کوتاه[۵۲] و آثار وابسته به آن‌ها است»(میرصادقی،۱۳۸۰: ۲۱)، که در این جا به صورت خلاصه به معرفی هرکدام می‌پردازیم.

- **قصه**

«منظور از قصه، همهٔ آثار خلاقه‌ای است که پیش از مشروطیت با عنوان‌های «حکایت»، «افسانه»، «سرگذشت»، «اسطوره» و.... در متن‌های ادبی گذشته آمده است و تعریفی که از قصه داده شد، شامل همهٔ این انواع می‌شود و همه واجد این سه خصوصیت عمده هستند: خرق عادت، پیرنگ[۵۳] ضعیف، کلی-گرایی»(میرصادقی،۱۳۸۰: ۲۲).

---

[50] Romance
[51] Novel
[52] Short Story
[53] Plot

- **رمانس**

«رمانس، قصه خیالی منثور یا منظومی است که به وقایع غیرعادی یا شگفت‌انگیز توجه کند و ماجراهای عجیب و غریب و عشقبازی‌های اغراق‌آمیز یا اعمال سلحشورانه را به نمایش گذارد. شکل رمانس در قرن دوازدهم در فرانسه رونق گرفت و از این کشور به کشورهای غربی دیگر نیز راه یافت»(همان:۲۲).

- **رمان**

«رمان، مهم‌ترین و معروف‌ترین شکل تبلور یافتهٔ ادبی روزگار ماست. رمان، با «دن کیشوت»، اثر «سروانتس[۵۴]» (نویسنده و شاعر اسپانیایی، ۱۶۱۷- ۱۵۴۷) در خلال سال‌های ۱۶۰۵ تا ۱۶۱۵ تولد یافته است. نمی‌توان تعریف جامع و مانعی از رمان ارائه داد که همهٔ انواع گوناگون آن را در برگیرد. یک تعریف از تعریف‌های بسیاری که برای رمان داده‌اند، در این جا آورده می‌شود؛ تعریف رمان در فرهنگ «وبستر» چنین آمده است: نثر روایتی خلاقه‌ای با طول شایان توجه و پیچیدگی خاص که با تجربهٔ انسانی همراه با تخیل سر و کار داشته باشد و از طریق توالی حوادث بیان شود و در آن گروهی از شخصیت‌ها در صحنه مشخصی شرکت داشته باشند»(همان: ۲۳-۲۴).

- **داستان کوتاه**

«اصطلاح داستان کوتاه، به انگلیسی Short Story و به فرانسه Nouvella است. در اروپای قرن‌های میانه، نوول به داستان کوتاهی که بیشتر جنبهٔ مطایبه

[54] Miguel de Cervantes

داشت و موضوعات آن عشقی بود، اطلاق می‌شد. با گذر زمان و تحولاتی که در همهٔ عرصه‌های زندگی بشر صورت گرفت، هنر که داستان کوتاه یکی از شاخه-های آن است نیز از این قاعده مستثنی نشد» (گودرزی، ۱۳۸۴: ۱).

«داستان کوتاه اثری است در چارچوب ادبیات داستانی، و اکثر اصطلاحاتی که در تحلیل و ارزیابی اجزای انواع تکنیک‌های مختلف رمان بکار می‌رود، در مورد داستان کوتاه نیز صادق است. داستان کوتاه با حکایت لطیفه‌وار فرق دارد. در داستان کوتاه، کنش، تفکر و فعل و انفعالات شخصیت‌ها در درون الگویی از پلات یا طرح هنری سازمان‌بندی می‌شود که آغازی دارد. وقتی که توسعه می‌یابد، در نهایت با نوعی گره‌گشایی به پایان می‌رسد. داستان کوتاه، از طریق یکی از زوایای دید ارائه می‌شود. داستان کوتاه، امکان دارد به گونه‌ای تخیلی، رئالیستی باشد»(داد، ۱۳۹۰: ۱۲۸).

«در واقع، داستان کوتاه به شکل و الگوی امروزی در قرن نوزدهم ظهور کرد. اولین بار «ادگارآلن پو[55]» در سال ۱۸۴۲ داستان کوتاه را تعریف کرد و اصول انتقادی و فنی خاصی را ارائه داد که تفاوت میان شکل‌های کوتاه و بلند داستان نویسی را مشخص می‌کرد. اما برخلاف اصولی که «پو» ارائه داده بود، داستان‌های کوتاهی که در قرن نوزدهم نوشته می‌شد، فاقد ساختمان حساب شده و محکم بوده و به آن‌ها قصه، طرح، لطیفه و حتی مقاله می‌گفتند. ارائه تعرفی جامع و مانع از داستان کوتاه که در برگیرندهٔ انواع داستان‌های کوتاه باشد، کار چندان ساده‌ای نیست و شاید محال باشد. در طی یک قرن و نیم که از طلوع داستان کوتاه می‌گذرد، این نوع اثر ادبی در بیشتر کشورهای جهان، مقام و مرتبه‌ای والا برای خود دست و پا کرده است. با گذشت زمان، انواع گوناگونی از داستان‌های کوتاه به وجود آمده است و داستان‌های کوتاه، تنوع و تکامل بسیاری یافته و به

[55] Edgar Allan Poe

همین دلیل تعریف‌های معمولی و قدیمی، به اصطلاح، تعریف‌های سنگ شده، قابلیت انعطاف و جامعیت خود را از دست داده است. چه دنیا و هرچه مربوط به آن است و جامعه انسانی، پویا (دینامیک) است و نمی‌توان قوانینی ایستا (استاتیک) را بر آن‌ها حاکم کرد.

اولین بار ادگار آلن پو داستان کوتاه را چنین تعریف کرد:

«نویسنده باید بکوشد تا خواننده را تحت اثر واحدی که اثرات دیگر مادون آن باشد، قرار دهد و چنین اثری را تنها داستانی می‌تواند داشته باشد که خواننده در یک نشست که از دو ساعت تجاوز نکند، تمام آن را بخواند».

در «فرهنگ وبستر» برای داستان کوتاه تعریفی آمده است که به نسبت، از تعریف‌های دیگر کامل‌تر است و بر اغلب داستان‌های کوتاهی که امروز نوشته می‌شود، قابل تطبیق است:

«داستان کوتاه، روایت به نسبت کوتاه خلاقه‌ای است که نوعا سر و کارش با گروهی محدود از شخصیت‌ها است که در عمل منفردی شرکت دارند و غالبا با مدد گرفتن از وحدت تأثیر، بیشتر بر آفرینش حال و هوا تمرکز می‌یابد تا داستان‌گویی»»(میرصادقی، ۱۳۸۰: ۲۴-۲۵).

«ادگار آلن پو تلاش کرد شکل داستان کوتاه را توجیه کند. در زمان وی منتقدان می‌گفتند، اگر داستان پانزده هزار کلمه باشد ، داستان کوتاه است و اگر نباشد کوتاه نیست، وی تلاش کرد شکل پیشنهاد خود را توجیه کند و گفت داستانی که حوصله‌ی خواننده را سر نبرد، داستان کوتاه است و برای توجیه نظر خود از یک مثل استفاده کرد و آن این بود که هنگام خواندن داستان کوتاه باید نتوان فنجان قهوه را تمام کرد، البته هم مثال و هم حوصله قابل اندازه‌گیری نیستند و کیفی‌اند. ادگار آلن پو مجبور شد نظرات خود را در چارچوب قواعد چهار گانه‌ای

بریزد و آن حول یک محور و شخصیت و حادثه شکل گرفت و این آن چیزی است که داستان کوتاه از آن تبعیت می‌کند» (میرصادقی، ۱۳۸۰: ۳۶).

«۱ ـ داستان کوتاه را باید بتوان در یک نشست (بین نیم ساعت تا دو ساعت) خواند.

۲ ـ همه‌ی جزئیات باید پیرامون یک موضوع باشد . تا داستان تأثیر واحدی داشته باشد و یک اثر را به خواننده القا کند .

۳ ـ از کلمات زایدی که در تأثیر گذاری یا در ساخت داستانی نقشی ندارند خالی باشد

۴ ـ در نظر خواننده کامل باشد به نحوی که خواننده نتواند آن را به شکل دیگری تعریف کند یا بعد از آخرین جملات ، حس کند که می تواند آن را ادامه دهد» (داد، ۱۳۹۰: ۱۲۸).

داستان کوتاه، البته با فرمت امروزی خود، مقوله‌ای بسیار قدیمی‌تر از رمان است. داستان کوتاه، شرح حال و روزمره مردم برای یکدیگر است. «داستان‌سرایی برای انسان‌ها، امری طبیعی است و تصور می‌کنم داستان کوتاه در ظلمت زمان آفریده شد، وقتی که شکارچی، در آن هنگام که همه سیر خورده و آشامیده بودند، برای آن که ساعات فراغت و استراحت رفقای خود را سرگرم سازد، حادثه‌ی عجیب و غریبی را که شنیده بود در کنار آتش غار تعریف می‌کرد»(موام، ۱۳۹۱: ۳۲۱).

بسیاری از محققین و اسطوره‌شناسان معتقدند که اسطوره‌ها و داستان‌های حماسی، از جمع داستان‌های کوتاه و جدای از هم که با یکدیگر بر سر موضوعی مشخص اشتراک داشته‌اند، به وجود آمده‌اند. روایت داستان‌های بریده از هم، در بسیاری از فرهنگ‌ها رواج گسترده‌ای دارد. «تا همین امروز، در شهرهای مشرق

زمین، مرد نقال را می‌بینید که در بازار نشسته است و حلقه شنوندگان مشتاق دور او جمع هستند»(همان: ۳۲۰). قصه‌های مادربزرگ‌ها و بسیاری از پند-داستان‌ها را نیز می‌توان به عنوان نمونه‌ای از آن‌چه منجر به خلق داستان کوتاه مدرن شده است، نام برد. آلمانی‌ها در ضرب‌المثلی می‌گویند: آن که به سفر می-رود، همیشه داستانی برای گفتن دارد. هرچند بسیاری از داستان‌ها توسط کشاورزان و یکجانشین‌ها خلق شده است. «تجربه‌ای که دهان به دهان منتقل می‌شود، آبشخوری است که همه قصه‌گویان از آن نوشیده‌اند. از میان آنانی که قصه‌ها را ثبت کرده‌اند، بزرگ‌ترین آن‌ها، آن کسانی هستند که روایت ثبت شده-شان با گفتار خیل بی‌نام و نشان قصه‌گویان کمترین تفاوت را داراست. از قرار، قصه‌گویان بی‌نام و نشان دو دسته‌اند که بی‌شک به انحاء گوناگون با هم وجوهی مشترک دارند. فقط به چشم کسی که قادر به تمیز این دو دسته باشد، سیما و شخصیت قصه‌گو پیکره‌ی مادی خویش را به تمامی کسب خواهد کرد. ضرب-المثل آلمانی می‌گوید: «کسی که به سفر می‌رود همیشه حدیثی برای گفتن دارد.» و مردم هم قصه‌گو را کسی تصور می‌کنند که گویی از سفری دور می‌آید. لیکن مردم هم‌چنین از گوش سپردن به سخن مردی که در خانه مانده و زندگی شریفی پیشه کرده است و با حکایات و سنن بومی آشناست، همان‌قدر لذت می-برند»(بنیامین، ۱۳۹۳: ۲).

داستان، در اروپای عصر روشنگری در شرف تحول قرار گرفت، هرچند می‌توان این نمونه را برای بسیاری از کشورهای دیگر نیز قائل شد، اما از آن‌جایی که نویسنده مورد بررسی این پژوهش خاستگاهی غربی دارد، مشخصا در مورد داستان در کشورهای صنعتی صحبت خواهد شد. در اروپای پیش از روشنگری، نقالان داستان‌ها از دو قشر متفاوت بودند، کشاورزان و دریانوردان؛ «اگر کسی بر آن است تا این دو دسته راویان قصه را مطابق نمایندگان کهن آن‌ها به تصویر

۷۷

بکشد، یک دسته در هیئت برزگری که زمین خویش را کشت می‌کند و دیگری در وجود دریانوردی تاجر مجسم می‌شود»(همان: ۲).

داستان کوتاه مدرن، اما نیاز داشت تا کسانی پا به عرصه جهان بگذارند تا بتوانند میراث تجربی این دو شق جدای از هم داستان را در هم بیامیزند. این مهم محقق نشد تا پس از عصر روشنگری و خصوصا انقلاب صنعتی، که منجر به آن شد تا قشر صنعت‌گر از انزوا بیرون بیاید و بر اهمیت جایگاهش افزوده شود. صنعت-گران، هم‌زمان، هم با جوامع کشاورزی و هم با تجار و دریانوردان، داد و ستد و ارتباط داشتند؛ «گسترش واقعی قلمرو قصه‌گویی در گستره‌ی تام تاریخی‌اش، بدون آمیزش و تداخل صمیمانه‌ی این دو نوع کهن قابل تصور نیست. قرون وسطی در ساختار تجاری خود مشخصا به چنین تداخلی دست یافت. استاد صنعت‌گر، که مقیم محلی خاص بود، و نوع آموزی که موقتا نزد او شاگردی می-کرد، در حجره‌های واحدی همراه هم نیز، کار می‌کردند؛ هر استادی، پیش از آن که در زادگاه خویش اقامت گزیند، به نوبه‌ی خود چندی نوآموز بوده است. اگر برزگران و دریانوردان، استادان کهن قصه‌گویی بودند، طبقه صنعت‌گر، حکم دانشگاه این هنر را داشت. در این طبقه بود که حکمت بلاد دور، حکمتی که مردان سفر کرده با خود به خانه می‌آوردند، با حکمت روزگاران گذشته که مردم بومی هر منطقه‌ای بهتر از هر کسی با زیر و بم آن آشنایند، در هم آمیخت»(بنیامین، ۱۳۹۳: ۳).

داستان کوتاه مدرن و رمان، هر دو ریشه در تغییر مناسبات اجتماعی اقتصادی قرن شانزدهم به بعد داشتند. گسترش روابط جهانی و در هم آمیختگی فرهنگ‌ها کمک زیادی به، پا به عرصه گذاشتن این شکل از قصه‌ها در برابر قصه‌های سنتی کرد.

داستان، حکایت وحدت‌یافته‌ای از اتفاقات مختلف در بازه‌های زمانی مشخص است. بر اساس نظریه «طرح داستان ارسطویی» که بعدتر بسط و گسترش یافت، داستان، «در آغاز و در صورتی‌ترین سطح، به منزله دینامیزم یا پویشی تمام‌ساز تعریف شد، که حکایت کامل و وحدت یافته را از دل انبوه حوادث و وقایع گوناگون بیرون می‌کشد. یا به عبارت دیگر، این تنوع و گوناگونی را به داستانی وحدت یافته و کامل بدل می‌کند»(ریکور، ۱۳۹۳: ۴۱).

رشد و گسترش داستان کوتاه در مقابل رمان، نتیجه دو عامل اصلی بود، اول، گسترش صنعت چاپ و دوم مجلات و روزنامه‌هایی که امکان چاپ آن‌ها را به نویسنده‌ها می‌دادند و باعث می‌شدند تا مخاطبان بیشتری نسبت به مخاطبان رمان، حول داستان کوتاه گرد بیایند. «باری، در اوایل قرن نوزدهم، سالنامه‌ها و جنگ‌های ادبی وسیله‌ای در اختیار نویسندگان گذاشت تا خود را از راه داستان کوتاه به خوانندگان معرفی کنند. و از این رو در قرن نوزدهم، داستان‌های کوتاه رفته رفته بیش از هر زمان دیگر نوشته شد، زیرا منظوری بهتر از این داشت که در طی یک رمان طولانی، فقط به علاقه‌ی خواننده تلنگر بزند و آن را تحریک کند. حرف‌های ناخوشایند زیادی درباره‌ی سالنامه و جنگ ادبی زده‌اند و حرف-های ناخوشایندتری درباره مجله که جانشین آن‌ها و طرف توجه مردم شد، ولی به هیچ‌وجه نمی‌توان انکار کرد که وفور داستان‌های کوتاه در قرن نوزدهم مستقیما ناشی از فرصتی بود که این نشریه‌ها فراهم کردند. نشریات مزبور در آمریکا باعث ایجاد مکتبی شدند. نویسندگان این مکتب چنان درخشان و چنان بارور بودند که بعضی از اشخاص ناآشنا به تاریخ ادبیات، ادعا کرده‌اند که داستان--کوتاه یک اختراع آمریکایی است. البته این طور نیست، با وجود این، کاملا می-توان تصدیق کرد که در هیچ یک از کشورهای اروپا، این شکل داستان، آن طور

که در ایالات متحده با پشت کار و پیگیری پرورش و توسعه یافته، تکامل پیدا نکرده است»(موام، ۱۳۹۱: ۳۲۴).

یکی از چالش‌ها، یا شاید بتوان گفت مراحلی که داستان کوتاه آن را در قرن نوزدهم تجربه کرد و دچارش شد، مد شدن واقع‌گرایی در داستان بود. گویی یک سره، تمام آن تجارب غیر واقعی، پیش از آن به صرف «دروغ بودن» از دایره بررسی خارج شدند و به صورتی غیر ریشه‌ای با آن مقابله شد. اما در همان زمان و پس از آن نیز افرادی بودند که ناتورالیسم[۵۶] و رئالیسم[۵۷] را به نقد بکشند و یا از آن دفاع کنند. «در داستان کوتاه، ناتورالیسم به صورت عکس العمل رمانتیسیسمی[۵۸] که ملال‌انگیز شده بود در قرن نوزدهم مد شد. نویسندگان یکی پس از دیگری کوشیدند زندگی را با صداقت و راست‌گویی استوار و پابرجایی تصویر کنند. «فرانک موریس[۵۹]»، می‌گفت:

«من هرگز چاپلوسانه تسلیم نشدم. هرگز کلاه خود را به احترام مد از سر بر نداشتم و برای جمع کردن پشیزها دراز نکردم. به خدا حقیقت را به آن‌ها گفتم. یا از آن خوششان آمد و یا نیامد. این موضوع به من چه مربوط بود؟ من حقیقت را به آن‌ها گفتم، در آن وقت آن را حقیقت می‌دانستم، حالا هم آن را حقیقت می‌دانم.» این ها حرف‌های شجاعانه‌ای است، ولی مشکل بتوان گفت که حقیقت چیست. حقیقت لزوما ضد دروغ نیست. نویسندگان این مکتب بی‌طرفانه‌تر از نویسندگان نسلی که پیش از آن‌ها آمده بود به زندگی نگاه می‌کردند. مطالب شیرین و شکری، کمتر تحویل خواننده می‌دادند و کمتر خوش‌بین و بیشتر تند و صریح بودند»(همان: ۳۳۶ - ۳۳۷).

---

[56] Naturalism طبیعت گرایی
[57] Realism
[58] Romanticism
[59] Frank Morris

بر خلاف نویسندگان آمریکایی و اروپای غربی که در این زمان اقبال زیادی به ناتورالیسم نشان می‌دادند، داستان کوتاه نویسی در روسیه، روند جدایی را طی می‌کرد. این جریان خصوصا تحت تأثیر آثار «چخوف[۶۰]» قرار داشت. چخوف معتقد بود در داستان کوتاه، تنها باید از آن چه ضروری است استفاده شود و هم-چنین از نوشته‌هایش بر می‌آید که او برای هر آنچه مربوط به زیست انسان است، اهمیت قائل می‌شود و به صرف تشبیه و توصیفی‌بودن یا غیرواقعی بودن یک مسئله، آن را از نوشته‌هایش حذف نمی‌کند. «چخوف در نامه‌ای می‌نویسد: «دریا می‌خندد. حتما از این تشبیه با دمت گردو می‌شکنی. ولی خام و بی‌ارزش است... دریا نمی‌خندد و گریه نمی‌کند. می‌غرد، برق می‌زند، می‌درخشد. ببین تلستوی چطور چیز می‌نویسد: «آفتاب طلوع و غروب می‌کند، پرنده‌ها می‌خوانند. هیچ کدام این‌ها نمی‌خندند یا هق هق گریه نمی‌کنند و نکته اصلی همین است – سادگی.» این کاملا درست است، ولی با همه این حرف‌ها، از آغاز زمان به طبیعت خصوصیات انسانی داده‌ایم و این کار به نظرمان آن‌قدر طبیعی می‌آید که فقط با کوشش و تلاش می‌توانیم از آن اجتناب کنیم. خود چخوف هم همیشه چنین نمی‌کرد و در داستانش به نام –جنگ تن به تن-، به ما می‌گوید که: «ستاره‌ای سرک کشید و با ترس و خجلت با تنها چشمش چشمک زد.» در این تشبیه هیچ چیز قابل ایرادی نمی‌بینم، در واقع از آن خوشم می‌آید»(موام، ۱۳۹۱: ۳۵۴ - ۳۵۳).

با این همه می‌توان گفت؛ «قالب داستان کوتاه به سبک داستان‌های کوتاه «موپاسان[۶۱]»، به ظاهر در ادبیات داستانی جهان، جای خود را باز کرده و ماندنی است ولی این پرسش همچنان مطرح است که به‌طور کلی داستان کوتاه به چه

[60] Anton Chekhov
[61] Guy de Maupassant

معناست. این سؤال موضوع بحث‌های متعدد محققین بسیار، از دو قرن پیش تاکنون بوده است. با توجه به اختلاف نظرهای زیاد دربارهٔ انواع مختلف ادبی در قرن بیست، بین نویسندگان و تئوریسین‌ها همیشه رقابتی بر سر توصیف این انواع وجود داشته است و عقاید ارائه شده در این زمینه در قرن نوزده، بارها در قرن بیست نیز تکرار شده است یا به نحوی تغییر شکل داده و ارائه شده است. با این وصف هنوز پاسخی قاطع برای این پرسش اساسی که مفهوم داستان کوتاه چیست، یا اینکه داستان کوتاه را باید از چه نظر طبقه‌بندی نمود، پیدا نشده است»(کهنوئی پور، ۱۳۷۰: ۳۷).

«از آن‌جا که داستان کوتاه، اغلب آنات و تغییرات مداوم زندگی فردی و اجتماعی را روایت می‌کند، طبعا برای بیان این تغییرات به قالب‌های متنوعی نیازمند است. از این رو داستان کوتاه، پیوسته محمل تجربه‌های تازه است و انواع گوناگون و رنگارنگی از آن آفریده شده و می‌شود و نویسنده‌های بزرگ و نابغه‌ای هرکدام نوع تازه‌ای از آن را به نام خود ثبت کرده‌اند. برجسته‌ترین این نویسندگان عبارتند از: ادگار آلن پو[۶۲](نویسنده و شاعر آمریکایی، ۱۸۴۹ - ۱۸۰۹)، گوگول[۶۳] (نویسندهٔ روسی، ۱۸۵۲ – ۱۸۰۹)، گی‌دومو پاسان[۶۴](نویسندهٔ فرانسوی، ۱۸۹۳ – ۱۸۵۰)، آنتوان چخوف[۶۵] (نویسندهٔ روسی، ۱۹۱۰ – ۱۸۶۲)، او هنری یا ویلیام سیدنی پورتر[۶۶](نویسندهٔ آمریکایی، ۱۹۱۰ – ۱۸۶۲)، فرانتس کافکا[۶۷](نویسندهٔ چک، ۱۹۲۴ – ۱۸۸۳)، جیمز جویس[۶۸](نویسندهٔ ایرلندی، ۱۹۴۱ – ۱۸۸۲)، رینگ

[62] Edgar Allan Poe
[63] Nikolai Gogol
[64] Guy de Maupassant
[65] Anton Chekhov
[66] William Sydney Porter,
[67] Franz Kafka
[68] James Joyce

لاردنر[69](نویسندهٔ آمریکایی، ۱۹۳۳ – ۱۸۸۵) و ارنست همینگوی[70](نویسندهٔ آمریکایی، ۱۹۶۱- ۱۸۹۹)» (میرصادقی،۱۳۸۰: ۲۴-۳۶).

«از «ادگار آلن پو» نویسنده‌ی آمریکایی و «گوگول» نویسنده‌ی روسی، به عنوان پدران داستان کوتاه به مفهوم امروزی نام برده‌اند. «پو»، داستان کوتاه‌نویسی را با نوشتن «مرگ سرخ» و «آواز خانه‌ی آشر» آغاز کرد و «گوگول»، داستان مشهور «شنل» را نوشت. ایرانیان از طریق نویسندگان فرانسوی با داستان کوتاه آشنا شدند. «جمالزاده» با کتاب «یکی بود یکی نبود»، آن را در ایران معرفی کرد. پس از جمالزاده نویسندگان دیگر از جمله؛ صادق هدایت، بزرگ علوی، جلال آل احمد، صادق چوبک، غلامحسین ساعدی, سیمین دانشور، احمد محمود، ابراهیم گلستان، جمال میر صادقی، نادر ابراهیمی، فریدون تنکابنی، محمود کیانوش و بسیاری دیگر هر یک به تجربیات تازه‌ای در زمینه‌ی داستان کوتاه دست یافته‌اند»(داد، ۱۳۹۰: ۱۲۸).

داستان کوتاه و آلیس مونرو

آلیس مونرو، در داستان‌های خود ترکیبی از شیوه‌های متفاوت را به کار می‌برد. او را نه می‌توان یک رئالیست نامید و نه طرفدار رئالیسم جادویی. او نه حماسی-نویس است و نه تاریخ‌نگار؛ با این همه در اکثر داستان‌های او ترکیبی از تمام آنچه گفته شد، دیده می‌شود. شاید بیشتر از هرچیز به داستان‌های او بتوان برچسب پست مدرن را زد. البته اگر صرفا بخواهیم از منظری ادبی نوشته‌های او را مورد بررسی قرار دهیم می‌توانیم چنین حکمی صادر کنیم. آلیس مونرو را از آن رو با چخوف مقایسه می‌کنند، که هیچ‌چیز زائدی در داستان‌هایش به چشم

[69] Ring Lardner Jr.
[70] Ernest Hemingway

نمی‌خورد. هر آنچه در ابتدای داستان به آن اشاره می‌شود، نهایتا کارکردی در داستان خواهد داشت. «چخوف به اصول فنی -تکنیک- داستان کوتاه خیلی علاقه داشت و حرف‌های جالب و کم نظیری درباره آن زده است. مدعی بود که داستان نباید هیچ چیز زائد و اضافی داشته باشد. او می‌نویسد: «هر چیز که با داستان ارتباطی ندارد، باید بی‌رحمانه دور انداخته شود. اگر در فصل اول می‌گویید که تفنگی به دیوار آویخته است، در فصل دوم و یا سوم، تیر تفنگ حتما باید خالی شود.» این حرف خیلی درست و حسابی به نظر می‌رسد و این ادعای او هم درست و حسابی است که توصیف‌های مربوط به طبیعت باید مختصر و به جا باشد. خود او قادر بود با یکی دو کلمه، از یک شب تابستان، وقتی که بلبل‌ها از بس چهچه می‌زدند سر خود را می‌بردند یا از درخشش سرد استپ‌های بی‌انتها زیر برف‌های زمستانی، تصویر روشنی به خواننده بدهد» (موام، ۱۳۹۱: ۳۵۳).

بدون شک، این امکان وجود دارد که یک پژوهشگر و مفسر با توجه به ایدئولوژی و عقاید خود، روش متفاوتی را برای نقد آثار یک نویسنده به کار بگیرد. «این سخن که رمان واحدی از سوی خوانندگان مختلف به طرق متفاوتی تفسیر می‌شود، سخن تازه و شگفتی نیست. اما این سخن به شیوه‌ای نو و به طور جدی در مطالعات ادبی و نظریه‌پردازی جامعه‌شناختی درباره معنا و تفسیر به کار گرفته می‌شود... این علاقه جدید، حداقل تا اندازه‌ای برخاسته از ناهمگونی اخیر اجتماعات علمی و نخبگان فرهنگی است. مسلم است که همه خوانندگان بیرون از متن حضور دارند و فعالانه دست به تفسیر آن می‌زنند. اما سنت‌های تفسیری که رمان‌ها در چهارچوب آن‌ها نوشته و خوانده می‌شوند حاصل فعالیت‌های بی‌وقفه‌ی گروه‌هایی از افراد خاص است» (ال. دی والت، ۱۳۹۳: ۲۱۰).

در این پژوهش، ما با کلان روایت‌های ادبی و جامعه‌شناسانه سر و کار نخواهیم داشت، بلکه قصد این پژوهش آن است تا با توجه به نوع نگرش مونرو نسبت به

مقولات اجتماعی و پدیده‌های جامعه‌شناسانه، آثار او نقد شود. برای این منظور، ابتدا لازم بود نحوه نگرش مونرو نسبت به مسائل اجتماعی استخراج شود و سپس بر اساس آن، داستان‌های او بازخوانی و تفسیر شود.

تفاوت داستان کوتاه و رمان

«فرق داستان کوتاه با داستان بلند یا رمان در این است که، نویسنده در داستان کوتاه برشی از زندگی یا حوادث را می‌نویسد، در حالی که در داستان بلند یا رمان، به جنبه‌های مختلف زندگی یا چند شخصیت می‌پردازد و دستش برای استفاده از کلمات باز است. از این رو، ایجاز در داستان کوتاه مهم است و نویسنده نباید به موارد حاشیه‌ای بپردازد. در داستان کوتاه شخصیت‌ها محدود است. فضای کافی برای تجزیه و تحلیل‌های مفصل و پرداختن به امور جزئی در تکامل شخصیت‌ها وجود ندارد و معمولا نمی‌توان در آن تحول و تکامل دقیق اوضاع و احوال اجتماعی را بررسی کرد. حادثۀ اصلی به نحوی انتخاب می‌شود که هرچه بیشتر شخصیت قهرمان را تبیین کند و حوادث فرعی باید همه در جهت کمک به این وضع باشند. شخصیت در داستان کوتاه قبلا تکوین یافته است و پیش چشم خوانندۀ منتظر، در پس جریان کاری است که به اوج و لحظۀ بحرانی خود رسیده یا قبلا وقوع یافته اما به نتیجه نرسیده است» (موآم،۱۳۴۶: ۳۵۴).

سیر ادبیات زنان در غرب و زنانه‌نویسی

زنان نیز در طول زمان، هم‌چون مردان، دست به قلم برده و پا به عرصه نویسندگی و داستان‌نویسی گذاشتند. هرچند این مسئله، در طول زمان، با فراز و نشیب‌هایی همراه بوده است ولی هم‌چنان زنان نویسنده، پا به پای مردان جلو

آمده و افتخارات زیادی را از آن خود کرده‌اند. در چند سال اخیر، زنان زیادی جوایز بزرگی هم‌چون نوبل ادبیات را از آن خود کرده‌اند. آلیس مونرو، نویسنده‌ای است که در سال ۲۰۱۳ برنده نوبل ادبیات شد و یکی از ویژگی‌های نوشتار او زنانه نوشتن است. در ادامه به توضیح این مطلب پرداخته خواهد شد.

«درعرصه نویسندگی، زنان حضور خود را با نوشتن رمان آغاز کردند. سنت رمان نویسی، سنتی زنانه است که حدود ۱۵۰ سال پیش با «جین اوستون [۷۱]» ، آغاز شده بود و زنان «مادران رمان» نامیده شده‌اند»(فیروزه مهاجر و دیگران، ۱۳۸۲: ۳۰۶). «بین افزایش تعداد رمان‌ها و کسب وجهه ادبی حرفه در زنان، رابطه متقابلی وجود دارد. از همان آغاز، زنان خواه در مقام خواننده و خواه نویسنده با رمان احساسی پیوند خوردند»(همان: ۳۰۴).

با این همه، محدود کردن تاریخ نویسندگی زنان به اسامی مشخص، ما را از فهم واقعی فضایی که منجر به پیدایی نویسندگان زن متعددی شد، باز می‌دارد. پیش از اوستون و برونته، در قرن پیش از آن‌ها، تنها در انگلیس، بیش از ۱۰۰ زن شروع به نوشتن داستان کردند، که کمتر کسی از آن‌ها سخنی به میان می‌آورد. «به مدت یک سده، پیش از آن که جین آستین پنهانی دست به قلم ببرد، زنان بی‌شماری روز افزون و با موفقیت چشمگیر بخت خود را در عرصه ادبیات داستانی می‌آزمودند؛ و شمار آنان به همین چند تنی که تا کنون به ایشان اشاره شده است، محدود نمی‌شد، گرچه بی‌گمان، «دوشس نیکولاس[۷۲]»، «آفرا بن[۷۳]» و «دلاریویه مانلی»، نقش مهمی ایفا کرده بودند و، «ابرا هی وود» (زنی با استعداد ذاتی)، به بارور شدن امکانات و واقعیات ادبیات داستانی یاری رسانده بود. و تنها،

---

[71] Jane Austen
[72] Duchess Nicholas
[73] Aphra Behn

«فانی برنی [۷۴] نوآور» یا «ماریا اجورث [۷۵] شایسته»، که گه‌گاه به خاطر ارزش تاریخی‌شان با اشاره‌ای زودگذر از ایشان یاد می‌شود، نبودند (به ماریا اجورث در کتاب پیدایش رمان اشاره‌ای نشده است). بلکه انبوهی از زنان از مناطق گوناگون و با زمینه‌ها و علایق گوناگون، تا پیش از سده ۱۷۰۰ رمان‌هایی منتشر کرده بودند که به خوبی از آن‌ها استقبال شده بود»(نجم عراقی و همکاران، ۱۳۸۹: ۷۰). به این نکته نیز باید توجه داشت که تا اویل سده ۱۷۰۰ بسیاری از نویسندگان زن با اسم‌های مستعار مردانه به انتشار نوشته‌های خود دست می-زدند؛ اما حتی صرف نظر از این نوشته‌ها، هم‌چنان تعداد نویسندگان رمان زن، عدد بالایی به نظر می‌رسد. «حتی اگر نویسندگان با جنسیت نامعلوم را از فهرست رمان نویسان سده‌ی ۱۷۰۰ کنار بگذاریم، باز هم شمار زنان رمان‌نویس و آثار آنان که به جا می‌ماند، حیرت‌آور است. من با کمی تفتیش و مقدار زیادی سماجت موفق شدم یک صد زن رمان‌نویس خوب سده‌ی هجدهم را شناسایی کنم که روی هم رفته تقریبا شش صد رمان نوشته‌اند»(همان: ۷۱).

زنان، تا آغاز قرن بیستم همان شیوهٔ معهود نویسندگی مردانه را دنبال می‌کنند. «ویرجینیا وولف [۷۶]»، (۱۸۸۲- ۱۹۴۱ م.) معتقد است که «به جز جین اوستون و امیلی برونته، زنان نویسنده، ارزش‌های خود را در جهت نظر دیگران تغییر داده بودند. در این نوشته‌ها ارزش‌های مردانه است که غالب می‌شود و زن رمان‌نویس، از مسیر مستقیم خود منحرف می‌شود و مجبور است دید واضح و روشن خود را به نفع قدرتی بیرون از خود تغییر دهد»(وولف،۱۳۸۲: ۱۱۲). او در کتاب «اتاقی از آن خود[۷۷]»، که در سال ۱۹۲۹ منتشر گردید، در مورد لزوم نویسنده‌شدن زنان

---

[74] Fanny Burney
[75] Maria Edgeworth
[76] Virjinia Wolf
[77] A Room Of One’s Own

چنین استدلال می‌کند که، «زنان می‌توانند دربارهٔ بسیاری از مسائلی بنویسند که مردان قادر به آن نیستند. آنان توانایی توصیف به تفصیل زنان و احساسات ایشان را دارند، به روشی فراتر از آنچه توسط مردان توصیف شده است و آن‌ها می‌توانند مردان را از دریچه نگاه زنان تصویر کنند»(نوربخش،۱۳۸۲: ۹۶).

ویرجینیا ولف، در ربع اول قرن بیستم به مسئله‌ای اشاره می‌کند که سال‌ها بعد مورد توجه بسیاری قرار می‌گیرد. نگاه از دریچه افراد نادیده گرفته شده و فراموش شده در جامعه است که از نظر او توان بیان واقعیت را دارد و نه نگاه از طریق کلیشه‌های رایج و چهارچوب‌های از پیش تعیین شده. «ویرجینیا وولف، ناآگاهانه‌بودنِ سرکوبِ اندیشه‌های زنان را، با بی‌عدالتی اجتماعی در مقیاس وسیع مربوط می‌دانست و پافشاری داشت که به خاطر جامعه و بقای موجودات لازم است اندیشه‌های متفاوت زنان باردیگر به سنت‌های ادبی (و دیگر سنت‌های فرهنگی) بازگردد. بخشی از استدلال او بر این پیش فرض استوار بود، که یک جهان بینی تنها ‌—یعنی جهان بینی مردان صاحب قدرت- برای شناخت کامل ساز و کار جهان کافی نیست؛ بیش از اندازه محدود است زیرا بسیاری چیزها کنار گذاشته شده‌اند. او پافشاری داشت که دست بر قضا دیدگاه‌های کسانی که اعمال قدرت می‌کنند، یعنی کسانی که زیر سلطه قدرت قرار دارند و دشمن یا غریبه معرفی می‌شوند ارزش شناختن ندارند، برای درک کامل جهان ضروری است»(نجم عراقی و همکاران، ۱۳۸۹: ۸۱).

تأکید در این نوشته نیز، نگرش بر جریان به جای افراد است، چراکه افراد خصوصا افراد شناخته شده و مشهور، ذهنیت ما را نسبت به مسئله محدود می‌-کند و باعث می‌شوند تا کل واقعیت در جریان یک جامعه را در زمانی مشخص، به آن‌ها و آثارشان فرو بکاهیم.

«در قرن بیستم، نویسندگانی چون همان «ویرجینیا وولف»، «سیمون دوبوار[۷۸]» و «دوریس لسینگ[۷۹]»، نویسندگان زنی بودند که درباره زنان داستان نوشتند. زنان از نظر بیولوژیکی دارای رو حیات، عواطف و ذهنیت خاص خود هستند. آن-ها در نگارش به طور ناخودآگاه به دنبال موضوعات خاص می‌روند و با توجه به بینش و نگرش زنانه خود به موضوع می‌نگرند و برای بیان آن از شیوه‌های خاص متفاوت با شیوه‌های داستان نویسی مردان سود می‌برند. شیوه کاربرد عناصر داستان در رمان زنان متفاوت است. آن‌ها شگردهایی مخصوص به خود دارند»(حسینی، ۱۳۸۴: ۹۶).

«نویسندگان زن در آثار خود شرایط خاص تجربه‌های زنده زنان را در فرهنگ-های معین منعکس می‌کنند. به بیان دیگر، بسیاری از نویسندگان زن، روایتگر تجربه‌های مشترک یک «خرده فرهنگ» خاص، در حاشیه قلمرو عمومی مردانه هستند. از این رو، کانون گفتمان‌هایی که در این خرده فرهنگ‌های زنانه زاده می‌شود، مسائلی جدا و برکنار از مسائل مردانه همان جامعه است؛ بنابراین آثار نویسندگان زن چشم‌اندازی مؤنث را ارائه می‌کنند که برگرفته از زندگی عینی و واقعی زنان است»(نجم عراقی و دیگران، ۱۳۸۲ : ۳۸۰-۳۸۱)؛ «در واقع، تصویر کردن جهان از دید زنان، طبعا مستلزم دیدگاهی است که در قاب ذهنیت زنان جای گرفته باشد و از این دریچه به جهان بنگرد. در این راستاست که نویسندگان زن تجربه‌های شخصی خویش را در نوشته‌ها و سبک نوشتارشان بازتاب می‌دهند و این بازتاب، اغلب با شور و اشتیاقی مصرانه در انتقال حقایقی است که تنها زنان با نوع نگرش خاص خود به زندگی، به آن دست یافته-اند»(مایلز، ۱۳۸۰: ۳۰۸).

---

[78] Simone de Beauvoir
[79] Doris Lessing

البته، «وولف به ادبیات زنانه اعتقادی نداشت. وی معتقد بود که هنرمند بزرگ باید دو جنسی باشد. اما با خواندن رمان‌های این نویسنده بزرگ انگلیسی در آغاز قرن بیستم، می‌توان حدس زد که نویسنده این آثار زن است. این طبیعی است که مردان، قهرمانان و شخصیت‌های اول داستان خود را بیشتر از میان مردان انتخاب نمایند و زنان هم با توجه به شناخت بیشترشان از زنان و احساسات و علایقشان، شخصیت‌های اول داستانشان زنان باشند»(حسینی، ۱۳۸۴: ۹۸). «در ادبیات مرد محور، موضوع تجربه زنان مورد توجه قرار نمی‌گیرد، بلکه آنچه تصویر می‌شود نقشی از زنان است که مردان درباره زنان فکر می‌کردند که چگونه باید باشند»(همان: ۹۴).

«شووالتر[۸۰]»، معتقد است که، «مرکزیت نقد فیمنیستی نباید توسط مردان و با تصورات ایشان ترسیم شود بلکه این تجربه‌های زنان است که باید محور باشد، ادبیاتی که توسط زنان به وجود آمده به ناچار چنین است. زنان امتیازات خاص بیولوژیکی و تجربه‌های خاص زنانه دارند که شامل همدمی و هم فکری، عاطفه و احساس و قدرت مشاهده است که مفهوم و معنی تجربه زنانه را به خواننده نشان می‌دهد. ویرجینیا وولف این ویژگی‌ها را خصیصه ارزشمند متمایز دید زنانه می‌نامد»(شووالتر، ۱۹۹۸، ۱۳۸۳).

شووالتر، در کتاب «ادبیاتی از آن خودشان[۸۱]»، اصطلاح «نقد زنانه یا زن محور[۸۲] » را برای مطالعه، شرح و توصیف بررسی نوشته‌های زنان از دید فمینیستی پیشنهاد کرد. «نقد زن محور همان نقد فمینیستی است که دامنه کار آن تاریخ،

[80] Showalter
[81] A litetature of theitr own
[82]) Gynocritics(

سبک، دور نمایه انواع ادبی و ساختارهای نوشتاری زنان و سیر تحول و تکامل آن است» (مقدادی به نقل از حسینی، ۱۳۸۴: ۹۴-۹۵).

«در نقد زن محور با زنان به عنوان نویسنده مواجه هستیم. این نوع نقد زنان را به عنوان تولید کنندگان متون می‌شناسد، از این نظرگاه، نقد فمینیستی باید مدل‌ های تازه‌ای را که براساس تجربیات زنان آفریده شده توضیح دهد. این تجربه‌ها، شامل رابطه زنان با یکدیگر نیز هست. نقد زن محور به مطالعه درباره تاریخ، انسان‌شناسی، جامعه‌شناسی و روان‌شناسی می‌پردازد تا فرهنگ زنانه را کشف کند. از ضروری‌ترین بخش‌های این مطالعه، شامل مطالعه کانونی رنج و درد زنان در محیط و جامعه نامهربان پیرامونشان است» (حسینی، ۱۳۸۴: ۹۵). «نقد وضعی زنان، که همپای «زیبایی شناسی نوشتار زنانه» وارد عرصه مطالعات ادبی زنان شده است، بنیانی تاریخی و اجتماعی دارد و بر این فرض استوار است که نویسندگان زن در آثار خود شرایط خاص تجربه‌های زنده زنان را در فرهنگ‌های معین منعکس می‌کنند. به بیان دیگر، بسیاری از نویسندگان زن روایتگر تجربه‌ های مشترک یک «خرده فرهنگ» خاص، در حاشیه قلمرو عمومی مردانه هستند. از این رو، کانون گفتمان‌هایی که در این خرده فرهنگ‌های زنانه زاده می‌شود، مسائلی جدا و برکنار از مسائل مردانه همان جامعه است؛ بنابراین، آثار نویسندگان زن چشم اندازی مؤنث را ارائه می‌کنند که بر گرفته از زندگی عینی و واقعی زنان است»(نجم عراقی و دیگران، ۱۳۸۲ : ۳۸۰-۳۸۱).

«از بنیادی‌ترین رویکردها در نقد ادبی فمینیستی، توصیف و بررسی تصویر زن در آثار ادبی و هنری است. زیرا به دلیل سلطه فرهنگ مردسالارانه، تصویری که از زنان در ادبیات ترسیم شده عموماً تصویری کژ و کوژ و غیر واقعی است و به یک تعبیر زن در اغلب آثار ادبی عبارت است از «دیگر مرد»»(جعفری، شماره ۹۱: ۴۹).

«مؤنث نگری که به کلی در حوزۀ «نقد فمینیستی پساساختارگرا» قرار می‌گیرد، با مقولۀ نگارش زنانه ارتباط وثیق می‌یابد»(شوالتر،۱۹۸۱: ۱۸۰). «این فمینیست‌ها می‌کوشند هر آنچه را که دارای نظم است، به حوزه مردانه نسبت دهند و با ساخت شکنی آن‌ها، گونه‌ای زنانه ایجاد کنند. برای نمونه، آن‌ها معتقدند زبانی که ما اکنون از آن استفاده می‌کنیم، کلام محور بوده و قواعد منطق بر آن حاکم است؛ بنابراین دارای نظم مسلطی است. آنان این زبان را مردانه می‌دانند و به منظور دست‌یابی به زبان یا نوشتار زنانه، وجوه عکس آن را -زبان بی‌معنا، مبهم و ناقص- استخدام می‌کنند»(رضوی و صالحی‌نیا، ۱۳۹۳: ۵۱).

«از افراد تأثیر گذار در این دیدگاه، می‌توان «الن سیکسو[۸۳]»، منتقد ادبی فرانسوی، نام برد که به سبب رویکرد فمینیستی‌اش و نیز به کارگیری اصطلاح نوشتار زنانه، شهرت دارد. وی در مقاله «هجمه‌ها»، پس از شناسایی تقابل‌های دوگانه، همه آن‌ها را تابعی از تقابل مرد زن می‌داند که قطب اول (مرد) ارزش و قطب دوم (زن) ضد ارزش و به تعبیر سیمون دو بوار، «دیگری» است و اعتقاد دارد زبان کنونی و سنت تفکر غرب در همه دوره‌ها، براساس این سلسله مراتب و تقابل‌ها عمل کرده است. فعالیت / انفعال، سر / قلب، عقلانی / احساسی، مهتر / کهتر، بالا / پایین، پدر / مادر و ... از جمله این تقابل هاست. وی می گوید :

در فلسفه، زن همیشه در طرف انفعال قرار می‌گیرد... درست در آن لحظه که از خود می‌پرسی «این یعنی چه؟» درست در آن لحظه که خواستی برای گفتن وجود داشته باشد. اراده، میل، قدرت و تو همه به عقب باز می گردد – به پدر. می توانید متوجه شوید که هیچ جایی برای اراده زنان وجود ندارد. سیکسو به منظور شالوده‌شکنی این تقابل‌ها رویکردی زبانی اتخاذ می‌کند و تقابل مرد / زن

[83] Cixous

و گفتار / نوشتار را به کار می‌گیرد که نتیجه‌اش پیشنهاد اصطلاح نوشتار زنانه است که برای زنان رهایی‌بخش است، (رهایی بخش از زبان مردانه و به تبع آن، تفکر مرد سالار)» (سیکسو، ۲۰۰۰؛ به نقل از رضوی و صالحی‌نیا: ۱۳۹۳: ۵۲-۵۳).

«به زعم سیسکو، تعریف جامع و مبسوطی از نگارش زنانه چندان میسر نیست؛ زیرا نمی‌توان مفاهیم متعدد و مؤلفه‌های فراوان آن را در قالب نظریه‌ای یکپارچه ریخت و قانونمند کرد. از همین‌رو، «ساندرا هاردینگ[۸۴]»، حتی ایجاد یک روش شناسی فمینیستی را چندان امکان پذیر نمی‌داند؛ زیرا تجربیات اجتماعی عموم زنان به واسطه طبقه، نژاد و فرهنگ، آن چنان در هم‌آمیخته و متکثر است که همگون‌سازی و تجمیع آن‌ها برای ساخته و پرداخته کردن یک نظریه تقریباً غیر ممکن می‌نماید. با این حال، سیکسو و «اریگارای[۸۵]»، از غیر خطی بودن، تردید آمیزی، نامعقول بودن، خودجوشی، تکثرگرایی و پویایی، به عنوان ویژگی‌های عمده نوشتار زنان سخن به میان آورده‌اند. به عقیده آنان، در «نگارش زنانه» از روال معمول دستور زبان که همان تقسیم اقتدار طلبانه فاعل / مفعول است، خبری نیست؛ فعل‌ها اغلب حذف شده و نثر، ساختارهای تلگرافی داشته و سرشار از تجنیس و اشاره است. برند نیز با تأکید بر تمایز الگوهای گفتاری زنان و مردان، الگوی گفتاری مربوط به شگفتی و نزاکت را الگویی زنانه تلقی می‌کند»(سلیمی و شفیعی، ۱۳۹۳: ۶۱). «زنان در داستان نویسی اغلب داستان را از نظر گاه اول شخص مفرد روایت می‌کنند. به این ترتیب، نویسنده زن عموماً در قالب راوی فرو رفته و به بیان احساسات، عواطف و تجربیات زنانه خود می‌پردازد. از همین‌رو، آنچه در تعاملات زبانی زنان به خوبی به چشم می‌آید، توانش عاطفی است که

---

84 Sandra Harding
85 Irigary

سبب اثرگذاری بیشتر بر شریک گفتمانی و جذب مخاطب می‌شود. همچنین زنان در آثار ادبی خود از کاربردهای نحوی خاصی بهره می‌جویند که از پربسامدترین آن‌ها، می‌توان به مواردی نظیر؛ استفاده از جمله‌های ساده، جمله-های همپایه، وجه عاطفی، حذف و قطع جمله‌ها اشاره کرد»(همان: ۶۲).

«به طور کلی می‌توان چنین گفت که، این سه نظریه‌پرداز بر این باورند که خاستگاه‌های قابلیت‌ها و خصلت‌های زنانه که به دلیل قرار گرفتن زن در مقام «دیگری» و فراتر نرفتن او از موضع «ابژه» عموما انکار شده است، سرانجام در نوشتار زنان مجال ظهور و بروز پیدا می‌کند (نجم عراقی و دیگران ۱۳۸۲ : ۲۶۲-۲۶۳). «گفتنی است که مراد از «دیگری» از منظر فمینیست‌های فرانسوی این است که، گفتمان مسلط همواره زن را در مقایسه با مرد که موضوع اصلی گفتمان است، در مقامی فرعی جای می‌دهد. به این معنی که مذکر را معیار مثبتی می‌داند که مؤنث در مقایسه با آن، حاشیه‌ای و پیرامونی معرفی می‌شود. همچنین اطلاق شناسه «ابژه» به زنان از منظر نقد فمینیستی، بر آمده از نوعی پارادایم مرد سالارانه است که در آن زن در برابر مرد که «فاعل شناسا» در نظر گرفته می‌شود، نوعی ابژه ناگزیر و منفعل به شمار می‌آید»(سلیمی و شفیعی، ۱۳۹۳: ۶۳).

پژوهشگران فمینیست دیگری مانند «روبین لیکاف[۸۶]»، پس از بررسی انبوهی از آثار نویسندگان زن، ویژگی‌های مختلفی را به عنوان شاخص‌های زنانگی نوشتار بر شمرده‌اند. به طور کلی، ویژگی‌های سخن زنانه از دیدگاه اینان عبارت‌اند از :

«زنان بیش از مردان از صورت‌های زبانی بیانگر استفاده می‌کنند؛ صفت (و قید) بیانگر داوری عاطفی است در حالی که اسم و فعل دارای دلالت عقلانی. آن‌ها از

[86] Lakoff, R.

اشکالی که منتقل‌کننده ابهام است استفاده می‌کنند... و نقش‌های زبانی که نشانه عدم اطمینان باشد، در کلام آن‌ها موجود است. آن‌ها از عوامل تشدیدکننده زبان، مانند «خیلی» و «یک عالمه»، و شکل‌های دال بر ابهام بیش از مردان استفاده می‌کنند. زنان در مقایسه با مردان جزئی نگرترند و بیشر از آنان جملات معترضه، دعایی و منادا را به کار می‌برند و نیز سبک نوشتار زنانه معمولاً «ساده و عاری از تصنع است. درکلام آن‌ها، بسامد جملات ساده و مرکب هم پایه از جملات وابسته و پیچیده بیشتر است. زنان نمی‌توانند خود را به عقیده واحدی متعهد کنند... و از صورت‌های آوایی که شبیه پرسش و یا نشانه عدم اطمینان باشد، استفاده می‌کنند. بنابراین، به نظرمی‌رسد زنان کمتر از موضع قدرت سخن می‌گویند و وجهیت در سخن زنانه به علت فرودستی پایگاه آنان دارای درجات حداقلی است»(رضوی و صالحی‌نیا، ۱۳۹۳: ۵۴).

در مورد محتوای نوشتار زنان می‌توان گفت، «زنان در نوشته‌هایشان، بیشتر از خود گفته‌اند و در لابه لای گفت و گوهای درونی و بیرونی حوادث داستان، در جست و جوی «هویت گمشده و ناشناخته خود» بوده‌اند. شناخت خود همواره با تعریفی از زن و زنانگی هم همراه بوده است. جنسیت در نوشته‌های زنان نقش مهمی در شناخت روحی شخصیت‌ها دارد. انتخاب زاویه دید در داستان زنان اغلب به صورتی است که بینش و نگرش زنان را نمایش دهد. نویسندگان زن اگر از شیوه‌های روایی دانای کل استفاده کرده‌اند، نگاه زنانه خود را از آن طریق منتقل کرده‌اند و در شیوه روایت اول شخص، یعنی راوی – قهرمان هم، به هر حال این بینش و نقطه نظر شخصیت اول است که بیان می‌شود. محتوای رمان-های زنانه، در ابتدا محدود به روابط خانوادگی و مسائل زنان بود. در میان رمان-های قرن نوزده با پیدایش آثار جین آوستن چون، غرور و تعصب، اِما و عقل و

احساس، نوعی رمان پیدا می‌شود که به آن «رمان خانوادگی[87]» می‌گویند. در این این نوع رمان، روابط زنان و مردان، آداب و رسوم و سنت‌ها و علایق و احساسات افراد خانواده با دقت و ظرافت مورد مطالعه و تفسیر و تبیین نویسنده قرار می-گیرد. محتوای نوشته‌های زنان در قرن بیستم، به پیشگامی ویرجینیا وولف و گسترش جنبش‌های زنان به سوی جست و جوی «هویت زنانه» تغییر جهت داد. زنان جدا از طرح مسائل خود و جست و جو برای احقاق حقوق مساوی با مردان، به جست و جوی درون خود پرداختند؛ و رمان و نوشتن مجالی برای کنکاش در خصوصیات عاطفی و درونی و تجزیه و تحلیل‌های روحی زنان در صحنه‌های گوناگون زندگی شد. به طور کلی تا پیش از دوره نوزادی فرد از خود شناخت و هویتی نداشت. خلق داستانی منثور و طولانی با تأکیدی بر واقعیت و اصالت و تجربیات و تخیلات و روان شناسی فردی درجهت شناخت هویت فردی بود»(میر صادقی، ۱۳۷۷: ۱۱۹).

«در نوشته‌های زنان، «نوستالژی» و «غم غربت»، از مضامین و موضوعات رایج است. بازگشت به گذشته به صورت‌های متفاوت از موضوع‌های مورد علاقه ایشان است. یادآوری دوران خوب کودکی و بازگشت به روزهای سرشار از شادی خردسالی، از موضوع‌های این داستان‌هاست. به طور کلی بازگشت به گذشته همواره به امید پیدا کردن آن «هویت گمشده» صورت گرفته است. در برهه‌های تاریخی هم، هر گاه ملت‌ها هویت زمانه خود را گم کردند، به دنبال آن در زوایای تاریخ گذشته، گشته‌اند. غیر از آن دلیل دیگری که می‌توان اقامه کرد این است که، چون زنان در بزرگسالی دچار محدودیت‌هایی در دنیای اطراف خود هستند، غم غربت در آن دنیا، آن‌ها را به یاد روزهای آشنای کودکی می‌اندازد و دوستان و یاران همدم آن دوران را برای جبران خلأ روحی این دوران جست و جو می‌کنند.

---

[87] Novel of Family

یادآوری خاطرات و لذت بردن از آن از ساحت‌های مورد علاقه زنان است، فررو رفتن در عالم «رویا و خیال پردازی»، بیش از آنکه مردانه باشد، زنانه است. «رویا» واژه‌ای است که در اغلب آثار زنانه به چشم می‌خورد. با توجه به زندگی خاص زنان، می‌توان ویژگی در «انتظار بودن» را هم زنانه دانست. زن منتظر چهره آشنای درونی هر زنی است. زنان به سبب داشتن قدرت باروری مدت نه ماه منتظر به دنیا آوردن فرزند خود هستند و این انتظار با نگرانی و انتظار دوران رشد و بلوغ و کمال وی دنبال می‌شود و هیچ گاه پایان نمی‌یابد. زن در خانه همواره منتظر همسر و فرزندان خود است که بیرون از خانه در مدرسه یا محل کار به سر می‌برند»(حسینی، ۱۳۸۲: ۸۲).

««بیان جزئیات زندگی خانوادگی [88]»، از علاقه‌های زنان است. زبان نویسندگان زن هم، اغلب بر توصیف جزئیات استوار است. این جزئی‌نگری مربوط به کنجکاوی‌های خاص زنانه است. مردان کمتر به توصیف ریزه‌کاری‌ها و دقایق به ظاهر پیش پا افتاده خصوصاً درباره زندگی خانوادگی توجه می‌کنند. اما زنان با نگاه ظریف و دقیق خود می‌توانند بسیار سریع نکاتی را در یابند که مردان قادر به درک آن نیستند. سخن گفتن با خود و یا با زنان دیگر در داستان، از ویژگی‌ای نوشته‌های زنانه است. «جست و جوی هویت»، در رمان‌های زنان اغلب با جست و جوی «عشق حقیقی» همراه است. زنان همواره به نوعی عشق و عاشق اثیری می‌اندیشند. عشق متعالی و روحانی که جانشان را لبریز کند. نیاز به عشق، نیاز فطری همه زنان است. زن و عشق جدایی ناپذیرند. به همین جهت داستان زنان هم که بازتاب خواسته‌ها و عواطف و احساسات ایشان است مملو از داستان عشق و عاشقی است»(حسینی، ۱۳۸۴: ۹۷).

---

[88] domestic details

«شوالتر[89]»، در کتاب «اتاقی از آن خودشان[90]»، چکیده‌ای از تاریخ ادبیات زنان نویسنده به دست می‌دهد و ضمن نقد نوشتار زنان، ادبیات آنان را به سه دوره تقسیم می‌کند که هر چند رمان‌نویسان انگلیسی مبنای این تقسیم‌بندی بوده‌اند، اما قابل تعمیم به تمام حیطه‌های ادبی است. شووالتر معتقد است سه مرحله در دوران تحول ادبیات زنان وجود دارد. دوره زنانگی[91]، دوره فمینستی[92] و دورهٔ مؤنث[93].

در طی مرحله زنانگی (۱۸۸۰-۱۸۴۰) ؛ زنان نویسنده سعی کردند تا به موفقیت-های مساوی با مردان در فرهنگ مردانه دست پیدا کنند. زنان در این دوره از نام مستعار استفاده کردند. زنان نویسنده انگلیسی چون «جورج الیوت[94]»، نام اصلی خود را زیر این نام مستعار مردانه پنهان کردند. لحن، ساختار و دیگر عناصر ادبی تحت تاثیر روش دوگانه استاندارد ادبی بودند (شووالتر، ۱۹۹۸، ۱۳۸۳). در این مرحله، «زنان نویسنده از معیارهای زیبایی‌شناختی غالب مذکر، تقلید می‌کنند و به دور از بی‌نزاکتی و احساسی‌گری، به عنوان زنانی محترم حوزه کارشان محفل خانوادگی و اجتماعی بلافصلشان است»(سلدن و ویدوسون،۱۳۷۷: ۲۷۲). در مقاله جالبی که از جورج الیوت در اکتبر ۱۸۵۶ به چاپ رسیده است، می‌بینیم که او به نقد آن قسمت از زنان نویسنده‌ای می‌پردازد که به سنت‌های زنانه پشت کرده‌اند و تنها در راه آنچه مردان می‌پسندند، قلم می‌فرسایند. «رمان‌های احمقانه از رمان نویسان لیدی، به گونه‌ای با شک‌های بسیار هستند که با کیفیت مخصوص احمقانه‌بودن که در آن‌ها نفوذ قاطعی دارد، تعیین شده‌اند –بی‌معنی، کسل‌کننده، زاهدانه یا فضل‌فروش. اما ترکیبی از همه این‌هاست- طرز مختلطی

---

[89] shwalter
[90] A room of their own
[91] Feminine
[92] Feminist
[93] Female
[94] George Eliot

از حماقت زنانه، که بزرگترین دسته از چنان رمان‌هایی را پدید می‌آورد که به عنوان گونه‌ی (ذهن- و کلاه زنانه) متمایز خواهیم کرد. قهرمان زن، همیشه یک زن وارث است، احتمالا یک بانوی اشرافی با حقوق خودش، و شاید یک نجیب-زاده هرزه، یک دوک دوست‌داشتنی، و یک پسر غیر قابل مقاومت جوان‌تر از مارکی به عنوان عاشقانی در پیش زمینه، یک کشیش و شاعری که در این میان برای او آه می‌کشد و انبوهی از شیفتگان نامعینی که به طور تیره‌تر در زمینه‌ی روزتر نشان داده می‌شوند. چشم‌ها و هوش اوریال هر دو خیره کننده‌اند؛ عقل و اخلاقیاتش به طور یکسان آزاد از هر گرایش و انحراف به بی‌نظمی هستند، او صدای بم عالی و هوش عالی دارد؛ کاملا خوش‌پوش و کاملا مذهبی است، مثل یک روح می‌رقصد و کتاب مقدس را به زبان اصلی می‌خواند»(الیوت، ۱۹۹۰: ۱۴۰).

در طی مرحله دوم یعنی دوره فمینیست (۱۹۲۰-۱۸۸۰)؛ «زنان وصف همسازی زنانه را رد کردند و از ادبیاتی سود بردند تا مظلومیت زن را به نمایش بگذارند. ادبیات این دوره بی‌عدالتی را که زنان از آن رنج می‌بردند، به نمایش می‌گذارد. بعضی متون تخیلی هم درباره شهر آرمانی زنانه شکل می‌گیرد»(شووالتر، ۱۹۹۸، ۱۳۸۳). «آنان بر ارزش‌های مذکر می‌تازند و از «شهر تجزیه طلبانهٔ آمازونی» و تشکیل انجمن‌های هوادار شرکت زنان در انتخابات حمایت می‌کنند»(سلدن و ویدوسون، ۱۳۷۷: ۲۷۳).

رئالیسم جامعه شناسی فمینیست، راهی به سوی مرحله سوم یعنی، دوره مؤنث؛ از ۱۹۲۰ به بعد است. «نویسندگان این دوره دستاوردهای اشاعه یافته دو دوره قبل را رد کردند، زیرا آن دو مرحله هر دو بستگی به جهان مرد محور و مذکر داشت. ادبیات این دوره به تجربه زنان به عنوان منبع هنر مستقل زنان می‌نگرد که تحلیل فرهنگی را به سوی تکنیک‌ها و شکل‌های ادبیات زنانه گسترش می-

دهد»(شووالتر، ۱۹۹۸، ۱۳۸۳). «در این مرحله، زنان ضمن به ارث‌بردن خصوصیات مراحل پیش، اندیشه نوشتار و تجربهٔ ویژهٔ مؤنث را به مرحله‌ای از اکتشاف خود بسط می‌دهند»(سلدن و ویدوسون،۱۳۷۷: ۲۷۳). این شیوهٔ نوشتاری که می‌توان از آن به سبک نوشتار زنانه نیز نام برد، به زنان کمک می‌-کند تا به درک خود از زندگی، در تمام جنبه‌های آن، صورتی مکتوب و ماندگار بدهند.

امروزه، در دنیای ادبیات و داستان‌نویسی، همچون دیگر زمینه‌های علمی و اجتماعی و فرهنگی، جوایز مختلف و مطرحی با اهداف و تاریخچه‌های مختلفی وجود دارد؛ و یکی از این مهم‌ترین و مطرح‌ترین جوایز ادبی دنیا، جایزهٔ نوبل ادبیات می‌باشد که در ادامه به طرح مفهوم و تاریخچهٔ این جایزه پرداخته می‌-شود. به دلیل نبود منابع آکادمیک، در این قسمت، از سایت‌های معتبر خبری استفاده شده است.

در ادامه بحث از کتاب، به توضیح جایزه نوبل به طور کلی و نوبل ادبیات به طور اختصاصی پرداخته می‌شود؛ و برای شناخت و درک بهتر نویسنده مورد نظر در این پژوهش یعنی، آلیس مونرو، به توصیف و شرح این نویسنده و کارهایش پرداخته خواهد شد.

جایزهٔ نوبل

«آلفرد برنارد نوبل [۹۵]»، در بیست و یکم اکتبر سال ۱۸۳۳ در شهر استکهلم[۹۶]سوئد چشم به جهان گشود. در ۸ سالگی به همراه خانواده‌اش عازم

---

[95] Alfred Bernhard Nobel
[96] Stockholm , Capital of Sweden

روسیه شد. نشانه‌های علاقه به علوم و به ویژه شیمی در همان نخستین سال‌های کودکی در وی پدیدارشد. آموخته‌هایش را به شکل خودآموز فراگرفت و هیچ‌گاه تحصیلات دانشگاهی را از سر نگذراند. در سال ۱۸۶۳ به سوئد بازگشت و درکارگاه پدر در هلنبورگ به عنوان شیمیدان مشغول به کار شد. او در تولید صنعت مواد منفجره نیتروگلیسیرین موفقیت بسیاری به دست آورد.

در سال ۱۸۶۴ انفجاری منجر به ویرانی کارخانه و مرگ چند نفر از جمله برادر جوانترش شد. پس از آن که کارخانه‌هایی در آلمان و نروژ ساخته شدند، نوبل در سال ۱۸۶۷ اختراع نوعی از نیتروگلیسیرین به نام دینامیت را به ثبت رسانید. در دینامیت او نیتروگلیسیرین جذب خاک دیاتومه جامد بی اثری شده بود و از این رو کارکردن با آن ایمن‌تر بود . این اختراع به سرعت کار ساخت و سازها را در بسیاری از کشورها بهبود بخشید.

نوبل در سال ۱۸۷۵ ژلاتین منفجرشونده قوی‌تری را ارائه داد که در آن نیتروگلیسیرین با نیتروسلولز ژلاتینی شده بود. اختراع وی طرح‌های بزرگ راه-سازی مانند کانال کورینث و تونل گوتارد را امکان پذیر ساخت. در سال ۱۸۸۷ بالبیست ماده منفجره بی‌دود را برای امور نظامی معرفی کرد. آلفرد نوبل مردی تنها، غالباً بیمار، فروتن، کمرو و دوستدار انسان‌ها بود. او در دهم دسامبر سال ۱۸۹۶ پیش از تحقق ایده‌هایش در منزل شخصی‌اش واقع در سن رمو ایتالیا چشم از جهان فروبست(انجمن شیمی ایران، آذر ۱۳۹۱).[97]

---

[97] انجمن شیمی ایران :

http://ics.ir/Content/Detail/73/%D8%A2%D8%B4%D9%86%D8%A7%DB%8C%DB%8C-%D8%A8%D8%A7-%D8%AC%D8%A7%DB%8C%D8%B2%D9%87-%D9%86%D9%88%D8%A8%D9%84

سال‌ها از این وقایع می‌گذرد و البته آلفرد نوبل نیز به ثروت زیادی دست می‌یابد. برادر آلفرد نوبل با نام لودویک نوبل فوت می‌کند و یک روزنامه‌نگار فرانسوی که فکر می‌کرد خود آلفرد نوبل درگذشته است، در مقاله‌ای او را به خاطر این اختراع مرگبار سرزنش کرده و لقب «سوداگر مرگ» را به وی می‌دهد.

آلفرد نوبل با خواندن این مطلب بشدت تحت تاثیر قرار می‌گیرد و در وصیت‌نامه‌ای که دوباره تنظیم می‌کند، ۹۶ درصد ثروتی را که طی چند سال اندوخته بود، وقف اهدای جایزه به برترین نوآوری‌های علمی که بیشترین فایده را برای بشر به همراه دارد، می‌کند. وی وصیت می‌کند مبلغ حاصله هر سال به طور مساوی بین کسانی که بیشترین دستاوردها را در زمینه شیمی، فیزیک، فیزیولوژی و نیز ادبیات و صلح داشتند، اهدا شود.

به این ترتیب بنیان‌های جایزه نوبل گذاشته شد و پنج سال بعد، دسامبر ۱۹۰۱، نخستین جوایز نوبل به برندگان آن اهدا شد. جایزه نوبل اولین جایزه بین المللی است که از سال ۱۹۰۱، هر ساله برای موفقیت‌ها در فیزیک، شیمی، فیزیولوژی (علوم طبیعی)، پزشکی، ادبیات و صلح و امنیت اعطا می‌شود. در سال ۱۹۸۶، بانک سوئد جایزه علوم اقتصادی را به یادبود آلفرد نوبل (بنیان گذار جایزه نوبل) سازمان داد(جام جم آنلاین).[۹۸]

• قسمتی از وصیت‌نامه نوبل

تمام دارایی‌ام طبق آنچه در پی می‌آید تقسیم شود. این سرمایه به شکل اوراق بهادار معتبر توسط کارگزارانم از طریق تأسیس یک صندوق به عنوان جایزه

---

[98] جام حم آنلاین : http://press.jamejamonline.ir/Newspreview/1677753084450175295

سالانه به کسانی اعطا شود که طی سال گذشته خدمت بزرگی به جامعه انسانی انجام داده باشند. جایزه مزبور به پنج قسمت مساوی تقسیم شود و هر یک از آن‌ها به یکی از موارد زیر اختصاص داده شود: یک سهم برای کسی که مهم‌ترین اختراع یا اکتشاف را در زمینه علوم فیزیک انجام داده است. یک پنجم برای کسی که مهم‌ترین یا مفیدترین اکتشاف را در زمینه علم شیمی انجام داده، یک سهم برای کسی که مهم‌ترین کشف در رشته فیزیولوژی یا پزشکی را انجام داده باشد، یک پنجم برای کسی که برجسته‌ترین اثر ادبی را خلق کند و یک سهم باقیمانده به کسی تعلق گیرد که بیشترین یا بهترین اقدام را برای ایجاد صلح و برادری و فروکاستن آتش دشمنی بین ملت‌ها و برقراری دوستی انجام دهد(انجمن شیمی ایران، آذر).

• مشخصات جوایز

این جایزه عبارت است از یک مدل طلا، یک دیپلم افتخار و نیز مبلغی پول. مدال طلایی که به برندگان اهدا می‌شود، نقشی از نیمرخ آلفرد نوبل را بر خود دارد. همچنین اکنون مبلغ این جایزه برابر با ده میلیون کرون سوئد (حدود ۱٫۳ میلیون دلار) است. ظاهرا هدف نوبل از اختصاص مبلغی به عنوان جایزه این بود که پژوهشگران بتوانند با داشتن این پول و به دور از دغدغه‌های مادی به مطالعه و تحقیق بپردازند. با این حال در بسیاری اوقات، برندگان جایزه نوبل این مبلغ را وقف امور انسان‌دوستانه یا اهداف مختلف فرهنگی و علمی می‌کنند.

• انتخابی دشوار

فرآیند انتخاب برنده جایزه نوبل در هر سال بسیار زمان‌بر و گسترده است. شاید به دلیل همین دقت باشد که ارزش جایزه نوبل از دیگر جوایزی که هر سال به برترین‌های علمی جهان اهدا می‌شود، بالاتر باشد.

فرآیند معرفی نامزد برای کسب جایزه نوبل از این قرار است که ابتدا فرم‌هایی به چند هزار استاد و پژوهشگر برتر جهانی فرستاده می‌شود تا هر نفر بتواند یک نامزد را برای دریافت این جایزه به هیأت داوران بنیاد نوبل اعلام کند. البته هر فرد فقط در رشته خود مجاز به انجام این کار است و برای نمونه یک شیمیدان نمی‌تواند نامزدی را برای جایزه نوبل فیزیولوژی معرفی کند. هم‌چنین برخلاف بسیاری از جوایز دیگر که در آن، نام نامزدهای نهایی که یک نفر از آن‌ها به جایزه دست می‌یابد نیز اعلام می‌شود، در فرآیند جایزه نوبل چنین کاری انجام نمی‌شود و نام نامزدها محرمانه می‌ماند. در گام بعدی، از میان این ۳۰۰۰ نفر فهرستی با تعداد نفرات کمتر برگزیده می‌شود و با بررسی‌های تخصصی‌تر نیز این فهرست به ۱۵ نفر کاهش می‌یابد. سپس این فهرست ۱۵ نفره همراه دلایل برگزیده شدن آنها به مرجع نهایی تصمیم‌گیری فرستاده می‌شود. مرجع نهایی تصمیم‌گیری برای جایره نوبل نیز بسته به رشته آن متفاوت است. برای نمونه، فرهنگستان علوم سوئد متولی بررسی برنده جایزه نوبل شیمی و فیزیک است. موسسه کارولینسکا نیز برنده جایزه نوبل فیزیولوژی و پزشکی را تعیین خواهد کرد(جام جم آنلاین).

جایزه نوبل ادبیات

جایزه نوبل ادبیات یکی از پنج جایزه نوبل است و هرسال به نویسنده‌ای داده می‌شود که به گفته آلفرد نوبل برجسته‌ترین اثر با گرایش آرمان‌خواهانه را نوشته باشد. «پیتر انگلوند[۹۹]»، عضو دائم آکادمی نوبل، درباره این جایزه می‌گوید که؛ «نوبل ادبیات، همیشه براساس برآورد کلی کارهای یک نویسنده به او تعلق می‌گیرد و به خاطر مجموعه کل آثار او و نه‌تنها یک کتاب به او اعطا می‌شود، اگرچه گاه در متن مربوط به جایزه از آثار مشخص نیز نام برده شده‌است.[۱۰۰]»

بر اساس وصیت‌نامه آلفرد نوبل، جایزه هر سال باید به کسی اعطا شود که «در حوزه ادبیات برجسته‌ترین مجموعه آثار را در جهتی آرمانی یا ایده‌آل» خلق کرده‌باشد.

جایزه نوبل ادبی برای اولین‌بار در سال ۱۹۰۱ اعطا شد و «سولی پرودوم[۱۰۱]» فرانسوی نام خود را به‌عنوان اولین برنده این جایزه به ثبت رساند. این جایزه تا سال ۲۰۰۹ به غیر از سال‌های۱۹۱۴، ۱۹۱۸، ۱۹۳۵، ۱۹۴۰، ۱۹۴۱، ۱۹۴۲ و ۱۹۴۳ به طور مرتب برگزارشده است. جایزه‌ی نوبل ادبیات طی بیش از یک قرن برگزاری، همواره با جنجال‌های کوچک و بزرگ همراه بوده است.

نویسندگان فرانسوی با ۱۵ بار کسب نوبل ادبیات، پیشتاز بلامنازع هستند. «ژان ماری گوستاو لوکلزیو[۱۰۲]» آخرین نماینده ادبیات فرانسه بود که سال ۲۰۰۸

---

[99] Peter Enlund

[100] www.saat24.com/news/99233/۱۵-سوال-و-جواب-درباره-نوبل-ادبیات

[101] Sully Prudhomme

[102] Jean-Marie Gustave Le Clézio

موفق به دریافت این جایزه شد. «رومن رولان[۱۰۳]»، «آناتول فرانس[۱۰۴]»، «آندره ژید[۱۰۵]»، «آلبر کامو[۱۰۶]»، «ژان پل سارتر[۱۰۷]» و «کلود سیمون[۱۰۸]»، از سرشناس‌ترین فرانسوی‌های این فهرست هستند. این در حالی است که قاره پهناور آسیا تنها در سه دوره این افتخار را کسب کرده است. دو بار آن توسط ژاپن در سال‌های ۱۹۶۸ توسط «یاسوناری کاواباتا[۱۰۹]» و ۱۹۹۴ توسط «کنزابورو اوئه[۱۱۰]» و یک بار آن توسط هند در سال ۱۹۱۳ «رابیندرانات تاگور[۱۱۱]» بوده است. از سال ۱۹۰۱ که نخستین دوره جایزه نوبل ادبیات راه‌اندازی شد تاکنون ۱۱۰ نفر موفق به دریافت این جایزه شده‌اند که در این میان ۲۷ بار این جایزه به نویسندگان انگلیسی‌زبان اعطاء شده که از این لحاظ آن‌ها با اختلافی چشمگیر در رتبه اول قرار دارند. نویسندگان فرانسوی‌زبان به‌همراه همتایان آلمانی خود با کسب ۱۳ جایزه نوبل رتبه دوم را در اختیار دارند. نویسندگان اسپانیولی‌زبان نیز با ۱۱ جایزه نوبل در رتبه چهارم بیشترین برندگان نوبل ادبیات دیده می‌شوند(همشهری آنلاین، ۶مرداد ۱۳۸۹). در تاریخ نوبل ادبیات، تنها ۱۴ زن موفق به دریافت این جایزه شده‌اند. که آلیس مونرو یکی از آن‌ها می‌باشد(خبرآنلاین).[۱۱۲]

---

103 Romain Rolland
104 Anatole France
105 André Gide
106 Albert Camus
107 Jean-Paul Sartre
108 Claude Simon
109 Yasunari Kawabata
110 Kenzaburō Ōe
111 Rabindranath Tagore
112 http://www.khabaronline.ir/detail/317923/culture/literature

سیاست نوبل ادبیات در انتخاب آلیس مونرو

در مقاله‌ی منتشرشده به قلم خانم حسنی حق[۱۱۳]، در روزنامه‌ی معتبر آمریکایی سی.اس.مانیتور[۱۱۴]، که درباره جایزه نوبلی است که به نویسنده‌ی سرشناس خانم آلیس مونرو تعلق گرفته است، سیاست‌هایی که منجر به اهدای جایزه جهانی سال ۲۰۱۳ میلادی (نوبل) به نویسنده کانادایی شد، شرح داده شده است.[۱۱۵] در این مقاله آمده است که؛

۱. کاملا ساده، کار او عالی است.

نویسندگان معدودی هنرشان همانند هنر مونرو با داستان کوتاه شناخته می شوند. مونرو قبلا نیز جوایز متعددی برای کارهایش دریافت کرده است. از آن جمله؛ جایزه دایره نقدی کتاب ملی متعلق به "Hateship " و یا سه بار برنده جایزه حکومتی به عنوان بالاترین افتخار ادبی کانادا. تحسین مونرو که به عنوان یک نویسنده کناره‌گیر و فروتن شناخته شده است، جهانی است. پیتر انگلود[۱۱۶]، عضو دائمی آکادمی سوئدی عنوان می‌کند که مونرو برای نمایش عالی‌اش از مسائل انسانی شناخته شده است که کار او عالی است.

۲.سیاست‌های ایجابی در انتخاب برنده جایزه نوبل

در سال های اخیر تحرکات سیاسی نقش کلیدی برای کمیته نوبل بازی کرده است به عبارتی کمیته در انتخاب دریافت کنندگان جایزه، سیاست را لحاظ

---

113 Husna Haq

114 The Christian Science Monitor

115 https://www.csmonitor.com/Books/chapter-and-verse/2013/1010/5-reasons-Alice-Munro-was-awarded-the-Nobel-Prize-in-Literature-video

116 Peter Englud

می‌کند. من باب مثال برنده سال ۲۰۱۲ میلادی (مویان [117]) عمدتا در بیانیه-های سیاسی چین دیده شد. همان‌طور که نشریه آتلانتیک می نویسد: «از آنجاییکه بار مسؤلیت برخی نقدها زیاد است در نتیجه نوبل نه تنها به شایستگی ادبی توجه دارد بلکه به مواضع سیاسی نویسنده نیز متمرکز است». با انتخاب مونرو ، هیئت نوبل نویسنده‌ای را انتخاب کرد که همه دنیا او را دوست دارند و کارهایش را می‌شناسند (این انتخاب صرف‌نظر از مواضع سیاسی نویسنده بوده است).

۳.جایزه نوبل توجه نویسندگان کانادایی را جلب کرده است.

مونرو اولین نویسنده کانادایی است که از زمان «سائول بیلو [118]» که در سال ۱۹۷۶ جایزه ای را برده است، برنده جایزه ادبی نوبل شده است. در بیانیه‌ای که از طرف ناشر کتاب مونرو موسوم به Pengiun Random House منتشرشده مونرو اذعان می‌کند: «من بسیار خوشحالم که این جایزه را بردم و با بردن این جایزه کانادایی‌های بسیاری را خوشحال کردم. همچنین بسیار خوشحالم که این جایزه باعث شده است توجه نویسندگان (کانادایی) جلب شود». در واقع مونرو جامعه کتابخوان آمریکای شمالی را با داستان کوتاه آشتی داده است.

۴.جایزه به داستان کوتاه تعلق گرفته است.

در جامعه بزرگ ادبی تمایل به سمت رمان است. با اختصاص این جایزه به مونرو به عنوان استاد داستان کوتاه؛ جایزه نوبل نیز به داستان کوتاه تعلق یافت. پیتر انگلوند، دبیر دائمی آکادمی نوبل می‌گوید: «ما نمی‌گوییم که او می‌تواند در

[117] Mo Yan
[118] Saul Bellow

۲۰ صفحه سخن بگوید، ولی می‌تواند همه چیز را پوشش دهد. در واقع مونرو، با داشتن داستان‌های کوتاه تا مدت‌ها کارهایش را می‌تواند پوشش دهد. مونرو در مصاحبه با یک رسانه کانادایی گفت: «خیلی خوشحالم که مردم به داستان کوتاه به عنوان یک هنر مهم نگاه می‌کنند، نه یک دست گرمی که قبل از خواندن رمان برایشان بوده است.»

کمی بیشتر با آلیس مونرو

در این قسمت از کتاب، برای آشنایی بهتر، به معرفی دقیق و بررسی زندگی شخصی و ادبی آلیس مونرو، پرداخته می‌شود. به دلیل در دسترس نبودن منابع کتابی و آکادمیک دست‌اول درباره این نویسنده، از دیگر منابع، هم‌چون سایت رسمی «مجله گاردین[۱۱۹]»، استفاده شده است. متن حاضر، تلفیق و تلخیصی است از مصاحبه‌های این مجله با آلیس مونرو که از طریق سایت این مجله قابل دسترسی است.[۱۲۰]

او اولین کانادایی برنده جایزه نوبل و سیزدهمین زنی بود که از ۱۹۰۱ تاکنون موفق به گرفتن این جایزه معتبر ادبی شد. پیش‌تر از این، در یک دهه اخیر، زنانی چون «هرتا مولر[۱۲۱]» و «دوریس لسینگ[۱۲۲]» این عنوان را از آن خود کرده بودند.

---

[119] https://www.theguardian.com

[120] https://www.theguardian.com/books/2005/feb/06/fiction.features2
https://www.theguardian.com/books/2013/dec/06/alice-munro-interview-nobel-prize-short-story-literature
https://www.theguardian.com/books/2013/oct/10/alice-munro-wins-nobel-prize-in-literature
https://www.theguardian.com/books/2003/oct/04/featuresreviews.guardianreview8

[121] Herta Müller

«آلیس آن لیداو[۱۲۳] » ، مشهور به «آلیس مونرو»، ۱۰ ژوئیه ۱۹۳۱ در شهر «وینگهام[۱۲۴]» کانادا به‌دنیا آمد. پدرش کشاورز و مادرش معلم مدرسه بود. او نویسندگی را از نوجوانی شروع کرد. در دوران کودکی، به شدت از پایان داستان «پری دریایی» «هانس کریستین آندرسن[۱۲۵]»، متأثر شد و از سرنوشتی که برای پری کوچک رقم خورد ناراحت بود. او حتی پایان داستان را بازنویسی کرد و برایش پایانی خوش نوشت. او این کار را آغاز مسیر داستان‌نویسی خود می‌داند.

می‌گوید از ۱۴ سالگی می‌دانست نویسنده می‌شود، اما آن زمان چنین تصمیمی مطرح کردنی نبود. این نویسنده بزرگ می‌گوید وقتی جوان بود، بسیار تحت تاثیر نوشته‌های «تولستوی[۱۲۶] » و «دی. اچ. لارنس [۱۲۷] » قرار گرفت و از وقتی نوجوان بود، عاشق داستان‌های «آنتوان چخوف [۱۲۸] » شده بود وی در دههٔ سوم زندگی‌اش تحت تأثیر نویسندگانی چون «کارسون مک کوترز»، «فلانری اوکانر[۱۲۹] » و «یدورا ولتی»، قرار داشته است.

اولین داستان مونرو به‌نام «ابعاد یک سایه» در سال ۱۹۵۰ زمانی‌که هنوز دانشجوی دانشگاه وسترن اونتاریو بود منتشر شد. مادر مونرو از عوارض پارکینسون رنج می برد و مورنو که تنها ۱۳ سال داشت و بزرگ‌ترین فرزند او هم بود باید کارهای خانه را انجام می داد. او می‌گوید: از همین جا حس مسئولیت، هدفمند بودن و مهم بودن در من ایجاد شد و هرگز مرا رها نکرد.

---

[122] Doris Lessing
[123] Alice Ann Laidlaw
[124] Wingham, Ontario
[125] Hans Christian Andersen
[126] Leo Tolstoy
[127] D. H. Lawrence
[128] Anton Chekhov
[129] Flannery O'Connor

او تا پیش از انتخاب نویسندگی به‌عنوان یک حرفه، مشاغلی چون پیشخدمتی و تصدی کتابخانه را تجربه کرده بود و حتی مدتی نیز در مزارع تنباکو مشغول به‌کار بود. با این حال او سال ۱۹۵۱ دانشگاه را ترک کرد تا ازدواج کند. او نوشتن داستان کوتاه را از زمانی شروع کرد که یک زن خانه‌دار با سه دختر بچه بود. چون وقت نوشتن رمان را نداشت به سراغ آن نرفت، اما همیشه فکر می‌کرد انتخاب قالب داستان کوتاه به خاطر نداشتن وقت است، اما بعدها نیز از این ژانر فاصله نگرفت. او می‌گوید وقتی به بچه‌هایش می‌رسید به داستان‌هایش فکر می‌کرد و طرح داستان را پیش از این که قلم را روی کاغذ بگذارد، ریخته بود. مونرو با وجود همه موفقیت‌های بزرگ در زمینه داستان کوتاه، می‌گوید همیشه آرزو داشته است رمان بنویسد.

او سال ۱۹۶۳ به ویکتوریا نقل‌مکان کرد و کتابفروشی «کتاب مونرو» را افتتاح کرد که هنوز مشغول به‌کار است. مونرو سپس در سال ۱۹۶۸ با نخستین جلد از مجموعه داستان‌کوتاه «رقص لاله‌های خوشحال» موفق به کسب جایزه گاورنر جنرال [۱۳۰] کانادا شد. او پس از دریافت دومین جایزه گاورنر جنرال، برای معرفی کتاب‌های خود در قالب تور جهانی سه‌ساله به کشورهای استرالیا، چین و منطقه اسکاندیناوی سفر کرد و سپس در دهه‌های ۸۰ و ۹۰ میلادی به تدریس در دانشگاه بریتیش کلمبیا [۱۳۱] مشغول شد. او در این سال‌ها به‌طور میانگین هر چهار سال یک رمان کوتاه به رشته تحریر درآورد. این نویسنده زمانی یک رستوران دایر کرد که در مسیر جاده کلینتون واقع بود. این رستوران بر اثر توفان

[130] Governor general's literary awards
[131] University od British Columbia

تورنادو که سال ۲۰۱۱ شهر را در نوردید، ویران شد و او دیگر هرگز آن را دایر نکرد.

آلیس مونرو را یکی از تواناترین نویسندگان داستان‌کوتاه امروز می‌دانند. «پیتر انگلوند[۱۳۲] »، دبیر دائمی آکادمی سوئد، پس از اعلام نام مونرو به‌عنوان برنده نوبل ادبیات، او را «استاد داستان‌کوتاه معاصر» توصیف کرد. «مارگارت آتوود[۱۳۳] »، دیگر نویسنده‌ی نام‌دار کانادایی، آلیس مونرو را یکی از «مقدسات ادبیات جهان» نام داده است. منتقدان و نویسندگان ، سبک ساده و بی‌پیرایه و پیرنگ‌های چند لایه و شخصیت‌های ساده و دیالوگ‌های مناسبش را ستوده‌اند.

بسیاری بر این عقیده‌اند که مونرو جامعه کتابخوان آمریکای شمالی را با داستان‌کوتاه آشتی داده است. البته خودش می‌گوید هرگز قصد نداشته صرفاً نویسنده داستان‌کوتاه باشد؛ فکر می‌کرده مثل همه رمان خواهد نوشت. ولی حالا دیگر می‌داند نگاهش به مسائل برای نوشتن رمان مناسب نیست. دوست دارد پایان داستان را در ذهنش مجسم کند، و مطمئن باشد مثلاً تا کریسمس آن را تمام خواهد کرد، و نمی‌داند نویسنده‌ها چطور روی پروژه‌های طولانی مثل رمان با پایان باز کار می‌کنند.

مونرو درباره شیوه نویسندگی خود گفته است: «اغلب پیش از شروع نوشتن داستانی، کلی با آن نشست و برخاست می‌کنم. وقتی به‌طور مرتب وقت نوشتن ندارم داستان‌ها مدام در ذهنم رژه می‌روند، تا جایی‌که وقتی می‌نشینم، کاملاً در آن غرق شده‌ام. این‌روزها این غرق شدن را با یادداشت برداشتن انجام می‌دهم. چندین و چند دفترچه یادداشت دارم که با خط خرچنگ قورباغه پر

---

132 Peter Englud
133 Margaret Attwood

شده‌اند، همه‌چیز را در آن می‌نویسم. گاهی وقتی به این نسخه‌های اولیه نگاه می‌کنم با خودم می‌گویم واقعاً سودی هم دارند؟ می‌دانید من از آن نویسندگانی نیستم که از موهبت سرعت برخوردار هستند و سریع می‌نویسند». نوشتن هر داستان او حداقل یک ماه زمان می‌برد و او در روند نوشتن داستان با هیچ‌کس درباره آن صحبت نمی‌کند. این نویسنده در خانه‌اش در شهر کلینتون روی میز کوچک تحریرش می‌نویسد که گوشه اتاق نهارخوری در کنار پنجره جای گرفته و از پنجره می‌توان به خیابان و مسیر عبور و مرور اتومبیل‌ها نگاه کرد. یکی از ویژگی‌های داستان‌های کوتاه او که اساسا چندان هم کوتاه نیستند و بعضا پیچیدگی‌های داستان بلند را دارند، تنوع موضوعی آن‌هاست. به نظر می‌رسد که مونرو با چشمانی تیزبین و ذهنی باز، همه چیز را به خوبی زیر نظر داردو درست به دلیل همین تسلط، علاوه بر اعتماد به نفس بالا در داستان‌هایش به مسائل مختلف و متفاوتی می‌پردازد.

از نظر مونرو، او بسیار خوش اقبال بوده است. او می‌گوید اگر دختری روستایی بود از نسل پیشین، هرگز چنین بختی را نمی‌یافت. اما نسل او، نسل تحصیل‌کرده‌ای بود. دختران تشویق به تحصیل نمی‌شدند، اما امکانش برایشان فراهم بود. او عنوان می‌کند که می‌تواند سال‌های نخستین زندگی‌اش را به خاطر بیاورد که از همان موقع دلش می‌خواست نویسنده شود. در آن زمان کسی مثل او فکر نمی‌کرد و اصلا به این چیزها نمی‌اندیشید. اما مساله کاملا دهشتناکی هم نبود. او در هیئت یک دختر جوان کارهای فیزیکی بسیاری انجام می‌داده است چون مادرش قادر به انجام آن کارها نبود. اما این کارها او را از تمایلش به نوشتن باز نمی‌داشت. مونرو فکر می‌کند یک جورهایی خوش شانس بوده است چون اگر

به طور مثال در خانواده‌ای بسیار تحصیلکرده متولد می‌شد، مثلادر یک خانواده اهل نیویورک و در میان آدم‌هایی نمو می‌یافت که همه چیز را درباره نویسندگی و دنیای نویسندگان می‌دانستند، کوتاه می‌آمد. زیرا در آن صورت حس می‌کرد که: «آه پس این کاری نیست که از من بربیاید». اما چون دور و برش آدم‌هایی نبودند که از نویسندگی چیزی بدانند، این قابلیت را یافت که بگوید: «خب، پس من هم می‌توانم».

زندگی شخصی و خانوادگی آلیس مونرو

پدر مونرو، - از بازماندگان نزدیک جیمز هاگ، نویسندهٔ خاطرات و اعترافات یک گناهکار محق- شکارچی عزلت گزیده‌ای بود که در زمان تولد آلیس، اولین از سه فرزندش، روباه خاکستری پرورش می‌داد. اما خیلی دیر و با سرمایه‌ای بسیار اندک شروع کرده بود و مزرعه در آن بحران با شکست مواجه شد.

مادرش، با اصلیت ایرلندی و اهل اونتاریوی شرقی[۱۳۴]، طور دیگری بود؛ اشراف منش بود و به لحاظ اجتماعی جاه‌طلب. اما ناآگاه از اختلاف طبقاتی و سطح ظالمانهٔ انتظارات، آن‌هم وقتی که دهی که خانواده‌اش در آن زندگی می‌کردند، منطقه‌ای محروم به شمار می‌آمد. آلیس مونرو بعدها نوشت: «ما نه توی ده زندگی می‌کردیم و نه بیرون از آن. در محله‌ای زندگی می‌کردیم که همهٔ قاچاقچی‌ها و روسپی‌ها و مفت‌خورها در آن زندگی می‌کردند». مونرو ناامید از این‌که هم‌رنگ جماعت بشود، از رفتار مادرش خجالت می‌کشید. «از وقتی که

[134] Ontario

بچهٔ کوچکی بودم با او خیلی اختلاف داشتم، چون تصوری آرمانی از رفتار خوب داشت. می‌خواست دخترهایش موفق باشند، و در عین حال از ما می‌خواست به لحاظ جنسی بسیار پاک دامن باشیم، و خانومانه؛ خانم بودن بسیار مهم بود. از من می‌خواست جلوه‌ای داشته بشم که برایم بیگانه بود.»

آلیس ده سال داشت که مادرش مبتلا به نوعی پارکینسون نامتداول شد و او در سن پایین مسئول نگهداری خواهر و برادر کوچکترش بود، همین امر دوران کودکی دشواری را برایش رقم زد: «و قطعا بعد از آن، کلنجار رفتن با او بسیار سخت شد، چون با شخص بیماری کلنجار می‌رفتی که برگ برنده از نظر احساسی در دست او بود.» اولین مفر آلیس کتاب خواندن بود. «کتاب برای من جادویی بود که دلم می‌خواست دستی در آن داشته باشم.» کتاب‌های مورد علاقه‌اش را می‌خواند و دوباره می‌خواند، به خصوص بلندی‌های بادگیر. «بعد از چندین بار دیگر راضی نمی‌شدم، و شروع می‌کردم به ساختن داستانی که به شدت از آن کتاب تقلید شده بود و در کانادا می‌گذشت –کمی عجیب و غریب می‌شد اما این مرا اذیت نمی‌کرد. واکنشی بود به این‌که مستقیم وارد دنیای آن کتاب شوم. کتاب‌ها برایم خیلی اهمیت داشتند. اهمیت‌شان خیلی بیشتر از زندگی بود.» اما در وینگهام[۱۳۵] ،- محل تولد او- «این تمایلات به نفع تصویر من به عنوان انسانی عادی یا زنی جذاب نبود. یادگرفتم که سعی کنم و در ظاهر آدم دیگری باشم، هرچند بی‌فایده بود. مردم می‌فهمیدند که یک جای کار ایراد دارد.»

---

[135] Wingham, Ontario

مفر بعدی، دانشگاه اونتاریوی غربی بود؛ آن‌جا به امید این‌که به هدف اصلی‌اش یعنی داستان نویسی نزدیک شود، به سمت ژورنالیسم رفت(هرچند با منتشر کردن اولین داستان کوتاهش«ابعاد یک سایه» انگیزه‌اش را لو داد). به عنوان دانشجوی بورسیه‌ای نهایت استفاده را از پولش کرد. خانه‌اش را فروخت، ساقه‌های تنباکو چید، در کتابخانه کار کرد، اما بعد از دو سال، دیگر پولی در کار نبود و او ناگزیر به تصمیم بود: ازدواج کند – انتخابش دوست همکلاسی‌اش بود- یا کاری را انجام دهد که از او توقع می‌رفت: به خانه برگردد و از مادرش نگه‌داری کند. حفظ منافع شخصی بر او غلبه کرد، اما به قیمت احساس گناه دائمی. «زندگی مادرم بسیار غم‌انگیز بود، و اگر آدم دیگری بود می‌توانستم وضعش را کمی بهتر کنم. منظورم این است که همواره باید این را در ذهن داشته باشم. اگر زن دیگری بودم، با محبت بی‌چون و چرای بیشتری به جای این تب و تاب درونی، می‌توانستم به جای این‌که او را این‌قدر تنها بگذارم، کمک بزرگی به او باشم- نه در کارهای ظاهری، بلکه در ارتباط هر روزه». او می‌گوید که در ظاهر با مادرم مهربان بودم، اما هیچ‌وقت به خودم اجازه ندادم وارد درگیری‌های او شوم. می‌شد بمانم و تا وقتی او می‌مُرد، اداره خانواده را در دست بگیرم، اما آن‌وقت خیلی برای رفتن دیر می‌شد. زیرا در آن زمان وقتی در جایی مانند وینگام زندگی می‌کنی، شانس زیادی برای خروج نداری.

آلیس و جیم مونرو به ونکوور رفتند، جایی که کار جیم مدیریت مرکز تجاری ایتون بود، و آلیس تبدیل به یک زن خانه دار نمونهٔ دهه پنجاهی شد، لااقل به قول خودش، در ظاهر. سه فرزند اولشان پشت سر هم به دنیا آمدند (دومی، کاترین،که بدون کلیه به دنیا آمد دوسال بعد از تولدش مرد)؛ و دختر

چهارمشان نه سال بعد متولد شد. بزرگترین‌شان، شیلا، می‌نویسد: «جنی یک هنرمند است و کوچک‌ترین خواهر، آندرئا، استاد یوگا است.» آلیس و جیم چهار نوه دارند. گسل‌های زندگی زناشویی از همان ابتدا وجود داشتند، و تا حدی در داستان‌های آلیس قابل ردیابی‌اند: بدل شخصیت جیم از خانواده‌ای مرفه، از خودراضی و نوکیسه می‌آید، ساز مخالف او را می‌زند، معقول است به شکلی که او نمی‌تواند باشد، سلطه جو است تا حدی که او تحملش را ندارد. اما در عین حال او را از عشق و حمایت کامل خود برخوردار می‌کند، چه مادی و چه معنوی؛ برای او پذیرفتن نقش‌های سنتی‌شان به این معنی بود که: «بار بزرگی از روی دوشم برداشته شده بود چون لازم نبود پول در بیاورم.»

او می‌گوید: « من خانه را ترک کرده و سراغ زندگی‌ام رفتم. این به من کمک کرد و زود استارت خروج از دنیای ساکن شهر کوچک‌مان را زدم. اما مشکل من آن‌جا شروع شد که بعد از ازدواج و بچه‌دارشدن گیر افتادم. درواقع من در دهه دوم زندگی‌ام گیر افتادم. با این حال هر رمان خواندنی اروپایی را می‌خواندم اما قادر به نوشتن نبودم. یادم هست وقتی جذبه زنانه «بتی فریدن[۱۳۶] » منتشر شد، جرأت نمی‌کردم بخوانمش، چون درباره تسلیم‌شدن بود و من هم در مرحله تسلیم‌شدن بودم. هیچ کتابی به چاپ نرسانده بودم و این افسردگی را شدیدتر کرد». مونرو پس از ترک مادر بیمارش، برای فرار و پنهان کردن واقعیت به نوشتن و مطالعه پناه آورد، اما تا سال‌ها بعد چیزی روی کاغذ نیاورد؛ چون نگران خوب نبودن ایده‌هایش بود.

---

[136] Betty Friedan

و اما، در ۱۹۵۹، مادرش از دنیا رفت. مونرو داستانی نوشت به نام «صلح اوترخت»، دربارهٔ زنی که پس از مرگ مادرش بر اثر یک بیماری شبه پارکینسون به خانه برمی‌گردد، و گناهکار و سرکش با خواهرش رو در رو می‌شود که پیش مادر مانده بود. این یک نقطهٔ عطف بود: مواجهه با این واقعیت که مادرش باعث گرایش او به روایت اتوبیوگرافیک[۱۳۷] (یا به قول خودش «داستان‌های شخصی»)، و به لحن و اصالت منحصر به فردش شده است. البته این، او را از فکر مادرش، که حضور ناخوشایندش باقی مانده بود، رها نکرد. بیش از یک دههٔ بعد، در اوتاولی نوشت: «مشکل، تنها مشکل، مادرم است. و او مسلما تنها کسی است که سعی در به دست آوردنش دارم؛ برای رسیدن به او است که تمام این سفر شروع شد. به چه هدفی؟ برای پرداختن به او، تعریف کردنش، حل کردن معمایش، تکریم کردنش، خلاص شدن از او؛ که بی‌فایده است، چرا که سایهٔ شبح‌وارش، زیادی نزدیک است، همان‌طور که همیشه بود.»

آلیس دربارهٔ رابطه خود با مادرش، عنوان می کند که می‌توان گفت رابطه او با مادرش ارتباطی بسیار پیچیده بوده، چون او اساسا علاقه زیادی به پدرش داشت و مادرش را چندان دوست نداشته است و این قضیه برای او خیلی ناراحت کننده بود و این مسئله هم به خاطر بیماری مادرش نبوده است. بلکه شاید اگر بیمار نبودِ اوضاع بدتر هم می‌شد. با این‌که مادر مونرو که یک معلم بود، تصویر زنی سلطه‌جو و ناراضی را در آثارش منعکس می‌کند، اما پدرش که گه‌گاه فرزندانش را کتک می‌زد، چهره‌ای مهربان‌تر دارد و به گفته خود این نویسنده، به کتابخوانی اعتیاد داشت و در زمان بازنشستگی، کارهای خودش را چاپ می‌کرد.

---

[137] Autobiographical

از نظر مونرو، مادرش یک دختر کوچولوی شیرین می‌خواست که باهوش باشد اما واکنش هایی مطیع و منطبق با خواسته‌های او نشان دهد و درباره چیزی سوال نکند، در حالی که او چنین نبود. او می‌گوید که بر اساس این باور تربیت شده است که بدترین کاری که یک فرد می‌تواند انجام دهد «جلب توجه» است، یا اینکه «فکر کند باهوش است. از نظر مونرو، در بسیاری از جنبه‌ها، مادرش در امتداد زمانه خودش بود. او درباره حقوق زنان و چیزهایی از این دست مشکلی نداشت. بسیار با ایمان و منزه بود. درست مثل زنان هم دوره خودش.

مونرو با این‌که در تمام مصاحبه‌هایش عنوان کرده است که مادرش را کمتر دوست داشته ولی در داستان‌هایش شاهد هستیم که او تأثیر زیادی بر روی افکار و احساسات او گذاشته است، مونرو در این مورد می‌گوید: «هرچه گذشت مهر و عشقم به مادرم بیشتر شد. الان می‌توانم بگویم حسم به مادرم شاید عمیق‌ترین موضوع زندگی‌ام است. فکر می‌کنم وقتی بزرگ می‌شویم مجبوریم از خواسته‌ها و نیازهای مادرمان فاصله بگیریم. راه خودمان را می‌رویم و این همان کاری بود که من کردم. او وضعیتی آسیب‌پذیر داشت اما در موضع قدرت بود، بنابراین این نقطه مرکزی زندگی من است. من درست زمانی که او عمیقا به من نیاز داشت، ترکش کردم و هنوز حس می‌کنم این کار را به خاطر رستگاری انجام دادم. با این‌که عذاب پشیمانی را هم انکار نمی‌کنم...»

مونرو در در مورد دلیل تغییر احساس او نسبت به مادرش معتقد است که شاید به این دلیل باشد که وقتی سن آدم بالا می‌رود، خاطراتش بی‌ثبات می‌شوند، خصوصا خاطرات مربوط به زمان دور. اتفاقات سنگینی خودشان را در خاطرات از دست می‌دهند و همه چیز شیرین‌تر می‌شود.

در سال ۱۹۶۳، جیم از مدیریت استعفا داد و آن‌ها به شهر ساحلی کوچک‌تر و زیباتری در ویکتوریا نقل مکان کردند؛ در بریتیش کلمبیا، جایی که او یک کتابفروشی تأسیس کرد: مونرو بوکز. آلیس در فروشگاه کار می‌کرد، و بیرون از خانه و در اجتماع بودن تا حدی کمکش کرد. درسال ۱۹۶۸ مجموعه‌ای منتشر کرد، حاوی «صلح اوترخت»، که ارزش جبران آن پانزده سال را داشت. آن کتاب بالاترین جایزهٔ کانادا را گرفت. جایزهٔ گاورنر جنرال آوارد. جیم مونرو که بابت صبوری‌اش خود را در معرض تشویق دیگران می‌دید، می‌گوید: «وقتی برنده شد او را «نویسندهٔ خانه‌دار محجوب» نامیدند. خیلی عصبانی شد. فکر می‌کنم از آن روز سعی دارد خلاف این را ثابت کند.» او به زودی فهمید که تنها در وینگهام نیست که به موفقیت و کتاب‌خوان بودن با سوءظن نگاه می‌شود. اتوود می‌گوید: «نویسندهٔ زن بودن هنوز هم چیز عجیب و غریبی بود.» اما مونرو همیشه سرسختانه به زنانگی‌اش پایبند ماند، همین‌طور به جاه‌طلبی‌اش.

مونرو بی‌تاب بود. و بی‌تابیش وسعت بیشتری به خود می‌گرفت؛ امید به آزادی زنان؛ گفته‌های او مدام برمی‌گردد به انتخاب‌هایی که زنان دارند، سختی-های وفق دادن مادری با بلندپروازی، ازدواج با استقلال، آن‌چه به دست آمده و آن‌چه نه. با حسرت می‌گوید: «هیچ‌کدام این وضعیت‌ها به تنهایی ارضا کننده نیستند، اما روزگاری در اواسط دههٔ هفتاد بر این باور بودیم که با حسن نیت از طرف مردان و استقامت درونی خودمان، از عهده برمی‌آییم. می‌توانیم هر دو دنیا را داشته باشیم.» او و دخترهایش شروع کردند به «مرد خوک صفت متعصب» خطاب کردن جیم (که خود خوری می‌کرد)؛ دامن کوتاه می‌پوشیدند، سیگار می-کشیدند؛ و در سال ۱۹۷۳ زناشویی ۲۲ سالهٔ او و هم یکی از وصلت‌های بی‌شمار

دهۀ پنجاه بود که به پایان رسید و خبر از پنج سال تغییرات سرنوشت ساز داد. سپس مونرو در بریتیش کلمبیا و بعد باز در اونتاریو کار تدریس «نوشتار خلاق» را پیش گرفت. آن‌جا با مردی ملاقات کرد که از زمان دانشکده می‌شناخت، جری فرملین، یک جغرافی‌دان.

محتوای داستان‌های آلیس مونرو

مونرو در مورد محتوای داستان‌هایش و تغییر آن‌ها معتقد است که، از نظر مضمونی به‌شکل محسوسی همه چیز عوض شده که البته طبیعی است. در سال‌های آغازین نویسندگی مثلا در مورد شاهزاده خانم‌های جوان می‌نوشته است، بعد کم‌کم زن‌های خانه‌دار و بچه‌هایشان محور داستان‌هایش شدند، بعد هم زنان پا به سن گذاشته سروکله‌شان در داستان‌هایش پیدا شد. از نظر او، این روند طبیعی است و طبیعتا ادامه هم پیدا می‌کند؛ بی‌این‌که نویسنده برای تغییر آن کار زیادی از دستش برآید. درواقع این نگاه نویسنده است که تغییر می‌کند.

مونرو به‌ویژه در داستان‌های اولیه‌اش به مضامینی چون بلوغ و کنار آمدن با خانواده پرداخته است. اما با گذر سن، توجه او به میانسالی و تنهایی بیشتر شده است. با این حال یکی از مضامین محوری داستان‌های او، روابط انسان-هاست؛ از رابطۀ میان زن و شوهر گرفته تا پزشک با بیمارش، صاحب‌خانه و مستأجر، رابطۀ میان دو دوست و...؛ از این رو حس می‌شود این مقوله برای وی اهمیت خاصی دارد که بارها و بارها آن را به بهانه‌های مختلف دست‌مایۀ داستان-های خود قرار داده است.

مونرو عاشق کار کردن با مردم است. کارکردن با گفت‌وگوهای مردم و نیز چیزهایی که برای آنها شگفت‌انگیزند. این برای او مهم‌ترین چیز است. او معتقد است که: «چیزی رخ می‌دهد که انتظارش را ندارید. این انتظار داشتن را دوست دارم. در یکی از داستان‌هایم زنی تصمیم دارد همسرش را ترک کند و این کار را هم می‌کند. اما وقتی تلاش می‌کند تا بگریزد، می‌بیند که نمی‌تواند این کار را بکند. این زن دلایل منطقی زیادی برای انجام چنین کاری دارد اما درنهایت نمی‌تواند. من همیشه از این‌چیزها می‌نویسم. نمی‌دانم چرا آدم‌ها در دوراهی‌ها یک تصمیم غیرمترقبه می‌گیرند، اما می‌دانم باید به آن توجه کنم...».

زادگاه مونرو شهر کوچک وینگمدر ایالت انتاریو کانادا و فضای داستان‌هایش هم غالباً شهرهای کوچک این ایالت است. داستان‌هایش معمولاً روندی آرام دارند، ولی حادثه‌ای در زیر این سطح آرام جریان دارد که مونرو در طول داستان با ظرافت از آن رازگشایی می‌کند و در پایان خواننده را شگفت زده برجا می‌گذارد. مضامین خود را از زندگی روزمره مردم انتخاب می‌کند و نگاه ویژه‌ای به مسائل و جزییات زندگی زنان دارد. اگرچه به مشکلات و دغدغه‌های دختران جوان علاقه دارد، در کتاب‌های اخیرش به مسائل زنان میانسال و سالمند توجه بیشتری نشان داده است. خاطره در داستان‌هایش نقش مهمی دارد. شخصیت‌هایش را عمیقاً می‌شناسد و درباره زندگی آنها تأمل می‌کند و دیالوگ‌ها را با مهارت به‌کار می‌گیرد. صداقت در بیان، زبان شفاف و روان و دقت در جزییات از ویژگی‌های داستان‌های اوست. منتقدان در بسیاری از داستان‌های او ویژگی‌های رمان‌های تربیتی را دیده‌اند که با تمرکز بر توسعه‌ی اخلاقی و روانی شخصیت اصلی پیش می‌رود.

ویژگی اصلی نثر مونرو تأکید او بر محل وقوع داستان و شخصیت‌های زن پیچیده هستند. آثار او اغلب با آثار بزرگان ادبیات مقایسه شده و گفته می‌شود در آثار او، مثل آثار «چخوف[۱۳۸] »، خط داستانی درجه دوم اهمیت را دارد و تقریباً اتفاق خاصی در داستان‌ها رخ نمی‌دهد و اغلب تلنگری موجب دگرگونی زندگی شخصیت‌ها می‌شود. آلیس مونرو بعد از دریافت جایزه‌ی نوبل ادبی گفت: «من واقعاً امیدوارم این جایزه باعث شود مردم به داستان‌کوتاه به‌عنوان یک هنر مهم و مستقل نگاه کنند، نه فقط تمرین و مقدمه‌ای برای نوشتن رمان.»

مونرو بارها در مورد زنان جوانی نوشته است که احساس می کنند در دام ازدواج و مادر شدن گرفتار شده‌اند و در جست وجوی چیز بهتری در زندگی هستند. او در پاسخ به این سوال که شما هم زود ازدواج کردید و در اواسط ۲۰ سالگی دو دختر داشتید. برقراری تعادل میان وظایف تان به عنوان یک همسر و مادر و آرزویتان به عنوان یک نویسنده چقدر دشوار بود؟ می‌گوید:«کارهای خانه و فرزندان نبود که مرا سرافکنده می‌کرد. من در تمام دوران زندگی‌ام کارهای خانه را انجام داده‌ام. این یک قانون نانوشته بود که زنانی که به دنبال حرفه غیر عادی نویسندگی می‌رفتند، به شکل عجیب وغریبی سربه هوا بودند. با این حال، از میان زنانی که شوخی می‌کردند و مخفیانه کتاب می‌خواندند، دوستانی برای خود پیدا کردم که اوقات خوشی با هم داشتیم. مشکل خودِ نوشتن بود که اغلب فایده‌ای نداشت. در حال ورود به عرصه‌ای بودم که انتظارش را نداشتم».

مونرو در مورد زنان به عنوان موضوع آثارش می‌گوید:« چون فکر می‌کنم که همه‌ی ما داستان‌های زندگی‌مان را برای خودمان و حتی افراد دیگر تعریف

[138] Anton Chekhov

می‌کنیم شاید بهتر باشد بگویم که خاطرات به شدت مجذوبم می‌کنند .علی ای حال، زنان به خاطرات علاقه زیادی دارند و زیاد داستان تعریف می‌کنند؛ وهمینطور فکر می‌کنم مردان هم که پیر می‌شوند این کار را انجام می‌دهند منتها کمی متفاوت از زنان. صحبت کردن مردان را شنیده‌ام. مردان در مورد زندگیشان بر حسب دفعات محاکمه، شکار رفتن‌شان، تجارب جنگی و جر و بحث‌هایشان با پلیس صحبت می‌کنند. اما زنان... البته زنان راجع به زایمان و بیماری و وضع کودکان در آن برهه صحبت می‌کنند. البته شاید دارم راجع به زنان هم سن و سال خودم صحبت می‌کنم چرا که برای این دسته از زنان چنین مسائلی مهم‌ترین مسئله‌ی زندگی‌شان بوده است. اما، انگار این زنان به دنبال داستان‌های بزرگ عاطفی هم هستند. این دسته از زنان راجع به ازدواج‌های پیشین یا روابط عاشقانه فکر می‌کنند و به همان شکلی که مردان از دل شکار رفتن‌شان داستانی خلق می‌کنند آن‌ها هم به همان شکل داستان‌آفرینی می‌کنند. آنچه مرا به خود جذب می‌کند چگونگی خلق این داستان‌هاست - چه چیزی در زمان متفاوتی در زندگیتان قرار گرفته - چه چیزی دست نخورده باقی مانده و چگونگی استفاده‌ی شما از این داستان‌ها برای خویشتن بینی یا حتی گاهی برای اینکه زندی را برای خودتان قابل تحمل کنید. افراد معدودی هستند که می‌خواهند زندگی‌شان را بعد از مسائلِ پوچِ پی در پی درک کنند».

مونرو به دلیل حضور زنان به عنوان موضوع اصلی آثارش نویسنده‌ای فمینیست خوانده می‌شود. مونرو در این مورد گفته است که: «خب من زن هستم و طبیعتاً داستان‌هایم راجع به زنان است. نمی‌دانم چه واژه‌ای برای مردانی که اکثراً راجع به مردان می‌نویسند وجود دارد و هیچ‌وقت از مفهوم فمنیست

کاملا مطمئن نیستم. در ابتدا می‌گفتم البته که فمنیست هستم اما، اگر فمنیست بودن به این معنا باشد که نوعی تئوری فمنیستی را دنبال می‌کنم یا اینکه اصلاً چیزی راجع به آن می‌دانم، پس فمنیست هم نیستم. فکر می‌کنم تا آنجا که تجارب زنان اهمیت دارد فمنیست هستم و این واقعاً اساسِ فمنیسم است».

او در مورد این سخن که «قصه عامیانه یک فرم زنانه برای روایت داستانی است»، می‌گوید:«فکر می‌کنم که راست باشد، اما زنان آن را چندان جدی نگرفته‌اند، حتی بعد از اینکه زنان آموختند بنویسند باز هم این مسأله را جدی نگرفتند. شاید هنوز هم داشتند داستان تعریف می‌کردند. می‌دانید، زنان مدت زمان زیادی را با هم می‌گذرانند، یا دست کم در گذشته این طور بوده. من می‌توانم چیزهای بسیاری را به خاطر بیاورم از این دور هم جمع شدن‌ها، آن هم در زمانی که وظیفه عظیم یک زن تهیه خوراک مردان بود. مردان در مزارع کار می‌کردند و وقتی به خانه بر می‌گشتند- از دوران کودکی‌ام حرف می‌زنم- باید برایشان کلی خوراکی فراهم می‌کردی. در میان زنان، مایه مباهات فراوان بود که غذایشان حجیم و خوشمزه از کار دربیاید و بعد شما یک عالمه ظرف داشتی که باید شسته می‌شدند. در تمام این اوقات، زنان با هم حرف می‌زدند. این مسأله بسیار مهمی است. البته الان دیگر از این خبرها نیست. این یک سیاق کهن است و نمی‌دانم که آیا زنان هنوز چنین روندی را دوست دارند یا نه. آیا هنوز هم زنان با هم حرف می‌زنند؟ آیا رغبتی به این کار دارند یا نه؟ اما هر بار که زنان گرد هم جمع شوند، فکر می‌کنم اصرار زیادی دارند به تعریف کردن داستان و دلشان می‌خواهد برای هم داستان بگویند و بعد حرف‌هایی از این دست:«فکر می‌کنی چرا این اتفاق افتاد؟»، «واقعا ماجرای غریبی نبود؟»، «معنی این قضیه چه بود؟»

شاید زنان تمایل دارند به تفسیر شفاهی زندگی. در عوض تا جایی که من می‌دانم مردان چنین اصراری به قصه گویی ندارند. آنها حس می‌کنند بهتر است پیش بروند و با آنچه که در پیش رو است مواجه شوند و چندان درباره‌اش شگفت زده نشوند».

گذشته و تاریخچه حضور زنان در اجتماع

شکل‌گیری هر داستان، مجموعه‌ای است از عوامل مختلف که از مهم‌ترین آن می‌توان به تاریخ و تجربه و فضای اجتماعی حاکم بر جامعه نویسنده، که فرهنگ آن را نیز می‌سازد، اشاره کرد. از طرفی، عوامل اجتماعی و حوادث تاریخی نیز تأثیر زیادی بر جامعه و فرهنگ و درنتیجه ادبیات و داستان‌نویسی دارد. از طرف دیگر، تاریخچه و آن‌چه در طول تاریخ بر زنان گذشته است و حوادث و اتفاقات آن، همگی بر جایگاه و معنا و مفهوم زنان در جامعه تأثیر داشته و تصویر آن نیز در هنر و ادبیات منعکس می‌شود. پس بررسی و دانستن تاریخ و گذشته زنان، تصویر روشن‌تری از زن در جامعه به ما داده و فهم تغییرات آن را برایمان آسان‌تر می‌کند.

گذشته و تاریخچه زنان از ابتدا تا پیش از دوران سرمایه‌داری:

برای فهم ریشه‌ای هر مسئله‌ای، نیاز به آن است که تاریخ و گذشته‌ی آن مسئله را به خوبی بشناسیم. منظور ما از تاریخ و گذشته در این‌جا، بحث رویدادها و وقایع نیست، بلکه تأکید ما بر آن چیزی است که تاریخ اجتماعی یا مردمی نامیده می‌شود. در مورد مسئله زنان، این روش خوانش تاریخ، اهمیت بسزایی دارد؛ چرا که زنان، خصوصا پس از یک‌جانشینی، نقش‌های کم‌رنگ‌تری در وقایع و رویدادها و جنگ‌ها، نسبت به مردان داشته‌اند، یا حداقل می‌توان گفت که،

تاریخ نگاران مرد، کم‌تر در مورد آنان نوشته‌اند همان‌طور که هرودوت می‌گوید، «تاریخ را پیروزشدگان می‌نویسند.» و هم‌چنین باید تأکید کرد که در تمام طول تاریخ، هیچ فاتحی هم‌چون مردان نتوانسته، پیروزی خود بر زنان را پای برجا نگاه دارد.

تأکید برکلمه –گذشته- به جای –تاریخ- از آن‌رو است که، در این پژوهش سعی شده است تا به گذشته‌ی پیش از به وجود آمدن خط نیز اشاره شود، یعنی ما با پیشاتاریخ نیز سر و کار خواهیم داشت. عموم داده‌ها و مطالبی که در مورد زندگی جوامع انسانی پیشاتاریخ نگاشته شده است، حاصل کار دیرینه شناسان، باستان شناسان و مردم شناسانی بوده و هست که پژوهش‌های خود را بر اساس جوامع به جای مانده از آن دوره بنا گذاشته‌اند.

پیش از ورود به بحث گذشته‌ی زنان، باید خاطر نشان کرد که، آنچه ما از تاریخ زنان و گذشته‌ی آن‌ها در این پژوهش مورد بررسی قرار دادیم، گذشته‌ی زنان غربی است، چرا که برای فهم نگرش آلیس مونرو ما باید این زنان را شناخته و مورد بررسی قرار می‌دادیم. بدون شک، در دیگر جوامع مانند جامعه ایران، آفریقا، شرق دور و یا حتی تمدن‌های از بین رفته‌ی آمریکای جنوبی، گذشته و وضعیت کنونی زنان تا حدودی متفاوت از آن چیزی است که در غرب اتفاق افتاده و در جریان است. زنانِ آثار مونرو و خود او، زنانِ متولد غرب هستند، هر چند در بازه-های زمانی متفاوت. اما آن‌ها، از نظر پیشینه، اشتراکات فراوانی با یکدیگر دارند. از همین‌رو است که بسیاری از رفتارها و واکنش‌های آنان در برابر مسائل، شبیه به یکدیگر است. آن‌ها و گذشتگانشان، پا به پای هم از فراز و نشیب‌های زمان گذشته‌اند. هرچند با توجه به بسط و جهانی‌سازی نظام سرمایه‌داری، و هم‌شکل -تر شدن فرهنگ‌ها، خصوصا در جهان ارتباطات امروز، بسیاری از خصیصه‌های زنان و رویدادهای اتفاق افتاده در آثار مونرو، برای ما آشنا به نظر می‌رسد، اما

نباید دست به مقایسه دقیق برد، چرا که این مقایسه، ما را از مسیر فهم درست آنچه در جامعه خودمان در جریان است، باز می‌دارد. باید اعتراف کرد که متأسفانه در تمام حوزه‌های اجتماعی، این مقایسه‌ها انجام می‌شود، چرا که ساده‌ترین کار این است که با استفاده از پژوهش‌های انجام شده و در دسترس در جوامع دیگر، به تحلیل جامعه ایران پرداخته شود و این‌گونه، لزوم انجام پژوهش مستقل در این زمینه به فراموشی سپرده می‌شود.

یکی از دست‌آویزهای پذیرش و تحمیل جایگاه فرودست زنان، مطرح کردن بحث «طبیعت زن» است. همه‌ی ما با این اصطلاح که «تا بوده چنین بوده»، به خوبی آشنا هستیم. به این معنا که، این «طبیعت» تغییر پیدا نخواهد کرد و همیشه به این شکل بوده است، جای پرسشی اساس را برای ما باز می‌گذارد. اگر این طبیعت همیشه به چنین شکلی بوده و عوض ناشدنی است، حقیقت علمی تکامل را چگونه می‌توان پذیرفت؟

«به محض این‌که پیشینه‌ی تکامل ارگانیک، پذیرفته شود، دست‌کم یک قضیه به طور غیر قابل اجتنابی از آن منتج می‌شود: طبیعت ماهی عوض‌شدنی است! طبیعت ماهی عوض شده و به دوزیستان، خزندگان، پرندگان و پستانداران و سرانجام به انسان تغییر کرده است. نمک موجود در بدن ما حداقل یکی از آن چیزهایی است که نشان از جد اند جدمان دارد، یعنی همان ماهیان اقیانوس‌های اعصار قدیم»(نوواک، ۱۳۸۵: ۲۱). مسئله تکامل را بسیاری از دانشمندان مسلمان و مسیحی نیز پذیرفته‌اند. حال اگر کسی از پایه و اساس بحث تکامل را به عنوان یک واقعیت علمی نپذیرد، جای بحث چندانی در این حوزه باقی نخواهد ماند. از طرف دیگر، «اگر ما این را بپذیریم که مرد و زن به صورت طبیعی با هم متفاوتند چرا، چون بدن‌های متفاوتی دارند و از نظر زیستی باهم فرق می‌کنند، از نظر روحی و روانی یکسان نیستند و بسیار طبیعی است که رفتار متفاوتی نیز داشته

باشند. در این استدلال یک اشکال بزرگ وجود دارد و آن این‌که ما تصور می‌کنیم زن و مرد قادر نیستند شیوه‌ی زندگی خود را عوض کنند، یعنی آن‌ها مطابق همان کلیشه‌هایی که ما در ذهن خود داریم عمل می‌کنند. اما اگر به جوان‌های امروزی نگاه کنید، آن‌ها به ما نشان داده‌اند که دنیای امروز آن‌ها با دنیای پدر و مادرها و پدربزرگ و مادربزرگ‌هایشان چقدر متفاوت است و به گونه‌ای رفتار می‌کنند که با رفتار گذشتگانشان بسیار فرق می‌کند»(هولمز،۱۳۹۴: ۲۵-۲۶).

«جامعه شناسان معتقدند که می‌توان ثابت کرد که جنسیت[۱۳۹]، سازه‌ای اجتماعی است، زیرا از نظر جامعه‌شناسان، جنسیت به عوامل متعددی مانند برداشت‌های گوناگون ما در طول زمان و مکان بستگی دارد. اگر به گذشته نگاهی بیندازیم به خوبی این تفاوت‌ها را در می‌یابیم و می‌توانیم برداشت‌های گذشته خود را با آن‌چه که امروز بدان معتقد هستیم مقایسه کنیم»(همان:۶۳).

داده‌های باستان شناسان و مردم شناسان و دیرینه شناسان متعددی نشان می‌دهد که، در گذشته خصوصا در جوامع گردآوری و شکارچی زنان دارای چنین جایگاه فرودستی نبوده‌اند. آن‌ها مختار بوده‌اند که روز خود را چگونه و با چه کسانی بگذرانند و کاملا خارج از چهارچوب‌های جنسیتی در جامعه زندگی می‌کردند.

«مردان و زنان خود می‌توانند برای چگونگی گذراندن روز خود تصمیم بگیرند. خواه به شکار بروند و خواه برای گردآوری، و با چه کسی»(فرید[۱۴۰]، ۱۹۷۵:۲۵). تحقیقات و پژوهش‌های علمی، خط بطلانی بر افسانه فرودستی همیشگی زنان کشیده است.

---

[۱۳۹] جنسیت معرف باورها و رفتاری است که مرد بودن و زن بودن را نشان می‌دهد.

[140] Fried

«پاره‌ای از ادعاهای نادرست درباره‌ی برتری اجتماعی جنس مرد هم‌چون اصلی ثابت و ابدی، رواج یافته است. و این‌طور وانمود شده که برتری اجتماعی مردان به سبب برتری طبیعی آن‌هاست. در این افسانه‌ها چنین آمده که برتری مردان پدیده‌ای اجتماعی در یک مرحله خاص تاریخی نبوده است، بلکه قانون طبیعی است. بنا به ادعای این افسانه‌ها، نیرومندی فیزیکی و ویژگی‌های روانی موهبتی است که طبیعت به مردان بخشیده است»(رید، ۱۳۸۹، ۵۷). جوامع مادرسالار که زمانی سیطره جغرافیایی وسیعی داشته‌اند نیز یکی دیگر از شاهدان این ادعا هستند که زنان در بخش اعظم زندگی اجتماعی نوع انسان از جایگاه برابری با مردان برخوردار بوده‌اند. برای مثال، مالینوفسکی به بررسی یکی از جوامع مادرسالار بازمانده از دوران کهن پرداخته است. «موقعیت زن در برابر شوهر به هیچ وجه بندگی محض نیست. او اختیار دارایی خود را دارد و در حوزه‌ی خاص خود، می‌تواند نفوذ شخصی و اجتماعی خود را اعمال کند. هرگز پیش نمی‌آید که فرزندان شاهد آزار مادر از سوی پدر باشند»(مالینوفسکی، ۱۳۸۷: ۲۷).

از دید بسیاری از محققین و تاریخدانان خصوصا متفکرین چپ‌گرا، که مونرو به شدت تحت تأثیر آرای آنان است، آنچه در جوامع بدوی جایگاه برابری برای هر دو جنس برساخته بود، موقعیت آن‌ها در فرآیند تولید بود. مردان و زنان پا به پای هم در این فرآیند نقش بازی می‌کردند و حذف هر کدامشان از این فرآیند به معنای نابودی آن نظام اجتماعی و به دنبال آن نابودی جوامع انسانی می‌شد. در آن زمان نیز البته تقسیم کار جنسی وجود داشته است اما این شکل از تقسیم کار ابزاری برای سرکوب یکی از دو جنس فراهم نمی‌آورده. «کمابیش همیشه نوعی تقسیم کار میان جنس‌ها بود، به طوری که مردان بیشتر شکارها را صورت می‌دادند و زنان بیشتر گردآوری‌ها را. سبب آن بود که زنی که آبستن بود و به

طفلی شیر می‌داد، تنها ممکن بود با شرکت در شکار طفلش را به خطر بیاندازد، و به این ترتیب تولید مثل دسته به خطر می‌افتاد» (هارمن، ۱۳۸۶: ۳۰).

می‌توان با اطمینان بیان کرد که، در جوامع پیش از یکجانشینی، زنان نقش پر اهمیت‌تری در فرآیند تولید داشتند و عمده غذای دسته را آن‌ها تولید می‌کردند، از این رو، جایگاه با ارزش‌تری نیز داشتند. «برخی باستان شناسان وجود تندیسک‌های گلی یا سنگی را از پیکر زنِ زایا نشانه شأن بالای زنان تعبیر کرده‌اند، به طوری که مردان طبیعی می‌دیدند که به درگاه زنان دعا کنند»(هارمن، ۱۳۸۶: ۳۴). هرچند این جایگاه موجب تبعیض علیه مردان نمی‌شد. «تحقیقات نشان داده است که بوشمن‌های صحرای کالاهاری عمده‌ی غذای به دست آورده‌ی خود را مدیون تلاش زن‌های قبیله می‌دانند، چرا که آن‌ها با فعالیت خود ۶۰ تا ۸۰ درصد خوراک را تهیه می‌کنند. جمع آوری غذا و نگهداری آن برای فصول سرد و دوران قحطی تنها راه به دست آوردن غذا و یک نوع تکنیک محسوب می‌شود. عمل جمع آوری غذا در بعضی از مناطق ۹۰ درصد خوراکی قبیله را تشکیل می‌دهد»(نرسیسیانس، ۱۳۸۳: ۲۶).

هم‌چنین این زنان بودند که برای اولین بار رام کردن حیوانات و کشاورزی را در پی گرفتند. «زنان شکارچی هم بودند. شکارچی شکارهایی که به آن‌ها شکار کُند یا کوچک می‌گویند. علاوه بر بیرون آوردن ریشه‌های خوراکی، پیازها و گیاهان از خاک، آن‌ها به جمع‌آوری کرم حشره، حشره‌های کوچک، مارمولک، جانوران نرم تن، و جانوارن کوچک مانند خرگوش صحرایی و جانوران کیسه‌دار و غیره می‌پرداختند. این کار زنان اهمیت سرنوشت ساز داشت. چون بیشتر این شکارهای کوچک را زنده به محل زندگی خود می‌آوردند و برای نخستین بار زمینه برای تجربه‌ها و آزمایش‌ها درباره‌ی رام‌کردن و خانگی‌کردن حیوانات فراهم می‌گشت»(

رید، ۱۳۸۹: ۶۲). زنان، برای بیرون‌کشیدن مواد خوراکی از خاک، بیل را ساختند و از طریق همین وسیله بود که توانستند کشاورزی را ابداع کنند.

«این زنان بودند که یکی از قدیمی‌ترین ابزار بشری بیل یا چوب‌دستی زمین کنی را برای کندن زمین به کار بردند، تا مواد غذایی به دست آورند. امروزه در پاره‌ای از سرزمین‌های عقب‌افتاده، این ابزار مانند نوزاد از زن جدا ناشدند است. برای نمونه، هنگامی که سرخپوستان شوشون در نوادا و ویومینگ یافته شدند، سفید پوستان آن‌ها را «زمین کن» نامیدند، زیرا آن‌ها هنوز از این تکنیک برای یافتن مواد غذایی استفاه می‌کردند. زنان در جریان کندن زمین با این وسیله بود که سرانجام کشاورزی را ابداع کردند»(همان: ۶۳). به علاوه، کشف و کنترل آتش، انبارهای غله، انواع اشکال آشپزی، طناب‌بافی، نساجی، دباغی، سفال‌سازی و حتی ساخت بناهای ابتدایی به زنان نسبت داده می‌شود. شواهد این امر را هم‌چنان می‌توان در تقسیم کار رایج میان عشایر کشورمان به خوبی مشاهده کرد.

زنان در جهان پیش از یکجانشینی، به صورت مداوم درگیر مسئله تولید مثل نبودند. فاصله زادآوری هر زن معمولا بین سه تا چهار سال بود و این مسئله به آن‌ها کمک می‌کرد تا بتوانند زمان بیشتری را برای فعالیت‌های تولیدی اختصاص دهند. «در دوره شکار و گردآوری خوراک، لزوم حمل بچه‌ها در امور روزانه گردآوری و در نقل مکان‌های ادواری تمام خیمه خرگاه، به نرخ بسیار پایین زاد و ولد انجامیده بود. زنان نمی‌توانستند از عهده‌ی بیش از یک فرزند برآیند که لازم بود هر بار او را حمل کنند، این بود که زاد و ولدها در فاصله هر سه یا چهار سال صورت می‌گرفت (در صورت لزوم از راه خودداری جنسی، سقط جنین و یا نوزادکشی)» (هارمن، ۱۳۸۶: ۳۵). استیرنس نیز در کتاب خود در مورد کودکی به این نکته مهم اشاره می‌کند؛ «می‌توان از شیوه‌ی زندگی این جوامع و تلاششان برای تولید مثل کمتر به روش‌های گوناگون مثل طولانی‌کردن مدت

شیردهی، کشتن عمدی نوزادان و...»(استیرنس، ۱۳۸۸: ۲۵). همچنین این تنها مادران نبودند که باید از بچههای خود مراقبت میکردند بلکه سازمانهای اجتماعی متفاوتی بسته به جامعه، برای مراقبت از بچهها در نظر گرفته میشد تا مادران بتوانند در فعالیتهای تولیدی نقش موثری ایفا کنند. «در این سیستم مادری-برادری، بزرگسالان هر دو گروه نه تنها با یکدیگر نیازمندیهای زندگی را فراهم میآوردند، بلکه از کودکان جامعه نیز نگهداری میکردند... پس پیش از آن که نهاد خانواده که پدری بالای سر آن بود به وجود آید، وظایف پدری به عهدهی اجتماع بود»(رید، ۱۳۸۹: ۱۲۷).

تغییرات اقلیمی زمین، از ۱۵ هزار سال تا ۱۰ هزار سال قبل، انسانها را مجبور کرد تا به نحوی گستردهتر از آنچه تا به آن زمان و از ۹۰ هزار سال قبل از آن آموخته و کشف کردهاند، استفاده کنند. آخرین عصر یخ بندان، تقریبا مصادف با پیدایش نوع بشر تا زمان یکجانشینی اوست. عقبرفتن یخها، تغییر در بارش و میزان گرما و منابع آبی در دسترس، انسانها را مجبور کرد تا زندگی بر پایهی شکار و گردآوری را رها کرده و در سکونت گاههای اولیه خود ساکن شوند. گسترش کشاورزی و دامپروری موجب شد تا مردان دیگر مجبور نباشند تا برای شکار، خانه و اجتماع خود را ترک کنند و کم کم شروع کردند به آموختن فن-هایی که زنان برای بهبود زندگی ابداع کرده بودند.

«کشف کشاورزی به وسیله زنان و نیز خانگیکردن گلههای گاو و سایر حیوانات بزرگ، زمینهی آزادی مردان را از زندگی شکاری فراهم ساخت، و از آن پس شکار به ورزش تبدیل شد و آنها آزاد شدند تا در زندگی صنعتی و فرهنگی جامعه شرکت جسته و آموزش ببینند و تجربه کنند»(رید، ۱۳۸۹: ۹۱).

از سوی دیگر مازاد تولید و انبارکردن غلات، به مرور موجب آن شده که، با درصد کمی از کار بالقوه جامعه بتوان کل جامعه را برای مدت زیادی تأمین کرد. عدم جا به جایی مداوم و کم شدن نیاز به کار زنان، موجب شد تا نرخ زاد و ولد به شکلی ناگهانی افزایش پیدا کند.

«با زندگی روستایی مبتنی بر کشاورزی لزومی نداشت بچه چند ماهه به جایی حمل شود و هر قدر شمار فرزندان بیشتر، مساحت زمینی که بایستی در آینده هموار و کاشته شود، گسترده تر بود. ارزش بیشتر، در خانواده‌های بزرگتر بود. تغییر در شیوه تولید نیز اثر عمیقی بر تولید مثل داشت. با این که نرخ رشد بنا بر معیارهای کنونی اندک بود (۱ درصد در سال) در دو هزار سال چهار برابر شد و قوس صعودی پیدا کرد، چنان که از شاید ده میلیون در دوره‌ی انقلاب نوسنگی به دویست میلیون تن در آغاز سرمایه‌داری رسید» (هارمن، ۱۳۸۶: ۳۵).

زاد و ولد بیشتر موجب شد، زنان از فرآیند تولید به کلی جدا بیافتند و نقش خانه‌داران را ایفا کنند. از این رو نقش آن‌ها در مالکیت کمرنگ شد و رفته رفته برای ادامه حیات خود وابسته به مردان‌شان شدند. «همه‌ی مازادی که اکنون از تولید به دست می‌آمد، از آن او بود؛ زن در مصرف آن، شریک او بود ولی در مالکیت آن سهمی نداشت. جنگجو و شکارچی وحشی، خشنود بود که در خانه جایگاه دوم را داشته باشد و برتری را به زن بسپارد. شبان رام‌تر با استفاده نادرست از ثروتش، خود را به جایگاه نخست رساند و زن را به جایگاه دوم راند. زن نمی‌توانست شِکوه کند. تقسیم کار در خانواده، توزیع مالکیت میان مرد و زن را سامان داده بود. این تقسیم کار پایدار مانده بود، با این همه اکنون مناسبات خانگی پیشین دگرگون شده بوده، تنها از این رو که تقسیم کار در خارج از خانواده تغییر یافته بود. همان علتی که پیشتر به برتری زن در خانه انجامیده بود، یعنی محدود بودن او به کار خانگی، اکنون برتری مرد را در خانه فراهم می-

کرد: کار خانگی زن در هم‌سنجی با کار مرد در فراهم کردن روزی، ارزش خود را از دست داد؛ دومی همه چیز بود، یکمی یک کمک ناچیز» (انگلس، ۱۳۸۵: ۱۹۵).

انواع خانواده‌های موجود، مثل خانواده‌های هم خون[۱۴۱]، پونالوایی[۱۴۲]، یارگیر و ... ، همگی جای خود را به خانواده‌های تک همسری یا چند زنی دادند. اشکال پیشین، از آن‌جایی که اصالت را به شوهر نمی‌دادند و زن پس از ازدواج از تیره‌ی خود جدا نمی‌شد، آزادی عمل بیشتری برای زنان فراهم می‌آوردند. در تمام اشکال پیشین، تبار بر پایه‌ی حق مادری بود و ترتیب ارث‌بری نیز از همین شیوه مشخص می‌شد. اما در شکل‌بندی تازه، مرد محور تمام امور قرار می‌گرفت، و از این رو زنان تمام قدرت خود را از دست دادند، سقوطی که انگلس از آن، به عنوان شکست جهانی- تاریخی جنس زن یاد می‌کند. «بر اُفتادن حق مادری، شکست جهانی- تاریخی جنس مادینه بود. مرد فرمان‌روایی خانه را نیز به دست آورد؛ جایگاه (زن) افت کرد، برده شد، بنده‌ی شهوت مرد و ابزاری تنها برای تولید فرزندان شد. این سقوط جایگاه زن، که به ویژه در میان یونانی‌های روزگار نیم‌خدایان، و از آن‌هم بیشتر در روزگار کلاسیک، به چشم می‌خورد، رفته رفته بزک شده و آراسته و تا اندازه‌ای در لفاف شکل‌های ملایم‌تری پیچیده شد اما به هیچ روی از میان نرفت»(همان: ۷۱)

در دوران پس از یکجانشینی، بسته به شکل‌بندی اجتماعی، و جایگاه زن در این شکل بندی، زنان تحت ستم‌هایی با درجات متفاوت قرار می‌گرفتند؛ اما تمام آنان از جایگاه فرودستی نسبت به مرد برخوردار بوده و هستند. در جوامع برده‌داری، زنان به نسبت این که در خانواده‌ی اربابی زندگی می‌کردند، یا زنان سوداگران

---

[141] Consanguine Family
[142] Punaluan Family

بودند و یا زنان برده، وضعیت متفاوتی داشتند. با این حال، حتی زنان اشرافی نیز تنها نقشی کالایی برای مردان ایفا می‌کردند.

«با زنان طبقه فرمانروا بیش از پیش مثل داراییِ دیگرِ مردِ ناظر بر مازاد رفتار می‌شد، آنان مثل زیور، و منبع لذت جنسی یا پرورانندهٔ میراث بران ارزشمند بودند. از آن‌ها در برابر سختی‌ها و خطرهای خارجی محافظت می‌شد اما در عین حال، از هرگونه تأثیر متقابل از عالم اجتماعی گسترده، دور نگه داشته می‌شدند" (هارمن، ۱۳۸۶: ۵۴). وضعیت زنان در طبقات دیگر متفاوت بود. آن‌ها، هم از سوی اربابان خود و هم از سوی شوهرانشان مورد بهره‌کشی قرار می‌گرفتند. "زندگی برای زنان در خانواده‌های کشاورز یا افزارمند بسیار فرق می‌کرد. آنان، کماکان نقشی تولیدی داشتند و به کارهای پر زحمت بی‌پایان سرگرم بودند. با این همه، شوهران آنان بودند که بر روابط میان خانواده و بقیهٔ اجتماع چیرگی داشتند و در تأمین بقای خانواده، اقدام‌های لازم را بر زنان و فرزندان تحمیل می‌کردند(از آن میان حاملگی‌های پیاپی همسر). در میان طبقات بهره‌کش و بهره‌ده به نحوی «پدرسالاری»،- فرمانروایی پدر بر دیگر اعضای خانواده-، به معنای دقیق کلمه برقرار بود. اثر آن کمی بعد، در تمام ایدئولوژی‌ها و مذهب‌ها دیده می‌شد. ربّ النّوع‌های زن و کاهنه‌ها، بیش از پیش نقش درجه دوم داشتند، آنان به جای شرکت‌کنندگان پُرتکاپو در ایجاد و سازمان‌دهی جهان، مادران معنوی یا نمادهای زیبایی باقی ماندند»(همان: ۵۴).

زن، به تدریج جایگاه خود را از دست داد و در جایگاه یک کالای مصرفی قرار گرفت، کالایی که تمام حیات او، وابسته به مرد است. او هم‌چون همه کالاهای دیگر داد و ستد می‌شد. استفاده از کار او برای اربابان، از کار خانگی او برای شوهران و بارداری‌های بی وقفه تمام زمان و توان زن را گرفت و او را از عرصه-های اجتماعی بیرون راند.

«همین که زنان از کار تولیدی در جامعه بر کنار ماندند، و استقلال اقتصادی خود را از دست دادند، به ازدواج به عنوان ابزار حمایتی وابسته شدند. از آن پس بود که ازدواج در زندگی هر زنی مسئله‌ی شماره یک شد. در میان طبقه مالک با این مسئله، مانند سایر داد و ستدهای تجاری نگریسته و برخورد شد. پدر دختر به مردی که با دختر او ازدواج می‌کرد مالی می‌بخشید که جهیزیه نامیده می-شد... زن همراه با جهیزیه‌اش به دارایی شوهر خود تبدیل گردید. او می‌بایست تن و مغز و رحم و خدمات خانگی خود را در اختیار شوهر بگذارد. و در این معامله‌ی ازدواج، کنترل خود را بر بدن و ذهن خود از دست داد. زیرا اکنون او با بدن و روح خود، دارایی شوهری بود که تصمیم‌های اصلی را می‌گرفت و بر او و فرزندانش فرمان می‌راند»(رید، ۱۳۸۹: ۱۰۹).

گذشته و تاریخچه زنان در دوران سرمایه‌داری:

«مهم‌ترین عاملی که جامعه‌شناسان در تحولات اجتماعی و ارتباط آن با موضوع جنسیت در نظر می‌گیرند، تحول جامعه کشاورزی به جامعه صنعتی است که خود دستاورد مدرنیته است. مدرنیته(تجدد)، وضعیتی است که در آن زندگی روزمره انسان پیوندهای سنتی خود را از دست می‌دهد و مردم ناچارند شیوه‌های نوینی برای آن بیابند»(هولمز، ۱۳۹۴ :۳۳).

زوال فئودالیسم و فروپاشی آن، نتیجه اتفاقات متعدد بود. جنگ‌های دهقانی در آلمان، گسترش آرای متفکرین عصر روشنگری، اختراعات صنعتی بسیار مترقی مانند موتور بخار و بعدتر، دستگاه‌های نساجی، انقلاب فرانسه، انقلاب صنعتی انگلستان و دست آخر، انقلاب آمریکا در دهه‌ی ششم از قرن هجدهم موجب از بین رفتن شیوه‌های تولیدی و اجتماعی مبتنی بر فئودالیسم شدند.

فئودالیسم، یک‌باره از میان نرفت، به عنوان مثال، دهقانان درگیر در جنبش دهقانی آلمان که از سال ۱۵۲۴ آغاز شده بود، هنوز فکر می‌کردند که می‌توان اربابان را راضی کرد تا به حقوق دهقانان احترام بگذارند. «اعلامیه برنامه انقلابی نبود. فرض را بر این می‌نهاد که اشراف و امیران را می‌توان به پذیرش دعوی دهقانان راضی کرد. بی‌گمان، در آغاز جنبش، به نظر می‌آمد که بیشتر شرکت-کنندگان آن معتقد بودند که، امور بهبود می‌یابد اگر بتوانند اربابان را بر آن دارند که راه و روش خود را اصلاح کنند» (هارمن، ۱۳۸۶: ۲۳۷).

تغییر جایگاه زنان بعد از فئودالیسم را، می‌توان دستخوش دو عامل اصلی یعنی؛ روشنگری و تبعات آن، و سرمایه‌داری و آنچه منجر به استقرار آن شد دانست. یکی از نتایج به دست آمده از ارتباط این هر دو عامل با یکدیگر، گسترش مفهوم «علم» بود. «از نظر معرفت شناختی با فرادستی گفتار علمی مدرن، این فرض گسترش یافت که، پذیرش هر چیزی به عنوان حقیقت، غیر عادلانه است، مگر آن‌که بتوان آن را اثبات کرد؛ و این که تنها بعد از شکاندن اطلاعات به چندین بخش و گذار مرحله به مرحله به شکلی منظم و عقلانی می‌توان به شناخت قیاسی حتی پیچیده‌ترین ابعاد واقعیت –صرف نظر از این که تا چه حد سنتی یا متقن به نظر برسد- رسید» (مشیرزاده، ۱۳۸۸: ۸). این نوع نگرش اجازه نمی‌داد تا بر واژگانی بی‌معنی مانند -طبیعت زن- بدون مطالعه تأکید شود. از همین رو بود که مردم شناسان با رفتن به جوامع بدوی، دانستند که زنان همیشه در وضعیت کنونی آن زمان زندگی نمی‌کرده‌اند.

پروتستانیسم[۱۴۳]، به عنوان اساسی‌ترین تحول دینی نیز، تأثیرات مشخصی بر زمینه آزادی زنان و یا مطرح شدن این بحث گذاشت. «حتی مهم‌ترین بعد تحول دینی در عصر مدرن، یعنی اصلاحات مذهبی و ظهور پروتستانیسم –به رغم

---

[143] protestanism

آموزه‌های پدرسالارانه‌اش- در نفی اقتدار و سلسله مراتب بود و بر افراد (به عنوان انسان‌هایی که اعم از زن یا مرد روح‌های برابری دارند، تأکید داشت. در برخی از فرقه‌های این کیش نیز، عملا با زنان به شکل برابرتری برخورد می‌شد که نمونه بارز آن کوئیکرها بودند» (همان: ۹). اگرچه در همان زمان، بسیاری از متفکرین از جمله آگوست کنت و یا روسو، بر فرودست بودن طبیعی جایگاه زن اعتقاد داشتند «نمونه بارز —و در نزد فمینیست، نمونه رسوا- از این طرز تفکر اخیر را می‌توان در آرای ژان ژاک روسو دید، که صراحتا معتقد بود که احساسات زنان قوی‌تر از آن است که به توانایی خردورزی مردان برسند.. او تأکید داشت که زن طبیعتا ضعیف است و در مقابل، فقط از اهرمی —که به زعم روسو کم اهمیت هم نیست- برخوردار است و آن هم عبارت از این است که می‌تواند قلب مرد را تکان دهد. از آن‌جا که منشأ حقوق طبیعی برای انسان در تفاوتی است که به واسطه خردمندی، او را از حیوانات متمایز می‌کند و چون در خرد ورزی زن تردید است، نمی‌توان او را واجد حقوقی دانست»(همان: ۱۱).

با این همه، بسیاری دیگر از روشنفکران خصوصا از اواخر قرن هجدهم، رفته رفته بر اهمیت مسئله برابری در بین دو جنس آگاه شدند و دست به قلم بردند. از این بین می‌توان جان استوارت میل [۱۴۴] را به عنوان مثالی درخشان یاد کرد. میل در سن ۱۸ سالگی، یعنی در سال ۱۸۲۴، اولین مقاله خود را در مورد بحث برابر جنسیتی نوشت. «هنگامی که او هجده سال بیشتر نداشت، نخستین نوشته فمینیستی خود را در نشریه‌ی وست مینستر ریویو به چاپ رساند و به تبعیض میان زن و مرد سخت حمله کرد»(میل، ۱۳۹۳: ۱۴).

جان استوارت میل، مشکل اساسی را در مسئله تبعیض علیه زنان در قانون می-دید، و تغییرات در آن به سوی بهبود وضعیت زنان را، تنها راه چاره. او معتقد

[144] John Stuart Mill

است با ایجاد فرصت‌های برابر برای زنان، می‌توان از همه پتانسیل اجتماع برای «پیشرفت»، استفاده کرد. مسئله اصلی او، نفی نابرابری و ستم به خاطر خودش است، اما معتقد است باید برای برخی افراد ضررهای این نابرابری در راه تعالی، (در واقع آن‌چه میل تعالی می‌داند)، و نوع بشر ایجاد کرده است را توضیح داد تا آن‌ها نیز قانع شوند. «باید در نظر داشته باشیم که برای ما، مسئله‌ی بزرگتر ایجاد شرایطی است که ناتوانی‌های زنان را از میان ببرد، که این مهم، با به رسمیت شناختن برابری زن و مرد در همه‌ی امور شهروندی حاصل می‌آید، یعنی با گشودن راه ورود زنان به همه مشاغل احترام برانگیز، و برخوردار ساختن زنان از آموزش‌هایی که آن‌ها را برای پذیرفتن چنین مشاغلی آماده می‌کند، و هستند اشخاص بسیاری که برایشان چندان اهمیتی ندارد که فرودست بودن زنان عادلانه نیست یا توجیهی منطقی ندارد؛ آن‌چه اینان احتیاج دارند این است که دریابند از میان برداشتن نابرابری چه فوایدی در بر دارد»(همان: ۱۲۶ - ۱۲۷).

بسیاری دیگر از متفکرین از جمله سن سیمون[۱۴۵] و پیروانش، مارکس[۱۴۶]، در کتاب‌های متفاوت خود به خصوص خانواده مقدس، انگلس در منشأ خانواده، مالکیت خصوصی و دولت، و شارل فوریه که واژه «فمینیسم» ابداع او است، نیز، در راه رهایی زنان و برابری جنسیتی دست به قلم بردند. با این همه درست است که این آرا سرمنشأ بسیاری از جنبش‌ها خصوصا جنبش‌های فمینیستی شدند، اما وضعیت اکثر زنان در زمینه برابری نه تنها تغییری نکرد بلکه بدتر از گذشت نیز شد.

انقلاب صنعتی، رفته رفته نیاز به نیروی کار را افزایش داد. با نیاز سرمایه‌داریِ تازه شکل گرفته به رقابت، زنان و کودکان، که تا پیش از این کنش‌هایشان تنها

---

[145] Claude Henri de Rouvroy, comte de Saint-Simon
[146] Karl Marx

در محیط خانه و امور پیرامون آن انجام می‌گرفت، به دلیل ارزان بودن نیروی کارشان از پیرامون خانه خارج و وارد چرخه تولیدی سرمایه‌داری شدند. هرچند بنا به ضرورت‌های مادی زندگی اجتماعی و مبارزه، این شرایط ثابت نمانده و نمی‌ماند. «ارزان شدن قیمت نیروی کار با سوء استفاده عریان از کار زنان و کودکان، با تاراج آشکار تمامی شرایط متعارف مورد نیاز برای کار و زندگی، و قساوت محض ناشی از زیادکاری و شب‌کاری، سر انجام به موانع طبیعی گذر ناپذیر برخورد می‌کند. همین موضوع، در مورد ارزان شدن کالاها و استثمار سرمایه‌داری که بر این بنیاد استوار است، صادق است»(مارکس، ۱۳۸۶: ۵۰۶).

مارکس در کتاب سرمایه‌ی خود آماری از چگونگی بهره‌کشی از کار زنان و کودکان در انگلستان ارائه می‌کند که می‌تواند بیان‌گر چرایی عدم بهبود وضعیت زنان در اوایل استقرار نظام سرمایه‌داری باشد. «در سال ۱۸۶۱ تعداد زنان شاغل در این صنایع (تن پوش) در انگلستان و ولز، ۵۸۶۲۹۷ نفر بود که از میان آن‌ها ۱۱۵۲۴۲ نفر زیر ۲۰ سال داشتند و ۱۶۶۵۰ نفر زیر ۱۵ سال. در همین سال تعداد این زنان کارگر در بریتانیا ۷۵۰۳۳۴ نفر بود. در همان زمان تعداد مردان شاغل در انگلستان و ولز در کلاه‌دوزی، کفش‌دوزی، دستکش سازی و خیاطی ۴۳۷۹۶۹ نفر بود. از این تعداد ۱۴۹۶۴ نفر زیر ۱۵ سال، ۸۹۲۸۵ نفر بین ۱۵ تا ۲۰ و ۳۳۳۱۱۷ نفر بالای ۲۰ سال داشتند»(مارکس، ۱۳۸۶: ۵۰۷).

از آمار مطرح شده، می‌توان به سادگی متوجه نسبت کارگران زن به کارگران مرد و در مجموع نسبت کارگران زیر بیست سال به کل جمعیت کارگران شد. برای دور نماندن از عرصه رقابت، سرمایه‌داران و صاحبان مشاغل و صنایع، باید قیمت محصول نهایی خود را پایین بیاورند. این مسئله، تنها از دو طریق امکان‌پذیر است، پایین آوردن قیمت مواد اولیه و یا پایین آوردن هزینه نیروی کار. نیروی کار قابلیت انعطاف بیشتری در مورد هزینه نسبت به مواد اولیه دارد. وارد کردن

زنان و کودکان به بازار کار ابتدایی در اوایل نظام سرمایه‌داری، (و البته متاسفانه شاید تا همین امروز نیز) تنها یک هدف در بر دارد؛ استفاده از نیروی کار ارزان!

برای پایین‌تر نگه داشتن دستمزد زنان کارگر و یا کارمند، از اهرم‌های متفاوتی استفاده می‌شد. از جمله این اهرم‌ها، تکیه بر نقش خانه‌داری و -کمک حال- بودن زنان حتی در صورت اشتغال بود. از طرف دیگر، در بسیاری از کشورهای صنعتی شده خصوصا در بین طبقه متوسط، به زنان شاغل با نگاهی خصمانه نگریسته می‌شد.

«این حضور با نظارت بسیار خصمانه رو به رو بود و زنان شاغل، به ویژه زنان متأهل و مادران، افرادی غیر طبیعی و غیر اخلاقی و والدینی سهل‌انگار به شمار می‌آمدند، و ضمنا متهم می‌شدند که کار را از دست مردان در می‌آورند. اساس این ملاحظات را، مرام رو به رشد زندگی خانگی تشکیل می‌داد، که در فاصله سال‌های ۱۷۸۰ تا ۱۸۳۰ در میان طبقه‌ی متوسط شکل گرفته و رفته رفته به تمام طبقات و به هر دو جنس مذکر و مؤنث سرایت می‌کرد. این مرام دنیا را به دو قلمرو جدا از هم تقسیم کرد: خانگی و عمومی. مردان باید در قلمرو عمومی و سیاست به کسب درآمد و تأمین خانواده بپردازند و زنان باید خانه‌نشین قلمرو خانگی باشند، به شوهر و فرزندان برسند و به حمایت مالی شوهر تکیه کنند»(آبوت و والاس، ۱۳۸۷: ۱۴ - ۱۷۵).

نیروی کار ارزان‌تر، از میانگین جامعه همیشه تهدیدی برای آن دسته افراد به شمار می‌آید که با دستمزدی نزدیک به میانگین دستمزد مشخص جامعه، کار می‌کنند. مهاجران غیر قانونی و کودکان، امروزه نقشی را بازی می‌کنند که پیش‌تر، تنها بر دوش زنان قرار گرفته بود. زنان اگرچه امروزه نیز در بسیاری از کشورها در جایگاه برابر با مردان، از دستمزد کمتری برخوردار می‌شوند، اما در

اوایل استقرار سرمایه‌داری این وضعیت بسیار حادتر بود. فشار مردان بر آن‌ها به این واسطه که آنان را تهدیدی برای شغل خود می‌دانستند نیز، مصداق بارز دیگری از ستم دیدن بود.

«مردان، غالبا زنان شاغل به ویژه متأهل را تهدیدی برای شغل و وجهه‌ی خود در مقام نان‌آور می‌دانستند، و می‌گفتند که شمار کارهای مزدی محدود است و اگر قرار باشد زنان هم کار کنند بعضی از خانواده‌ها بدون درآمد می‌مانند. هم‌چنین تصور می‌شد زنان عموما سبب پایین‌آمدن سطح دستمزدها می‌شوند چون می‌توانند با مزد کمتری از مردان کار کنند»(همان: ۱۷۶).

در نیمه‌ی اول قرن بیستم، حضور زنان در بازار کار به شکل چشمگیری افزایش پیدا کرد. بروز دو جنگ جهان‌ی، خصوصا جنگ جهانی دوم که نیروی کار مرد را برای مصرف در خدمات نظامی به کار گرفته بود، یکی از مهم‌ترین عاملان این افزایش چشمگیر در درصد اشتغال زنان به شمار می‌آید. «فقر بسیاری از زنان متأهل را روانه بازار کرد و احتمالا در فاصله ۱۸۹۰ تا ۱۹۴۰ به رغم ده درصدی که سرشماری نشان می‌دهد، ۴۰ درصد از زنان در دوران تأهل خود کار می‌کرده‌اند. هم‌چنین احتمال دارد آماری که سرشماری از میزان اشتغال زنان به دست می‌دهد کمتر از میزان واقعی باشد»(همان: ۱۷۵). مردان، به این دلیل که نمی‌خواستند منزلتشان دچار خدشه شود در بیشتر همه پرسی‌ها و سرشماری‌ها اعلام نمی‌کردند که زنانشان نیز شاغل هستند.

نابرابری در دستمزد، در بین مشاغل دولتی نیز تا سال‌های آخر قرن بیستم هم‌چنان در کشورهای صنعتی و غربی دیده می‌شد و قوانین دولت‌ها از کار مردان حمایت می‌کرد. «برای مثال تساوی دستمزد معلمان مرد و زن تا سال ۱۹۶۳ هنوز کاملا به اجرا در نیامده بود. دولت هم، در خلق تبعیض شغلی و مطلوب‌تر

جلوه دادن مردان برای استخدام نقش داشت. قوانین محدود کننده که به اصطلاح برای حمایت از زنان وضع شد، در عین حال آنان را از بعضی مشاغل کنارگذاشت و ساعات کار را محدود و فاصله زمانی خاصی برای کار زنان تعیین کرد»(همان: ۱۷۶). دولت با فشار آوردن بر زنان و وضعیت اشتغال آن‌ها سعی می‌کرد دستمزدهای آنان را پایین نگه دارد تا صنایع و مشاغل درون کشور بتوانند با رقبای خارجی خود رقابت کنند.

مارکس و انگلس معتقد بودند که، بهره‌کشی از کار زنان و کودکان نیروی انقلابی را افزایش می‌دهد و موجب سرنگونی سریع‌تر نظام سرمایه خواهد شد. با این حال، آن‌ها تا حدودی بر انعطاف تبلیغاتی ایدئولوژی سرمایه داری چشم فرو بستند. ارزش‌های خانواده‌های مرفه و طبقه متوسط به لطف دستگاه‌های آموزشی و تبلیغاتی از چنان گستره‌ای برخوردار شد که خانواده‌های فرودست نیز آن‌ها را اختیار کردند.

«مارکس و انگلس درباره‌ی پیوستن زنان و حتی کودکان طبقه کارگر به نیروی کار پیش‌بینی درستی کردند، اما نتوانستند تشخیص دهند که در جامعه‌ی سرمایه‌داری مردمان طبقه‌ی کارگر تحت تأثیر آگاهی کاذب ممکن است واکنش دیری در برابر بهره‌کشی روزافزون خود نشان بدهند و به جای انقلاب‌کردن به تدریج ابتدا فرزندان و سپس زنان خود را از نیروی کار بیرون بکشند تا به شیوه‌ی زندگی بورژوایی نزدیک‌تر شوند. اصلاحات لیبرالی با وضع قوانین از کار کودکان جلوگیری و ساعات کار زنان به ویژه زنان باردار را محدود کرد. در همین حال اتحادیه های کارگری به مبارزه برای بالا بردن دستمزدهای مردان پرداختند تا بتوانند یک تنه دستمزد خانواده را به خانه ببرند. البته زنان مجرد هنوز در بازار کار با استقبال رو به رو می‌شدند، اما رفته رفته در می‌یافتند که در آن‌جا همان کاری را می‌کنند که در خانه می‌کردند، یعنی خیاطی، بافندگی، اتوکشی،

پرستاری، معلمی و نظافت. بازار کار گه‌گاه از زنان متأهل نیز استقبال می‌کرد، به ویژه در دوران جنگ‌های جهانی که علاوه بر کارهای زنانه کارهای مردانه نیز برای آنان مجاز بود. اما دربیشتر موارد زنان طبقه کارگر با فرزندان خود در خانه ماندند و همسرانشان سر کار رفتند»(تانگ، ۱۳۹۵: ۹۳). زنان که در عرصه کار خانگی تحت استثمار مردان قرار گرفته بودند، حالا تنها راه کار کردن پیش رویشان کار در مشاغل عمومی‌شده‌ی خانگی بود. آن‌ها از دایره انتخاب وسیعی برخوردار نبودند به علاوه این که اکنون به دلیل وجود کارخانه‌ها و کارگاه‌های بزرگ‌تر توان فروش محصولات خانگی خود را نداشته و راهی همان کارگاه‌هایی می‌شدند که کارهای خانگی آن‌ها را از چنگشان بیرون کشیده بود و به همین واسطه اراده و کنترلی بر زندگی شخصی خود نیز نداشتند. اصلاحات مربوط به قانون کار، اگرچه تحت تأثیر جنبش‌های کارگری و فشارهای اعتراضات اتحادیه‌ها و احزاب بود، اما سرمایه‌داری توانست از آن‌ها به نفع خود استفاده کند. منع کار کودکان و منع بهره‌کشی از زنان، باعث شد برخی از زنان در کارگاه‌ها و مشاغل غیر رسمی با دستمزدی کمتر از آن‌چه تا پیش از آن نصیبشان می‌شد، مشغول به کار شوند.

با همه‌ی این اوصاف، ورود مجدد به عرصه کار اجتماعی و بیرون از خانه، تنها راه بازگرداندن آزادی زنان بود. این درست است که آنان به انحاء پیچیده‌تری در نظام سرمایه‌داری مورد تبعیض قرار گرفتند اما همین نظام، موجب شد تا آن‌ها بعد از چند هزار سال مجددا از خانه‌ها پا بیرون بگذارند و کم‌کم بتوانند دارای فهم و درکی مستقل از مردانشان نسبت به جامعه شوند. «هرچند، این نگرش درست است که زنان از نظر زن بودن و کارگر بودن دو برابر ستم کشیده‌اند، اما همین امر به جنبش آزادی زنان زمانه‌ی ما شور و نیرو و سرزندگی بیشتری بخشیده است. اگر دقیق‌تر بگوییم، تبدیل شمار گسترده‌ای از زنان به کارگران،

هم ابزار و هم انگیزه‌ی مبارزه با این سیستم ستمگر را به آن‌ها داده است. چون با سرازیر شدن فزاینده‌ی زنان مزد بگیر به صنایع و اداره‌ها و حرفه‌ها بود که چیزی نو به زندگی زنان قرن بیستم وارد شد که پیشینیان آن‌ها در قرن نوزده از آن بی‌بهره بودند، یعنی استقلال اقتصادی. با اطمینان می‌توان گفت، همیشه به زنان سهم کمتری واگذار کرده‌اند، یعنی کار مردانه‌ی بیشتر با مزد کمتر از مردان. با وجود این، ورود به اقتصاد جامعه نقطه شروعی بود که زنان برای رسیدن به آزادی به آن نیاز داشتند. به جای این که تمام وقت، همچون وابسته‌ای غمگین و افسرده با خانه و خانواده در یک زندگی منزوی فرو روند، به گزینشی دیگر دست یافتند. آن‌ها می‌توانستند با زنان و هم‌چنین با مردان برخورد کنند و کار کنند و دریابند که با هم آرزوها و مسائل مشترک دارند، خواه در کار بیرون از خانه و یا در زندگی خانوادگی»(رید، ۱۳۸۹: ۱۱۴). آن‌ها توانستند جنبش‌های بزرگی را در سرتاسر جهان غرب برای رسیدن به خواسته‌هایشان یعنی برابری و حق استقلال، برپا کنند. به مرور، این خواسته‌ها، از جزئیات بیشتری برخوردار شد و تنها در دایره‌ی محدود -دستمزد- نماند. فمینیست‌های مارکسیست و سوسیالیست بر فرصت‌های شغلی برابر تأکید کردند، فمینیست‌های لیبرال بر حقوق شهروندی برابر مثل حق رأی یا حق حضانت فرزندان، فمینیست‌های رادیکال از حق بر بدن و تولید مثل گفتند و فمینیست‌های سیاه، از حقوق تضییع شده‌ی زنان سیاه پوست.

«توانایی بسیاری از زنان در مخالفت ورزیدن با هنجارها و قواعد زن بودن تحت تأثیر وابستگی آنان به مردان برای زندگی به‌شدت محدود شده بود. اما در این میان، نوعی مخالفت و اعتراض گروهی نیز شکل گرفته بود، چرا که صنعتی شدن آرام آرام، زنان را از قید و بندهای مردسالاری رها می‌ساخت و فرصت‌های بیشتری برای آنان فراهم می‌کرد و در ادمه این روند، زنان به سطحی از درآمد

رسیده بودند که می‌توانستند از طریق آن، به درخواست‌های خود برسند، و تحولاتی که در میانه قرن هجدهم در اروپا روی داد، موجب شکل‌گیری جنبش-هایی شد که به دنبال کسب حقوق زنان بودند.... آن‌ها به‌دنبال آزادی‌های بیشتری بودند که در قالب حق رأی و حق ادامه تحصیل و کسب مهارت‌های حرفه‌ای تجلی می‌کرد. در واقع، این جنبش را باید موج نخست فمینیست بنامیم(رندال[۱۴۷] ، ۱۹۸۵؛ به نقل از هولمز،۱۳۹۴: ۱۱۶). «پیشرفت‌هایی که توسط زنان در عصر ویکتوریا حاصل شد، تنها برخی از خواسته‌های زنان طبقه متوسط جامعه را برآورده ساخت. در آن زمان، جنبش‌های فمینیستی، به‌شدت در پی کسب آزادی بودند... پس از آن، خواسته این جنبش‌ها، کسب امکانات آموزشی برابر با مردان بود (ولهان[۱۴۸] ، ۱۹۹۵؛ به نقل از هولمز، ۱۳۹۴: ۱۱۷). به تدریج در این زمینه، فرصت‌های بهتری برای زنان طبقه متوسط فراهم شد. در بسیاری از جوامع غربی در طی نیمه دوم قرن نوزدهم، درهای دانشگاه به روی زنان باز شد و کم کم شاهد زنان تحصیل‌کرده‌ای بودیم که مدارک دانشگاهی داشتند..زنان به جایی رسیده بودند که می‌توانستند روی پای خود بایستند و در این دوره بود که نسب جدیدی از زنان پدید آمده بود، زنانی که طعم استقلال مالی را چشیده بودند و از محدودیت‌های موجود در عصر ویکتوریا رهایی یافته بودند»(هولمز، ۱۳۹۴: ۱۱۷). موج بعدی حرکت زنان، موج دوم فمینیسم است. «یکی از ویژگی‌های موج دوم فمینیستی، در جوامع غربی، تأکید آن بر این مسئله بود که هر واقعیت فردی را باید در فضایی سیاسی ملاحظه کرد، این نگرش، مفهوم مخالفت و اعتراض را معنایی دیگر بخشید... موج دوم فمینیست، توجه همگان را به این واقعیت جلب کرد که بسیاری از مسائلی که کا آن‌ها را در زندگی روزمره خود بی‌اهمیت می‌دانیم، اهمیت زیادی دارند.... مهم‌ترین مسئله

---

۱۴۷ Rendal
148 Whelehan

این بود که، زنان حق انتخاب دارند و خود می‌توانند در مورد داشتن یا نداشتن فرزند تصمیم بگیرند. بسیاری از زنانی که در قرن بیستم زندگی می‌کردند، هنوز هم مادر بودن را ویژگی اصلی زنان می‌دانستند. در دهه ۱۹۶۰، تولید قرص‌های ضد بارداری، به زنان امکان داد در مورد حاملگی خود تصمیم گیری کنند، البته این قرص‌ها تنها در ختیار زنان متأهل قرار می‌گرفت. در کنار این مسئله، موضوع بارداری ناخواسته نیز مطرح شد. زنان می‌خواستند بتوانند از تولد فرزندان ناخواسته جلوگیری کنند(هولمز، ۱۳۹۴: ۱۱۸- ۱۱۹). این مسئله، این امکان را برای زنان فراهم کرد که با آزادی بیشتری وارد زندگی زناشویی و جامعه شوند. زنان در ابتدا نسبت به بدن خود حق خاصی نداشتند ولی به این ترتیب توانستند کنترل بدن خود را، تا حدودی به دست گیرند.

مسئله دیگری که کمک کرد تا زنان از قید و بندهای پیشین خود تا حدودی در کشورهای غربی جدا شوند، بحث گسترش بهداشت بود. تا پیش از گسترش رفاه و بهداشت، خصوصا در زمان اجرای سیاست‌های کینزی بعد از جنگ جهانی دوم، نرخ زاد و ولد برای زنان بسیار بالا بود چرا که از سوی دیگر نرخ مرگ و میر در نوزادان نیز بسیار بالا بود و زنان در قالب خانواده‌های سنتی مجبور بودند برای حفظ خانواده خود هم‌چون دستگاه تولید مثل خود را در اختیار شوهرانشان بگذارند. با گسترش بهداشت و کمتر شدن نرخ مرگ و میر کودکان، نه تنها زنان فرصت کردند تا از حاملگی‌های پی در پی نجات پیدا کنند، بلکه جمعیت جهان یعنی نیروی کار افزایش چشمگیری پیدا کرد. اریک هابزبام، در آخرین جلد از سه گانه‌ی اعصار خود، یعنی عصر نهایت‌ها، که در اواخر قرن بیستم نگاشته شده است به این موضوع اشاره می‌کند؛ «پیش‌بینی می‌شود که جمعیت جهان که از اواسط قرن بیستم رشدی انفجاری داشت، در حدود سال ۲۰۳۰ تقریبا در مرز ده میلیارد نفر، یا به عبارتی پنج برابر جمعیت جهان در سال ۱۹۵۰، ثابت باقی

بماند که این امر ناشی از کاهش میزان تولد در جهان سوم خواهد بود»(هابزبام، ۱۳۸۸: ۷۱۳).

با تمام توضیحات داده شده و تلاش زنان، وضعیت آن‌ها حتی در پیشرفته‌ترین کشور دنیا یعنی آمریکا، رضایت‌بخش و برابر نبوده و هم اکنون نیز، نیست. آمارهای مختلف به ما نشان می‌دهد که علی‌رغم تمام دست‌آوردهای جنبش‌های زنان، آنان هم‌چنان تحت انقیاد و در نابرابری نسبت به مردان زندگی می‌کنند. «علی‌رغم موفقیت‌های اقتصادی که توسط بعضی از زن‌ها به دست آمده، زنان تهی‌دست هم در آمریکا به فراوانی دیده می‌شوند. نیمی از خانواده‌هایی که زیر خط فقر زندگی می‌کنند دارای سرپرست زن هستند. (حدود ۳٫۵ میلیون خانواده) زن‌ها ۵۳٪ فقرا را در سال ۱۹۷۰ در آمریکا تشکیل می‌دادند. روند تهی‌دستی زنان از جنگ جهانی دوم شروع شد ولی شتاب خود را در سال‌های اخیر یافت. در سال ۱۹۵۹ خانواده‌هایی با سرپرستی زنان، ۲۶٪ تهی دستان آمریکا را تشکیل می‌دادند. حدود یک دوم تهی‌دستان زن در دوره‌ی گذر هستند. بحران اقتصادی برای آن‌ها به واسطه‌ی طلاق، جدا شدن شوهر، علیل شدن خود و یا شوهر و در نتیجه ناکارآمد شدن و یا مرگ همسر، اتفاق می‌افتد. بقیه زنان تهی‌دست، یعنی یک دوم دیگر، یا متکی به کمک‌های دولت هستند و یا این‌که چشم به دست خویشاوندان و یا دوستان دارند تا به آن‌ها کمک مالی برسانند. مسلما سطح زندگی و سلامت این افراد زیر استاندارد است. خیلی از زنان آمریکایی به خصوص آمریکایی‌های آفریقایی با دستمزد اندک به صورت پاره‌وقت کار می‌کنند و عموما فاقد بیمه‌های درمانی هستند. حدود ۴۰٪ افراد فقیر را در ایالات متحده، کودکان زیر ۱۸ سال تشکیل می‌دهند. ۲۰٪ کودکان آمریکایی امروزه تنها با یکی از والدین خود زندگی می‌کنند و معمولا این مادر است که از فرزند خود محافظت می‌کند»(نرسیسیانس، ۱۳۸۳: ۵۵۸ - ۵۹).

کشورهای غربی و صنعتی همواره سعی کرده‌اند با ارائه چهره‌ای از زنان موفق خود در سال‌های اخیر، نشان دهند که وضعیت برابری برای مردان و زنان ایجاد کرده‌اند. حال آن که این «زنان موفق»، تنها استثناهایی در میان کل جامعه هستند. عموما شغل‌های تخصصی مختص مردان است. حتی اگر نتوانن بر واژه - عموما- تأکید کرد، باید گفت که مردان در شغل‌های تخصصی درصد بالاتری را نسبت به زنان از آن خود کرده‌اند. «در سال ۱۹۷۶ زنان شصت درصد از نیروی آموزش تمام‌وقت را تشکیل می‌دادند ولی فقط چهل و سه درصد از ایشان در دبیرستان‌ها تدریس می‌کردند. در دبیرستان‌ها کمی بیش از سی درصد از مناصب بالا در تصدی زنان بود ولی فقط هجده درصدشان مدیر بودند. سی و چهار درصد از معاونان مدیر و شصت و پنج درصد از ناظم‌های مدارس را زنان تشکیل می‌دادند ولی این مناصب غالبا با مسئولیت‌های ملایم و صلح‌آمیز سر و کار دارد که فنی زنانه به شمار می‌آید. در ۱۹۷۶ فقط ۱۰ درصد از پرستاران مرد بودند اما بیست و نه درصد از مقام‌های مدیریت محلی و منطقه‌ای را در اختیار داشتند. در بیمارستان‌ها، مردان فقط ۱۰,۷ درصد از کادر پرستاری را تشکیل می‌دادند ولی ۷۲ درصد از آنان در رده‌های بالاتر از استاف‌نرس قرار داشتند در حالی که این رقم برای پرستاران زن ۴۷ درصد بود. پرستاران آزاد نیز که ظاهرا در کار خود از آزادی عمل بیشتری برخوردارند در اصل تحت کنترل پزشکی قرار دارند که با او کار می‌کنند. پس زنان در حرفه‌های تخصصی و مدیریت نیز نظیر کارهای یدی تخصصی در حاشیه قرار می‌گیرند. در همه بخش‌های بازار کار رده-های کم منزلت تر که دستمزد و مزایای کمتری دارد جای زنان است»(آبوت و والاس، ۱۳۸۷: ۲۰۰).

با توجه به آن‌چه گفته شد، زنان در جامعه سرمایه‌داری، هم دست آوردهای فراوانی را از آن خود کردند و هم بیش از پیش مورد ستم قرار گرفتند. آن‌ها

توانستند دوباره پا به عرصه‌های اجتماعی بگذارند و در مقابلشان نهادهای مردسالار اجتماعی بیش از پیش سعی کردند آن‌ها را در انزوا قرار دهند. زنان دوباره به آگاهی مستقلی نسبت به مردان دست یافتند اما همین آگاهی منجر شد تا از نظر روانی بیشتر تحت فشار قرار بگیرند. چرا که پر واضح است افرادی که نمی‌دانند تحت فشار و تبعیض قرار دارند، نسبت به کسانی که از انتخاب‌های بالقوه پیش رویشان با خبرند، فشار کمتری را تحمل می‌کنند.

گذشته و تاریخ اجتماعی دوران زندگی آلیس مونرو و داستان‌های او

آلیس مونرو در سال ۱۹۳۱ در نزدیکی شهر اونتاریو کانادا به دنیا آمد. جهان از آن سال تا به امروز تغییرات گسترده‌ای کرده است و فراز و نشیب‌های زیادی به چشم خود دیده است. برای بررسی آثار آلیس مونرو، ناگزیر هستیم به دو شیوه، تاریخ وقایع اجتماعی را از پیش رو بگذارنیم. از آن‌جایی که عمده آثار مورد تحلیل از مونرو در این کتاب، آثار متأخرتر او هست و مربوط به بازه زمانی دوازده ساله‌ای، یعنی از سال ۱۹۹۶ تا ۲۰۰۸ می‌شود، ابتدا باید سعی کنیم تا آنچه مونرو و افکار او را شکل داده است بررسی کنیم. برای این منظور، به سراغ کلان رویدادهایی رفته‌ایم که تأثیر شگرفی بر زندگی مونرو گذاشته‌اند.

سپس بازه زمانی‌ای که آثار در آن نوشته شده‌اند را از پیش رو می‌گذرانیم. این بازه زمانی از آن جهت دارای اهمیت است که ابتدای آن تقریبا مصادف با فروپاشی اتحاد جماهیر شوروی و شکست جایگزین جهان سرمایه است. جایگزینی که اگرچه بسیاری از نظریه‌پردازان از جمله ایزاک دویچر[۱۴۹]،

[149] Isaac Deutscher

تروتسکی[150] و... در مرور زمان از کمرنگ شدن او خبر دادند، اما همچنان نقطه قوتی در ذهن بسیاری از روشنفکران و مبارزان آن عصر بوده است. و از سوی دیگر این بازه دوازده ساله به یکی از بزرگترین بحران‌های اقتصادی جهان سرمایه ختم می‌شود.

در نهایت به بازه زمانی‌ای که داستان‌ها در آن اتفاق افتاده‌اند، نیز پرداخته خواهد شد و این نوشتار تلاش خواهد کرد تا از این طریق، چگونگی شکل‌گیری شخصیت‌های داستان را روشن سازد.

---

[150] Leon Trotsky

جدول زیر، خلاصه‌ای از تاریخی که مونرو، داستان مورد نظر را در آن نوشته است و هم‌چنین تاریخی که فضای داستان در آن سیر می‌کند را ارائه می‌دهد.

نام داستان	سال نگارش	بازه زمانی داستان (میلادی)
رویای مادرم	۱۹۹۶	نیمه دوم دهه ۱۹۴۰
کوئینی	۱۹۹۹	دهه ۷۰ و ۸۰
تیر و ستون	۲۰۰۰	دهه ۷۰ یا هشتاد
نفرت، دوستی،...	۲۰۰۱	احتمالا نیمه اول قرن بیستم
دورنمای کسل راک [1]	۲۰۰۶	اواخر قرن نوزدهم
بُعد	۲۰۰۶	دهه ۷۰ یا ۸۰
صورت	۲۰۰۸	دهه ۱۹۶۰ به بعد
حفره های عمیق	۲۰۰۸	اوایل قرن بیست و یکم

بخش اول: تا قبل از دهه ۱۹۹۰

در بخش اول، ما با کلان رویدادهایی سر و کار داریم که بر زندگی مونرو تأثیرات شگرفی گذاشته‌اند و آثار این تأثیرات در نوشته‌های او به خوبی به چشم می‌خورد. روایت‌هایی که در این بخش مطرح خواهد شد، عمدتا به جهان غرب مربوط می‌شوند و ما آن‌ها را تحت سه عنوان, جنبش‌ها و قیام‌ها، مراودات سیاسی و در وضعیت اجتماعی از یکدیگر جدا می کنیم. این بخش، از سال ۱۹۳۰ تا ابتدای دهه ۹۰ را پوشش می‌دهد.

«جنبش ها و قیام ها[۱۵۱] »:

۱۹۳۴؛ قیام ضد فاشیستی در وین، اعتراضات ضد فاشیستی در فرانسه، اعتصاب-های آمریکا

۱۹۴۰؛ شکل‌گیری موج دوم جنبش‌های فمینیستی در کانادا

۱۹۴۳؛ اعتصاب‌های تورین

۱۹۵۹-۱۹۵۶؛ تحریم اتوبوس مونتگمری، جنبش حقوق مدنی در آمریکا را آغاز می‌کند.

۱۹۶۰؛ شکل‌گیری جنبش هیپی‌ها

۱۹۶۷؛ قیام سیاهان در دیترویت آمریکا

۱۹۶۸؛ اوج گیری اعتراضات دانشجویی و کارگری در اروپا و خصوصا فرانسه

---

[۱۵۱] تاریخ ها و رویدادها، از کتاب «تاریخ مردمی جهان» نوشته کریس هارمن، نشر مرکز، ۱۳۸۶؛ و کتاب «عصر نهایت‌ها» نوشته اریک هابزبام، انتشارات آگاه، ۱۳۸۸، برگرفته شده است.

۱۹۶۹؛ اوج‌گیری جنبش‌های اعتراضی در ایتالیا، قیام کوردوبا در آرژانتین و شورش‌ها در ایرلند شمالی

۱۹۷۴؛ آغاز رکود اقتصادی جهانی و پایان دوران دولت‌های رفاه

۱۹۷۹؛ روی کار آمدن دولت تاچر

۱۹۸۴-۱۹۸۵؛ اعتصاب‌های گسترده در بریتانیا

۱۹۸۹؛ اعتراض‌های گسترده در چین و در اروپا و آمریکا

«رویدادها و مراودات سیاسی [۱۵۲]»:

۱۹۳۳: به قدرت رسیدن هیتلر در آلمان

۱۹۳۶: پیروزی جبهه‌های توده‌ای در انتخابات اسپانیا و فرانسه

۱۹۳۸: تصرف اتریش توسط قوای هیتلر

۱۹۳۹: پیروزی فاشیست‌های اسپانیایی به رهبری فرانکو

۱۹۴۰: آغار رسمی جنگ جهانی دوم

۱۹۴۵: پایان جنگ جهانی دوم

۱۹۴۷: ترک هند توسط بریتانیا

۱۹۴۷ تا ۱۹۴۹: شروع جنگ سرد

۱۹۵۵: جنگ‌های ویتنام

---

[۱۵۲] تاریخ‌ها و رویدادها، از کتاب «تاریخ مردمی جهان» نوشته کریس هارمن، نشر مرکز، ۱۳۸۶ و کتاب «عصر نهایت‌ها» نوشته اریک هابزبام، انتشارات آگاه، ۱۳۸۸ برگرفته شده است.

۱۹۵۹: انقلاب کوبا

۱۹۶۲: بحران موشکی کوبا

۱۹۶۵: ورود نیروهای آمریکایی به ویتنام

۱۹۹۱: فروپاشی اتحاد جماهیر شوروی

«وضعیت اجتماعی[۱۵۳] » :

نمی‌توان این عنوان را نیز همچون دو رویداد قبل، به صورت تیتر وار از پیش نظر گذرانید. در این قسمت سعی شده است با استفاده از تاریخ نگاری بالا، به رویدادهای مهم اجتماعی که تحت تأثیر آنچه در دو قسمت قبل آورده شد، بودند، با تأکید بر وضعیت زنان، به شکل مفصل‌تری پرداخته شود.

به عقیده بسیاری از تاریخ‌نگاران، جنبش زنان که به جنبش کسب حق رأی برای زنان تا پیش ۱۹۲۰ تبدیل شده بود، با رسیدن به خواسته خود رو به افول گذاشت و نتوانست آن طور که باید تا ۱۹۶۰ سر برآورد. «معمولا فمینیست‌ها در تحلیل سال‌های ۱۹۲۰ تا اواخر دهه ۱۹۵۰ و برخی نیز تا اواسط دهه ۱۹۶۰ ، از افول و رکود فمینیسم سخن می‌گویند. طی دهه ۱۹۲۰ ، یعنی بلافاصله بعد از کسب حق رأی برای زنان، از یک سو به نظر بسیاری از جمله برخی از مبارزان جنبش و بی تردید همه دولتمردان و به عبارت بهتر همه مردان، جنبش به هدف خود رسیده بود و به نظر آن عده که معتقد به تداوم ایجاد تغییرات در موقعیت زنان بودند، حال حتی زنان می‌توانستند به سایر خواسته‌های خود نیز به تدریج

---

[۱۵۳] تاریخ ها و رویدادها از کتاب «تاریخ مردمی جهان» نوشته کریس هارمن، نشر مرکز، ۱۳۸۶ و کتاب «عصر نهایت ها» نوشته اریک هابزبام، انتشارات آگاه، ۱۳۸۸ برگرفته شده است.

برسند»(مشیرزاده، ۱۳۸۸: ۱۲۷). حق رأی زنان در کانادا برای شرکت در انتخابات فدرال در ۱۹۱۹ به رسمیت شناخته شد. البته تا دهه ۱۹۶۰ زنان و مردان رنگین پوست حق شرکت در انتخابات را نداشتند.

یکی از تأثیرگذارترین اتفاقات در دوران نوجوانی مونرو، وقوع جنگ جهانی دوم بود. این جنگ بر تمام دنیا خصوصا بر وضعیت زنان تأثیر غیر قابل‌انکاری گذاشت. مردان در کشورهای غربی از جمله کانادا به جنگ گسیل شدند و زنان برای تأمین معیشت خانواده، بیش از پیش وارد بازار کار شدند. البته حضور زنان در بازار کار به طور غیر مستقیم بیشتر به چشم می‌خورد. «در دهه‌های پس از کسب حق رأی و با فرونشستن سیاست همگرایی شدید زنان، ایدئولوژی خانه-نشینی بار دیگر در قالب روایت‌های جدید و با توسل به مفاهیم علوم جدید و به ویژه روان‌شناسی نوین مطرح شد. این برداشت برای سرمایه‌داری مفید بود زیرا از طریق آن، به شکلی مستقیم یا غیر مستقیم می‌توانست زنان را به حاشیه بازار کار بفرستد. در این زمان، نیاز به نیروی کار (به طور خاص در دوره رکود اواخر دهه ۱۹۲۰ و دهه ۱۹۳۰ و سال‌های بعد از جنگ جهانی دوم) نمی‌توانست پاسخگوی جذب هم زنان و هم مردان باشد، و در عین حال، اتکا به نیروی کار موقت و کم و بیش از نظر اجتماعی – نامشروع- زنان مفید بود»(مشیر زاده، ۱۳۸۸: ۱۷۵).

در این میان و در خلال تمام این سال‌ها همواره و با توسل به اهرم‌های مختلف، بر نقش‌های سنتی زنان تأکید می‌شد. تا بتوان به شکل زیرزمینی از کار آن‌ها بهره جست و دستمزد کمتری به آن‌ها پرداخت. هرچند واژگان و اصطلاحات جدیدی برای آن ابداع شده بود. «در قالب روایات جدید از –کیش خانه‌نشینی- سعی می‌شد با مفاهیمی چون – مهندسی خانه- و –مدیریت خانه- از نقش زنان در خانه تجلیل به عمل آید و بر مفید بودن آن تأکید شود. مهم‌ترین مروجان این

ایدئولوژی، مجلات زنان بودند که به رغم این که دبیران و سر دبیرانشان خود زنانی شاغل و حرفه‌ای بودند، از زنان می‌خواستند – زن - باشند و با طرح برابری با مردان –رابطه عمیق–، پر بار و ثمربخش زن و مرد را نابود نسازند و همسری و مادری را به عنوانن تنها راه کمال بدانند(همان: ۱۷۶).

در سال‌های بین ۱۹۴۰ تا ۱۹۷۰ در آمریکا و کانادا، اگرچه میزان مشارکت زنان در اشتغال‌های رسمی افزایش یافته بود، اما میزان حقوق و در آمد زنان به نسبت مردان در جایگاه مشابه، پایین‌تر بود. به علاوه زنان باید بعد از اتمام کار خود به کارهای خانه می‌پرداختند که این مهم آن‌ها را حتی بیش از پیش از ورود به اجتماعات و ارتباطات منع می‌کرد. «در سال ۱۹۶۹ متوسط حقوق مردان معلم ۱۰۰۰۰ دلار بود و میانگین درآمد معلمان زن ۷۲۰۰ دلار بود؛ فروشندگان مرد درآمد سالیانه‌ای معادل ۷۴۰۰ دلار و زنان ۳۶۰۰ دلار داشتند و مقایسه وضعیت کارکنان تمام وقت در مشاغل واحد نشان می‌دهد که زنان تنها سه پنچم مردان دستمزد دریافت می‌کنند(مشیرزاده، ۱۳۸۸: ۱۹۷).

با گذر از دهه ۱۹۴۰ و ۱۹۵۰ و از اواسط دهه‌ی ۱۹۶۰، چند اتفاق مهم بین-المللی و اجتماعی باعث شد جنبش‌های اعتراضی از جمله جنبش‌های زنان مجددا قوت بگیرند. فروکش‌کردن تبلیغات ضد کمونیستی، با آرام‌تر شدن شعله-های جنگ سرد، دخالت آمریکا در ویتنام و بروز گسترده جنبش‌های سیاهان، دهه ۱۹۷۰ و ۱۹۸۰ را دهه‌هایی غنی از جنبش‌های برابر طلب شکل داد. با این همه، از اواسط دهه هشتاد و با روی کار آمدن سیاست‌های نئولیبرالی و سرکوب-های وحشتناک این اعتراضات آن جوش و خروش و تکاپو آرام‌تر شد. با این همه، در خلال همان بیست سال نیز این جنبش‌ها دست‌آوردهای مهمی داشتند. اوج-گیری مجدد جنبش زنان تا حدود زیادی مرهون جنبش مدنی آمریکا بود که بر برابری سیاهان تأکید می‌کرد. «نخستین ایده‌ها در مورد حقوق زنان در چارچوب

جنبش حقوق مدنی مطرح شد. همان‌گونه که در موج اول جنبش، مقایسه میان وضعیت زنان و سیاه پوستان در شکل‌گرفتن جنبش بی‌تأثیر نبود، در دوران شکل‌گیری جنبش حقوق مدنی نیز به تدریج مقایسه میان وضعیت زنان و سیاهان شکل گرفت»(همان: ۲۲۷). از جمله جنبش‌های دیگری که تأثیر آن‌ها را می‌توان بر زندگی زنان به خوبی مشاهده کرد، جنبش هیپی‌ها و جنبش‌های دانشجویی بود که در نیمه دوم دهه ۱۹۶۰ و نیمه اول دهه ۱۹۷۰ سراسر جهان غرب با آن درگیر بود. خود مونرو در داستان «بُعد»، در جایگاه مادر دختر اصلی داستان قرار گرفته است و به نوعی از خود به عنوان فردی که در حال مرگ است و روزی در جنبش هیپی‌ها نقش داشته، یاد می‌کند.

بخش دوم: بعد از دهه ۱۹۹۰

مهم‌ترین مشخصه‌های این دوران تا سال ۲۰۰۸ عبارتند از:

۱. فروپاشی اتحاد جماهیر شوروی

۲. استحکام سیاست‌های نئولیبرالی[۱۵۴]

۳. بحران‌های مالی و بانکی سال‌های ۲۰۰۷ تا ۲۰۱۱

در این بین بیش از همه این سیاست‌های نئولیبرالی بودند که بر وضعیت زنان لطمه‌های جبران ناپذیری در جهان غرب و در دیگر نقاط جهان وارد آورد. «به نظر می رسد که در طول دهه ۱۹۸۰ و ۱۹۹۰ افول برنامه‌های رفاهی دولت کم و بیش تداوم داشت. گفته می‌شود کاهش بودجه‌های رفاهی دولت در دوران ریگان بیش از هر گروه اجتماعی دیگری به نان لطمه زده است. یک سوم قطع بودجه در برنامه‌های رفاهی به برنامه‌هایی مربوط می‌شد که ارائه خدمات به زنان را به طور خاص عهده داشتند»(مشیرزاده، ۱۳۸۸: ۳۳۶).

سیاست‌های نئولیبرالی نتیجه دیگری برای افراد محروم جامعه (زنان، کارگران و...) نیز داشت و آن این بود که از این پس، آن‌ها خود مقصر جایگاه خود بودند و هیچ عامل دیگری را نمی‌توان گناه کار شناخت. «با این که آزادی شخصی در

---

[۱۵۴] **نئولیبرالیسم** لفظی است که کاربرد و تعریف آن در طول زمان تغییر یافته است .در وهله نخست نظریه‌ای در مورد شیوه‌هایی در اقتصاد سیاسی است که بر اساس آن‌ها با گشودن راه برای تحقق آزادی‌های کارآفرینانه و مهارت‌های فردی در چهارچوبی نهادی که ویژگی آن حقوق مالکیت خصوصی قدرتمند، بازارهای آزاد و تجارت آزاد است، می‌توان رفاه و بهروزی انسان را افزایش داد. از نظر نئولیبرالیسم، نقش دولت، ایجاد و حفظ یک چهارچوب نهادی مناسب برای عملکرد این شیوه‌هاست. مثلاً دولت باید کیفیت و انسجام پول را تضمین کند. به علاوه، دولت باید ساختارها و کارکردهای نظامی، دفاعی، قانونی لازم برای تأمین حقوق مالکیت خصوصی را ایجاد و در صورت لزوم عملکرد درست بازارها را با توسل به سلطه تضمین کند. از این گذشته، اگر بازارهایی (در حوزه‌هایی از قبیل زمین، آب، آموزش، مراقبت بهداشتی، تأمین اجتماعی یا آلودگی محیط زیست وجود نداشته باشد، آن وقت، اگر لازم باشد، دولت باید آن‌ها را ایجاد کند ولی نباید بیش از این در امور مداخله کند(هاروی، ۱۳۸۶ : ۹).

بازار تضمین شده است، هر فرد مسئول و پاسخگوی اعمال و رفاه خود است. این اصل به عرصه رفاه، آموزش، مراقبت بهداشتی و حتی حقوق بازنشستگی (در شیلی و جمهوری اسلواک تأمین‌اجتماعی خصوصی شده است، و طرح‌هایی برای انجام این کار در ایالات متحده نیز وجود دارد) تسری پیدا می‌کند. نئولیبرال‌ها موفقیت یا شکست فردی را به جای نسبت‌دادن به هرگونه علتی، ناشی از نظام اجتماعی (نظیر محرومیت‌های طبقاتی که معمولا به سرمایه‌داری نسبت داده می‌شود)، در چارچوب محاسنات سرمایه‌گذاری و کارآفرینی یا کمبودهای شخصی (از قبیل سرمایه‌گذاری نکردن به قدر کافی و قابل توجه در سرمایه‌ی انسانی خود فرد از طریق آموزش و تحصیلات) تعبیر و تفسیر می‌کنند. (هاروی، ۱۳۸۶: ۹۴).

تمام داستان‌های مونرو به جز داستان «دورنمای کاسل راک»، نیز در همین بازه زمانی می‌گذرد. در شرح داستان «دورنمای کاسل راک» در فصل چهارم، به شکل مفصلی به این موضوع پرداخته شده است که، به علت حضور فضای داستان و شخصیت‌ها در یک کشتی، در واقع این داستان، بی‌زمان و مکان بوده و شرح تاریخ و فضایی که ماجرا در آن اتفاق می‌افتد از موضوعیت خارج است.

فصل سوم:

الگوی روش‌شناختی

در بررسی

تصویر زن در ادبیات

رویکرد کیفی

رویکردهای کمی[۱۵۵] و کیفی، دورویکرد عمده رایج در حوزه پژوهش‌های علوم انسانی است(معروفی و یوسف زاده، ۱۳۸۸: ۶۵). جهان اجتماعی بسیار پیچیده است و وقایع درون آن، به صورت مختلف ساخته می‌شود. انسان‌ها واقعیت اجتماعی را ازطریق سخن گفتن، انجام کنش، نظام معنایی، آداب و سنن تولید و بازتولید می‌کنند. به همین لحاظ، پژوهش کیفی، پژوهشی انسان‌گراست و معتقد است که انسان‌ها جهان اجتماعی را ساخته و به آن معنا می‌بخشند(ایمان،۱۳۸۸: ۱۴۲). «تحقیق کیفی عبارت است از هر نوع تحقیقی که یافته‌هایی را به دست می‌دهد که با شیوه‌هایی غیر از روش‌های آماری یا هرگونه کمی کردن کسب شده‌اند»(کوربین و اشتراوس به نقل از محمدی، ۱۳۸۷: ۱۷). «در مجموع و به زبان ساده، پژوهش کیفی، روش شناختن و فراگیری درباره تجارب مختلف انسان‌ها از منظر خود آن‌هاست»(امامی، ۱۳۹۳: ۹۴). در تحلیل کمی، مفاهیم و مقولات با توسل به روش‌های اثبات‌گرایانه به ارقام فروکاسته می‌شوند. «فرض معرفت شناختی در روش‌های کمی، اثبات‌گرایانه است و عقل‌گرایانه‌ی کلاسیک. ولی در روش‌های کیفی به جای اثبات‌گرایی، تفسیرگرایی یا انتقادی است. یک محقق کیفی عموما درک بهتری از آگاهی نابسنده خویش دارد، آگاهی ما همیشه نابسنده است، آگاهی ما همیشه به تعویق می‌افتد. آگاهی ما کفایت ندارد. آگاهی ما کم می‌آورد. در می‌ماند»(فراستخواه، ۱۳۹۵: ۳۲). «در تحقیق کمی، کنجکاوی ما بیش از این که به خود جهان باشد، به نظریه است. می‌خواهیم ببینیم قابلیت پیش بینی در یک نظریه چقدر است و این نظریه تا چه گستره‌ای می‌تواند جهان انسانی و اجتماعی را تبیین کند. اما در تحقیق کیفی، حساسیت محقق به خود محتوای جهان انسانی و اجتماعی است و می‌خواهد آن را بدون چهارچوب‌های

[155] Quantitative Research

نظری پیشین، با همان حالت کمتر دست‌خورده و کمتر نظری‌اش بفهمد و توضیح تازه‌ای از اکتشافی در عین حال نه شخصی و دلبخواه بلکه روشمند و سیستماتیک و عمومی و میان‌ذهنی برای موضوع خاصی از جهان اجتماعی و انسانی به دست بیاورد» (همان: ۳۵).

در تحقیق کیفی، تفاوت را، انگاره‌های از پیش موجود و طرح‌های مد نظر، رقم نمی‌زند، بلکه موضوعات پیش رو هستند که آن‌ها را رقم می‌زنند. «تحقیق کیفی با اهداف مختلفی انجام می‌گیرد. هدف می‌تواند از توصیف تا آرایش مفهومی تا نظریه پردازی را در بر بگیرد. محققان مختلف بسته به آموزش، مهارت، هدف و نوع روش کیفی اهداف مختلفی دارند»(کوربین و اشتراوس، ۱۳۹۲: ۷۰). سال‌ها است که، پرداخت به موضوعات اجتماعی از گذر آن‌چه مطرح کردیم، مورد تردید و نقد قرار گرفته است و روش‌های متفاوتی برای مرتفع کردن این سد مطرح شده است. «باری در سده‌ی بیستم، سرمشق مسلط بر پژوهش‌های علمی دوران، سرمشق روش‌های کمی بود. مثلا محققان پیمایش می‌کردند، در چهارچوب نظریه‌های از پیش آماده، فرضیه آزمایی می‌کردند، تحلیل رگراسیون و تحلیل واریانس و کوواریانس می‌کردند و خیلی شاد و راضی بودند، همه چیز به خوبی پیش می‌رفت. ولی از نیمه‌ی دوم این سده، این جا و آن جا در دپارتمان‌های علمی و برنامه‌های پژوهشی احساس می‌شد که همه امور انسانی و اجتماعی با روش‌های کمی قابل تبیین نیست و راهبرد کارآمدتر و رضایت بخشی برای توضیح امور لازم است»(فراستخواه، ۱۳۹۵: ۲۷). با این همه، تکیه بر روش‌های کمی و نظریات از پیش موجود، هم‌چنان در جامعه علمی ما از رواج قابل توجهی برخوردار است.

نویسنده در این کتاب، از رویکرد کیفی استفاده کرده است و در هر کدام از «رویکردهای کمی و کیفی برای انجام پژوهش، نیاز به ابزار و روش‌های متفاوتی

است، که یکی از آن‌ها، روش تحلیل محتوا است»(ایمان و نوشادی، ۱۳۹۰: ۱۷). که در ادامه به توضیح این روش پرداخته می‌شود.

روش تحلیل محتوا[156]

«تحلیل محتوا روش پژوهش و ابزار تحلیلی است که به صورت کاربردی و سودمند در طیف گسترده‌ای برای تحلیل شکل‌های مختلف ارتباطات (متن نوشتاری، گفتارهای ضبط شده، مصاحبه‌های باز، اسناد تاریخی، گفتارهای سیاسی، تصورات دیداری، رفتارهای غیرکلامی، و یا هر نوع پیام دیگری) به کار می‌رود»(نئوندورف به نقل از ابوالمعالی الحسینی، ۱۳۹۲: ۸۸).

«کریپندورف تحلیل محتوا را تکنیکی پژوهشی معرفی می‌کند که به منظور استنباط تکرارپذیر و معتبر از داده‌ها در مورد متن آن‌ها بکار می‌رود. او هدف این تحلیل را همانند سایر تکنیک‌های پژوهشی، فراهم آوردن شناخت، بینشی نو، تصویر واقعیت و راهنمای عمل می‌داند»(کرپندورف، ۱۳۷۸: ۲۵).

لورنس باردن نیز به نقل از لانذری می نویسد:

«تحلیل محتوا فنی است که توصیف‌های ذهنی و تخمینی را تلطیف و تصفیه می‌کند و ماهیت و قدرت نسبی محرک‌هایی را که به شخص داده می‌شود، به صورت عینی آشکار می‌سازد»(باردن، ۱۳۷۴: ۳۵).

دانیل رایف تحلیل محتوا را بطور خلاصه چنین تعریف می‌کند:

---

[156] Content Analysis

«قراردادن قاعده و محتوای ارتباطات در طبقات (مقوله‌های) خاص براساس قواعد، و تحلیل روابط بین آن مقوله‌ها با استفاده از آزمون‌های آماری»(رایف، ۱۳۸۱: ۴).

«اصطلاح تحلیل متن [157] یا تحلیل محتوای متن[158] ، به نوعی ویژه از تحلیل محتوا اشاره می‌کند که بر لغات نوشته شده و متن نوشتاری تمرکز دارد. لغات نوشته شده می‌توانند حاصل مطالعه متن‌های نوشتاری و متن‌های به دست آمده از پیاده‌سازی مصاحبه‌ها و یا ثبت مشاهدات باشند»(نئوندورف به نقل از ابوالمعالی الحسینی، ۱۳۹۲: ۸۸). «در تحلیل محتوای متن به صورت کیفی، ریشه‌ها تحلیل می‌شوند. تحلیل ریشه‌ها، ماهیت ساختاری و استدلالی دارد و در بطن معانی که متن تولید می‌کند، نهفته است»(همان: ۸۹).

تحلیل محتوا، به دو روش تحلیل محتوای کمی و کیفی تقسیم می‌شود.

« از آن‌جا که تحلیل محتوا، به دنبال شناخت معانی مستتر در یک متن است، در شکل ساده‌ای از تحلیل محتوای کمی، تعدادی مقوله، از پیش تعیین شده و با مراجعه به داده‌ها، نسبت به شمارش مواردی از متن که در آن مقوله خاص قرار می‌گیرند، اقدام می‌شود. این شیوه تحقیق که به دنبال فهم محتوای آشکار پیام است، عمدتا در یک فرایند خطی دنبال می‌شود و مسیر مشخصی را از مرور نظریه تا ساخت مقوله، نمونه‌گیری، جمع‌آوری داده‌ها، تحلیل و تفسیر آن‌ها، دنبال می‌کند. امروزه با استفاده از برنامه‌های رایانه‌ای، بسیاری از این اهداف برآورده شده و نقش محقق صرفا به ساخت دستورالعمل تحقیق و تحلیل و تفسیر داده‌ها، فروکاسته شده است»(آلتید به نقل از تبریزی، ۱۳۹۳: ۱۱۴). «این روش همان‌گونه که برلسون بیان کرده است، فن پژوهشی برای توصیف عینی،

---

[157] Text Analysis
[158] Content Analysis of text

نظام‌مند و کمی محتوای مطلب است. کرلینجر [159] ، نیز آن را شیوه نظام‌مند، عینی و کمی برای اندازه‌گیری متغیرها (شاخص تحقیقات کمی) و تجزیه و تحلیل آن‌ها معرفی کرده است(ایمان و نوشادی، ۱۳۹۰: ۱۹).

یکی از انتقادهای اساسی به این روش این است که، این روش، «با جدا کردن و شمارش اجزای متن، آن را از بدنه اصلی متن که در آن معنا یافته‌اند، منفک می‌کند؛ در نتیجه، اجزای متن، به شیوه‌ای مجزا و نه در ارتباط با یکدیگر، مورد تحلیل قرار می‌گیرند. این در حالی است که، از منظر بینش کیفی، شناخت واقعیت، جز با درک آن به مثابه یک کل واحد و به هم پیوسته، ممکن نمی‌شود. همچنین فهم معانی مستتر در پیام‌ها، تنها با گذار از سطح و با رسوخ به معانی پنهانی که در پس اجزای متن نهفته‌اند میسر خواهد شد.»(تبریزی، ۱۳۹۳: ۱۱۴).

در واقع، «تحلیل محتوای کیفی، در جایی که تحلیل کمی به محدودیت‌هایی می‌رسد، نمود می‌یابد. بنابراین، تحلیل محتوای کیفی را می‌توان روش پژوهشی برای تفسیر ذهنی محتوای داده‌های متنی از راه فرایندهای طبقه‌بندی نظام‌مند، کدبندی و تم سازی یا طراحی الگوهای شناخته شده دانست»(هیث به نقل از قائدی و گلشنی، ۱۳۹۵: ۷۰). «در نتیجه، تحلیل محتوای کیفی را می‌توان، نوعی روش‌شناسی تحقیق در خدمت تفسیر محتوایی داده‌ها دانست»(ایمان و نوشادی، ۱۳۹۰: ۱۵). «معنا، از متون کیفی و از طریق درگیری فعال پژوهشگر با متن و نیز میل و اشتیاق او به درک و دانستن ایجاد می‌شود»(صدوقی، ۱۳۸۶: ۱۹۱). «تحلیل محتوای کیفی، مانند هرمنوتیک انتقادی هابر ماس به مطالعه محتوا و مضمون متن می‌پردازد، تا از این طریق بتواند به حقیقت متن، دسترسی پیدا کند، بر همین اساس، بر چگونگی فهم متن تأکید می‌کند، و در حکم روش

---

[159] Kerlinger

شناسی، برای تأویل و تفسیر متن، مورد استفاده قرار می‌گیرد؛ که با استفاده از قواعد و اسلوب آن، می‌توان به تفسیر متن پرداخت»(ریخته‌گران: ۱۳۷۸).

«پژوهش تحلیل محتوای کمی و کیفی، می‌توانند مکمل یکدیگر باشند. برای نمونه، تأکید بر بسامد واژگان به کار رفته که در تحلیل محتوای کمی بر آن تأکید می‌شود، گاهی نمی‌تواند به خوبی قصد و منظور متن را بازنمایی کند. از این‌رو لازم است علاوه بر بسامد وازگان به کار رفته، بر پیام‌ها ناآشکار و معانی نهفته در متن نیز تأکید شود»(ابوالمعالی الحسینی، ۱۳۹۲: ۸۹). داده‌های متنی این روش، عموما به شیوه‌های چون، مشاهده، پرسشنامه، مصاحبه و بررسی متون موجود در رسانه‌های چاپی مانند کتاب جمع‌آوری می‌شود(ایمان و نوشادی، ۱۳۹۰: ۱۸).

در این کتاب نیز، داده‌ها از طریق بررسی متون موجود در کتاب‌ها، یعنی داستان-های چاپ شده از مونرو، جمع‌آوری می‌شود.

«در به کارگیری روش تحلیل محتوای کیفی، نام فیلیپ مایرینگ [160] جایگاه ویژه‌ای را به خود اختصاص داده است»(تبریزی، ۱۳۹۳: ۱۲۱). «مایرینگ، دو شیوه متمایز قیاسی [161] و استقرایی [162] را پیشنهاد می‌کند که با توجه به موضوع تحقیق و ادبیات موجود، یکی از این دو رویکرد پی گرفته می‌شود»(مایرینگ به نقل از تبریزی، ۱۳۹۳: ۱۲۱). «در شیوه‌ی استقرایی، محقق، ابتدا به مطالعه اکتشافی و توصیفی داده‌ها، می‌پردازد. سپس داده‌ها را در قالب مفاهیم و مقوله-های تکوینی و برآمده از متن می‌ریزد. این شیوه‌ی تحلیل، خاص تحلیل محتوای کیفی است»(محمدپور، ۱۳۹۲: ۱۰۹). «این رویکرد، زمانی که اطلاعات قبلی در

[160] Philip Mayring
[161] Deductive Method
[162] Inductive Method

مورد پدیده وجود ندارد یا اطلاعات ناقص است، کاربرد دارد»(الو و کینگز، به نقل از برزین: ۳۲).

نقش استقرا در تحلیل محتوا و تحلیل محتوای کیفی

«نقش استدلال استقرایی با توجه به میزان به کارگیری آن در سه رویکرد برای تحلیل محتوای کیفی، معرفی شده است: اولین رویکرد، «تحلیل محتوای کیفی متعارف[۱۶۳] » است که در آن مقولات کدگذاری شده، به طور مستقیم و استقرایی از داده‌های خام مشتق می‌شوند. در دومین رویکرد، نخست کدگذاری و مقوله-بندی متن با یک نظریه، یا یافته‌های پژوهشی آغاز می‌شود؛ و سپس در طی تحلیل داده‌ها، پژوهشگر خود را در داده‌ها غرق می‌کند و اجازه می‌دهد که مضامین جدید از داده‌ها تکوین یابند. هدف از این رویکرد، معمولا اعتباریابی[۱۶۴] و یا گسترش یک چهارچوب مفهومی یا یک نظریه است. این رویکرد قیاسی استقرایی است. رویکرد سوم، تحلیل محتوای شمارسی است که با شمارش لغات یا محتوای آشکار آغاز می‌شود و سپس تحلیل به مفاهیم و مضامین پنهان گسترش می‌یابد. این رویکرد در مراحل اولیه کمی به نظر می‌رسد، اما هدف‌اش، جست و جوی کاربرد لغات و شاخص‌ها در یک روش استقرایی است»(ابوالمعالی، ۱۳۹۲: ۹۱- ۹۲).

[163] Conventional Qualitative Content Analysis
[164] Validation

فرآیند تحلیل متن به صورت کیفی

«برای هدایت طرح تحلیل محتوای کیفی، پژوهشگر می‌تواند از گام‌های پیشنهادی زیر استفاده کند. شایسته است به این نکته نیز توجه کنیم که این مراحل به طور ضروری به صورت سلسله مراتبی طی نمی‌شوند و اغلب به صورت همزمان انجام می‌گیرند:

۱. تعیین جامعه، واحدهای پیام و انتخاب نمونه

۲. دست‌یابی به مقوله‌ها

۳. طرحواره کدگذاری

۴. بررسی ویژگی‌های منبع پیام و گیرنده پیام

۵. ارزیابی ثبات و روایی نتایج

۶. گزارش روش‌ها و یافته‌های پژوهش»(ابوالمعالی، ۱۳۹۲: ۹۳).

۱. تعیین جامعه، واحدهای پیام و انتخاب نمونه: «در پژوهش تحلیل محتوا، جامعه اغلب دربرگیرنده مجموعه‌ای از پیام‌های متنی است، که با توجه به هدف-ها و یا ماهیت سئوال‌های پژوهش تعریف می‌شود. این پیام‌های متنی، یا شامل یک کتاب یا مجموعه‌ای از کتاب‌ها می‌شوند و یا مجموعه‌ای از افراد را در برمی-گیرند که حامل پیام‌هایی هستند که قرار است جمع‌آوری و تحلیل شوند(ابوالمعالی، ۱۳۹۲: ۹۳).

تعیین واحدهای پیام: در تحلیل محتوا، هر «واحد پیام[۱۶۵]»، یک پیام قابل تعریف، یا جزئی از یک پیام است که از آن به عنوان مبنایی برای تعریف جامعه و انتخاب نمونه و تحلیل داده‌ها استفاده می‌شود.

انواع واحدهای پیام: عبارتند از، «واحد نمونه‌گیری[۱۶۶]» ؛ «واحد جمع‌آوری داده‌ها[۱۶۷]» ؛ «واحد تحلیل[۱۶۸]». واحد نمونه‌گیری، نمونه‌ای از واحد معنی‌دار پیام است که نمونه‌گیری براساس آن انجام می‌شود. واحد جمع‌آوری داده‌ها، می‌تواند قطعه‌ای از متن را در برگیرد. واحد تحلیل، به واحد اساسی متن اشاره می‌کند که در طی تحلیل محتوا، طبقه‌بندی و کدگذاری، براساس آن صورت می‌گیرد.تفاوت در واحدهای تحلیل، روی تصمیمات کدگذاری اثر می‌گذارند. اغلب در تحلیل محتوای کیفی واحدهای نمونه‌گیری، جمع‌آوری داده‌ها و تحلیل، مشابه هستند. در تحلیل محتوای کیفی، اغلب «واحد نمونه‌گیری»، پاراگراف‌ها، عبارت‌ها و یا کل یک متن هستند، و «واحدهای جمع‌آوری داده‌ها»، همان واحدهای نمونه-گیری هستند. «واحدهای تحلیل»، معمولا از مضامین فردی تشکیل می‌شوند. مضامین عقاید را بازنمایی می‌کند.نمونه‌ای از یک مضمون ممکن است یک لغت منفرد، یک عبارت، یک جمله، یک پاراگراف یا یک سند کامل باشد که بیاناتی از یک عقیده را جست و جو می‌کند. بنابراین، شما ممکن است به یک قطعه‌ای از یک متن، یک کد اختصاصی دهید به گونه‌ای که این کد یک مضمون منفرد معنی‌دار یا موضوع مرتبط با سئوال یا سئوال‌های پژوهشی شما را بازنمایی کند.

---

[165] Unit of message
[166] Unit of sampling
[167] Unit of data collection
[168] Unit of analysis

انتخاب نمونه: در پژوهش تحلیل محتوا، اغلب از روش نمونه‌گیری «هدفمند[169]»، استفاده می‌شود. منظور از نمونه‌گیری هدفمند، انتخاب واحدهای خاص و دسترسی به واحدهایی است که اطلاعات بیشتری در ارتباط با عنوان پژوهش در اختیار پژوهشگر قرار می‌دهد(ابوالمعالی، ۱۳۹۲: ۹۱-۹۳). «این نوع نمونه‌گیری را گاه «نمونه‌گیری قضاوتی[170]» نیز می‌نامند»(گلاسنر و دیگران به نقل از سفیری : ۱۳۸۷).

۲. دست‌یابی به مقوله‌ها: «مقوله‌ها از سه منبع مختلف، یعنی نظریه‌های مرتبط، مطالعات قبلی، و داده‌ها ناشی می‌شوند. در مطالعاتی که هیچ نظریه در دسترسی وجود نداشته باشد، شما باید مقولات را به طور استقرایی از داده‌ها ایجاد کنید»(ابولمعالی، ۱۳۹۲: ۹۴). «مقوله، در واقع فضایی است که واحدهای محتوا، باید در آن طبقه بندی شوند»(هولستی، ۱۳۷۳: ۱۴۸). «مقوله‌بندی، به عمل طبقه‌بندی کردن عناصر تشکیل‌دهنده یک مجموعه، بر اساس شباهت‌ها و تفاوت‌ها گفته می‌شود»(معروفی و یوسف‌زاده، ۱۳۸۸: ۱۰۳). «یعنی، دو بعد همگرایی و واگرایی، همزمان مدنظر محقق قرار می‌گیرد؛ به این صورت که عناصر داخلی هر مقوله، از شباهت معناداری برخوردار بوده و میان دو مقوله مجزا، تفاوت‌های قابل درکی وجود داشته باشد»(تبریزی، ۱۳۹۳: ۱۲۴). مقوله‌ها باید اهداف پژوهش را منعکس کنند.

«مقوله‌بندی داده‌ها، حاصل کدگذاری است. کدگذاری به معنای طبقه‌بندی واحدهای معنی‌دار است»(ابوالمعالی، ۱۳۹۲: ۹۴). «کدگذاری به معنای استخراج مفاهیم از داده‌های خام بر حسب محتواها و ابعاد می‌باشد»(محمدپور، ۱۳۸۹: ۳۲۸). «مفهوم یا کد: کلمه‌ای که به گروه یا طبقه‌ای از اشیاء، رویدادها و کنش-

---

[169] Purposeful Sampling
[170] Judgmental Sampling

هایی الصاق می‌شود که در برخی ویژگی‌های عمومی مشترک هستند»(کوربین و اشتراوس،۲۰۰۸: به نقل از محمد پور،۱۳۸۹).

«کدگذاری، به دوشکل کدگذاری اولیه و استنباطی(محوری و انتخابی) صورت می‌گیرد»(ابوالمعالی، ۱۳۹۲: ۹۴).

کدگذاری اولیه: «کدگذاری اولیه متن که «کدگذاری باز[171]» نامیده مـی‌شـود، بعد از خواندن مکرر و دقیق مواد آن انجام مـی‌شـود»(ابوالمعـالی، ۱۳۹۲: ۹۴). «کدگذاری باز را می‌توان با درجات مختلفی از دقت و توجه به جزئیات انجام داد. می‌توان یک متن را جمله به جمله، خط بـه خـط، یـا پـاراگراف بـه پـاراگراف کدگذاری کرد یا آن‌که یک کد را برای تمام متن در نظر گرفت. این‌کـه در یـک تحقیق از کدام گزینه‌ها استفاده شود به پرسش تحقیق، داده‌ها، سبک شخصـی محقق به عنـوان تحلیل‌گـر و سـایر مراحلـی کـه تحقیـق طـی کـرده بسـتگی دارد»(فلیک[172] ، ۱۳۷۸: ۳۳۳).

کدگذاری استنباطی[173]: «پس از کدگذاری باز، نوبت به کدگـذاری اسـتنباطی می‌رسد که در مقایسه با کدگذاری اولیه، از سطح انتزاع بالاتری برخوردار است و در جسـت و جـوی الگوهـای نهفتـه در مـتن اسـت. «کدگـذاری محـوری[174] و کدگذاری انتخابی[175]»، بر پایه‌ی اسـتنباط و یـافتن رابطـه بـین کـدهای اولیـه صورت می‌گیرند و از سطح انتزاع بالاتری برخوردارند»(ابوالمعالی، ۱۳۹۲: ۹۵).

کدگذاری محوری: «در این مرحله، آن دسته از مقولات که با پرسـش تحقیـق بیشترین ارتباط را دارند از میان کدهای به وجود آمده و یادداشت‌های مربوطه به

---

[171] Open coding
[172] Flick
[173] Axial coding
[174] Core coding
[175] Selective coding

کدها انتخاب می‌شوند، پس از انتخاب این مقولات و کدها براساس سؤال‌هایی که در تحقیق وجود دارند، از میان متن و عبارات به جست و جوی شـواهد و قـرائن برای آن‌ها می‌گردند. به منظور ساختار بخشیدن به نتایج به دست آمـده، روابـط میان مقوله‌های محوری، با استفاده از پارادایم کدگذاری برقرار می‌شود»(فلیـک، ۱۳۷۸: ۳۳۵).

کدگذاری انتخابی: « در این کدگذاری، تحلیل‌گر به وضوح، یک جنبه مرکزی از داده‌ها را، به عنوان «مقوله هسته‌ای[۱۷۶]»، انتخاب می‌کند و روی آن متمرکز می‌شود. وقتی این انتخاب صورت بگیرد، تحلیل نگری محمود و کدگذاری باز متوقف می‌شود. بنابراین در کدگذاری انتخابی، هدف یکپارچه‌سازی و در کنار هم قرار دادن فرضیه‌ها و گزاره‌های به دستآمده و تحلیل رو به رشد است»(ابوالمعالی، ۱۳۹۲: ۹۷). «این کدگذاری انتخابی سومین مرحله از کدگذاری است که کدگذاری محوری را در سطح انتزاعی‌تر ادامه می‌دهد. در این مرحله، شکل‌گیری و پیوند هر دسته با سایر گروه‌ها، تشریح می‌شود. به طوری که تحلیل از سطح توصیفی فراتر می‌رود و خط داستان را تشریح می‌کند»(فلیک، ۱۳۷۸: ۳۳۷).

۳. طرحواره کدگذاری: توضیح فرایند و نحوه کدگذاری، تعریف مقولات و زیر مقولات مربوط به آن‌ها و نحوه پالایش کدگذاری درج می‌شود. مقولات باید به روشنی تعریف شوند و از نظر درونی تا حد امکان همگن و از نظر بیرونی تا حد امکان ناهمگن باشند(لینکلن[۱۷۷] و گوبا[۱۷۸] :۱۹۸۵؛ به نقل از ابوالمعالی، ۱۳۹۲: ۹۷). «برای تضمین ثبات کدگذاری، به خصوص زمانی که چند کدگذار داریم،

[176] Core Category
[177] Lincoln Y. S.
[178] Guba E. H.

باید بخشی از طرحواره کدگذاری، به راهنمای کدگذاری اختصاص داده شود، که معمولا شامل نام‌های مقولات، تعاریف یا قواعدی برای اختصاص کدها و مثال‌های مربوط می‌شود»(وبر : ۱۹۹۰؛ به نقل از ابوالمعالی، ۱۳۹۲: ۹۷).

۴. **بررسی ویژگی‌های متن، منبع و گیرنده پیام:** «در هر ارتباطی سه عنصر وجود دارد. پیام، گیرنده پیام و فرستنده آن. پیام، بر اساس معنا و محتوا، مقدار و فضا زمانی که به آن اختصاص داده شده است و ابعاد کمی و کیفی آن، مطالعه می‌شود. گاهی تحلیل محتوا، به منظور تعیین تأثیر پیام روی گیرنده آن بررسی می‌شود. گاهی نیز پیام بر اساس ویژگی‌های فرستنده آن، تبیین می‌گردد؛ برای مثال، گفته‌ها و نوشته‌های یک فرد، ارزش‌ها و عقاید و رفتار او را منعکس می‌کند. نتایج حاصل از تحلیل هر سه جزء پیام، اطلاعات جامعی را در اختیار قرار می‌دهد»(دلاور: ۱۳۸۳ به نقل از ابوالمعالی، ۱۳۹۲: ۹۸). «پژوهشگر، ارتباطات معنای پیام را در ارتباط با مقاصد فرستنده، شناخت گیرنده یا آثار رفتاری، نهادهایی که انتقال پیام در آن صورت می‌گیرد و یا فرهنگی که نقشی در آن ایفا می‌کند، تفسیر می‌کند»(کریپندورف[179]، ۱۳۸۳: ۲۹). «البته شایان ذکر است که در برخی از موارد، دست‌یابی به ویژگی‌های مخاطبان پیام یا آثار پیام بر فرستندگان امکان‌پذیر نیست»(ابوالمعالی، ۱۳۹۲: ۹۹).

۵. ارزیابی ثبات (پایایی)[180] و روایی[181] نتایج: «قابلیت اعتماد که واژه‌هایی مانند پایایی، ثبات و اعتبار برای آن به کار برده می‌شود با این امر سر و کار دارد که ابزار اندازه‌گیری تا چه اندازه نتایج یکسانی به دست می‌دهد(حکیم‌زاده و عبدالملکی، ۱۳۹۰: ۱۲۲).

---

179 Krippendorff K.
180 Reliabality
181 Validity

«مفهوم روایی به این سؤال پاسخ می‌دهد، که ابزار اندازه‌گیری تا چه حد خصیصه مورد نظر را می‌سنجد«حکیم‌زاده و عبدالملکی، ۱۳۹۰: ۱۲۷).

در پژوهش کیفی، «ممکن است استنباط‌های پژوهشگر از روایی کافی برخوردار نباشد و لازم باشد برای استنباطش، نظر متخصصان را در خصوص منطقی بودن تلفیق‌ها و ارتباط بین مقولات جویا شود. این روش مثلث سازی بررسی کننده/ پژوهشگر [۱۸۲]، نامیده می‌شود و دربرگیرنده استفاده از نظر بررسی کنندگان مختلف است؛ در این صورت، چشم‌اندازهای مختلف، مورد بررسی قرار می-گیرد»(اوالمعالی، ۱۳۹۱به نقل از ابوالمعالی، ۱۳۹۲: ۹۹). «برای بررسی نظر متخصصان مختلف، پژوهشگر می‌تواند صحت کدگذاری خود را، با توجه به ملاک‌های مربوط بودن استنباطات به آن‌چه در متن است، پذیرش علمی، سادگی و وضوح و ضرورت کدهای استخراج شده، مورد بررسی قرار دهد. به علاوه، برای بررسی روایی استنباطات صورت گرفته، لازم است به شرایط زمینه‌ای که پیام در آن ارسال شده و هم‌چنین ویژگی‌های فرستندگان و دریافت کنندگان نیز توجه شود»(ابوالمعالی،۱۳۹۲: ۹۹).

«اکثر روش شناسان کیفی، به جای استفاده از واژگان اعتبار و روایی کمی، از معیار «اعتماد پذیری یا قابلیت اعتماد»[۱۸۳] ، جهت ارجاع به ارزیابی کیفیت نتایج کیفی، استفاده می‌کنند. قابلیت اعتماد به بیانی ساده، میزانی است که در آن می‌توان به یافته‌های یک تحقیق کیفی، متکی بود و به نتایج آن اعتماد کرد، گوبا و لینکلن[۱۸۴]،معتقدند معیار قابلیت اعتماد در بر گیرنده چهار معیار جداگانه اما مرتبط زیر می‌باشد»(محمدپور، ۱۳۹۲: ۱۸۴).

---

182 Investigator / researcher triangulation

183 Trust Worthiness

184 Guba & Lincoln

جدول معیار قابلیت اعتماد(منبع: گوبا و لیکلن،۱۹۸۵: ۲۹۰؛ تولی و تشکری،۲۰۰۹: ۲۹۶ به نقل از محمدپور،۱۳۹۲: ۱۸۷).

معیار و تعریف	معادل کمی
باورپذیری[۹۴]: آیا برساخته‌های تحقیق برای سازندگان واقعیت چندگانه اولیه (کنشگران یا سوژه‌ها) باورپذیر هستند	اعتبار درونی
انتقال‌پذیری[۹۵]: انتقال استنباط‌ها از یک بستر فرستنده خاص به یک بستر گیرنده خاص	اعتبار بیرونی
اطمینان‌پذیری[۹۶]: میزانی که در آن فرایند بررسی اطمینان‌پذیر است؛ توانایی ابزار انسانی برای کسب نتایج سازگار و منطقی	روایی
تأییدپذیری[۹۷]: میزانی که در آن محصول بررسی قابل تأیید است؛ از جمله این‌که آیا نتایج ریشه در داده‌ها دارند، آیا نتایج منطقی هستند، آیا سوگیری وجود دارد و مانند آن؟	عینیت[۹۸]

۶.گزارش روش‌ها و یافته‌ها: «در بخش پایانی، یعنی در مرحله گزارش تحقیق، یافته‌های برخاسته از متن، ارائه و تفسیر می‌شوند(تبریزی، ۱۳۹۳: ۱۲۶). «تحقیق کیفی اساسا تفسیری است و به تفسیر درک و فهم دیدگاه شخصی پژوهشگر از پدیده مورد مطالعه می‌پردازد. یک گزارش جالب و خواندنی و تفسیر کارامد، این امکان را به خواننده می‌دهد که توصیفات را درک کند»(پاتون،۲۰۰۰ به نقل از ابوالمعالی، ۱۳۹۲: ۱۰۰). «تحلیل محتوای کیفی، شمارش و معنی‌داری آماری را تولید نمی‌کند؛ در عوض، الگوها، مضامین و مقولاتی را که برای یک

واقعیت اجتماعی مهم هستند، آشکار می‌سازد. ارائه یافته‌های پژوهشی تحلیل محتوای کیفی، یک تکلیف چالش برانگیز است هرچند که یک روش معمول، استفاده از نقل قول‌های معمولی برای توجیه نتیجه‌گیری‌ها است»(شیلینگ،۲۰۰۶ به نقل از ابوالمعالی،۱۳۹۲: ۱۰۰). « همچنین شما ممکن است بخواهید برای نمایش داده‌ها، از گزینه‌های دیگر مانند، ماتریس‌ها، نمودارها، جداول و شبکه‌های مفهومی استفاده کنید»(ژانک و ویلمونت، ۲۰۰۷ به نقل از ابوالمعالی، ۱۳۹۲: ۱۰۰).

گام‌های عملی تحلیل در این کتاب

با توجه به عنوان و هدف نوشتار در این کتاب، کـه «تصـویر زن در آثار آلـیس مونرو» بوده است، رویکرد پژوهشی، رویکرد کیفی انتخاب شد؛ و بـه دلیل لـزوم بررسی متون نوشتاری برای رسیدن به هدف این پژوهش، روش مـورد اسـتفاده، روش تحلیل محتوا یا به طور دقیق‌تر تحلیل محتوای کیفی متنی در نظر گرفتـه شد؛ و به دلیل نبود اصلاعات و ادبیات در مورد موضوع مورد نظر، از روش تحلیل محتوای کیفی متعارف یا عرفی استفاده شد زیرا همان‌طور که قبلا توضیح داده شد، این روش هنگامی مناسب است نظریه‌های موجود یا ادبیات تحقیـق دربـاره پدیده مورد مطالعه، محدود باشد.

جامعه آماری در این کتاب، تمامی داستان‌های کوتاهی است که توسط آلیس مونرو نوشته شده و به زبان فارسی ترجمه و سپس چاپ شده است و تعداد آن‌ها در هنگام شروع این نوشتار به ۴۰ داستان‌کوتاه می‌رسید که در ۷ کتاب به چاپ رسیده است؛ و کتابی که حاوی یک داستان بلندتر بوده که تنها داستان اوست که بعضی متخصصان آن را همانند رمان می‌دانند.

بعد از تعیین جامعه آماری بر اساس عنوان و اهداف پژوهش، پژوهشگر به بررسی و تحلیل متن داستان‌ها پرداخت. برای تحلیل داستان‌ها، پژوهشگر احتیاج به مشخص کردن واحد تحلیل خود داشت؛ که «معمولا در مورد رمان‌ها، نمایشنامه‌ها و فیلم‌ها، کاراکتر یا شخص را به‌عنوان واحد تحلیل در نظر می‌-گیرند»(رسولی و امیرآتشانی، ۱۳۹۳: ۱۱۳).

با توجه به این مسئله و تعاریفی که ارائه شد، واحد تحلیل این پژوهش، شخصیت‌های زن در داستان‌های آلیس مونرو در نظر گرفته شد. به دلیل تعداد زیاد شخصیت‌های زن داستان‌ها، ابتدا شخصیت‌های اصلی و فرعیِ زن داستان‌ها مشخص شد و همگی این شخصیت‌ها به نوبه خود تحلیل شدند اما، بارِ تحلیل، بیشتر بر روی شخصیت‌های اصلی بوده است که نقش مهم‌تر و پررنگ‌تری به خود اختصاص داده‌اند. در هنگام تحلیل متن‌های مورد بررسی، شخصیت‌های زنان، رفتارها و تفکرات آنان، عکس‌العمل‌هایشان، همگی مورد توجه قرار گرفته و با توجه به مفاهیم به دست آمده، سازمان‌دهی می‌شوند تا در کدگذاری بتوان به مقولات متناسب با متن دست یافت.

«کدها، نشانه‌هایی هستند که به تشخیص مقوله‌های موجود در داده‌ها کمک می‌کند»(ادیب حاج باقری و همکاران،۱۳۸۶: ۵۵). در کدگذاری باز، مقوله‌های اولیه به دست آمده از متون استخراج شد. در این مرحله، پژوهشگر متوجه شد که مقولات معینی، به طور مکرر در داده‌ها پدیدار می‌شوند و این‌که در نتیجه کدگذاری، کمتر به داده‌های جدید دسترسی پیدا می‌کند. در این صورت می‌توان گفت که، « اشباع[185] »، حاصل شده است.

---

[185] Data Saturation

«اشباع، خصوصیتی است که ارتباط نزدیک با حجم نمونه دارد. استرابرت و کارپنتر(۱۹۹۹) می‌نویسند: اشباع عبارت است از این‌که با ادامه‌ی جمع‌آوری داده‌ها، داده‌های جمع‌آوری شده،تکرار داده‌های قبلی باشند، و اطلاعات جدیدی حاصل نگردد. بنابراین، برخلاف تحقیقات کمی که به تعیین حجم نمونه از طریق محاسبات آماری اهمیت داده می‌شود، در تحقیقات کیفی، تکرار اطلاعات قبلی و یا به قول بک(۱۹۹۲)، تکرار تم‌ها یا نکات برجسته، نشانه‌ی کفایت حجم نمونه است»(پرویزی و دیگران،۱۳۸۹: ۳۶). «اشباع نشان می‌دهد که در چه زمانی می-توان کدگذاری باز و جمع‌آوری داده‌ها را متوقف کرد. وقتی مقولات اشباع شدند، از یک سو می‌توانیم، تعاریف با معنی و موجز و ویژگی‌ها و ابعاد هر مقوله را گسترش دهیم»(ابوالمعالی: ۱۳۹۲: ۹۶).

به این ترتیب، نویسنده در این کتاب، هنگام تحلیل داستان‌ها، در هشتمین داستان، به اشباع نظری رسیده و داستان جدیدی را مورد تحلیل قرار نداده است.

سپس در مرحله بعد، یعنی کدگذاری محوری، بین مقوله‌هایی که در کدگذاری باز به دست آمده بودند، ارتباطات درونی برقرار شد. در این مرحله، از طریق معرفی ارتباطات بین مقولات و الگوهای آشکار آن‌ها، مقولات جدیدتری ایجاد می‌شود که از درجه انتزاع بالاتری برخوردارند. در این پژوهش الگوهای تمامی مقولات به دست آمده نیز استخراج شد. در کدگذاری انتخابی که مرحله آخر کدگذاری بود، یک جنبه مرکزی از داده‌ها، به عنوان مقوله اصلی انتخاب می‌شود و روی آن تمرکز می‌شود. این مقوله‌های اصلی، به منظور یکپارچه‌سازی مقوله-های دیگر، در داده‌ها باید در سطح بالاتری از انتزاع ساخته شوند. که در این مرحله، مقولاتی که انتزاعی‌تر بودند، تحت عنوان مقولات اصلی کنار گذاشته شده و یکسری مقولات که از سطح انتزاعی پایین‌تری برخوردار بودند و در ارتباط با این مقولات اصلی بودند، تحت عنوان مقولات فرعی، زیر مجموعه این مقولات

اصلی قرار گرفتند. در نهایت، با مشخص شدن واحد تحلیل، مفاهیم و مقولات، به دسته‌بندی از داده‌ها رسیده که پژوهش را در راستای یافتن پاسخ پرسش‌ها، هدایت می‌کنند. در بخش تحلیل این پژوهش، ابتدا چکیده‌ای از داستان به همراه معرفی شخصیت‌های اصلی و فرعی داستان آورده شده است. سپس، مقولات اصلی و فرعی به دست آمده به همراه ذکر مثال و شاهد آورده شده و در انتهای تحلیل هر داستان، جدولی آورده شده است که به طور خلاصه، تمامی مقولات اصلی و فرعی به دست آمده از داستان در آن ذکر شده است.

برای اطمینان از درستی مراحل انجام کار، چندین مرتبه، مراحل مورد بررسی قرار گرفت. هم‌چنین شواهدی از متن که معرف درستی مقولات و مفاهیم به دست آمده می‌باشد، در پژوهش ذکر شده است که به یافته‌های پژوهشی، اعتبار می‌بخشد. هم‌چنین برای روایی نتایج، در حین مقوله‌بندی متون، از نظر متخصصان نیز استفاده شده است. در ضمن، برای درک بهتر تصویر ارائه شده از زن در این داستان‌ها، در این کتاب، به بررسی شخصیت و سرگذشت آلیس مونرو، داستان‌های او و تاریخچه زمانی که مونرو در آن می‌زیسته است و نیز تاریخچه زنان به طور کلی، پرداخته شده است تا از طریق قراردادن این اطلاعات زمینه‌ای در کنار نتایج به دست آمده، بتوان به تصویری دقیق‌تر و قابل فهم‌تر نسبت به زن دست یافت.

در این قسمت، هنگام ثبت تحلیل ۸ داستان نمونه، در ابتدا، چکیده‌ای کوتاه از هر داستان بیان شده و سپس شخصیت‌های اصلی و فرعی زن داستان مشخص شده‌اند تا خواننده به طور کلی و خلاصه با شرایط و شخصیت‌های داستان آشنا شود. سپس، در قسمت بعدی، یعنی قسمت تحلیل داستان، در ابتدا مقوله‌های اصلی و فرعی‌ای که از هر پاراگراف به دست آمده، آورده شده است؛ بدین صورت که مقوله‌های اصلی یا گزاره‌ها، عنوان شده و اگر مقوله‌ای فرعی در متن یافته

شده باشد، آن مقوله فرعی یا مقوله، در داخل پرانتز ذکر شده است و سپس شواهد و قسمت‌هایی از داستان که مقوله‌ها از آن استخراج شده به عنوان «مفهوم» و سپس تحلیل و تفسیر جزئی و دقیق این مقولات نیز، در ادامه آن، آورده شده است. سپس در انتهای هر داستان، جدول خلاصه مقوله‌های اصلی و فرعی به دست آمده از داستان، ذکر شده است.

فصل چهارم

تجزیه و تحلیل

داستان‌های آلیس مونرو

داستان اول: داستان «تیر و ستون»

چکیده داستان:

تیر و ستون، داستان زنی است از قشر فرودست جامعه، که به طور اتفاقی، و در زمانی که پیشخدمت یک مهمانی بوده است، همسر دانشمندش او را دیده و با او ازدواج می‌کند. آن‌ها بعد از مدتی صاحب دو بچه می‌شوند. داستان بازه زمانی‌ای را به ما نشان می‌دهد که زن از طرفی میزبان دخترعمه خود است که از خانه-شان، (خانه‌ای که پدر زن اصلی داستان، عمه او و مادربزرگشان به همراه همین دختر عمه در آن زندگی می‌کنند)، آمده است. از طرفی دیگر، زن دلبسته جوانی شده (لایونل) که شاگرد همسر او است.

شخصیت های زن داستان:

شخصیت‌های اصلی: لورنا

شخصیت‌های فرعی: پالی، مادر لایونل، عمه بئاتریس، مادربزرگ

تحلیل داستان اول؛ «تیر و ستون» :

- مقوله‌های اصلی و فرعی: برخورد با مسائل(تسلیم شرایط شدن)، مردسالاری حاکم بر جامعه

«لایونل برای آن‌ها تعریف کرد که مادرش چگونه مرده بود. لوازم آرایشش را خواسته بود. لایونل آینه را نگه داشته بود. گفته بود: «حدود یک ساعت طول می‌کشه.» کرم قبل از آرایش، پودر صورت، مداد ابرو، ریمل، مداد لب، رژ لب، رژ

گونه. دستش کند بود و می‌لرزید اما نتیجه بد نبود. ایونل گفت: «کمتر از یک ساعت ازت وقت گرفت.» ، گفت نه، منظورش این نبود. منظورش مردن بود. لایونل پرسید آیا می‌خواهد که پدرش را خبر کند؟ پدرش، شوهر او، کشیش او. او گفت، برای چی؟ در پیش‌بینی‌اش تنها پنج دقیقه اشتباه کرده بود.» (تیر و ستون، ۱۳۹۵: ۱۴۴)

آگاه بودن یک شخصیت از زمان مرگ خود در داستان و اسطوره، آگاهی راوی، نسبت به آن‌چه بر او گذشته است را نشان می‌دهد. و داستان تیر و ستون، با این آگاهی شروع می‌شود. مادر لایونل، به استقبال مرگ می‌رود تا به ما نشان دهد که می‌داند چه بر او گذشته است و گویی در واقع چه بر او و بر زنان جامعه می‌-گذرد. داستان زن‌های دیگر تیر و ستون نیز، داستان زندگی مادر لایونل است. این آگاهی دادن، در بسیاری از آثار دیگر نیز دیده می‌شود. همان‌طور که بهرام بیضایی در اثر جاودانه خود؛ «مسافران»، نیز، این آگاهی را به مخاطب خود در ابتدای فیلم می‌دهد، جایی که هما روستا رو به دوربین می‌گوید: «ما میریم تهران، برای عروسی خواهر کوچکترم. ما به تهران نمی‌رسیم، ما همگی می‌-میریم..»

- مقوله‌های اصلی و فرعی: جایگاه فرودست زن، گفتمان جنسیتی

«برندان گفته بود: «پیش ما بیا.» لایونل به چشمش کمی ناخوش آمده بود و تنها. «بیا و با همسرم آشنا شو.» خوشحال بود که حالا خانه‌ای دارد که مردم را به آن دعوت کند. لایونل وقتی این‌ها را برای لورنا تعریف می‌کرد گفته بود: «نمی دونستم چه‌جور آدمی هستی. حدس می‌زدم باید افتضاح باشی.» ، لورنا گفته بود: «اوه، چرا؟» ، «نمی‌دونم. همسرها.»» (تیر و ستون، ۱۳۹۵: ۱۴۶)

در متن اصلی، کلمه‌ی انگلیسی «Wives»، معادل «همسرها» در ترجمه قرار دارد، و نحوه‌ی قرارگرفتن آن در جمله، نشان‌دهنده برخورد تحقیرآمیزی است که در زبان بر جنس مؤنث اطلاق می‌شود. نمونه این جمله‌های اختصاری را در زبان فارسی نیز زیاد داریم. در بسیاری از دیالوگ‌های زن ستیزانه، ما به کلماتی چون «زن‌ها»، «دخترها» و امثال آن مواجه هستیم که با خود بار تحقیرآمیزی را حمل می‌کنند. اهمیت فهم و داشتن دانش در مورد زبان و گفتمان جنسیتی در مواجهه با آثار مونرو بسیار زیاد است. از آن‌جایی که مونرو را می‌توان نویسنده‌ای مدرن به حساب آورد، او در بسیاری از مواقع، به جای توصیف کلاسیک شخصیت‌ها و یا موقعیت‌ها با آوردن یکی دو جمله از زبان شخصی در داستان، از شخصیت و فضا تعریفی مشخص ارائه می‌دهد. مونرو کاملا بر این نکته آگاه است که؛ «هنگامی که جمله را با برچسب مشخصی می‌آراییم و مثلا می‌گوییم «نه آقا» یا «برو دختر»؛ محاوره را بر پایه‌ی ارجاع اطلاعات به افکاری معین شکل می‌بخشیم. بر عکس، اگر جمله از این مراجع عاری باشد و مثلا گفته شود، «صبح عالی بخیر» یا «تو خواهرم را ندیدی؟»؛ هویتی در نظر نمی‌آید که بتوان مرجعی جنسیتی را با آن پی گرفت. مشارکت جمعی در تعامل کلامی از این حیث هویت را با انتظاراتی خاص در تفاسیر واکنشی سخنگویی بنا می‌نهد که ضمن راهنمایی محاوره به استمرار نظم اجتماعی خصوصا در بعد جنسیتی آن می‌انجامد. مثلا تأکید بر خطاب «مادر» و «خواهر» یا «زنیکه» و «پدرسوخته»، به انحاء متفاوتی بر جهت‌گیری کلام و مبادله اطلاعات مؤثر می‌افتند و به واسطه راهنمایی چگونگی پیگیری انتظارات کلامی، هویت کنشگران زبانی را با هم بازسازی می-کنند. تفاوت دو جمله‌ی «زنم را ندیدی» یا «مینا، زنم را ندیدی»؛ یکی هم می-تواند این باشد که فاعل جنسیتی پرسش، از اطلاعات خاصی برخوردار است و راهنمایی او به این هویت علی‌رغم تبادل هرگونه اطلاعات اما لااقل به تثبیت هویت در نزد وی خواهد انجامید. اگر به جای «زنم» نیز نام اصلی او به کار

گرفته شود؛ مبین هویتی ناظر به استقلال مفعول کلام و آزادی بیشتر پاسخگو در جهت‌گیری جوابی است»(محمدی اصل، ۱۳۸۸: ۶۹ - ۷۰).

- مقوله‌های اصلی و فرعی: فراموش شدگی زن، نمود فشارهای اجتماعی(وسواس)، مادری(تعارض مادری و زنانگی)

«پالی پدر نداشت. این چیزی بود که همه می‌گفتند و لورنا مدت‌ها واقعا باورش کرده بود. پالی پدر نداشت، همان‌طور که گربه ابتر، دم نداشت. در اتاق نشیمن مادربزرگ نقشه‌ای از سرزمین مقدس وجود داشت که رویش کوبلن دوزی شده بود و مکان رخداد های انجیلی را نشان می‌داد. طبق خواسته‌اش آن را اهدا کرده بودند به مدرسه‌ی یکشنبه‌های کلیسای متحد. عمه بئاتریس از بعد از تولد پالی هرگز دوباره مردی را وارد زندگی‌اش نکرده بود و نسبت به آداب زندگی آنقدر وسواسی و آنقدر متعصب بود که به راحتی می‌شد فکر کرد پیداش پالی هم نتیجه لقاح منزه بوده است. تنها چیزهایی که لورنا از عمه بئاتریس آموخته بود این بود که باید روی درزهای لباس را از یک جهت اتو کرد، و نه از رو، تا اتو رد نیاندازد و بلوزهای نازک را حتما باید با زیرپوش به تن کرد تا هیچ چیز از زیر آن‌ها پیدا نباشد.» (تیر و ستون، ۱۳۹۵: ۱۴۸ - ۱۴۹)

پالی دختر عمه لورنا است و می‌خواهد برای رها شدن از قید و بندهای خانواده به نزد لورنا بیاید یا بهتر است بگوییم فرار کند. او فرزند یک مادر تنها [۱۸۶] است. لورنا در کودکی این مسئله را بدیهی و بدون توجه به مناسبات اجتماعی‌اش درک کرده است. «درست همان‌طور که یک فرد ممکن است یک پا نداشته باشد یا یک گربه، دم»؛ از نظر لورنا پالی هم پدر نداشته است. این مسئله در این داستان نشان دهنده تکمیل نشدن روند جامعه پذیری یا ایدئولوژیک سازی زن در بچگی است. مادر پالی درست مثل تمام مادران تنهای دیگر داستان‌های مونرو وسواسی

---

[186] Single mother

است و خودش را وقف کودکش کرده است. او تنها است، نه از این رو که مستقل است، بلکه از این رو که وقف کردن خودش برای کودک، این اجازه را از او گرفته است که مجددا بتواند به فکر بودن با کس دیگری باشد.

«وسواس» از دیگر مفاهیمی است که مونرو برای بسیاری از شخصیت‌های زن داستان‌های خود در نظر می‌گیرد. وسواس نمود و شاخصه یا نهایت آن چیزی است که اکثر زنان در جامعه مردسالار تجربه می‌کنند. نمود فشار اجتماعی است که بر آن‌ها وارد می‌شود و عقده‌های فروخورده فرد در جامعه. در منابع علمی علل بروز وسواس را این‌گونه ذکر کرده‌اند: «اضطراب نیز یکی از عوامل این بیماری است که البته گاهی علت آن اضطراب نیز برای فرد مبتلا به وسواس معلوم نیست. گاهی بر اثر یک اتفاق مشکل آفرین و پرفشار مثل مرگ یکی از نزدیکان یا بعضی مسائل جنسی یا بیماری وسواس رخ می‌دهد. عقده‌های فرو خورده، ناکامی‌های درون ریخته شده نیز گاهی باعث این بیماری می‌شود. گاهی نیز احساس گناه‌کار بودن باعث وسواسی شدن است»(استکتی،۱۳۷۶).

درست است که آمار برای کل جمعیت چیزی در حدود ۳ درصد فرد دچار به وسواس را در نظر می‌گیرد، «شیوع اختلال وسواسی-جبری در طول عمر در جمعیت کلی ۲ تا ۳ درصد تخمین زده می‌شود. بعضی از پژوهشگران تخمین زده‌اند که بین بیماران سرپایی کلینیک‌های روان پزشکی میزان شیوع این اختلال تا ۱۰ درصد می‌رسد»(کاپلان و سادوک، ۱۳۸۴: ۲۲۱). اما این ۳ درصد افرادی هستند که در وضعیت حاد به سر می‌برند و وسواس جزوی از شخصیت آن‌ها شده است. در غیر این صورت بسیاری از ما نمودهای وسواس را خصوصا در لحظات اضطراب تجربه می‌کنیم. آنچه در وسواس بیش از همه به چشم می‌خورد مسئله بی‌اختیاری است. به علاوه فرد وسواسی به شدت احساس محدود شدن می‌کند. تمام این‌ها آن چیزی است که تجربه زیست روزمره زنان به آنان تحمیل

می‌کند. «مفهوم وسواس، فکر –محاصره- و مفهوم –بی اختیاری- فکر اجبار را القا می‌کنند و درک این مفاهیم بدون مرتبط ساختن آن‌ها با –من- فرد که در بیان آزادانه‌ی فکر، تجسم و عمل خویشتن، احساس محدودیت می‌کند، امکان پذیر نیست؛ محدودیتی که فقط بر اساس و به وسیله‌ی فعالیت مرضی در هم شکسته می‌شود و آرامش موقت، تنها از طریق تکرار به دست می‌آید. بیمار نسبت به اختلال خود هشیار است و آن را تحمیل شده و مرضی می‌پندارد، یعنی در واقع، اختلال را نمی‌پذیرد بلکه آن را تحمل می‌کند. مع هذا، در پاره‌ای ار شخصیت‌های وسواسی، نشانه‌ی مرضی به منزله‌ی بخشی از سازمان‌یافتگی روانی فرد در می‌آید»(آیسنک به نقل از دادستان، ۱۳۸۶: ۱۴۷).

از همین رو است که مونرو این شاخصه را برای اغراق در این خصایص در نظر گرفته و آن را سوار بر شخصیت‌های زن داستان‌های خود می‌کند.

- مقوله‌های اصلی و فرعی: مادری (مادر- منفعل)، فراموش شدگی زن

«برای او تنها خاطره‌ای را که از مادرش داشت تعریف کرد. یک روز زمستانی با مادرش توی شهر بودند. برف‌ها را پارو کرده بودند، بین پیاده رو و خیابان. تازه یاد گرفته بود ساعت را بخواند. به ساعت بزرگ روی ساختمان اداره پست نگاه کرد و متوجه شد زمان پخش مجموعه داستانی رسیده که او و مادرش هر روز از رادیو به آن گوش می‌دادند. احساس دلواپسی عمیقی کرد، نه به خاطر از دست دادن برنامه، بلکه به این خاطر که نمی‌دانست اگر رادیو روشن نباشد و او و مادرش به او گوش ندهند بر سر آدمه‌ای آن قصه چه خواهد آمد. بیش از دلواپسی، احساس وحشت کرده بود از این که چطور هر چیزی می تواند با یک غفلت، یا تصادفی پیش‌بینی ناپذیر، از دست برود یا اتفاق نیافتد. و حتی در همان خاطره هم مادرش تنها یک باسن و یک شانه بود زیر یک پالتو سنگین.» (تیر و ستون، ۱۳۹۵: ۱۴۹ - ۱۵۰)

لورنا، بدون مادر بزرگ شده است و پالی بدون پدر. این تقابل در داستان کوئینی نیز به چشم می‌خورد. در آن داستان نیز کوئینی که بدون پدر بزرگ شده است سرگشته و پریشان است، حال آن که، کریسی که پدر بالای سرش بوده است، مستحکم است و به دنبال خواسته‌های خود. در این‌جا نیز، لورنا توانسته زندگی برای خود دست و پا کند و تاحدودی روند خاصی در زندگی یافته است ولی پالی، همچنان نمی‌داند باید چه کند. از محل زندگی قبلی‌اش بیرون می‌آید تا بالاخره زندگی را پیدا کند.

نکته دیگری که در این‌جا می‌توان ذکر کرد این است که، لورنا با مادرش بیرون رفته ولی چیز خاصی از او به یاد ندارد. او تمام جزئیات مانند فرا رسیدن زمان پخش برنامه رادیویی و یا احساسش در آن زمان را به خوبی به یاد می‌آورد، اما از مادرش چیزی یادش نیست. تنها «یک باسن و یک شانه زیر یک پالتو سنگین». گویی مونرو در این‌جا می‌خواهد به گمنامی و نبود روانی بسیاری از زنان در جامعه و حتی در بین اعضای خانواده‌شان اشاره کند. دختری که باید مادرش را کاملا حتی با جزئیات به یاد آورد، ولی جزئیات دیگر، از مادرش مهم‌تر بوده است. و این نشان‌دهنده کنار گذاشته شدن زنان است.

- مقوله‌های اصلی و فرعی: فراموش شدگی زن، جایگاه فرودست زن، مردسالاری حاکم بر جامعه

«بعد لایونل به یاد آورد که وقتی مادرش او را به موزه برده بود، از مومیایی‌ها ترسیده بود و مادرش به او گفته بود که آن‌ها واقعا نمرده‌اند و وقتی همه بروند به خانه‌هایشان می‌توانند از جعبه‌هایشان بیرون بیایند بعدش او گفته بود: «من نمی‌تونم مومی باشم؟» مادرش مومی را با مامی اشتباه گرفته بود و بعدها این داستان را به عنوان لطیفه تعریف می‌کرد و او واقعا دلسردتر از آن بود که اشتباه

۱۹۲

مادر را تصحیح کند. از همان کودکی از درک شدن توسط دیگران به کلی دلسرد شده بود. (تیر و ستون، ۱۳۹۵: ۱۵۰)

به جرأت می‌توان گفت که برای درک نبوغ مونرو خواندن نوشته بالا کافی به نظر می‌رسد. برای فهم نوشته بالا باید درک درستی از دو واژه انگلیسی Mummy به معنای مومیایی و Mommy به معنای مادر داشت. کودک این هر دو واژه را با یکدیگر اشتباه می‌گیرد و البته برداشتی ریشه‌ای‌تر از آن می‌توان داشت. مادر، مومیایی است. جسمی که راه می‌رود و به واسطه فشارهای اجتماعی از روح و انسان بودگی خالی می‌شود. او چنان درگیر فشارها و مناسبات اجتماعی است که از هرگونه «خودی» جدا می‌شود. به علاوه تعاریفی که بر او اطلاق می‌شود نیر تعاریفی وابسته است. او یا مادر بچه است یا زنِ مردی است یا دختر کس دیگر. این جسد و مومیایی شدن زن، علاوه بر این‌که زندگی زنان را تحت تأثیر قرار داده است، تعالی و رشد جامعه را نیز هدف قرار می‌دهد.

«چنان‌که گفتیم، اگر زنان را به صرف زن بودن‌شان از بسیاری امتیازها محروم نکنیم و آن‌ها را به انقیاد مردان درنیاوریم، ذخایر فکری و عملی جامعه افزایش خواهد یافت و زنان و مردان در شرایط مناسب‌تری به ایجاد رابطه خواهند پرداخت. اما اگر نگوییم که این اقدام برای همه مردم مستقیما چه فوایدی در بر خواهد داشت و نیمی از جمعیت بشر در زندگی شخصی چه بهره‌ی عظیمی از آن خواهند برد، بی‌تردید حق مطلب را ادا نکرده‌ایم و این اقدام خطیر را کوچک جلوه داده‌ایم. معنای این اقدام برای زنان این است که از زندگی تحت انقیاد خلاص می‌شوند و به زندگی‌ای با آزادی معقولانه قدم می‌گذارند. برای انسان، پس از حوائج اولیه یعنی غذا و پوشاک، آزادی قوی‌ترین نیاز است»(میل، ۱۳۹۳: ۱۵۲).

- مقوله‌های اصلی و فرعی: از خود بیگانگی زن، جایگاه فرودست زن، تعلق زن به مرد

«به لورنا گفته بود:«براش خوبه که بیاد اینجا و به جای این‌که توی اتاقش بشینه یه مدت مثل بقیه باشه. البته از تو هم بدش نمیاد. پسر بیچاره.»، دوست داشت بگوید که مردها از لورنا خوششان می‌آید. به خصوص وقتی به مهمانی‌های کاری برندان می‌رفتند و او آن‌جا جوان‌ترین همسر بود. لورنا از این‌که کسی این حرف برندان را بشنود معذب می‌شد، چون ممکن بود یک آرزوی اغراق‌آمیز و احمقانه به نظر برسد. اما بعضی اوقات، به ویژه اگر کمی مست بود، به اندازه برندان از این‌که ممکن بود جذابیتی جهانی داشته باشد به وجد می‌آمد.» (تیر و ستون، ۱۳۹۵: ۱۵۱)

در این‌جا زن، از طرفی، مانند یک اسباب‌بازی است که به واسطه سن کم‌اش باعث سربلندی همسر خود در میان مردان دیگر می‌شود و نه خصوصیات فکری و روانی‌اش. از طرف دیگر، عامل خوشحالی وافتخار و به وجد آمدنش را تنها در زیبایی و جذابیت در میان مردان دیگر می‌داند.

یک از نشانه‌های بارز سلطه مردان بر زنان، انتخاب زنان کم سن و سال‌تر از خودشان است. زنان باید به دنیا آورندگان وارثان اقتصادی مرد باشند، از این‌رو هر چه جوان‌تر باشند، امکان این‌که بتوانند وارثان بیشتر و یا سالم‌تری پدید بیاورند، بیشتر می‌شود. به علاوه، مرد از این رو در سنین بالاتر ازدواج می‌کند تا بتواند جایگاه اقتصادی مناسبی داشته باشد و وراثش را بهره‌مند سازد. «برابر قانون ازدواج تک همسری، مرد از مالکیت انحصاری بر همسر خود اطمینان می‌یافت. همسری که برای او وارث قانونی به دنیا می‌آورد تا اموال او را به ارث برد و او بر فرزندان خویش مانند همسر خود اقتدار و چیرگی کامل داشت»(رید، ۱۳۸۹: ۱۰۳).

● مقوله‌های اصلی و فرعی: برخورد با مسائل(فرار)، رویا و رویا پردازی

« (لورنا)، بعد از اولین شعر دست و پایش را گم کرده بود و نمی‌دانست چه بگوید. چیزی که محترمانه باشد ولی احمقانه نباشد. تنها به فکرش رسید که بگوید «از شعرت ممنونم» ‌-آن‌هم وقتی برندان دورتر از آن بود که صدایش را بشنود. جلوی خودش را گرفت و نگفت: «ازش لذت بردم.» لایونل به تندی سر تکان داد و صدایی در آورد که باعث خاتمه بحث شد. شعرها باز هم فرستاده می- شدند و دیگر به آن‌ها اشاره‌ای نمی شد. فهمیده بود که می‌تواند با آن‌ها نه به عنوان پیغام، که به عنوان دعوت رو به رو شود. البته نه دعوتی عاشقانه، آن‌طور که برندان احتمالا برداشت می‌کرد. هیچ چیز در آن‌ها نبود که بیانگر احساسات لایونل نسبت به او باشد. هیچ چیز شخصی در آن‌ها نبود.» (تیر و ستون، ۱۳۹۵: ۱۵۲)

لورنا احساسی را که نسبت به لایونل دارد عاشقانه نمی‌داند. با این‌حال، او در ارتباط با لایونل، درست مثل هر زن دیگری که در چنین مناسباتی قرار گرفته شده باشد، (مثل کوئینی)، در جستجوی آزادی‌ای است که در زندگی کنونی‌اش از او سلب شده. به دنبال ارتباطی است که در زندگی زناشویی خود نتوانسته آن را به دست آورد. این شکل از رابطه می‌تواند به یک رابطه عاشقانه نیز ختم شود، که در آخر نیز، هرچند به صورت یک طرفه و بدون عیان شدن، همین مسئله نیز اتفاق می‌افتد.

با این حال، باید بتوان این ترس از رابطه داشتن با دیگری (هر شکل از رابطه) خصوصا دیگری از جنس مخالف را، تحلیل کرد. چرا بعضی زنان مجبورند روابط واقعی خود حتی با هم‌جنسان‌شان را پنهان سازند؟

«نخستین ویژگی روابط جنسیتی جاری که دینرستین بر آن انگشتَ می‌گذاشت آن است که مردان از نظر جنسی بیش از زنان انحصارطلبند. مردان به دلیل نیاز خود به مهارداری امیدوارند که با تملک مطلق همسر و محبوبه‌ی کنونی خود، بر این واقعیت که زمانی به طور مطلق به مادرشان وابسته بوده‌اند فائق آیند. هرگاه زنی به مردی وفادار نباشد، مرد بار دیگر مانند زمانی که برای نخستین بار فهمید مادرش وجودی مجزا از او و زندگی خاص خود را دارد به نومیدی دچار می‌شود. به نظر دینرستین واکنش خشونت آمیز مردان در برابر بی وفایی همسر یا محبوبه (که می‌تواند از رابطه نامشروع گرفته تا کوچکترین قصور در نقش زن عاشق و فداکار را شامل شود) معلول همین احساس دوباره‌ی نومیدی است. جالب است که بسیاری از زنان در مورد انحصارطلبی جنسی عموما چنین حقی را برای خود مطالبه نمی‌کنند»(تانگ، ۱۳۹۵: ۲۴۵).

- مقوله‌های اصلی و فرعی: مردسالاری حاکم بر جامعه، جایگاه فرودست زن، تعلق زن به مرد، برخورد با مسائل(تسلیم شرایط شدن).

"از نظر او این عادی‌ترین و بهترین کاری بود که می‌شد کرد –این که سری به دختر دایی و شوهر دختردایی و خانواده دختردایی‌اش بزند. بدون شک به نظر برندان این کار به زحمت انداختن بقیه می‌آمد. کاری که هرگز کسی بدون دعوت نباید انجام می‌داد. او مخالفتی با مهمان نداشت –نمونه اش لایونل- اما دوست داشت انتخاب با خودش باشد. لورنا هر روز در این فکر بود که چطور موضوع را به او بگوید. هر روز از زیر این بار در می‌رفت." (تیر و ستون، ۱۳۹۵: ۱۵۳)

در نهایت، این برندان یا همان مرد خانه است که باید موافق آمدن کسی به آن خانه باشد. هر شکلی از رابطه که به طور مستقیم و یا به طور غیر مستقیم با ارزش‌ها و خواست‌های مرد سازگار نباشد، برای او پذیرفته نیست. او است که تعیین می‌کند چه کسی به خانه بیاید، حتی اگر آن فرد یک مرد غریبه باشد. زن

از مخالفت همسر خود نگران است و رابطه شکل گرفته بین آن‌ها طوری است که زن کاملا پذیرفته که تصمیم‌گیری باید با اجازه و خواست مرد باشد و نظر و حرف زن، جایگاه خاصی ندارد، به طوری که او نمی‌تواند صریح حرف خود را بزند.

- مقوله‌های اصلی و فرعی: تعلق زن به مرد، از خودبیگانگی زن، برخورد با مسائل (فرار)

«برایش گفته بود که چطور در روز عروسی‌اش و در طول جشن عروسی گریه کرده است. اما توانسته بود به این ماجرا بخندد، چون به یاد آورده بود که چقدر سعی داشت دستش را از دست برندان آزاد کند تا دستمالش را بیرون بیاورد و او نمی‌گذاشت. بنابراین مجبور بود مدام فین فین کند. در واقع علت گریه اش این نبود که نمی‌خواست ازدواج کند یا عاشق برندان نبود. گریه کرده بود چون ناگهان همه‌چیز خانه ‌-با این که همیشه قصد ترکش را داشت- به چشمش ارزشمند آمده بود و همه اهالی آنجا ‌-هرچند او همیشه افکار شخصی‌اش را از آن‌ها پنهان کرده بود- از هر کس دیگری به او نزدیک‌تر به نظر رسیده بودند. گریه می‌کرد چون او و پالی روز قبل در حین تمیز کردن قفسه‌ها و شستن کف آشپزخانه خندیده بودند و او وانمود کرده بود وسط یک نمایش احساس برانگیز است و گفته بود: خداحافظ کفپوش کهنه، خداحافظ ترک روی قوری، خداحافظ میزی که همیشه آدامسم را زیر آن می‌چسباندم. خداحافظ.» (تیر و ستون، ۱۳۹۵: ۱۵۴)

از طرفی، از همان ابتدا، مرد زن را در کنترل و تحت سلطه خود می‌خواهد. از طرف دیگر، در لحظه ازدواج خصوصا ازدواج‌های سنتی، زن می‌بایست یکباره خط بطلانی بر تمام گذشته‌اش بکشد و آن را کنار بگذارد. چرا که هویتی که تا آن لحظه برای او ساخته شده، یکسره در حال دگرگونی است. تا پیش از این، او

هویت خود را از اقتدار پدر، محیط خانه، رابطه با مادر و خواهران و برادرانش کسب می‌کند، ولی بعد از ازدواج باید آن را فراموش کرده و هویت جدیدی بر مبنای مرد جدید زندگی‌اش و خواست‌ها و ارزش‌های او بسازد. از لحظه ازدواج زن مجبور است هویت خود را با همسرش تعریف کند ولی این اتفاق برای مرد نمی‌افتد. هرچند او نیز از گذشته خود جدا می‌شود اما از هویت برساخته‌اش نه. او هویتی مستقل از والدین خود و بعدتر از زن و بچه‌های خود خواهد داشت.

«زن، هرچقدر مورد احترام قرار بگیرد، باز هم تابع است، ثانوی است. نفرین گرانی که بر زن سنگینی می‌کند این است که، معنای وجودش در دست خودش نیست. از این روست که موقعیت‌ها و ناکامی‌های زندگی خانوادگی، برای یک زن خیلی بیشتر اهمیت دارد تا برای مرد. مرد، بیش از آن‌که شوهر باشد، شهروند و تولید کننده است، زن در درجه اول و غالبا منحصرا، همسر است، کارش او را از موقعیتش نمی‌رهاند؛ بلکه او را در موقعیتش اثبات می‌کند. زن وقتی عاشق باشد، سخاوتمندانه از خود می‌گذرد، وظایفش را با شادی انجام می‌دهد؛ اگر با بغض و کینه به این کارها بپردازد، آن‌ها را بیگاری می‌داند. بنابراین موقعیت زن اساسا خدمت بستری و خدمت خانگی است»(دوبوار،۱۳۷۹: ۲۹۱).

- مقوله‌های اصلی و فرعی: تعلق زن به مرد، جایگاه زن(جایگاه فرودست زن)

«با این‌حال، لورنا گریه کرده بود و روزهای اول ازدواج هر بار از خانه نامه می‌رسید، باز گریه می‌کرد. برندان مچش را گرفته بود و گفته بود: «خونواده تو خیلی دوست داری، مگه نه؟»، لورنا فکر کرد که برندان دارد با او همدردی می‌کند. آه کشیده بود: «فکر می‌کنم اونا رو بیشتر از من دوست داری.»

۱۹۸

لورنا گفته بود که این واقعیت ندارد و مسئله فقط این است که بعض اوقات دلش برای خانواده‌اش خیلی می‌سوزد. وضع آن‌ها خوب نبود، مادربزرگش سال‌ها بود که معلم کلاس چهارم بود درحالی که چشمانش آنقدر ضعیف شده بودند که به سختی می‌توانست چیزی روی تخته بنویسد، و عمه بئاتریس آنقدر مشکلات عصبی داشت که هرگز شغلی پیدا نمی‌کرد، و پدرش –پدر لورنا- در فروشگاه ابزار فروشی کار می‌کرد که متعلق به خودش هم نبود. برندان گفته بود: «وضعشون خوب نیست؟ توی اردوگاه کار اجباری که نبودند، بودند؟»، بعد گفته بود که در این دنیا آدم‌ها باید جنم داشته باشند. و لورنا روی تخت دو نفره‌شان دراز کشیده بود و شروع کرده بود به یکی از آن شیون های خشمگینی که حالا از به یاد آوردنشان خجالت می‌کشید. برندان بعد از مدتی آمده بود تا دلداری‌اش بدهد اما هم‌چنان معتقد بود که گریه‌ی او همان گریه‌ای است که زن‌ها وقتی راهی برای پیروز شدن در بحث ندارند سر می‌دهند.» (تیر و ستون، ۱۳۹۵: ۱۵۴ - ۱۵۵)

مرد می‌خواهد تنها قهرمان و تنها منبع رفتار و احساس زن باشد و حاضر به پذیرش فردی دیگر، حتی پدر و خانواده همسرش نیست. زن باید فقط و فقط از آن خودش باشد و تمام احساسات و عواطفش معطوف به او. جامعه از کودکی به او این‌گونه القا کرده، که او نقطه مرکزی همه رفتارها و حرکات است و بقیه مسائل حول او در حرکت هستند. او حتی حاضر است برای به دست آوردن موقعیت و مقام خود در نزد زن، به تحقیر او و چیزهایی که برایش ارزشمند هستند، بپردازد. بدون این‌که به عواطف و روحیات زن توجه کند برای او آن‌چه که زن در آن به وجود آمده مطلقا فاقد ارزش است. از طرفی دیگر، زن در خانواده و جامعه، طوری تربیت نشده است که بتواند به درستی صحبت کند و در مقابل منبع اقتدار سربلند کند، پس اولین و کودکانه‌ترین راه را در مقابل این تحقیر و نادیده گرفته شدن پیش می‌گیرد؛ داد و فریاد بیهوده راه انداختن. مرد

به دنبال حل مشکل همسر خود نیست، تنها به آموزه‌های کودکی و جامعه خود دست می‌آویزد که به او یاد داده است که زنان بیهوده گریه می‌کنند و نباید به دنبال علت و اساس آن بود.

- مقوله‌های اصلی و فرعی: جایگاه زن(جایگاه فرودست زن)، تعلق زن به مرد، مادری

«(پالی)، در ابتدا سعی کرده بود برندان را هم وارد مکالمه کند. هم او این کار را کرده بود و هم لورنا. در مورد هر کس که موضوع صحبت‌شان بود توضیح داده بودند —اما فایده نداشت. برندان فقط برای جلب کردن توجه لورنا به چیزهایی که سر میز نیاز بود یا اشاره به این که دنیِل غذای له شده‌اش را دور صندلی بلندش روی زمین پخش و پلا کرده، حرف زد.» (تیر و ستون، ۱۳۹۵: ۱۵۷)

مرد وارد مکالمات زنانه نمی‌شود برای او حضور این مهمان ناخوانده نه تنها خوشایند نیست بلکه دائما در حال قضاوت او است. او با یادآوری اتفاقاتی که در سر میز در حال رخ دادن است، مدام در حال یادآوری نقش و جایگاه زن بوده و با این کار به هر دو زن، موقعیت خود را یادآوری می‌کند که بالاتر و متفاوت از آن‌ها است، پس وارد فضای آن‌ها هم نخواهد شد. از طرف دیگر، اجتماع هم از یک مرد نمی‌پذیرد که وارد مکالمات زنانه شود. برچسب‌های متفاوتی به مردانی که وارد مکالمات زنان می‌شوند و برعکس زنانی که وارد مکالمات مردان می‌شوند، زده می‌شود. زیرا آنان وارد حوزه زبان طرف مقابل شده‌اند.

«تفاوت کلام زنان و مردان به تفاوت نقش‌ها و پایگاه‌های آنان باز می‌گردد و چون انحراف از نقش و پایگاه به بیماری یا هنجارشکنی تعبیر می‌شود؛ پس کلام زنان و مردان نیز نمی‌تواند جز با انتساب به چنین آسیب‌هایی از محور خود منحرف شود. اگر مردی از زبان زنان استفاده کند، «اوا خواهر»، خوانده می‌شود و

کاربرد زبان مردانه توسط زنان آنان را خشن جلوه می‌دهد»(محمدی اصل، ۱۳۸۹: ۱۵۴).

- مقوله‌های اصلی و فرعی: مادری (۱. مادری، ۲. تعارض مادری و زنانگی، ۳.مادر- منفعل)

«لورنا روی یک نقشه چند جا را برای او علامت زد و کمی راهنماییش کرد و گفت متأسف است که نمی‌تواند همراهش برود. با بچه‌ها بیرون رفتن آن‌قدر دردسر بود که ارزشش را نداشت.

«اوه. اوه، نه. من که توقع نداشتم. من که نیومدم که مدام توی دست و پای تو باشم.» الیزابت سنگینی فضا را حس کرد. گفت:«چرا ما دردسریم؟»» (تیر و ستون، ۱۳۹۵: ۱۶۱)

زن به واسطه فرزند آوری خود در جهان مردسالار، محدود می‌شود. زیرا تمام بار و مسئولیت کودکان بر عهده آن‌ها است. در جوامع پیش از مردسالاری حتی در جوامع پیش از سرمایه‌داری که هنوز اندکی اجتماعات همیاری سنتی زنان وجود داشت، زنان تا به این حد منزوی نبودند و چنین بار سنگینی را بر دوش نمی-کشیدند. در جوامع پیش از صنعتی و تا پیش از آن که خانواده‌های هسته‌ای شکل بگیرند، خصوصا در جوامع پیش از یکجانشینی که سازمان‌ها و نهادهای مردسالار گسترش نیافته بودند، بزرگ شدن کودکان و تربیت آن‌ها تنها بر دوش یک مادر تنها نبوده است. اجتماعات محلی و سازمان‌های غیر رسمی وظیفه مهم‌تری در این راستا بر دوش خود داشتند.

- مقوله‌های اصلی و فرعی: برخورد با مسائل(فرار)

«کاری که واقعا دوست داشت بکند این نبود که به کند و کاو ادامه دهد. می-خواست روی زمین، وسط مربع مشمع بنشیند. ساعت‌ها بنشیند نه برای نگاه

کردن به اتاق که برای غرق شدن در آن. ماندن در اتاقی که هیچ کس نبود که او را بشناسد و از او چیزی بخواهد. برای مدتی خیلی خیلی طولانی اینجا ماندن و رفته رفته محوتر و سبک‌تر شدن. به سبکی سوزن.» (تیر و ستون، ۱۳۹۵: ۱۶۳ - ۱۶۴)

لورنا در خانه‌ی کسی است که می‌پندارد میانجی او و آزادی‌اش است. در این‌جا هیچ‌کس از حضورش خبر ندارد، حتی خود لایونل. و در این خلأ است که او احساس رهایی می‌کند. جایی فارغ از تمام مسئولیت‌ها، خواست‌ها و تحمیل‌ها. زمانی تنها برای خودش. بدون فکر به دیگری. پیشتر در داستان دورنمای کاسل راک نیز ما با این خلأ مواجه بودیم. خلأای که این امکان را به زن می‌دهد تا از بند های بسته به دست و پا و ذهنش فارغ شود و بتواند مدتی، هرچند به صورت خیالی، رهایی را احساس کند.

- مقوله‌های اصلی و فرعی: مادری، حمایت زنان از یکدیگر، برخورد با مسائل(فرار)

«روز پنجشنبه را در ساحل امبلساید گذراندند. لورنا و پالی و بچه‌ها با اتوبوس رفتند و در حالی که حوله، اسباب‌بازی، پوشک، نهار، و دلفین بادی الیزابت را دنبال خود می‌کشیدند، دوبار اتوبوس عوض کردند. وضعیت بیرونی دست و پاگیرشان، و کلافگی و عذابی که دیدن آن‌ها در بقیه مسافران بر می‌انگیخت، یک عکس‌العمل خاص زنانه به همراه آورده بود —حال و هوایی سرخوشانه. دور شدن از خانه‌ای که لورنا در آن در نقش همسر جا افتاده بود هم مؤثر بود. با موفقیت و شلختگی به ساحل رسیدند و اتراق‌گاهشان را برپا کردند و نوبتی توی آب رفتند، مواظب بچه‌ها بودند، نوشیدنی و بستنی یخی و سیب زمینی سرخ کرده خریدند.» (تیر و ستون، ۱۳۹۵: ۱۶۴)

برای زن در جوامع مردسالار، خانه از چندین جهت فضایی سرکوب کننده است. او در آن‌جا نقش‌هایی را پذیرفته، یا بهتر است بگوییم بر او تحمیل شده است که، منجر به دوری او از خودش و روابط اجتماعی او می‌شود. اما با نگاهی دقیق‌تر، خانه به واسطه محیط، یا فضای اصلی محفل خانگی بودن نیز تداعی‌گر سرکوبی برای زن است.

«ارتباط زن با محفل خانگی، می‌تواند به چند طریق به این تصور که او نزدیک‌تر به طبیعت است دامن بزند. نخست، صرف واقعیت همنشینی دائم با کودکان در این مسئله نقش بازی می‌کند. به راحتی می‌توان دید که چطور ممکن است اطفال و کودکان خود بخشی از طبیعت به حساب آیند. اطفال کوچک به زحمت آدم هستند و کاملا اجتماعی نشده‌اند؛ آن‌ها مانند حیوانات قادر نیستند روی دو پا راه بروند، کنترلی روی عمل دفعشان ندارند و حرف نمی‌زنند...

دومین معنای دردسر آفرین عمده این است که، ارتباط نزدیک زن با محیط خانگی از برخی تعارض‌های ساختاری بین خانواده و جامعه در کل، در هر نظام اجتماعی سرچشمه می‌گیرد... این مفهوم که واحد خانگی، (خانواده زیست-شناختی که تولید و تناسل و اجتماعی‌کردن اعضای جدید جامعه به عهده آن گذاشته شده است)، در تقابل با واحد عمومی، (شبکه تلفیقی اتحادها و روابط اجتماعی)، قرار دارد، مبنای بحث لوی-استراوس در ساختارهای ابتدایی خویشاوندی نیز هست. لوی-استراوس این بحث را عنوان می‌کند که نه تنها این تقابل در هر نظام اجتماعی وجود دارد، بلکه علاوه بر آن به معنای تقابل میان طبیعت و فرهنگ نیز هست»(اعزازی، ۱۳۹۳: ۵۵ - ۵۶). در طرف مقابل، اما مرد از طبیعت جدا شده و نماینده فرهنگ قرار گرفته می‌شود. از همین رو است که، در جوامع مردسالار، زن نزدیک‌تر به توحش و مرد نزدیک‌تر به تمدن فرض

می‌شود. و محیط خانه، به عنوان «فضا»، نقش مهمی در این تقسیم‌بندی ایفا می‌کند. به محض جدا شدن از این فضا، لورنا احساس سبکی و رهایی می‌کند.

- مقوله‌های اصلی و فرعی: برخورد با مسائل(فرار)، از خود بیگانگی زن

«(پالی)، بعد، از مردی در شهر خودشان حرف زد که می خواست با او دوست شود. «زیادی جدیه. دنبال زن می‌گرده. برندان هم همین‌طور بود ولی حدس می‌زنم تو عاشقش بودی.»، لورنا گفت: «بودم و هستم.»، «خب. من فکر نکنم باشم.»، پالی با صورت فشرده روی آرنجش حرف می‌زد. «البته فکر می‌کنم راهش اینه که اگه از کسی به اندازه کافی خوشت میاد و باهاش رابطه داری، تصمیم بگیری نکات مثبتش رو ببینی.»» (تیر و ستون، ۱۳۹۵: ۱۶۵)

تکرار این دور باطل، که بسیاری از زنان در جهان واقع و در داستان‌های مونرو درگیر آن می‌شوند؛ یعنی، رهایی از فضای قبلی و درگیر شدن در فضایی جدید بدون توجه به آن‌که این هر دو فضا شکل گرفته و منتج شده از مناسباتی است که زن نمی‌تواند تحملش کند و می‌خواهد از آن فرار کند. فرار از پدر به سمت شوهر و از او به سمت مردی دیگر.

و ازدواج در آن فضا و در آن جامعه مردسالار چیزی نیست جز؛ «ماجرای غم-انگیز ازدواج، این نیست که سعادتی را که به زنان نوید می‌دهد، برای آنان تأمین نمی‌کند ــدر مورد سعادت تضمین وجود نداردــ بلکه ماجرای غم‌انگیزتر این است که، ازدواج زن را مثله می‌کند، او را وقف تکرار و امور روزمره می‌-کند»(دوبوار، ۱۳۷۹: ۳۳۶).

- مقوله‌های اصلی و فرعی: برخورد با مسائل(فرار)، جایگاه زن(جایگاه فرودست زن)، رویا و رویا پردازی

«(پالی)، پول‌هایش را جمع کرده و نقشه فرارش را کشیده، با این تصور که لورنا به او جا می‌دهد. درست است؟ آرزو کرده این‌جا بماند و هرگز مجبور نباشد برگردد؟ که تبدیل شود به شریک خوش اقبالی لورنا، دنیای دگرگون شده لورنا؟ «فکر کردی چه کاری از دست من بر میاد؟»، لحن لورنا بدون این که خودش توقع داشته باشد موزیانه بود. «فکر کردی من کاره‌ای هستم؟ اون حتی خرجی من رو بیست دلار، بیست دلار بهم میده.»، چمدان را برداشت و از اتاق زد بیرون.» (تیر و ستون، ۱۳۹۵: ۱۶۷)

هر دو زن به نوعی قصد فرار از وضعیت کنونی خود را دارند. پالی از فشارهایی که خانواده بر دوش او گذاشته، و لورنا از وضعیتی که او را با همه خوبی‌هایش در خود محصور کرده است.

- مقوله‌های اصلی و فرعی: برخورد با مسائل(فرار)

«گرمای اوکاناگان، تابستان را حقیقی‌تر از تابستان کنار دریا جلوه می‌داد. تپه‌های پوشیده از علف تازه و سایه‌های گله به گله‌ی صنوبرهای گرمسیری، صحنه‌ای طبیعی بود برای چنان عروسی باشکوهی با پذیرایی عالی. لورنا به سرعت غرق سرخوشی شد و متعجب بود که رها شدن از گرفتاری‌های ذهنی‌اش چه آسان بود. وقتی به رختخواب رفت هنوز سرحال و سرخوش بود. حتی سرگیجه‌های روز بعدش هم به نظر نرم می آمدند، بیشتر آرامش‌بخش بودند تا پشیمان‌کننده.» (تیر و ستون، ۱۳۹۵: ۱۶۸)

لورنا دوباره با توجه به دوری از خانه و فضای آن احساس خوشبختی می‌کند.

- مقوله‌های اصلی و فرعی: جایگاه زن(جایگاه فرودست زن)، تعلق زن به مرد، گفتمان جنسیتی، از خودبیگانگی زن

«اشتیاق نشان دادن متقابل برندان به او، به نظرش مثل معجزه بود. بعدها فهمید که او در پی یافتن همسر بوده؛ سنش رسیده بود، وقتش بود. او دختر جوانی می‌خواست. نه از بین همکاران، نه از بین دانشجویان و شاید حتی نه از آن نوع دخترانی که والدین‌شان بتوانند آن‌ها را به دانشگاه بفرستند. بکر. باهوش اما بکر. یک گل وحشی. این را در تب و تاب روزهای اول می‌گفت، و بعضی اوقات حتی حالا.» (تیر و ستون، ۱۳۹۵: ۱۶۸ - ۱۶۹)

زن، آن‌قدر در خانواده و جامعه از خود بیگانه و بدون اعتماد شکل گرفته است، که توجه یک مرد، برای او بسیار عجیب و دور از ذهن است و حتی مانند یک معجزه. برندان هم، همان‌طور که در ابتدای تحلیل خود گفتیم، برای ازدواج به دنبال زنی بوده است که هم‌رده خود نباشد، از خود جوان‌تر باشد و البته نتواند و نتوانسته باشد مدارج علمی را طی کند. او می‌خواهد قدرت مطلق در این رابطه باشد. نمی‌خواهد همسرش سری در بین سر ها درآورد، حرفی برای گفتن و هویت مشخص و خاصی داشته باشد. او می‌خواهد هویت همسرش را خود شکل داده و آن را هر زمانی خواست تغییر دهد. در این شرایط نمی‌توان گفت که این مرد زندگی عاشقانه‌ای پیشه کرده است بلکه او تماما در قامت یک کاسب و خریدار پا به عرصه انتخاب زن مورد علاقه خود گذاشته است. زنی کوچک‌تر، سرحال‌تر، و رام‌تر. این طرز تفکر، نگرشی رایج در بین مردان در جوامع سنتی و مردسالار است که البته از طرف زنان نیز کاملا پذیرفته شده و منطقی است.

- مقوله‌های اصلی و فرعی: برخورد با مسائل (۱. تسلیم شرایط شدن ۲. فرار)

«(لورنا)، می ترسید -و تقریبا مطمئن بود- که در زمانی که آن‌ها در اوکاناگان بوده‌اند پالی در آشپزخانه خانه در ونکور شمالی خودکشی کرده است... مقابل بدنش صندلی آشپزخانه‌ای است که از آن بالا رفته و بعد از روی آن کنار رفته یا

پریده، تا ببیند درماندگی چطور می‌تواند به پایان برسد. تنها، در خانه‌ای که آدم-
هایش او را نمی‌خواستند، جایی که حتی دیوارها و پنجره‌ها و فنجانی که قهوه-
اش را در آن می‌خورد، قصد تحقیرش را داشتند.» (تیر و ستون، ۱۳۹۵: ۱۶۹ -
(۱۷۰

لورنا تمام راه نگران پالی و واکنشی است که او نسبت به رفتار تندش قبل از
رفتن و ترک او، خواهد داشت. نکته جالب این‌جاست که او به این فکر نمی‌کند
که لورنا رفته باشد، یا خشمگین منتظر او باشد یا دست به تخریب خانه زده
باشد، چرا که این رفتارها از هیجاناتی برون‌گرا سرچشمه می‌گیرند و جامعه به او
دیکته کرده است که در مقابل مسائل نباید این‌گونه رفتار کند. او نگران این است
که پالی خودکشی کرده باشد. خودکشی نهایت تخریب خود است. نهایت
افسردگی که به عنوان خشم از خود شناخته می‌شود. نهایت انفعال در برابر
مسائل. این نحوه نگرش نسبت به پالی، درواقع نحوه نگرش به تمام زنان است و
البته چندان دور از واقعیت هم نیست. زنان در جوامع سنتی و مردسالار که
سراسر عمر خود به این تشویق می‌شوند که صدایشان بلند نشود، اعتراض نکنند
و خود را مقصر بپندارند، لاجرم در نهایت افسردگی و غم دست به خودکشی می-
زنند. آن‌ها پرخاش نمی‌کنند حتی در ذهن لورنا.

- مقوله‌های اصلی و فرعی: مادری، حمایت زنان از یکدیگر، مردسالاری
  حاکم بر جامعه

«(پالی)، به او گفت سر جایش بماند و راه افتاد به سمت فروشگاه. گفته بود
همین‌جا بایست، تکان نخور، نترس. بعد گوش لورنا را بوسیده بود. لورنا همه
دستورات او را اطاعت کرده بود. ده پانزده دقیقه پشت بوته‌ی یاس چمباتمه زده
بود و اشکال سنگ‌های تیره و روشنی را که در پی ساختمان به کار رفته بودند
بررسی کرده بود. تا این که پالی سراسیمه برگشت و دوچرخه‌اش را پرت کرد

توی حیاط و درحالی که به آن سمت می‌دوید اسم او را صدا زد. لورنا، لورنا. کیسه شکر سیاه یا فندقش را به زمین انداخت و دور تا دور سر او را بوسید. چون از ذهنش گذشته بود که لورنا توی مخفیگاهش در دام آدم‌ربا هایی که در کمین هستند افتاد —همان مردهای بدی که به خاطر آن‌ها دخترها نباید به چمن‌زار پشت خانه‌ها می‌رفتند. تمام راه برگشت دعا کرده بود این اتفاق نیافتاده باشد. و نیافتاده بود. لورنا را دوان دوان به داخل خانه برد تا زانوهای لخت و دست‌هایش را گرم کند.» (مونرو، ۱۳۹۵، ۱۷۱)

یادآوری این خاطره توسط لورنا نشان دهنده اوج عذاب وجدان او است در قبال کسی که در بچگی مراقبش بوده و به نوعی نقش مادرش را ایفا می‌کرده است. در داستان کوئینی نیز خواهر بزرگ‌تر یعنی کوئینی در بچگی نقش مادر کریسی را که مادر ندارد، ایفا می‌کرد. این وابستگی کودکان بی مادر به تمثیل‌هایی از مادرشان و جایگزین کردن آن‌ها به جای مادر اصلی، در نوشته‌های مونرو کاملا مشهود است.

نکته دیگری که در این‌جا قابل ذکر است، حضور مردان بد در تمام زندگی زنان و تأثیر آن بر زندگی‌شان است. این‌که این مسئله، آزادی و توان حرکت را از آن‌ها می‌گیرد. توان کنترل آن‌ها را توسط دیگران خصوصا مردان به آن‌ها می‌دهد و باعث می‌شود که آنان در خفا همیشه از این حضور ترسیده و حرکت نکنند.

- مقوله‌های اصلی و فرعی: مادری (۱. تعارض مادری و همسری، ۲. مادر-پرستار)، جایگاه زن(جایگاه فرودست زن)، مردسالاری حاکم بر جامعه

«دنیل شروع کرد به نق زدن و لورنا شیشه‌ی آب میوه‌اش را در آورد. مدتی بعد از برندان خواست نگه دارد تا بتواند بچه را بخواباند روی صندلی جلو و پوشکش را عوض کند. مشغول این کار که شد، برندان قدم زنان از آن‌ها دور شد تا سیگاری

دود کند. مراسم تعویض پوشک همیشه کمی ناراحتش می‌کرد.» (تیر و ستون، ۱۳۹۵: ۱۷۲)

درست همان‌طور که در داستان حفره‌های عمیق همسر از شیر دادن مادر به کودکشان انزجار پیدا می‌کند، در این‌جا نیز شوهر از تعویض پوشک ناراحت می‌شود. همان‌طور که پیشتر در داستان‌های دیگر نوشتیم، این دست از کارهای پرستار گونه و تیمارداری تنها و تنها بر عهده مادران است. آن‌ها هستند که این بار را در جوامع مردسالار به تنهایی بر دوش می‌کشند و همسران‌شان نقشی در این زمینه ایفا نمی‌کنند. از طرف دیگر، مرد هنگامی که همسرش را در کارهای مربوط به مادری می‌بیند، منزجر شده و از او و صحنه‌ی مادری دوری می‌کند. او از تلفیق مادری و زنانگی همسرش راضی نیست. برای او همسرش زنی است که باید در کنار او باشد و در جهت خواست‌های او. کودک برای او مانند یک رقیب است در توجه و مهربانی‌های زن.

- مقوله‌های اصلی و فرعی: از خود بیگانگی زن، مادر، فراموش شدگی زن، جایگاه زن(جایگاه فرودست زن)

«پالی دیگر آن کسی نبود که دست‌های کوچک لورنا را در دست‌های خودش می‌مالید. کسی که تمام چیزهایی را که لورنا نمی‌دانست، می‌دانست و می‌شد به او اطمینان کرد تا در این دنیا مواظبش باشد. همه چیز وارونه شده بود و گویا در سال‌هایی که لورنا ازدواج کرده بود پالی درجا زده بود. لورنا از او جلو زده بود حالا لورنا روی صندلی عقب بچه هایش را داشت که زیر پر و بال بگیرد و به آن‌ها عشق بورزد و برای کسی به سن پالی، قشنگ نبود که بیاید و برای داشتن سهمی برای خود، به هر چه می‌تواند چنگ بزند.» (تیر و ستون، ۱۳۹۵: ۱۷۲)

تصویر دوباره‌ی پندار لورنا از پالی. لورنا او را همچون انگلی می‌پندارد. لورنا یکسره گذشته خود را فراموش کرده است و به علاوه به عنوان مادر زاینده در برابر زن بکر از جایگاه والاتری برخوردار است. زن به واسطه مادر شدن، از جایگاه بالاتری برخوردار شده است. از طرفی، حضور بچه‌ها باعث شده تا لورنا، تا او با مراقبت و نگهداری از کودکان، معنای جدیدی به زندگی و حضور خود در دنیا بدهد در حالی که پالی از این نعمت محروم بوده است.

- مقوله‌های اصلی و فرعی: مادری(۱. تعارض مادری و زنانگی، ۲. تعارض مادری و همسری، ۳. مادر- حمایتگر)، برخورد با مسائل(تسلیم شرایط شدن)

«بچه ها نه. درست مثل این‌که آن‌ها را از میان آتش به چنگ بگیرد این فکر را تاراند. برندان هم نه، اما به دلیلی برعکس. به اندازه کافی عاشقش نبود. می‌گفت که عاشق او است و به تعبیری واقعا بود و دلش می‌خواست او هم عاشقش باشد. اما تقریبا همیشه باریکه‌ای از نفرت، پا به پای عشقش، در کنار آن جاری بود. بنابراین او را نذر کردن رسمش نبود و فایده هم نداشت.خودش؟ زیبای‌اش؟ سلامتی‌اش؟ از سرش گذشت که شاید در مسیر غلطی باشد. شاید در چنین موردی، انتخاب با تو نباشد. تعیین مراتب کار تو نباشد. به سرت که بیایند متوجه‌شان می‌شوی. باید قسم بخوری که بدون این که ماهیت آن‌ها را بدانی برای آن‌ها احترام قائل باشی. قسم بخور. فقط ربطی به بچه‌ها نداشته باشد.» (تیر و ستون، ۱۳۹۵: ۱۷۴ - ۱۷۵)

لورنا برای این که در برگشت به خانه با جنازه پالی مواجه نشود، نذر می‌کند، در ذهن او هرچیزی می‌تواند قربانی این نذر باشد به جز بچه‌هایش. او حتی حاضر است برندان را هم قربانی کند. در کنار عشق او رگه‌ای از نفرت وجود دارد.

برندان، بیشتر از این‌که معشوق او باشد، آقای اوست. منبع قدرت و حرکت اوست. و این مسئله باعث کمی نفرت در او شده است.

- مقوله‌های اصلی و فرعی: جایگاه زن(جایگاه فرودست زن)، وابستگی زن به مرد، از خود بیگانگی زن

نکته اوج داستان اما اینجاست که در برگشت به خانه لورنا پالی را می‌بینند که با لایونل در حال گپ و گفتی گرم و دوستانه به نظر می‌رسد. او در واقع لایونل را قربانی زنده ماندن پالی کرده است. لایونل که واسطه او برای احساس رهایی مجدد است، همچون اسماعیلی به قربانگاه فرستاده شده است. لورنا به این وضعیت حسادت می‌کند و شاید غبطه اش را می‌خورد. مونرو با تصویر این اتفاق می‌کوشد نشان دهد که به هر شکل زندگی تحت ستم و محدودیت لورنا همچنان و تحت هر شرایطی ادامه خواهد داشت.

«شاید پالی حالا درخور توجه شده بود چون انتخاب لایونل بود. انتخابی از طرف لایونل و نه تحمیلی از طرف لورنا.» (تیر و ستون، ۱۳۹۵: ۱۷۹)

در نزد برندان، پالی در لحظه آشنایی با لایونل، صاحب هویت می‌شود. چرا که لایونل صاحب هویت است و اوست که پالی را انتخاب کرده و با این انتخاب، به او هویت مشخصی بخشیده است. همان‌طور که در ابتدای داستان گفتیم پالی به خودی خود نمی‌توانست مورد توجه برندان و یا هر مرد دیگری قرار بگیرد و دارای هویت شود و تنها زمانی به این مهم دست می یابد که با دیگریِ مردی ارتباط پیدا می‌کند.

- مقوله‌های اصلی و فرعی: مادری(۱. مادری، ۲. تعارض مادری و زنانگی)، فراموش شدگی زن، برخورد با مسائل (تسلیم شرایط شدن)

«تنها چیزی که منطقی می‌نمود این بود که نذرش او را ناچار به ادامه زندگی‌اش کند، به همان شکلی که داشت آن را می‌گذراند. نذر، در حال ادا شدن بود. پذیرش آن چه پیش آمده و آمادگی داشتن برای آن‌چه پیش خواهد آمد. سپری کردن روزها و سال‌ها با احساساتی مشابه، با این تفاوت که بچه‌ها بزرگ می‌-شدند، ممکن بود یکی دو تا بیشتر باشند که آن‌ها هم بزرگ می‌شدند و او و برندان هم مسن تر و بعد پیر. تا به حال، تا به این ثانیه، به این روشنی متوجه نشده بود که همیشه منتظر یک اتفاق بوده، اتفاقی که زندگی‌اش را عوض کند. او ازدواجش را به عنوان تغییری بزرگ قبول داشت، اما نه به عنوان آخرین تغییر. پس دیگر هیچ نبود به غیر از آن‌چه او یا هر کس دیگر بتواند به آسانی پیش‌بینی کند. این بنا بود خوشبختی او باشد. این چیزی بود که او برایش نذر کرده بود. نه رازی در میان بود نه اعجابی.» (تیر و ستون، ۱۳۹۵: ۱۸۱ - ۱۸۲)

قربانی نذر او جنبه دیگری نیز داشت، قربانی نذر لورنا را می‌توان زندگی‌اش دانست. یعنی، ادامه دادن به وضعیت کنونی در آینده، همچنان مادر خطاب شدن، مسخره و تحقیر شدن و تحت ستم بودن.

- مقوله‌های اصلی و فرعی: مادری، تعارض مادری و زنانگی، فراموش شدگی زن، مادر- پرستار

«الیزابت باز صدا زد: «مامان. بیا اینجا.» و بعد بقیه –برندان و پالی و لایونل- یکی پس از دیگری صدایش می‌زدند، دستش می‌انداختند.

مامان. مامان. بیا اینجا.» (تیر و ستون، ۱۳۹۵: ۱۸۲)

جدول خلاصه مقوله‌های اصلی و فرعی به دست آمده از داستان اول؛ داستان تیر و ستون

مقوله‌های اصلی(گزاره)	مقوله‌های فرعی(مقوله)
۱. مادری	۱. مادر- حمایتگر ۲. مادر- پرستار ۳. مادر- منفعل ۴. تعارض مادری و زنانگی ۵. تعارض مادری و همسری
۲. نمود فشارهای اجتماعی بر زن	وسواس
۳. از خود بیگانگی زن	
۴. جایگاه زن	جایگاه فرودست زن
۵. فراموش شدگی زن	
۶. برخورد با مسائل	۱. فرار ۲. تسلیم شرایط شدن
۷. مردسالاری حاکم بر جامعه	
۸. حمایت زنان از یکدیگر	
۹. رویا و رویا پردازی پردازی	
۱۰. گفتمان جنسیتی	

داستان دوم: داستان «رویای مادرم»

چکیده داستان:

جیل، حامله است و شوهر خود را در مدت کوتاهی پس از ازدواج، به
خاطر جنگ از دست داده است. او بنا بر فشارهای اجتماعی، مجبور می-
شود به خانه مادر همسر خود نقل مکان کند. جیل، پس از به دنیا آمدن
فرزندش نمی‌تواند با کودک خود ارتباط مناسبی برقرار کند و کودک نیز
او را به هیچ رو نمی‌پذیرد و معمولا در آغوش عمه‌ی خود که زنی
مهجور نگه داشته شده است، آرام می‌گیرد. جیل ویولون نواز قهاری
است و با این حال پس از تولد کودکش دیگر نمی‌تواند مثل همیشه،
ویالون بنوازد و تبحرش در این کار را نیز از دست داده است. دست آخر،
جیل در روزی که مادر بزرگ و عمه‌های کودک در خانه نیستند، برای
آرام‌کردن کودک مجبور می‌شود مقداری مسکن در شیر او بریزد و خود
نیز از آن بخورد. کاری که کودک را تا دم مرگ پیش می‌برد و تنها پس
از متوجه شدن جیل و تا این حد نزدیک شدن کودک به فاجعه است
که رابطه‌شان به شکلی نمادین رو به بهبود می‌گذارد.

شخصیت‌های زن داستان:

شخصیت اصلی: جیل

شخصیت‌های فرعی: نوزاد دختر، السا و ایونا (خواهرهای شوهر جیل)،
خانم کرکام (مادر شوهر جیل)، زن همسایه

در این داستان، مردها تماما نقش‌هایی فرعی دارند، که عبارتند از: جورج
(شوهر اول جیل)، آقای شانتز (همسایه) و شوهر دوم جیل

تحلیل داستان دوم؛ «رویای مادرم»

- مقوله‌های اصلی و فرعی: مادری(۱. تعارض مادری و زنانگی)، برخورد با مسائل(فرار)، رویا و رویا پردازی

«بیرون که رسید یادش آمد. یادش آمد که پیش از باریدن برف، نوزادی را جایی آن بیرون رها کرده است. مدتی پیش از باریدن برف. این خاطره، این اطمینان خاطر، همراه با وحشت به سراغش آمد. انگار که در حال بیدار شدن از رویا باشد. در رویایش از رویایی بیدار شد و متوجه مسئولیت و اشتباه خود شد. او نوزادش را تمام شب بیرون رها کرده بود، آن را از یاد برده بود. آن را جایی بی‌پناه رها کرده بود. مثل عروسکی که از آن خسته شده باشد. و شاید نه دیشب، که هفته پیش یا ماه پیش بوده که این کار را کرده. سراسر یک فصل یا چندین و چند فصل نوزادش را بیرون رها کرده. درگیر چیزهای دیگری بوده. حتی شاید از اینجا سفر کرده بوده و همین حالا برگشته، و حالا فراموش کرده که برای چه برگشته. شروع کرد به گشتن زیر شمشادها و گیاه-های پهن‌برگ. می‌توانست تصور کند که نوزاد چگونه در خود جمع شده خواهد بود. مرده، چروک، و قهوه‌ای، سرش شبیه یک فندق، و روی صورت خاموش کوچکش حالتی نه از محنت که از عزا، یک سوگ صبورانه قدیمی خواهد بود. هیچ شکایتی از او، از مادرش، نخواهد داشت. تنها آن نگاه شکیبا و درمانده، که به آن چشم به راه یا سرنوشتش بوده است.

اندوهی که سراغ مادرم آمد، اندوه انتظار کشیدن نوزاد بود. بدون آن‌که بداند منتظر او است. منتظر تنها امیدش، درحالی که او نوزاد را سراسر

از یاد برده بود. نوزادی آن‌قدر کوچک و نورس که حتی نمی‌توانست رویش را از برف برگرداند. نفس مادرم از غصه بریده بود. دیگر هرگز در درونش جا برای چیز دیگری نخواهد ماند. جا برای هیچ چیزی جز درک آن‌چه مرتکب شده است.» (رؤیای مادرم:۱۹-۱۸)

در این‌جا، زن از سویی درگیر رویای خود و پرداختن به آن چیزی است که در آرزوی آن است. پرداختن به علایق و جدا شدن از آن‌چه در زندگی واقعی بر او می‌گذرد. در واقع، همه داستان به نوعی بازتاب همین پاراگراف خواهد بود. تضادها و تناقضاتی که یک زن در جامعه مردسالار بین خواسته‌هایش و واقعیتی که اطرافش بر او تحمیل کرده است، احساس می‌کند. زن از طرفی مادری است با اضطراب، ترس و احساس عذاب وجدان از رهاکردن و گم‌کردن کودکش، و از طرفی شخصیتی است که به دنبال خواسته‌های خود رفته‌است. این تناقض به شکل بارزی در جامعه سرمایه‌داری است که نمود پیدا می‌کند. تا پیش از آن رویا، آگاهی و خواسته‌های زن به دلیل مناسبات موجود پیرامونش، محدود نگه داشته شده بود. اما با روی کار آمدن نظام سرمایه، از طرفی نیاز به نیروی کار ارزان و میل به اجتماعی‌کردن تولید و از انحصار خانواده در آوردن آن، زنان را وارد بازار تولید کرده و آن‌ها را علی‌رغم میل و خواسته باطنی نظام سرمایه‌داری، نسبت به مناسبات خانوادگی و اجتماعی آگاه‌تر کرده است.

«گرایش کلی توسعه سرمایه‌داری این بوده که فرآیندهای اصلی تولید کالا را اجتماعی کند- یعنی کار را از تلاش‌های خصوصی خانواده‌ها یا روستاهای منفرد، جدا کرده و در بنگاه‌های بزرگ متمرکز سازد. نخستین جامعه در تاریخ که در مقیاسی‌کلان، تولید را اجتماعی می-

کند، سرمایه‌داری است. با پیدایش صنعت، سرمایه داری با جدا کردن شکل‌های اجتماعی شده‌ی تولید، ،«قلمرو تولید کالا و کار خصوصی» که عمدتا زنان در درون خانه انجام می‌دهند، شکافی در تولید مادی ایجاد کرد. به این ترتیب، برتری مردانه که سابقه‌ای بس دیرینه‌تر از سرمایه‌داری داشت، به یکی از بخش‌های نهادینه‌ی نظام تولید سرمایه-داری بدل شد»(زارتسکی، ۱۳۹۰ :۳۳).

و از طرفی، این سیستم نوین نیاز داشته تا زنان در قالب‌های سنتی به ایفای نقش بپردازند که این دو مسئله هم‌زمان منجر به بروز تناقضات متعدد شخصی و اجتماعی شده است. «سرمایه‌داری آغازین، آگاهی زیادی نسبت به اندرونی خانواده پدید آورد و قواعد و انتظاراتی پر شاخ و برگ که بر زندگی خانوادگی حاکم شد. این پدیده به پیش روی و پس روی هم‌زمان در منزلت زنان انجامید. از یک سو زنان محکم‌تر از گذشته پای بست واحد خانواده شدند و از سوی دیگر خانواده منزلتی بیش از گذشته پیدا کرد»(همان:۳۳).

این شکل از تناقض در زندگی اجتماعی زن، به درجات مختلف و نسبت به زمان و جامعه‌ای که زن در آن زیست می‌کند، تا همین امروز نیز ادامه پیدا کرده است. با توجه به اِلمان‌های مطرح شده در داستان، می-توان تاریخ وقوع داستان را در زمانی بین دهه ۶۰ تا دهه ۸۰ میلادی برآورد کرد. زمانی که سیاست‌های رفاهی و اقتصاد کینزی فرصت بیشتری را برای از پستو بیرون آمدن زنان فراهم آورده بود. به علاوه جنبش های مختلف اجتماعی سبب شده بود تا آگاهی جهانی‌ای نسبت به حقوق و برابری در اذهان مردم اکثر نقاط دنیا شکل بگیرد. با این همه زنان در جهان سرمایه‌داری همواره استثماری مضاعف را نسبت به

مردان تجربه کرده‌اند. اگر ویولون نوازی جیل را نمادی از خواسته‌ها و اهداف اجتماعی جیل بپنداریم و کودک را نمادی از خانوده، کشمکش دائم جیل و سرگردانی او در تمام داستان، بین این دو مسئله خلاصه می‌شود: پذیرفتن نقش‌های سنتی و یا سرکشی و تمرد و تلاش برای رسیدن به خواسته‌اش.

- مقوله‌های اصلی و فرعی: مادری(مادر- پرستار)

«و آن وقت، چه بخشایشی بود که نوزادش را خوابیده در گهواره‌اش بیابد. خوابیده روی شکم، سرش به یک طرف چرخیده، پوستش به روشنی و شیرینی دانه های برف و موهای پشت سرش سرخ مثل شفق. موهای قرمز مثل مال خودش، روی سر نوزادی که به تمامی و بی‌تردید در امان بود. شادی این که خود را بخشوده می‌دید. برف و باغچه‌های پربرگ و خانه‌ی عجیب همه محو شده بودند. تنها بازمانده‌ی آن سفیدی، لحاف توی گهواره بود. یک لحاف پشمی سفید و سبک، که تا نیمه‌ی پشت نوزاد جمع شده بود. در آن گرما، گرمای واقعی تابستان، نوزاد تنها یک پوشک به پا و شلوارکی پلاستیکی برای خشک نگه داشتن ملافه داشت. شلوارک نقشی پر از پروانه داشت. مادرم، که بی-شک هنوز به برف و سرمایی که معمولا با برف همراه است فکر می‌کند، لحاف را بالا می‌کشد تا پشت و شانه‌های لخت نوزاد، تا سر قرمزش را بپوشاند.» (رویای مادرم: ۱۹)

زن در اوج احساس رها شدگی از ترس و اضطراب، هم‌چنان نگران وضعیت کودک خود است. در گرمای تابستان او نگران کودک خود است که سردش نباشد. این احساس را، هم می‌توان از دریچه‌ی وضعیت

اجتماعی و احساسی زن و مادر بررسی کرد و هم می‌توان به سراغ زن اسطوره‌ای رفت. همان‌طور که مطرح کرده‌ایم، زن در اسطوره نماد باروری، تعهد، مهر، زایش و تولید است. زن باید به شکل دائم مراقب آن‌چه که حاصل از او است باشد. تمام مسئولیت تداوم حیات و بقا با زن است پس زن همواره، همانطور که در جهان واقع این‌گونه است؛ در جایگاه مادر نگران وضعیت کودک خود است. به علاوه از نظر اجتماعی و احتمالا از زمان پس از یک‌جانشینی انسان با وجود آن که کودک از آنِ مرد بوده است، به این معنی که، «فرزندان، بر اساس قانون، به مرد تعلق دارند. فقط مرد است که از نظر قانونی نسبت به آنها حقوقی دارد. زن هیچ کاری در مورد فرزندانش نمی تواند انجام دهد، مگر به نمایندگی از جانب شوهر. حتی پس از مرگ شوهر نیز، زن سرپرست فرزندان خود نیست، مگر این که مرد در وصیتنامه خود چنین اختیاری به او داده باشد. مرد در گذشته حتی می توانست فرزندان را از زن دور کند و او را از دیدن آن ها و حتی مکاتبه با آنها محروم کند»(میل، ۱۳۹۳ :۴۹).

زن نقش اساسی در پروراندن و مراقبت از او ایفا می‌کرده و هر قصوری، گناهی غیر قابل جبران برای او محسوب می‌شده است. این نقش نیز به صورت سنتی به یک نگرانی همیشگی دامن می‌زده است. کلی اولیور در کتاب سوبژکتیویته بدون سوژه‌ها این مسئله را مطرح می‌کند؛ «در حالی که در گذشته هرگونه عاملیت حتی در بارداری و رشد فرزندانشان از زنان سلب می‌شد، حالا دادگاه‌ها و نهادهای پزشکی مادران را عوامل یا سوژه‌های فعال در نظر می‌گیرند، ولی فقط وقتی مسئول آسیب به فرزندانشان هستند»(الیور، ۱۳۹۵ :۴۵).

- مقوله‌های اصلی و فرعی: مردسالاری حاکم بر جامعه، از خودبیگانگی زن، تعلق زن به مرد

«خانه ای که این اتفاق در آن می‌افتد، شباهتی به خانه رویا ندارد. یک خانه دو طبقه با نمای چوبی سفید، کم جا اما آبرومند، با ایوانی که تا یک متری پیاده رو پیش آمده و یک شاه نشینِ در اتاق غذاخوری که پنجره‌اش رو به حیاط کوچک پرچین داری باز می‌شود. در گوشه‌ای از شهر کوچکی است که —به چشم یک غریبه- از بسیاری از شهرهای دیگری که هر ده بیست کیلومتر در زمین های زراعی سابقا پر جمعیت نزدیک دریاچه هیوران پیدا می‌شوند، قابل تمیز نیست. پدرم و خواهرهایش در این خانه بزرگ شده‌اند و خواهرها و مادرش، هنوز اینجا زندگی می‌کردند که مادر من —به همراه من، درشت و سرحال در بطن او- بعد از این که پدرم در آخرین هفته‌های جنگ اروپا کشته شد، به آن‌ها پیوست.» (رویای مادرم:۲۰)

زنِ ازدواج کرده جزو دارایی‌های همسر و یا خانواده او قرار می‌گیرد. تنها در صورت ایستادگی و برخلاف جریان اجتماع حرکت کردن است که می‌تواند او را از این مناسبات رهایی بخشد. در غیر این صورت، جامعه توقع دارد که حتی پس از مرگ شوهر نیز او با خانواده همسرش زندگی کند، مخصوصا اگر از آن شوهر فرزند یا فرزندانی داشته باشد. به نظر می‌رسد این اعتقاد رایج، به وجود آمده از دوران کشاورزی است و شاید به همین دلیل است که از چنین شیوع جهانی برخوردار است. در ایران گذشته و حتی امروزه در بعضی شهرها و روستاهای کوچک که هم‌چنان پایبند سنت‌های قدیم خود هستند، زن بعد از مرگ شوهرش عموما به ازدواج یکی از برادران شوهر خود در می‌آمده است. بهرام بیضایی در —

چریکه ی تارا -ی خود تماما زنی متمرد، سرکش و مبارز را نشان می-دهد که سعی می‌کند بر خواسته خانواده شوهرش فائق آمده و به عقد برادر وی در نیاید. زنی که درگیر -گذشته- شده است، درگیر تاریخ.

سراسر این داستان نیز جیلِ مادر در همین کشمکش گرفتار آمده است. جیل نیز هم‌چون تارا، در نهایت، راه‌حلی بینابینی را از بین مبارزه مستقیم با شرایط تحمیلی و خواسته‌هایش بر می‌گزیند.

- مقوله‌های اصلی و فرعی: حمایت زنان از یکدیگر

«این همه خوردن برای چیست؟ مردم ناخواسته توجهشان جلب می شود. «به جای دو نفر می‌خوره.» این را السا به گروهی از مهمانانش می‌گوید، تا روی آن‌ها با حرف‌هایی که در مورد زن برادرش می‌گویند یا نمی‌گویند، زیاد نشود.»(رویای مادرم:۲۱)

تقریبا می‌توان گفت این اولین حضور جدی زنی دیگر در داستان است. اگرچه در ادامه روابط زنان بسته به جایگاهشان در داستان با یکدیگر در فراز و نشیب قرار می‌گیرند، این اولین حضور زنی در موقعیت دفاع و طرفداری از زنی دیگر در برابر دیگران است.

- مقوله‌های اصلی و فرعی: مردسالاری حاکم بر جامعه

«شمشاد هرس‌شده‌ی بیرون پنجره که انبوه و سیخ زیر آفتاب ایستاده، حس لباس مخمل که به زیر بغل‌های مرطوبش چسبیده، دسته‌های موی مجعد – هم‌رنگ کشمش های توی تارت- که روی سر خواهر شوهرش، السا، جمع شده، حتی بنفشه‌های نقاشی‌شده که شبیه زخم خشک شده‌اند که می‌توانی آن‌ها را از روی بشقاب بکنی، همه‌ی این چیزها برایش ترسناک و خفقان آورند. با این‌که می‌داند کاملا عادی

هستند، به نظر می‌رسد حاوی پیامی در مورد زندگی جدید و دور از انتظار او باشند.» (رویای مادرم:۲۲)

زن، وارد فضای جدیدی شده که تا پیش از آن تجربه نکرده است، اما این فضا پیام‌آور آینده‌ای معلوم است. همه چیز این فضا، بیش از حد، سر جای خودش قرار دارد و این یعنی روابط و مناسبات اجتماعی نیز در این خانه بر طبق قاعده و عرف پیش خواهد رفت. برای زنی چون جیل که رویا و هدفی دارد و به مناسبات موجود تن نداده است، این المان‌ها پیام تنش‌های زیادی را در بر دارند.

- مقوله‌های اصلی و فرعی: برخورد با مسائل(استواری و ایستادگی)

«جیل این را می‌دانست، اما به زندگی روزمره‌اش ادامه داده بود. به خرکش کردن ویولونش توی اتوبوس در صبح‌های تاریک زمستان، رفتن به کنسرواتوار، به ساعت‌ها تنها در میان سر و صدای دیگران در اتاق تنگی، با همراهی هیاهوی رادیاتور تمرین کردن، اول لک‌شدن دست-هایش از سرمای بیرون و بعدا پوسته پوسته شدنشان از گرمای خشک داخل. به زندگی در یک اتاق اجاره‌ای با پنجره‌ای بدقواره که تابستان‌ها مگس‌ها را راه می داد و زمستان‌ها باریکه ای از برف پنجراش را می-پوشاند ادامه داده بود و —وقت‌هایی که مریض نبود- رویای سوسیس و پیراشکی گوشت و تخته‌های سیاه شکلات می‌دید» (رویای مادرم:۲۲)

جیل در نبود همسرش که در جنگ است، استوار و مصمم باقی می‌ماند. علی‌رغم بارداری و سختی‌های روزمره، او به دنبال هدفش است.

- مقوله‌های اصلی و فرعی: جایگاه زن(جایگاه محترم زن باردار)، برخورد با مسائل(استواری و ایستادگی)

«در کنسرواتوار، آدم ها طوری ملاحظهٔ بارداریش را می‌کردند که انگار یک غده باشد. البته که تا مدت زیادی چیزی پیدا نبود، همان‌طور که بارداری‌های اول کلا خودشان را در دختری درشت با لگنی پهن کمتر نشان می‌دهند. حتی وقتی در شکمش معلق می‌زدم هم به نواختن برای حضار ادامه می‌داد. در حالی که به طرز با شکوهی چاق شده بود، با انبوه موهای بلند قرمزی که دور شانه‌هایش را گرفته بودند، صورتی درشت و درخشان، حالتی سرشار از تمرکزی عبوسانه، در مهم‌ترین رسیتالش تا آن زمان تک نوازی کرد. ویولون کنسرتوی مندلسون.»(رویای مادرم:۲۳)

ویولون کنسرتوی مندلسون، در واقع آخرین اثر جدی این هنرمند بود که علی‌رغم این که قصد داشت آن را در طول یک سال بنویسد، شش سال به طول انجامید. اگرچه ریتم این اثر بر پایه‌های سنتی موسیقی کلاسیک بنا شده بود، در زمان خود، نوآوری‌های فراوانی داشت. می‌توان گفت بسیاری از صاحب نظران، آن را بهترین ویولون کنسرتوی نوشته شده جهان می‌پندارند. به نظر می‌رسد، انتخاب این اثر توسط آلیس مونرو برای شخصیت جیل، بی‌دلیل نیست. این اثر برای جیل نیز حکم یک پایان را دارد، اگرچه هم برای مندلسون و هم برای جیل، این اثر بود که آن ها را زنده نگه داشت؛ یاد مندلسون را برای همیشه و زندگی واقعی فرو ریخته شده جیل را. در ادامه داستان خواهیم دید که جیل سعی می‌کند زندگی‌اش را از نو و با بریدن از این مناسباتی که در آن اسیر شده است، بسازد.

- مقوله‌های اصلی و فرعی: مادری(۱. مادری پدیده‌ای دردناک و ناخوشایند، ۲. تعارض مادری و زنانگی)

«به دنیا بی‌توجه نبود - می‌دانست که جنگ رو به پایان است. فکر می-
کرد که جرج ممکن است کمی پس از تولد من برگردد. می‌دانست که
در این صورت نخواهد توانست به زندگی‌کردن در اتاقش ادامه دهد- باید
جایی همراه او زندگی کند. و می‌دانست که من هم آن‌جا خواهم بود، اما
تولد من برایش بیشتر، حکم به انتها رساندن چیزی را داشت تا شروع
کردن آن. به انتها رساندن لگدهایی که حواله نقطه همیشه دردناک یک
طرف شکمش می‌شد و درد مثانه‌اش هنگامی که می‌ایستاد و خون به
شکمش هجوم می‌آورد(انگار کیسه آب داغی روی آن گذاشته باشند).
بالاتنه‌اش دیگر سنگین نخواهد بود و لازم نیست هر روز صبح پیش از
بیرون آمدن از رخت‌خواب دور رگ‌های متورم پاهایش را باند پیچی
کند. لازم نیست هر نیم ساعت یک بار به دستشویی برود، و پاهایش
دوباره کوچک می‌شوند تا توی کفش‌های همیشگی‌اش جا شوند. فکر
می‌کرد وقتی که آن بیرون باشم، این همه دردسر برایش نخواهم
داشت.»(رویای مادرم: ۲۳)

برای جیل زن بودن اهمیت فراوان‌تری نسبت به مادر بودن دارد. و در
دنیای او بین مادری و زنانگی تضاد وجود دارد. برای او مادری پدیده‌ای
دردناک و سخت و ناگوار است و او می‌خواهد از این مادر بودگی رهایی
پیدا کند و دوباره به زن بودن و زنانگی خود بازگردد. اگر لحظه‌ای از
جایگاه یک تحلیل‌گر پا بیرون بگذاریم و خود را در جایگاه جیل فرض
کنیم، این احساس کاملا قابل درک است. نظام‌های مردسالار در طول
حضور خود در جوامع بشری همواره سعی کرده‌اند از حاملگی و مادر
بودن، اهرم‌هایی برای تضعیف جایگاه زن بسازند. تا پیش از یکجا-
نشینی و بسط تفکر مردسالارانه، حاملگی و مادر بودن منافاتی با زندگی

فعال اجتماعی نداشته است. چه بسا بسیاری از تحولات تأثیرگذار پیشاتاریخ، نتیجه تلاش‌ها و فعالیت‌های زنانه بوده است. از این جمله می‌توان، به اهلی کردن دام و شناخت کشاورزی اشاره کرد. «در دوره‌ای که مردان تمام وقت شکارگر و جنگجو بودند، زنان بیشتر ابزارهای پایه‌ای، مهارت و تکنیک‌ها را در نقطه آغاز پیشرفت‌های اجتماعی بوجود آوردند. از جمع‌آوری مواد غذایی به باغبانی و سبزی‌کاری و سپس کشاورزی رسیدند. از میان هنرها و کارهای دستی وناگون مانند سفال‌گری، چرم‌ساری و پارچه‌بافی، خانه‌سازی که پیشه خود ساخته بودند، آنان پایه‌های گیاه‌شناسی، شیمی، داروسازی و سایر شاخه‌های دانش‌های علمی را نیز به وجود آوردند»(رید، ۱۳۸۴ :۴۰).

- مقوله‌های اصلی و فرعی: مادری(مادر- پرستار)، رویا و رویا پردازی، تعلق زن به مرد، مردسالاری حاکم بر جامعه، از خود بیگانگی زن

«بعد از این‌که فهمید جرج برنخواهد گشت، به فکر افتاد که مدتی مرا در همان اتاق نگه دارد. کتابی در مورد نوزادان تهیه کرد. وسایل اولیه‌ای را که فکر می‌کرد به آن‌ها نیاز دارم خرید. پیرزنی در همان ساختمان زندگی می‌کرد که می‌توانست مواقع تمرین‌کردن مادرم، مراقب من باشد. فکر می‌کرد مستمری بیوه‌های جنگی را دریافت خواهد کرد و در عرض شش ماه از کنسرواتوار فارغ التحصیل خواهد شد. بعد السا با قطار از راه رسید تا او را ببرد. السا گفت: «نمی‌تونستیم تو رو این‌جا به حال خودت ول کنیم. همه می‌پرسند تو چرا همان وقتی که جرج سفر کرد، نیومدی. حالا دیگه وقتشه که بیای.»(رویای مادرم:۲۴-۲۳).

در حالی که جیل در حال ساختن زندگی جدیدی برای خود است، خانواده شوهر وفات یافته‌اش، به سراغ او می‌آیند و وی را مجبور می-کنند تا به نزد آن‌ها برود. السا که یکی از خواهران همسر جیل است در این داستان در نبود مردِ سرپرست و اداره کنندهٔ امور، نقش مردانه پذیرفته‌است و همین امر موجب شده تا شخصیت آشفته‌ای از خود ساخته و نشان دهد.

- مقوله‌های اصلی و فرعی: جایگاه زن(جایگاه فرودست زن)

«جیل اولین بار وقتی خواهرهای او را دید که برای بدرقه کردن جرج به تورنتو آمده بودند. آن‌ها در مراسم عروسی که دو هفته پیش از آن برگزار شده بود حضور نداشتند. هیچ‌کس آن‌جا نبود به جز جرج و جیل و کشیش و همسر کشیش و همسایه‌ای که از او دعوت شده بود تا شاهد دوم عقد باشد. بعد از مراسم، جرج اصرار کرد که او و جیل در یکی از این باجه‌های خودکار، از خودشان چند عکس با وقار بگیرند. دچار سرخوشی بی پایانی بود. وقتی به عکس‌ها نگاه کرد گفت: «این دخلشون رو میاره». جیل به فکر افتاد که آیا شخص خاصی هست که او قصد داشته دخلش را بیاورد. السا؟ یا آن دخترهای خوشگل، آن دخترهای بانمک و پررو، که دنبال او می‌افتادند، برایش نامه‌های احساساتی می‌نوشتند و جوراب‌های طرح اسکاچ می‌بافتند؟ او جوراب‌ها را هر وقت می‌توانست می‌پوشید، هدیه‌ها را به جیب می‌زد و نامه‌ها را وقتی به کافه می‌رفتند، به مسخره برای همه می‌خواند.» (روای مادرم:۲۵-۲۴)

جرج یا همان همسر جیل، نماد بی‌چون و چرای یک مرد سوپر قهرمان هالیوودی است. شوخ، جذاب و بذله گو، درست بر خلاف خواهرهایش. بارها در ادامه داستان اشاره می‌شود که چطور خانواده جرج، همه‌چیز را برای او هزینه کرده‌اند و چطور او از همهٔ موهبت‌های آن خانه بر خوردار بوده است باز هم بر خلاف خواهرهایش. جرج حتی همه زیبایی آن خانواده را برای خود نگه داشته و از زیبایی بهره‌ای به خواهرهایش نرسیده است. علی‌رغم این که تمام امکانات خرج تک پسر خانواده شده و خواهران نیز در این مسیر قربانی شده‌اند، همه جرج را همچون یک قهرمان می‌پرستند. کشته‌شدن جرج در جنگ نیز تأکیدی بر همین مسئله است. جرج تا پیش از کشته شدنش نیز خانواده خود را ترک کرده بود اما این کشته‌شدن در جنگ و ترک کردن دنیا، تأکیدی است بر قهرمان بودن تک پسر خانواده، در برابر عادی بودگی زندگی دختران. این مهم را در ادامه نیز می بینیم :

«السا تمام مدت لبخند می‌زند. می‌گوید: «خب، معلومه که افتخار می-کنم. ولی من تنها آدمی نیستم که کسی رو از دست داده. جرج کاری رو کرد که باید می‌کرد». بعضی از آدم‌ها از صراحتش حیرت می‌کنند. اما بقیه می‌گویند: «بیچاره السا». آن همه توجه به جرج و پس‌انداز برای فرستادن او به دانشکده حقوق و آخر هم او نادیده‌اش گرفت. نام‌نویسی کرد؛ رفت و خودش را به کشتن داد. نتوانست صبر کند. خواهرهایش تحصیلات خودشان را فدا کرده بودند. حتی درست کردن دندان هایشان را -این را هم فدا کرده بودند.- ایونا به دانشکده پرستاری رفته بود اما ظاهرا درست‌کردن دندان شاید بیشتر به دردش می‌خورد.»(رویای مادر،م:۲۷)

- مقوله‌های اصلی و فرعی: مردسالاری حاکم بر جامعه، جایگاه زن(جایگاه فرودست زن)، وابستگی زن به مرد

«حالا چیزی که او و السا برایشان مانده یک قهرمان است. همه این را باور دارند – یک قهرمان- . جوان‌ترهای حاضر در جمع فکر می‌کنند داشتن یک قهرمان در یک خانواده کم چیزی نیست. فکر می‌کنند که اهمیت این لحظه دوام خواهد یافت، که تا ابد با السا و ایونا خواهد ماند. «آه، قلب‌های دلیر» برای همیشه پیرامون آن‌ها طنین خواهد داشت. مسن‌ترها، آن‌هایی که جنگ پیشین را به خاطر دارند، می‌دانند که تنها چیزی که برای آن‌ها مانده، نامی است روی یک بنای یادبود. چون آن بیوه است که کمک خرج را می‌گیرد، همانی که دائم در حال لمباندن است.»(رویای مادرم:۲۷)

در طول تاریخ و به دلیل جنگ‌ها و درگیری‌های فراوان چه بر سر قلمرو و چه بر سر غذا، برای زنان چیزی جز یک قهرمان نیست شده از همسران و پسران خود، باقی نمی‌ماند و گویا زنان به این حضور نامرئی و بزرگ برای ادامه زندگی خود و خانواده، نیاز داشتند. از طرف دیگر، از متن داستان چنین برمی‌آید که، وابستگی زن به مرد علاوه بر وابستگی روانی، از نظر مالی، هم هنگام حضور و زنده‌بودن او و هم هنگام مرگ و دریافت مستمری توسط بیوه او نیز، گویی امری مسلم و پذیرفته شده است.

- مقوله‌های اصلی و فرعی: نمود فشارهای اجتماعی جامعه (۱. وسواس ۲. اضطراب) ، تأثیر آموزه‌های اجتماعی(صبر و بردباری)

«السا برافروخته و پریشان‌حال است، کمابیش به این دلیل که دو شب پشت سر هم بیدار بوده و نظافت می‌کرده. نه این که خانه پیش از آن به حد مناسبی تمیز نبوده باشد. با این حال او این نیاز را احساس کرد که هر ظرف، تابه و شیئ زینتی را بشوید، شیشهٔ هر قاب عکس را برق بیاندازد، یخچال را جلو بکشد و پشت آن را بساید، پله‌های زیرزمین را آب بکشد و توی سطل آشغال آب‌ژاول بریزد. تمام قطعات چراغ سقفی بالای سر، بالای میز غذا خوری، باید از هم جدا می‌شد، توی آب و صابون فرو می‌رفت، آب کشیده می‌شد، خشک می‌شد و باز سرهم می‌-شد. و به خاطر کارش در اداره پست، السا تا بعد از شام نمی‌توانست کار را شروع کند. او حالا رئیس پست‌خانه است و می‌توانست به خودش یک روز مرخصی بدهد اما او السا بود و بنابراین هرگز چنین کاری نمی‌-کرد.»(رویای مادرم:۲۸-۲۷).

وسواس از دیگر مفاهیمی است که مونرو برای بسیاری از شخصیت‌های زن داستان‌های خود در نظر می‌گیرد. وسواس نمود و شاخصه یا نهایت آن چیزی است که اکثر زنان در جامعه مردسالار تجربه می‌کنند. نمود فشار اجتماعی است که بر آن‌ها وارد می‌شود و عقده‌های فروخورده فرد در جامعه. در منابع علمی علل بروز وسواس را این‌گونه ذکر کرده‌اند: «اضطراب نیز یکی از عوامل این بیماری است که البته گاهی علت آن اضطراب نیز برای فرد مبتلا به وسواس معلوم نیست. گاهی بر اثر یک اتفاق مشکل آفرین و پرفشار مثل مرگ یکی از نزدیکان یا بعضی مسائل جنسی یا بیماری وسواس رخ می‌دهد. عقده‌های فرو خورده، ناکامی‌های درون ریخته شده نیز گاهی باعث این بیماری می‌شود. گاهی نیز احساس گناه‌کار بودن باعث وسواسی شدن است»(استکتی،۱۳۷۶).

۲۲۹

زن به دلیل بار مضاعف مسئولیتی که در جامعه بر دوش وی است همواره در معرض این مهم قرار دارد. با توجه به نوع تربیت زنان در خانواده‌ی تحت تأثیر نظام سرمایه‌داری، که به او دیکته می‌کند، موفقیت در این است که هم بیرون از خانه کار کند هم در خانه و هر دو را تمام و کمال به انجام برساند، به علاوۀ ارزش‌های تحمیل‌شده‌ای بر او از قبیل متانت و بردباری، این فشارها عموما برای زنان به صورت هیجانات فروخورده‌ای مثل وسواس و یا افسردگی نمود پیدا می‌کند. برخلاف مردان که عموما فشارهای اجتماعی آن‌ها را به سمت پرخاشگری و عصبانیت می‌کشاند. با این‌همه السا همان‌طور که گفتیم و در ادامه نیز خواهیم دید سعی دارد نقشی مردانه بازی کند و در این راستا فشارهای مضاعف‌تری بر او حاکم است در ادامه این خصوصیت السا به تصویر کشیده می‌شود:

«حالا گونه‌هایش زیر سرخاب گر گرفته‌اند، در لباس سورمه‌ای با یقۀ توردوزی کرپاش، مضطرب است. نمی‌تواند آرام بگیرد. بشقاب‌های پذیرایی را از نو پر می‌کند و دست به دست می‌دهد، از این که چای مردم ممکن است سرد شده باشد نگران است و برای دم کردن یک قوری تازه عجله می‌کند. در حالی که مراقب آسایش مهمانان است، جویای وضع رماتیسم یا ناخوشی‌های ناچیزشان می‌شود، در برابر فاجعه‌ای که به سرش آمده لبخند می‌زند، دائما تکرار می‌کند که درد او دردی است که خیلی‌ها کشیده‌اند، که وقتی این‌همه آدم دیگر در همین وضعیت هستند، نباید شکوه کند..»(رویای مادرم:۲۸)

- مقوله‌های اصلی و فرعی: مردسالاری حاکم بر جامعه، داغ ننگ

«السا متوجه است که صدایش زیادی بلند است و دارد زیادی لبخند می‌زند و برای کسانی چای ریخته که گفته‌اند دیگر میل ندارند. توی آشپزخانه در حال دم‌کردن چای می‌گوید: «نمی‌دونم چه‌ام شده. حسابی به‌هم ریخته‌ام». کسی که السا این را به او می‌گوید دکتر شانتز است، همسایه آن طرف حیاط پشتی. دکتر می‌گوید: «به زودی تموم میشه. یه آرام بخش می‌خوای؟» ، صدایش وقتی درِ اتاق غذاخوری باز می‌شود تغییر می‌کند. واژهٔ آرام بخش خشک و رسمی بیان می‌شود. لحن السا هم عوض می‌شود. از بی‌پناه به بی‌باک. می‌گوید: «اوه، نه ممنون. سعیم رو می‌کنم و خودم باهاش کنار میام.»»(رویای مادرم:۲۹-۲۸)

السا در کنار کار در اداره پست و سخت و محکم رفتار کردن، از طرفی هم تلاش می‌کند تا ویژگی‌های زنانه‌ای مانند همدردی،رسیدگی و مراقبت را از خود نشان دهد. خصوصیت دوگانه السا باعث می‌شود که او توأمان همراه با وسواس، پرخاشگری نیز داشته باشد. با این همه، مهم-ترین چیزی که در السا به چشم می‌خورد سرکوب احساسات و هیجاناتش از طرف خود او است. آموزه‌ها و ایدئولوژی تزریق‌شده‌ای که از طرف خانواده برای دختران در نظر گرفته می‌شود، برون‌دادی به جز این شکل از خود سرکوبی نمی‌تواند داشته باشد. مگر این که آن دختر بتواند از بند مناسبات بگسلد و حداقل تاحدودی بر عرف موجود غلبه کند. البته در این صورت نیز ممکن است برچسب‌های متعددی بر پیشانی او از قبیل؛ هرزگی، جنون و... قرار بگیرد.

- مقوله‌های اصلی و فرعی: مردسالاری حاکم بر جامعه، جایگاه زن(جایگاه فرودست زن)

«مادرم در آن خانه به هر طرف که رو می‌کند عکسی از پدرم می‌بیند. آخرین و رسمی‌ترین عکس از او با اونیفرمش روی پارچه دست‌دوزی شده‌ای است که روی جعبه چرخ خیاطی، مقابل پنجرۀ شاه‌نشین اتاق غذا خوری پهن شده... بالای پله‌ها عکسی از شش سالگی او آویخته شده، در پیاده‌رو است و زانویش را در گاری‌اش گذاشته. در اتاقی که جیل در آن می‌خوابد عکسی از او گذاشته‌اند که با کیفی پر از روزنامه-های فری پرس کنار دوچرخه‌اش ایستاده. در اتاق خانم کرکام عکسی از او آویخته شده که در آن لباس مخصوص اپرت کلاس هشتم را بر تن دارد، با تاج مقوایی طلایی رنگی روی سرش... عکس استودیوییِ رنگ شده روی بوفه او را در سه سالگی نشان می‌دهد، طفل مو بور محوی که عروسکی دست دوز را از یک پایش می‌کشد... جرج در تمام عکس‌هایش تیز هوش و زرنگ به نظر می‌رسد.»(رویای مادرم:۳۱-۳۰)

جرج با وجود مرگش و البته در نبود پدر خانواده، مرکز زندگی در جریان آن خانه است. عکس های او از سه سالگی تا در لباس نظامی همه جای خانه قرار گرفته‌اند. جرج در واقع ناظر بر امور جاری است. هم‌چون خدایی که همه چیز را تحت کنترل خود دارد. همه چیز باید تحت نظارت او و در جهت رضایتش انجام گیرد. از پس از یکجانشین شدن بشر، خدایگان زن و ایزدبانوان باروری جای خودشان را رفته به خدایگان مذکر و جنگجو دادند.

درهیچ جایی از داستان اشاره نمی‌شود که درجایی از خانه که نماد محیط زندگی و اجتماع است، عکسی و یا یادگاری که نشانگر مادر و یا خواهران جورج باشد، وجود داشته باشد. گویی زن، موجود محو شدۀ این اجتماع کوچک است، حتی زمانی که مردی در میان نباشد، او

«نبود» است. این مسئله در واقع نشانهٔ دیگری نیز هست برای جیل که بتواند آینده خود را نظاره کند. آینده‌ای که در آن، در صورت تن دادن به شرایط، با همهٔ حضورش، حضور نخواهد داشت. یعنی نقشی نخواهد داشت.

- مقوله‌های اصلی و فرعی: از خود بیگانگی زن، برخورد با مسائل(تسلیم شرایط شدن)

«جیل می‌خواست با چنین معشوقی چه کند؟ وقتی با او آشنا شد نوزده ساله بود و تا آن روز هرگز کسی او را نخواسته بود. نمی‌توانست بفهمد چه چیز او جرج را جذب کرده و می‌دید که هیچ‌کس دیگر هم نمی‌تواند بفهمد. او برای اکثر هم سن و سال‌هایش یک معما بود، اما معمایی کسالت بار. دختری که زندگی‌اش وقف یاد گرفتن ویولون شده و علایق دیگری ندارد. این خیلی هم واقعیت نداشت. جیل هم مرد زندگی‌اش را تخیل می‌کرد اما آن مرد هرگز لودهٔ خوش قیافه‌ای مثل جرج نبود. پسری خونگرم و پشمالو می دید یا موسیقی‌دانی ده سال بزرگ‌تر از خودش که همان‌موقع هم محبوب بود و سخت قدرتمند. تصوری که از عشق داشت اپرایی بود – با این که اپرا موسیقی مورد علاقه او نبود. اما جرج در لحظه محبت شوخی می‌کرد، دور اتاق ورجه ورجه می‌کرد، از خودش صداهای بی‌ادبانه و کودکانه در می‌آورد. محبت کردنش با آن‌چه او همیشه تخیل می‌کرد تفاوت داشت، اما دلسرد هم نمی‌شد.»(رویای مادرم۳۳-۳۲)

جورج مرد ایده‌آل جیل نبوده است با این همه توجه او برای جیل نوعی موهبت محسوب می‌شود. او خود را نیافته و به‌نظرش فردی کوچک و

حقیر است. از طرفی، جیل در نقش زن جایگاه انتخاب‌کننده‌ای ندارد و بیشتر تن می‌دهد تا تصمیم بگیرد. جیل خودش را به دست سرنوشت سپرده است و سعی می‌کند از آن رضایت داشته باشد.

- مقوله‌های اصلی و فرعی: تأثیر آموزه‌های اجتماعی(صبر و بردباری زن)

«جیل چهار دست و پا است. و سعی می‌کند مایعی را که کف حمام جمع شده، پاک کند. در مورد پاره‌شدن کیسه آب چیزهایی خوانده — همان‌طور که در مورد انقباض‌ها، ترشحات خونی، چهار درد و جفت چیزهایی خوانده- اما با این حال سرریز شدن ناگهانی مایع گرم غافلگیرش کرده است... دستش را به لبه‌ی لگن توالت می‌گیرد تا خود را بالا بکشد، قفل در را باز می‌کند و اینجا است که نخستین درد میخ-کوبش می‌کند. قرار نیست حتی یک درد ملایم، یا یک نشانه نوید بخش، یا اولین مرحله متداول زایمان به سراغش بیاید؛ تنها حمله‌ای بی‌رحمانه و وضع حملی وحشیانه و بی‌امان.»(رویای مادرم:۳۶)

جیل در هنگام زایمان تنها است و هیچ چیز نمی‌داند. با این‌همه آنقدر آموزه‌های اجتماعی بر او تأثیر گذارده‌اند که در این هنگام سختی نیز مبادی آداب است و سعی می‌کند مایع کیسه آبش را که پاره شده است از روی زمین جمع کند. زن صبوری که از او انتظار می‌رود با همه دردها بسازد و نگذارد بر آسایش دیگران خدشه‌ای وارد شود.

«به محض این‌که نوزادی متولد می‌شود، اطرافیانش بر حسب این‌که او دختر یا پسر باشد واکنش متفاوتی از خود نشان می‌دهند و از او نیز توقع عکس‌العمل‌های متفاوتی دارند. تصور این است که دختران ظریف و نازک‌نارنجی و وابسته‌اند در حالی‌که پسران، هم مستقل‌تر و هم

نیرومندتر و قدرتمندترند. اواکلی معتقد است همین رفتار دوگانه تأثیر عمیق بر کودکان می‌گذارد و آن‌ها نیز در مقابل چنین رفتاری از خود واکنش نشان می‌دهند و سعی می‌کنند همان‌گونه رفتار کنند که از آن‌ها انتظار می‌رود. جسی برنارد [۱۸۷] جامعه‌شناس مشهور آمریکایی (۱۹۸۱)، معتقد بود زندگی روزمره کودکان را می‌توان به دو دنیای آبی [۱۸۸] و صورتی [۱۸۹] تقسیم کرد... دنیای صورتی، دختران را منفعل و احساساتی بار می‌آورد و دنیای آبی، پسران را فعال و مستقل پرورش می‌دهد»(هولمز، ۱۳۹۴: ۷۲-۷۳). از همین رو، دختران و پسران در جامعه، به طرق مختلف جامعه‌پذیر می‌شوند و طبق آن به روش‌های مختلف نسبت به مسائل و مشکلات، عکس‌العمل نشان می‌دهند. از آن‌جایی که دختران باید احساساتی‌تر باشند، در مقابل دیگران و سختی‌ها نیز احساساتی‌تر عمل می‌کنند و صبر و بردباری زن در زندگی، یکی از نمودهای این تربیت کلیشه‌ای در زن است. زنان در جامعه از طرق مختلف نسبت به این‌گونه رفتار کردن تشویق شده و حتی فکر متفاوت عمل کردن و یا اعتراض آن‌ها را می‌ترساند، زیرا با انجام آن ممکن است توسط دیگران حتی هم‌جنسان خودشان مورد مؤاخذه قرار بگیرند.

- مقوله‌های اصلی و فرعی: مادری(مادر- منفعل)

«جیل واقعا چیزی از زندگی کردن در یک خانواده نمی‌دانست. در یتیم‌خانه بزرگ شده بود، از شش تا شانزده سالگی در خوابگاه خوابیده بود. چراغ‌ها سر ساعت معینی روشن و خاموش می‌شدند. بخاری هرگز قبل یا بعد از تاریخ معینی به راه نمی‌افتاد.»(رویای مادرم:۳۷)

---

[187] Jessie Bernard
[188] Blue World
[189] Pink World

نویسنده در این جا به ما نشان می‌دهد که چرا جیل تا حدودی نسبت به زنان دیگر داستان متفاوت است. جیل در یک محیط خانوادگی بزرگ نشده است و از این رو، تصویری از فضای خانوادگی و گرمای آن، عشق موجود در این فضا و شرایط حاکم بر آن ندارد. از طرفی او چون تحت تعلیمات خانواده بزرگ نشده، از بخش زیادی از ایدئولوژی‌های تحمیلی از طرف خانواده‌ها نیز مصون بوده است. با این‌حال، او در فضایی بزرگ شده، که سرکوب های خاص خود را در بر داشته است. نویسنده در واقع با این گزاره سعی می‌کند، مخاطب را آماده تصمیمات غیر معمولی‌ای که جیل می‌گیرد بکند و بی‌عملی و انفعال او و پیدا نکردن راهکار درست برای فائق آمدن به مشکلات که در ادامه داستان خواهد آمد را توضیح دهد.

«کشو پر از لباس‌های بچه بود –نه بلوزها و لباس‌خواب‌های ساده‌ی ضروری، مثل آن‌هایی که جیل از فروشگاهی در تورنتو خریده بود که دست دوم‌ها و مرجوعی‌های کارخانه‌ها را می فروخت. بلکه بافتنی‌هایی مثل کلاه، پولیور و جوراب و شلوارک، پیراهن‌های دست دوز کوچک. در همهٔ رنگ‌های ملایم ممکن یا ترکیبی از رنگ‌های مختلف –فارغ از سنت صورتی یا آبی- با حاشیه‌های قلاب‌بافی شده و گلدوزی‌های ظریفی از گل و پرنده و بره. از آن‌جور چیزهایی که جیل اصلا نمی- دانست وجود دارند. اگر جستجوی دقیقی در فروشگاه‌های لوازم کودک کرده بود یا به داخل کالسکه‌های نوزادان سرک کشیده بود، می‌دانست، اما نکرده بود و نکشیده بود.»(رویای مادرم،۴۰-۳۹)

جیل به دلیل بزرگ نشدن در کنار مادر و خانواده، هیچ چیزی از تجملات و رفتارهای کلیشه‌ای مادران زمان خود نمی‌داند. او مادری-

کردن و رفتارهای مربوط به آن را بلد نیست و کسی نبوده تا آن‌ها را به او یاد بدهد. او حتی درگیر کلیشه رنگ آبی و صورتی نیست. چون کسی در کنارش نبوده است تا طبق این کلیشه برای او لباسی بخرد و آن را به او بیاموزد. او تنها وسایل ضروری و اولیه‌ای که در کتاب‌ها ذکر شده‌اند را برای کودک در راهش تهیه کرده است. زن اصلی داستان رویای مادرم، یعنی جیل متفاوت از دیگر زنان جامعه خود است.

- مقوله‌های اصلی و فرعی: مادری(۱. تعارض مادری و زنانگی، ۲. مادر-منفعل)

«از گرفتن سینه‌ی مادرم سر باز می‌زدم. جیغ بنفش می‌کشیدم. بعید نبود آن سینه‌ی بزرگ سفت هیولای پوزه‌داری باشد که صورتم را بو می‌کشید»(رویای مادرم:۴۲)

«اگر هر کسی غیر از ایونا سعی می کرد بغلم کند گریه می‌کردم. السا را و دکتر شانتز را که دست های گرم و پر محبتی داشت پس می‌زدم اما مسلما جبهه‌ام در برابر جیل بود که بیشترین توجه را به خود جلب می-کرد.»(رویای مادرم:۴۳)

درست همان‌طور که جیل در هنگام بارداری سعی داشت بچه درون شکمش را پس‌بزند و زودتر به زن‌بودگی خود بازگردد، کودک نیز جیل را در نقش یک مادر نمی‌پذیرد. کودک که جنسیتش هنوز برای مخاطب مشخص نیست (و تا اواخر داستان نیز مشخص نخواهد شد که آیا دختر است یا پسر)، بیشتر شبیه یک اهریمن سرکش می‌ماند. کودک در سراسر حضور خود در داستان به جز قسمت نهایی آن، سرکش است و او نیز به مناسبات از پیش تعیین شده تن نمی‌دهد.

- مقوله‌های اصلی و فرعی: مادری(هویت یافتن زن به واسطه رفتارهای مادری)، جایگاه زن(جایگاه فرودست زن)، داغ ننگ

«ایونا از حقیرترین فرد خانه به مهمترین فرد تبدیل شده بود؛ او کسی بود که بین کسانی که آنجا زندگی می کردند و من که مخالفتی مداوم و شکایتی توجیه‌ناپذیر داشتم، تعادل برقرار می‌کرد. باید در تمام ساعات بیدار می‌ماند تا آرامش اعضای خانه را به هر شکل تأمین کند... و حالا تغییر درخشانی رخ داده بود. ایونا رنگش پریده بود اما پوستش برق می-زد، انگار که بالأخره نوجوانی را پشت سر گذاشته باشد. می‌توانست توی چشم همه نگاه کند. و دیگر لرزشی در کار نبود، به‌ندرت خنده‌های عصبی می‌کرد و دیگر خودداری موزیانه‌ای در صدایش که به اندازه السا رئیس مآب شده بود و شادمانه‌تر، شنیده نمی‌شد. هرگز شادمانه‌تر از وقتی نبود که مرا بابت رفتارم با جیل ملامت می‌کرد.»(رویای مادرم:۴۴)

ایونا، زن فراموش شدهٔ داستان رویای مادرم است. خواهر جرج که برچسب جنون بر پیشانی خود دارد. زنی که هیچ‌کس نمی‌بینندش. نوزاد جیل اما با پس‌راندن مادر خود به سراغ آغوش ایونا می‌رود، و این تنها او است که می‌تواند نوزاد را آرام کند. بهتر است بگوییم این نوزادِ جرج است که به ایونا هویت می‌بخشد. اکنون ایونا، به دلیل ناتوانی مادر اصلی نوزاد در انجام کارهای مربوطه، جایگزینی برای مادر اصلی شده است. ایونا با توجه کودک است که جوان می‌شود و در نقش مادری قرار می-گیرد که نیست و احتمالا هیچگاه نخواهد شد. گویی ایونا، تا زمانی که نقش مادری به خود نگرفته بود، رفتارها و حتی ظاهرش، شبیه دختر نوجوانی بوده که هنوز علی رغم سن بالا رشدی نکرده است.

السا، دیگر خواهر جرج، از طریق ایفای نقش مردانه است که هویت می‌گیرد، جیل از طریق خاص بودنش اما ایونا هیچ وجه شناسایی ندارد تا زمانی که کودک متولد می‌شود و به او نقش مادری عطا می‌کند.

- مقوله‌های اصلی و فرعی: رویا و رویا پردازی، مادری(تعارض مادری و زنانگی)، برخورد با مسائل(فرار)

«جیل به محض این که باندهایش را بازکرد و صافی شکمش را دید، نگاهی به دستانش انداخت. به نظر می‌رسید ورم آن‌ها کاملا از بین رفته باشد. به طبقه پایین رفت، ویولون را از توی اتاقک انباری بیرون آورد و روکشش را در آورد... آماده بود که چند گام را امتحان کند... جیل شروع کرد به نواختن ویولون.»(رویای مادرم:۴۲)

جیل به محض رها شدن از بستر، به سراغ ویولون خود می‌رود. او می‌-خواهد رابطه‌اش را با ویولون بازسازد. او هنوز مادر نیست یا مادری را نپذیرفته است. در برابر کودک منفعل است اما نمی‌خواهد همین نقش را در برابر ویولون داشته باشد. گویی او به دنبال رویایش است و کودک جایی در این رویا ندارد. در واقع جیل در برابر کودک گنگ است.

- مقوله‌های اصلی و فرعی: مادری(تعارض مادری و زنانگی)، رویا و رویا پردازی

«حالا جیل شروع کرد به نواختن گام‌هایش. درست بود که انگشتانش دیگر پُف نداشتند اما خشک بودند. تمام بدنش خشک بود، طرز ایستادنش خیلی طبیعی نبود. حس می‌کرد که ساز با بی‌اعتمادی به او چسبیده است. اما مشکلی نداشت، حواسش را جمع گام‌ها کرد. مطمئن بود که قبلا هم این حس را داشته، بعد از سرما خوردگی یا وقتی که

خیلی خسته بود، در تمرین‌کردن به خود زیادی فشار آورده بود، یا حتی بی‌هیچ دلیلی. بدون ناله‌ای از روی نارضایتی بیدار شدم. بدون هشدار، بدون آماده‌سازی. فقط یک جیغ، سیلی از جیغ که بر سر خانه آوار می‌-شد. گریه‌ای که شبیه به هیچ کدام از زاری‌هایی که قبلا ترتیب داده بودم، نبود.»(رویای مادرم:۴۶)

نوزاد اما این رقیب سنتی را که از پیش از به دنیا آمدن نیز با او در رقابت بوده، یعنی ویولون را، نمی‌پذیرد. جیل در جایگاه مادر باید همۀ حواسش به نوزاد باشد، حتی اگر نوزاد به او اجازه برقراری ارتباط را ندهد. گریۀ نوزاد بی‌سابقه است. این گریه بی‌سابقه را می‌توان معادل فشاری به حساب آورد که خانواده در راه رسیدن یک زن به استقلال و هدف اصلیش که تمرد به حساب می‌آید، قرار می‌دهد. تمردهای کوچک با سرکوب‌های کوچک و روزمره پاسخ می‌گیرند اما تحقق هدفی خارج از اعتلای خانواده گناه بزرگی محسوب می‌شود و سرکوبش نیز باید متناسب با آن کوبنده‌تر از هر شکل دیگری باشد.

- مقوله‌های اصلی و فرعی: برخورد با مسائل(تسلیم شرایط شدن)، مادری(۱. تعارض مادری و زنانگی، ۲. مادر- منفعل)، تأثیر آموزه‌های اجتماعی(صبر و بردباری)، از خود بیگانگی زن

«جیل بیرون رفت و نشست روی پلۀ پشتی... چطور می‌توانم توضیح دهم که موسیقی برای جیل چیست؟ منظره‌ها و دیدگاه‌ها و مکالمه‌ها به کنار. به نظر من بیشتر مثل مسئله‌ای است که او باید با سرسختی و جسارت، حلش کند و چیزی که به عنوان مسئولیتش در زندگی به عهده‌گرفته. پس گویا ابزاری که برای حل این مشکل به کارش می‌آید از

او گرفته شده. مشکل هنوز به قوت خود باقی است و دیگران روی آن کار می‌کنند اما این موقعیت از او گرفته شده. برای او فقط پلهٔ پشتی مانده و دیوار زننده و گریه‌ی من. گریه‌ی من چاقویی است برای بریدن هر چه در زندگی او به درد نمی‌خورد. از دید من... روی تختش دراز کشیده بود و پل سان لوئیس ری را می‌خواند که سر خود از توی کتابخانه برداشته بود، بدون این که بفهمد باید از السا اجازه بگیرد. هر از گاهی فکرش از داستان منحرف می‌شد و صداهای خندان حیاط خانهٔ شانتزها را می‌شنید، بعد از اتاق بغلی، بلبل زبانی ایونا را در قربان صدقه رفتن، و عرق سنگینی به تنش می‌نشست. اگر در یک قصهٔ خیالی بود، با نیرویی غول‌آسا از تخت بر می‌خواست و دور خانه می‌گشت و اساس خانه و گردن ساکنانش را می‌شکست.»(رویای مادرم۴۹-۴۷)

جیل در این قسمت از داستان است که متوجه می‌شود باید خود را قربانی کند. خشم فروخرده‌ی جیل نه از ناتوانی در نواختن ویولون است و نه از گریه‌ی نوزاد، از آینده‌ای است که باید خود را قربانی آن کند. جیل به قربانگاهی می‌رود که نظام سرمایه برای زنان برساخته است. زنان در یک جامعه مردسالار، نمی‌توانند برابر با یک مرد به سوی اهداف خود پی بروند و از طرفی به عنوان نیروی کار به کار ارزان آن‌ها احتیاج است. از سوی دیگر نقش مراقبان و پرستاران فرزندان را بردوش دارند. آن‌ها فرصت زیادی برای «خود شدن» نخواهند داشت. «انتظار جامعه از زن‌ها در مورد پرستاری از فرزندان و برآوردن نیازهای خانواده، بیشتر از مردان است. پس مشارکت کامل زنان در نیروی کار معمولا باعث می-شود تا زنان آن‌طور که جامعه از او انتظار دارد به کار تیمار خانواده و فرزندان نرسد و برای این‌که از عهده هر دوی این انتظارات برآید، مجبور

به قربانی کردن خود به صورت تمام وقت می‌شوند»(نرسیسیانس، ۱۳۸۴: ۱۸۶).

- مقوله‌های اصلی و فرعی: تأثیر آموزه‌های اجتماعی(صبر و بردباری)، مادری(۱. مادر- پرستار ۲. تعارض مادری و زنانگی)، برخورد با مسائل(فرار)، رویا و رویا پردازی

در این قسمت از داستان، زنان دیگر خانواده، جیل و نوزاد را تنها می‌گذارند و برای یک روز به دیدن کسانشان در شهر دیگری می‌روند. این احتمالا اولین حضور تنهای این دو در کنار یکدیگر از بعد از به دنیا آمدن نوزاد است. این تنهایی تا حد بروز یک فاجعه غیر قابل بازگشت پیش می‌رود و با از سر گذراندن این فاجعه، مادر و نوزاد رابطه خود را بر اساسی جدید بنا می‌گذارند. بعد از این روز است که هر دوی آن‌ها تغییر می‌کنند. این تغییر که در ادامه با آن مواجه خواهیم شد، تغییری نمادین است. هر دو دست از مبارزه می‌کشند و جیل مادری معمولی می‌شود و نوزاد برای اولین بار با این «دست از مبارزه کشیدن»؛ دختر.

«دست های جیل می‌لرزیدند، فروکردن سنجاق‌ها توی کهنه برایش مشکل بود. وانمود کرد که خونسرد است، سعی کرد باهام حرف بزند، سعی کرد ادای بچگانه حرف زدن ایونا و چرب زبانی‌های عاشقانه‌اش را دربیاورد، اما فایده‌ای نداشت. چنین ریاکاری پر لکنتی بیشتر عصبانی‌ام می‌کرد. کهنه‌ام را که سنجاق زد، بلندم کرد، سعی کرد مرا به سینه و شانه‌اش بچسباند اما چنان خودم را راست می‌کردم که انگار بدنش از سوزن‌های سرخ و داغ ساخته شده. نشست، تابم داد. بلند شد، بالا و پایینم برد. واژه‌های دلنشین لالایی را خواند که از برانگیختگی‌اش،

خشمش و چیزی که به راحتی می‌شد نفرت نامیدش، سرشار بود و می‌لرزید. ما به چشم هم دو هیولا بودیم. جیل و من.»(رویای مادرم:۵۲)

نوزاد از جیل متنفر است، چرا که جیل مادر کلیشه نیست. جیل به هیچ عنوان نمی‌تواند خواسته‌های نوزادش را برآورده کند و او را دوست بدارد و از همین رو است که نوزاد از او متنفر است. البته احساسات جیل نیز دست کمی از احساسات نوزاد ندارد. بزرگ نشدن در فضای خانواده و ندیدن رفتارهای مادرگونه و یادنگرفتن آن‌ها، و هم‌چنین ایونا و خانواده جرج و البته شرایط روانی خود جیل، نگذاشته‌اند که جیل مادر شود. او هیچ چیز از مادری نمی‌داند، گریه‌های کودکش را نمی‌فهمد و در برابر حل مسئله به صورت مطلق ناتوان است. این بی‌عملی جیل در مناسبات عادی در جای جای داستان نشان داده شده است. حتی اگر پا را از ورطه جامعه‌شناسی فراتر بگذاریم، می‌توانیم ادعا کنیم که این ناتوانی در حل مسائل و بی‌عملی مطلق جیل است که او را به سمت ویولون کشانده، ویولونی که تنها راه فرار از برقراری ارتباط با جامعه‌ای است که او آن را نمی‌فهمد. «تنسی ویلیامز» در نمایشنامه مشهور خود (باغ وحش شیشه‌ای)، شخصیت دختری به نام لورا را به تصویر کشیده که درست مثل جیل از جامعه و برقراری ارتباط گریزان است. دست آویز لورا وینگفیلد برای فرار از برقراری ارتباط ساخت مجسمه‌های شیشه‌ای حیوانات است.

پاراگراف بعد نیز تأکیدی بر بلد نبودن مادری جیل است. و البته عدم توانائیش در حل مسئله. تا زمانی که ایونا بود، السا بود، قبل از آن‌ها جرج بود و احتمالا پیشتر از آن‌ها، مسئولین یتیم‌خانه حضور داشتند،

آن‌ها مسائل را مدیریت می‌کردند ولی حالا هیچ کس نیست که جیل بتواند از او کمک بگیرد.

«درها و پنجره‌ها را بسته نگه می‌دارد. پنکه را روشن نمی‌کند چون در واقع آن را از یاد برده. دیگر به فکر آسایش عملی خودش نیست. فکر نمی‌کند که این یکشنبه یکی از داغ‌ترین روزهای تابستان است و شاید درد من همین است. یک مادر با تجربه یا با غریزه به جای این که مرا به افسون شیطان حواله دهد، حتما مرا باد می‌زد. چیزی که به ذهنش خطور می‌کرد، عرق سوز شدن من بود و نه استیصال مطلق.»(رویای مادرم:۵۳)

- مقوله‌های اصلی و فرعی: رویا و رویا پردازی، برخورد با مسائل(فرار)، مادری(۱. تعارض مادری، ۲. زنانگی، ۳. مادر- منفعل)

«بعد از ظهر، یک آن جیل تصمیمی احمقانه یا صرفا سرکشانه می‌گیرد. از خانه بیرون نمی‌رود که رهایم کند. اسیر در زندانی که من برایش ساخته‌ام، به فکر فضایی برای خودش می‌افتد، فراری در درون. ویولونش را که از همان روز گام‌ها به آن دست نزده، بیرون می‌آورد. تلاشی که السا و ایونا از آن یک شوخی خانوادگی ساخته بودند. نواختنش نمی‌تواند مرا بیدار کند چون همان‌وقت هم کاملا بیدارم. چطور ممکن است مرا خشمگین‌تر از آنی که هستم بکند؟ یک‌جورهایی به من لطف می‌کند. دیگر نه تسکینی تقلبی در کار است، نه لالایی، نه نگرانی جعلی برای دل درد، نه عروسک بازی. در عوض، ویولون کنسرتوی مندلسون را می‌زند. قطعه‌ای که برای رسیتالش زده و باید دوباره برای امتحانش بزند تا مدرک فارغ التحصیلی‌اش را بگیرد.»(رویای مادرم:۵۴-۵۳)

جیل درست زمانی که کسی دور و اطرافش نیست دوباره به سمت ویولونش می‌رود، به سمت خواسته‌اش که در مقام مادر بارها در طی داستان، برای آن به سخره گرفته شده است. جامعه او را در این راه سرکوب می‌کرده و حالا او درخلأ است و می‌تواند از این فرصت استفاده کند. نکته اینجاست که جامعه مردسالار، با هر دست‌آویزی به سرکوب زن می‌پردازد و جلوی شعف و خوشحالی او را می‌گیرد. ایونا نیز، با این که پرستار اصلی کودک است، همواره نقد می‌شود که چرا بیش از اندازه به او توجه می‌کند و در این مسیر مورد تمسخر قرار می‌گیرد. پس مسئله صرفا مادر بودن یا نبودن نیست بلکه زن‌بودن است که مورد سرکوبی همه جانبه از طرف جامعه قرار می‌گیرد.

- مقوله‌های اصلی و فرعی: رویا و رویا پردازی، مادری(۱. مادر- منفعل، ۲. تعارض مادری و زنانگی)، برخورد با مسائل(فرار)

«ساز را کوک می‌کند، چند گام می نوازد، قصد می‌کند صدای مرا از قوه‌ی شنوایی‌اش براند. می‌داند که دستش سرد است اما این بار آمادگی‌اش را دارد. انتظار دارد موسیقی را که شروع می‌کند، مشکلاتش کمتر شوند... همه‌چیز از بین رفته، همان‌قدر بد می‌نوازد که جک بنی در یکی از هجویه‌های همیشگی‌اش. ویولون نفرین‌شده از او متنفر است. در ازای هرچه او می‌خواهد اعوجاجی سرکشانه به او تحویل می‌دهد... تباه. او به کل تباه شده است. قطعه‌ای که ماه‌ها پیش در آن استاد شده و بعد از آن تکمیلش کرده، طوری که هیچ چیز هولناک یا حتی پیچیده‌ای در آن نمانده بود، به کلی مغلوبش کرده است. او را مانند آدم تهی شده، ویران شده، به خودش نمایانده است. کسی که شبانه مورد دستبرد قرار گرفته است. تسلیم نمی‌شود، بدترین کار را می‌کند. در این

مرحله از درماندگی از نو شروع می‌کند؛ بتهوون را امتحان می‌کند و البته که فایده‌ای ندارد، بدتر و بدتر است و او انگار که در درون زار می‌-زند و ناله می‌کند. آرشه و ویولون را می‌گذارد روی کاناپه اتاق نشیمن، بعد برشان می‌دارد و آن‌ها را هل می‌دهد زیر کاناپه تا جلوی چشمش نباشند. چون تصویری از خودش دارد که در نمایشی جانانه و رعب آور آن‌ها را به پشتی صندلی می‌کوبد و خرد و خمیر می‌کند. در تمام این مدت من تسلیم نشده‌ام. طبیعتا در چنین رقابتی کوتاه نمی‌آیم.»(رویای مادرم:۵۵-۵۴)

ویولون نیز اما چون کودک، جیل را مغلوب خود می‌کند. جیل سماجت می‌کند و دست از تمرین نمی‌کشد و تسلیم نمی‌شود، و تنها زمانی پا پس می‌گذارد که، متوجه می‌شود در این مدت «گذشته و رویاهایش» که رهنمون رسیدن به هدفش بود نیز تخریب شده‌است. او دیگر نمی‌-تواند به خوبی گذشته ویولون بنوازد. جیل تا حد نهایت تخریب و سرکوب شده است و هیچ چیز جز رخدادی بزرگ نمی‌تواند او را نجات بدهد و یا احتمالا خلاص کند.

جیل در این قسمت از داستان، ویولون را به زیر مبل پرت می‌کند و برای آرام‌کردن گریه و اعتراض بچه مقداری از قرض خواب‌آور السا را در شیر بچه حل می‌کند تا بتواند برای دقایقی هم که شده آرامش را تجربه کند. و خود نیز از همان قرص می‌خورد. در زمانی که او به خواب می‌رود و نوزاد نیز می خوابد، السا، ایونا و مادرشان از سفر یک روزه خود باز می‌گردند. ایونا به سراغ کودک می‌رود و او را مرده می‌بیند و شروع می‌-کند به داد و فغان کردن. جیل گیج و منگ از خواب بر می‌خیزد و السا سعی می‌کند هم‌چون یک مرد اوضاع را مدیریت کند. السا در ذهن خود

تا انتهای فاجعه پیش می‌رود تا بتواند آبروی خانواده را حفظ کند. در اصل خانواده به عنوان نمادی از جامعه تحت هیچ شرایطی نباید از هم بپاشد، ولو به قیمت پنهان‌کردن واقعیت. مصلحت همواره در حفظ منافعی است که خانواده و البته جامعه با مناسبات کنونی‌اش را برپا و استوار نگه می‌دارد. البته این مصلحت از دید کسانی است که خود صاحب منافعند و السا در جایگاه مرد خانواده مسئول اصلی و البته اصلی‌ترین صاحب‌منافع در این جامعه در حال فروپاشی است.

- مقوله‌های اصلی و فرعی: داغ ننگ، مردسالاری حاکم بر جامعه، جایگاه زن(جایگاه فرودست زن)

«حالا السا می‌تواند به بعضی از کارهایی که باید انجام شوند فکر کند. هر اتفاقی که افتاده باشد، نباید حرفی از چیزی مثل قتل زده شود. شده که نوزادها بی‌هیچ دلیلی در خواب بمیرند. او در این باره شنیده است. حرفی از پلیس زده نخواهد شد. کالبدشکافی در کار نیست. یک تشییع جنازه غم‌انگیز کوچک. تنها مانع این کار ایونا است. دکتر شانتز الان می‌تواند آمپولی به ایونا بزند؛ آمپول او را به خواب خواهد برد. اما نمی‌-تواند که هر روز به او آمپول بزند. کار درست بردن ایونا به موریسویل است. بیمارستانی است برای دیوانه‌ها.»(رویای مادرم:۶۲)

«بهایی که برای آبرومندی این خانواده پرداخت و ضربه‌هایی که خورد، از زندگی حرفه‌ای ناجوانمردانه پدرش، حواس مغشوش مادرش تا شکست خوردن ایونا در دانشکده پرستاری و عزیمت و کشته شدن جرج. آیا السا علاوه بر همه این ها نیاز به یک رسوایی در ملأعام هم

دارد –داستانی در روزنامه‌ها، محاکمه یا شاید حتی زن برادری در زندان؟»(رویای مادرم:۶۳)

همانطور که بیان شد، السا تمام توانش را برای حفظ آبروی خانواده می-گذارد.

- مقوله‌های اصلی و فرعی: مردسالاری حاکم بر جامعه، داغ‌ننگ

«حالا صحنه‌ی مضحکی شروع می‌شود، این ور و آن ور دویدن ایونا، کوبیدن خودش به در ورودی، السا می‌پرد تا جلوی او را بگیرد و بعد دکتر شانتز که او را روی پله‌ها گیر می‌اندازد و درحالی که بازوهای او را به هم قلاب می‌کند و می‌گوید: «خب. خب. خب. ایونا. آروم باش. یک دقیقه دیگه خوب میشی» روی او می‌نشیند. و ایونا داد می‌زند و مویه می‌کند و از رمق می‌افتد. صداهایی که در می‌آورد، دست و پا زدنش، و تلاشش برای فرار، همه مثل نقش‌بازی کردنند. درست انگار – با این که به معنای واقعی کلمه عقلش به جایی قد نمی‌دهد- آنقدر مقاومت در برابر السا و دکتر شانتز را ناممکن می‌داند که فقط سعی دارد با چنین عملی ادای آن را درآورد. که ثابت می‌کند –و شاید نیت واقعی او همین است- که او در برابر آن‌ها نه در حال ایستادگی که در حال خرد شدن است. خرد شدنی به غایت شرم‌آور و ناخوشایند، وقتی السا سرش داد می زند: «باید حالت از خودت بهم بخوره.»»(رویای مادرم:۶۳)

در حین فاجعه همه به مراتب بیش از پیش سرکوب می‌شوند، به جز مرد خانواده یا همان السا. ایونا با از دست دادن تنها دست‌آویزش که او را به زندگی اجتماعی وصل می‌کرد و به او هویت می‌داد، در برابر السا که حالا بیش از همیشه یک مرد شده است، فرو می‌پاشد

- مقوله‌های اصلی و فرعی: رویا و رویا پردازی، فراموش‌شدگی زن

ایونا جنازه کودک را در حین فرارش از دست همه و پیش از گرفتار آمدنش به دست دکتر شانتز، به زیر مبل هل داده است.

«من آن‌جا هستم، هل داده شده کنار ویولون.»(رویای مادرم:۶۴)

نوزادی که ایونا قایمش کرده بود، در زیر مبل و کنار ویولون جا گرفته است. هر دو رها شده و در هم پاشیده. خانواده‌ای از دست رفته و هدفی که بیش از همیشه دور از دسترس است.

- مقوله‌های اصلی و فرعی: مادری(۱. مادر- حمایتگر، ۲. مادر- پرستار، ۳.هویت یافتن به واسطه رفتارهای مادرگونه)، برخورد با مسائل(استواری و ایستادگی)،

«در آن لحظه جیل شنید. جیل آن کسی بود که شنید.»(رویای مادرم:۶۷)

این جیل است که بعد از بروز رخداد و فاجعه برخلاف دیگران از هم نپاشیده و بر خلاف گذشته، تنها کسی است که توانایی حل مسئله را دارد. این جیلِ مادر است که در آن همهمه، صدای نالۀ ضعیف نوزاد را می‌شنود. به شکلی او باید این صدا را بشنود و در غیر این صورت تمام هستی‌اش از بین می‌رود. او دیگر مادر شده است و مادری را در وجود خود یافته است.

- مقوله‌های اصلی و فرعی: فراموش شدگی زن، مردسالاری حاکم بر جامعه

«خانم کرکام واقعا دلش نمی‌خواست دراز بکشد. می‌خواست همه چیز را برایش توضیح بدهند. می‌دانست که برداشت‌های خودش یک‌جورهایی قابل قبول نیستند. و می‌خواست که دیگران مثل گذشته با او حرف بزنند، نه به شیوهٔ غیر عادی و از خود راضی که حالا می‌زدند.»(رویای مادرم:۶۹)

در تمام داستان زن پیر یعنی مادر جرج و السا و ایونا نقشی حاشیه‌ای دارد. او فراموش شده است و در هم‌شکسته، و این همه، باری است که از زندگی درازش بر دوشش باقی مانده است. دیگران او را در بحث‌ها و اتفاقات مشارکت نمی‌دهند. نماد یک مادر کلیشه‌ایِ سنتی در یک جامعه سنتی مردسالار. او تولیدش را کرده، فرزندانش را به دنیا آورده و پرورانده و گویی حالا دیگر به کاری نمی‌آید.

- مقوله‌های اصلی و فرعی: برخورد با مسائل(استواری و ایستادگی)، رویا و رویا پردازی

«زانو زد روی زمین و به آرامی ویولون را از مخفیگاهش بیرون کشید. روکش و جعبه‌اش را پیدا کرد و آن را به شکل مناسب آن‌طور که باید سر جایش گذاشت. من تکان نخوردم. –هنوز خوب نمی‌توانستم غلت بزنم.- و ساکت ماندم.»(رویای مادرم:۶۹)

ترس از دست دادن بچه و بازیابی او، برای جیل یک رخداد است. رخدادهای اجتماعی و شخصی توانایی ایجاد هر تغییر ناگهانی را دارند و جیل حالا استوارتر از هر زمان دیگری شده‌است. کودک را بازیافته، هرچند برخلاف رویه و مناسبات موجود و به شیوهٔ خاص خودش. و حالا به دنبال هدفی است که به دنبالش بوده است؛ نواختن ویولون. تنها از

طریق مرگ نمادین کودک بود که ویولون می‌توانست بازگردد و این اتفاق افتاد، مرگ نوزاد و متولد شدن دوباره او که به دنبالش متولد شدن دوباره جیل و ویولون نیز می‌آید.

- مقوله‌های اصلی و فرعی: مادری

«و عشق ایونا، که به حتم خالصانه‌ترین عشقی است که در تمام عمر نصیبم شده، نبود که برم گرداند. گریه‌هایش و فشردن من به بدنش اثر نکردند، نهایتا قانع کننده نبودند. چون ایونا نبود که باید به حضورش تن می‌دادم... جیل بود. باید به جیل و آنچه می‌توانستم از او بگیرم راضی می‌شدم. حتی اگر به نظر ناکافی می‌آمد.»(رویای مادرم:۷۰)

در پاراگراف بالا اهمیت جایگاه جیل در بازگرداندن کودک عنوان شده است. مادری که تنها به خاطر اوست که خانواده سرپا باقی می‌ماند.

- مقوله‌های اصلی و فرعی: جایگاه زن(جایگاه فرودست زن)، مادری

«به نظر من درست همان موقع بود که به جنس زن درآمدم. می‌دانم که این موضوع مدت‌ها پیش از تولد من تعیین شده بود و برای هر کس دیگری از ابتدای زندگی‌ام روشن بوده، اما باور دارم این اتفاق درست همان زمانی افتاده که تصمیم گرفتم برگردم، که دست از جنگیدن علیه مادرم برداشتم، در واقع وقتی که بقا را در برابر پیروزی برگزیدم (از نظر نویسنده مرگ آن پیروزی به حساب می آمده)، آن وقت بود که طبع زنانه‌ام را پذیرفتم.»(رویای مادرم:۷۰)

تاثیر گذارترین قسمت داستان را شاید بتوان همین پاراگراف بالا دانست؛ از نظر نویسنده داستان، سرنوشت زنان پذیرش بقا در برابر پیروزی است که این پیروزی معادل با مرگ قرار گرفته است. نوزاد اما

این بار، راه بقا را همچون بسیاری زنان دیگر انتخاب می‌کند. راهی که اگرچه موجب نجات خودش و جیل می‌شود اما باعث می‌شود هر دوی آن ها در ادامه به انسان‌هایی معمولی تبدیل شوند.

- مقوله‌های اصلی و فرعی: مادری، برخورد با مسائل(تسلیم شرایط شدن)

«و به تعبیری جیل هم طبع خودش را پذیرفت. هوشیار و سپاسگزار، در حالی که حتی جرات نمی‌کرد به خطری که از بیخ گوشش رد شده بود، فکر کند، پذیرفت که دوستم داشته باشد، چون جایگزین دوست داشتن، فاجعه بود.»(رویای مادرم:۷۱)

- مقوله‌های اصلی و فرعی: داغ ننگ، وابستگی زن به مرد، تأثیر آموزه‌های اجتماعی(صبر و بردباری)، برخورد با مسائل(استواری و ایستادگی)

«آن وقت‌ها هیچ حرف توهین‌آمیزی هم دربارهٔ موسیقی جیل زده نمی‌-شد. هر چه بود، او زندگی‌مان را از این راه می‌گرداند. او آخر سر مغلوب مندلسون نشد. دیپلمش را گرفت، از کنسرواتوار فارغ‌التحصیل شد. موهایش را کوتاه کرد و لاغر شد. توانست دوبلکسی نزدیک هایپارک در تورنتو اجاره کند و خانمی را استخدام کند که بعضی اوقات از من نگهداری کند چون مستمری بیوه جنگی بودنش را داشت. بعد هم در یک ارکستر رادیویی کاری پیدا کرد. حتما از این که تمام سال‌های کاری‌اش به عنوان نوازنده استخدام شده بود، و هر گز نباید خود را تا حد معلمی پایین می‌آورد، احساس سربلندی می‌کرد. می‌گفت می‌داند که ویولونیست بزرگی نیست، نبوغ یا طالع خارق‌العاده‌ای ندارد، اما دست کم زندگی‌اش را از طریق کاری می‌گرداند که دوست دارد

انجامش دهد. حتی بعد از این که با ناپدری‌ام ازدواج کرد، بعد از این که همراه او به ادمونتون نقل مکان کردیم (او زمین شناس بود) رفت و در ارکستر سمفونی آنجا نوازندگی کرد. تا یک هفته قبل از به دنیا آمدن هر یک از خواهرهای ناتنی‌ام به نوازندگی ادامه داد. می‌گفت خوش-شانس بوده که شوهرش هیچ وقت مخالفتی با این کار نداشته است.»(رویای مادرم:۷۲)

• جیل بعد از این فاجعه از خانواده شوهرش جدا می‌شود و تا زمان ازدواج مجدد و به دنیا آمدن دو دختر کوچک‌تر خود به نواختن ویولون ادامه می‌دهد و تا پیش از ازدواج مجددش به کسب درآمد از همین طریق می‌پردازد. او بالاخره مادر بودن خود را پذیرفته است. او مبارزه می‌کند. او مغلوب نمی‌شود و تلاش می‌کند مستقل باشد و به تنهایی زندگی‌اش را اداره کند، جیل به هدف خود تا حدودی دست یافته اما او رفته رفته به زنی معمولی تبدیل شده است. نشانگر این ادعا همین است که او هدفش تغییر کرده و اکنون، از اینکه شوهری پیدا کرده که با نواختن ویولون او مخالفتی ندارد، شاکر است و این را خوش‌شانسی قلمداد می-کند. به علاوه، ارتباط او با السا صمیمی‌تر از قبل شده و مانند بسیاری از مادران معمولی اطرافش با کودکانش برخورد می‌کند. جیل زنی عادی است، زنی که زمانی جنگیده و زمانی دست از جنگیدن با مناسبات پیرامونش برداشته است. جیل را همچون هر زن دیگری باید در مناسبات خاص اجتماعی خودش شناخت.

• مقوله‌های اصلی و فرعی: حمایت زنان از یکدیگر، مادری(۱. مادر-پرستار، ۲. تعارض مادری و زنانگی)، از خود بیگانگی زن

»در آن دیدار احساس کردم به حساب آورده نمی‌شوم. هم جیل و هم السا شروع کرده بودند به سیگارکشیدن. شب تا دیروقت بیدار می‌ماندند. پشت میز آشپزخانه قهوه می‌خوردند و سیگار می‌کشیدند و تا شیر دادن ساعت یک بچه صبر می‌کردند. مادرم از سینه خودش به این بچه شیر می‌داد ‐ خوشحال بودم که می‌شنیدم چنین غذای لزج و هم‌دما با بدنی به من داده نشده بود... آن‌ها به طرز غیر قابل وصفی دوستان خوبی شده بودند.«(رویای مادرم:۷۳)

جدول خلاصه مقوله‌های اصلی و فرعی به دست آمده از داستان دوم؛ رویای مادرم

مقوله‌های اصلی	مقوله‌های فرعی
1. مادری	1. مادر- پرستار 2. مادر- حمایتگر 3. مادر- منفعل 4. تعارض مادری و زنانگی 5. هویت یافتن زن به واسطه رفتارهای مادری 6. جایگزینی شخصی به جای مادر اصلی
۲. نمود فشارهای اجتماعی بر زن	1. وسواس 2. اضطراب
3. تأثیر آموزه‌های اجتماعی	صبر و بردباری
4. از خود بیگانگی زن	
5. جایگاه زن	1. جایگاه فرودست زن 2. جایگاه محترم زن باردار
6. وابستگی زن به مرد	1. وابستگی روانی 2. وابستگی مالی
7. تعلق زن به مرد	
8. برخورد با مسائل	1. فرار 2. تسلیم شرایط شدن 3. استواری و ایستادگی

داستان سوم: داستان «نفرت، دوستی، خواستگاری، عشق، ازدواج»

چکیده داستان:

جوهانا خدمت کار یک خانه اشرافی است. او از پیرمرد صاحب آن خانه و امور مربوط به آن، و نوه‌ی او، که دختر بچه‌ای است که مادرش، (یعنی دختر صاحبخانه) را از دست داده، مراقبت می‌کند. دختربچه در نوجوانی، قصد می‌کند که با خانواده خاله‌اش زندگی کند. درست پیش از آن، او و یکی از دوستانش، شروع می‌کنند به فرستادن نامه‌هایی عاشقانه برای جواهانا، با امضا و آدرس پدر دختر (نوه)، که به پدر زن خود حسابی مقروض است و در بستر بیماری افتاده است.

نتیجه نامه‌ها، رفتن ناگهانی جواهانا به سوی شهری است که پدر دختر در آن زندگی می‌کند. او مرد را در حالت بیماری پیدا کرده و از او مراقبت می‌کند. مرد که بیش از هر چیز به یک حامی و پرستار نیاز دارد، او را بدون هیچ سوالی می‌پذیرد و در انتهای داستان مشخص می‌شود که این‌دو، با هم ازدواج کرده و صاحب فرزند شده‌اند.

- **شخصیت های زن داستان:**

نقش اصلی: جوهانا

نقش‌های فرعی: سابیتا و دوستش، مادر دوست او، دخترخاله سابیتا، دو معشوقه پدر سابیتا، فروشنده لباس

و نقش‌های مرد که همه نقش‌های فرعی هستند: آقای مک کالی، پدر سابیتا، پدر دوست سابیتا، راننده، کارمند راه آهن

تحلیل داستان:

- مقوله های اصلی و فرعی: گفتمان جنسیتی، مردسالاری حاکم بر جامعه

> «مامور ایستگاه معمولا سعی می‌کرد کمی سر به سر خانم‌ها بگذارد، بخصوص آن‌هایی که ساده‌تر بودند و گویا از این طرز برخورد استقبال هم می‌کردند. گفت: « اثاث؟ »، طوری که انگار چنین فکری هرگز تا پیش از این به ذهن کسی خطور نکرده است. «خب، حالا منظور چه نوع اثاثی هست؟»، یک میز ناهارخوری با شش صندلی. یک سرویس خواب کامل، یک کاناپه، یک میز قهوه‌خوری، چند میز عسلی، یک آباژور. همین‌طور یک بوفه بلند و یک بوفه کوتاه. «چه خبره! منظورتون یه خونه کامله؟ »» (نفرت،دوستی...، ۱۳۹۶، ۱۸۳)

در گفت و گوی مسلط مردانه در جامعه، زن برابر با کودک قرار گرفته می‌شود. می‌توان او را دست انداخت، تحقیرش کرد و دست آخر اگر عصبانی شد با یک برچسب چون؛ پتیاره، بی چاک و دهن یا بی حیا،... بدرقه‌اش کرد. گفتمان جنسیتی، یکی از نشانه‌های جوامع مردسالار است. نحوه لحن گوینده، طریقه توجه شنونده به صحبت‌ها، اصطلاحات روزمره و حتی ناسزاهایی که در بین مردم رد و بدل می شود مشخص کننده وجود این گفتمان در جوامع است. البته، نوع گفتمان رایج در جامعه را می توان، از رسانه‌های نوشتاری، کتاب‌ها و برنامه‌های تلویزیونی نیز تعیین کرد.

«گفتمان، سازه‌ای اجتماعی از واقعیت است که با زاویه‌ای خاص و بنا به شرایط اجتماعی-ایدئولوژیکی، دانشی ارائه می‌کند و مثلا زبان را در قالب وضعیت تعاملی گوینده و شنونده یا نویسنده و خواننده، صورت و معنا می‌بخشد. گفتمان، با تعیین مواضع ذهنی افراد و گروه‌ها، ایدئولوژی‌های تسهیل‌کننده‌ی انجام

کردارهای اجتماعی را فراهم می‌آورد و البته می‌تواند با سایر گفتمان‌ها نیز تعامل داشته باشد»(محمدی اصل، ۱۳۸۹: ۲۵).

اگر برخی گروه‌های فمینیستی و در کل جنبش‌هایی را که در راستای آزادی زنان مبارزه می‌کنند و افراد آن‌ها را مستثنئ کنیم، می‌توان گفت که، گفتمان جنسیتی یکی از جهان شمول‌ترین و رایج‌ترین گفتمان های موجود است. در این گفتمان، عموما مرد متکلم و زن مخاطب است. البته این گفتمان، شامل زنان هم می‌شود، به طوری که در بسیاری موارد، هنگامی‌که یک زن شروع به سخن گفتن می‌کند، در جایگاهی ضد زن و مردانه به این کار مبادرت می‌ورزد.

«تربیت خانوادگی و تحصیل مدرسه‌ای، پسران و دختران را از همان ابتدا از هم جدا کرده و در مقابل هم می‌گذارد. سرمشق گرفتن خانواده و مدرسه از مناسبات اجتماعی، سپس محور مذکر و حاشیه‌ی مونث را میان مرد متکلم و زن مخاطب، به جریان می‌اندازد و تعارض جنسیتی را در این پرتو، به سلسله مراتبی نابرابر اعتلا می‌بخشد. بی‌توجهی نظریه به سکوت و غیاب زنانه در این عرصه قاعدتا غلط انداز می‌شود و عنایت به آن، محتاج بینش و روشی جدید است. مثلا در تحلیل محاوره می‌توان دریافت که، وقتی زن لب از لب می‌گشاید، همواره به عنوان زن سخن نمی‌گوید بلکه بنا به نوعی مشارکت گروهی، هویت و جایگاهی را منادی می‌شود که گاه ضد زن است و این البته شرط تداوم تعامل در گروه به شمار می رود»(همان: ۵۵).

- مقوله های اصلی و فرعی: گفتمان جنسیتی، برخورد با مسائل(استواری و ایستادگی)، جایگاه زن(جایگاه فرودست زن)، مردسالاری حاکم بر جامعه

«« خب، می‌دونین، وقتی اثاثتون رو می‌خرین توی مغازه است، درسته؟ ولی هیچ وقت فکر کردین چطور رسیده اونجا؟ توی مغازه که ساخته

نشده، شده؟ نه. یه جایی تو یه کارخونه ساخته شده و بعد فرستاده شده اونجا و این کار احتمالا با قطار صورت گرفته. پس اگه اینطور باشه، این خودش نشون نمیده که راه آهن کارش رو بلده؟»، زن بدون لبخند یا هیچ نشانی از پذیرفتن حماقت زنانه‌اش به زل زدن به او ادامه داد. گفت: «امیدوارم. امیدوارم کارش رو بلد باشه.»» (نفرت،دوستی،...، ۱۳۹۶، ۱۸۷)

زن، همچنان در حال تحقیر شدن زبانی است. در این‌جا، عقل و منطق او نیز هرچند به صورت غیرمستقیم، به سخره گرفته می‌شود. اما زن، در قبال این تحقیر زبانی ساکت است و به جواب دادن به بی‌احترامی فرد مذکر، نمی‌پردازد؛ چرا که جامعه، چه از نظر رفتاری و چه از نظر گفتمانی و زبانی، این فرصت را از او گرفته است.

«مثلا، سکوت زن در عرصه عمومی به رضای او تعبیر می شود؛ زیرا متن نابرابر سالار فرهنگ مذکر چنین ارزشی را به غیاب سخنوری زنانه منسوب می‌دارد. از سوی دیگر در این فرهنگ به سخنان زنان به لحاظ احساسی بودن و کم عقلی آنان چندان توجهی نمی‌شود یا با انتساب روده درازی و سنگ پا گم کردن در هنگام گردهمایی به ایشان، تلاش می‌گردد از سخنوری‌شان ارزش زدایی شود. مع هذا، اصل بر این است که زنان به لحاظ دیگرگون اندیشیدن و سخن گفتن نسبت به مردان باید خاموش مانند؛ زیرا مردان چیزی می‌گویند که با کردار و پندار و گفتار زنان متفاوت است. بر این اساس، مردان متکلم وحده می‌شوند و مخاطبان یگانه فرهنگ می‌نمایند و حتی منویات زنانه را به زبان خویش می سازند»(همان:۱۳۱ - ۱۳۰).

- مقوله های اصلی و فرعی: داغ ننگ، تعلق زن به مرد، مرد سالاری حاکم بر جامعه، جایگاه زن(جایگاه فرودست زن)

«زمانی که زن داشت پول‌هایش را در می‌آورد، مرد با نگاهی به دست چپ او فهمید که او ازدواج نکرده است و تعجب هم نکرد. با توجه به آن کفش‌ها و آن جوراب‌های ساق‌بلند به جای جوراب زنانه، بدون کلاه و دست‌کش در بعد از ظهر، می‌توانست زنی دهاتی باشد. اما دو دلی یا شرم معمول آن‌ها را نداشت. تربیت روستایی نداشت – در حقیقت هیچ نوع تربیتی نداشت. با مرد طوری رفتار کرده بود که انگار او یک دستگاه اطلاع رسانی است. در ضمن، یک آدرس محلی داده بود –خیابان نمایشگاه. کسی که زن واقعا او را برایش تداعی می‌کرد راهبه‌ای با لباس شخصی بود که توی تلویزیون دیده بود و در مورد مأموریت تبلیغی که جایی توی جنگل انجام داده بود صحبت می‌کرد –احتمالا لباس‌های مذهبی‌شان را آن‌جا در آورده بودند تا راحت‌تر از بلندی‌ها بالا بروند. راهبه هر از چندی لبخند می‌زد تا نشان دهد که دین او قرار است مردم را شاد کند، اما بیشتر اوقات طوری به تماشاچیانش نگاه می‌کرد که گویی باور دارد بقیه مردم به این دلیل به دنیا آمده‌اند که او حاکمشان باشد.» (نفرت،دوستی...، ۱۳۹۶: ۱۸۸)

زن داستان، از آن‌جایی که هیچ‌کدام از قواعد زنانه تحمیلی، از طرف جامعه مردانه را نپذیرفته و با جوراب های نایلونی و کفش پاشنه بلند و... ظاهر نشده است، و به علاوه، انگشتری نیز مبنی بر متأهل بودن بر دست ندارد، مورد قضاوت مرد مأمور راه آهن قرار می‌گیرد. او با برچسب «به دور از تربیت» در ذهن مرد تعریف می‌شود، چرا که به شوخی‌های او توجهی نشان نداده است، مرد را آن‌طور که باید «ارباب یا خدایی» را تحویل گرفت، تحویل نگرفته است، و از همه مهم‌تر،

به او دستور می‌دهد. این جایگاه، به هیچ‌عنوان برای مردِ بزرگ شده در نظام مردسالار مورد پذیرش نیست. او باید به هر نحوی که هست برتری خود را نسبت به زن مخاطبش نشان دهد، و در مقام مأمور و کار راه‌انداز راه آهن، این کار از عهده او خارج است و تنها زمانی می‌تواند آن را به منصه ظهور برساند که، خللی در کار زن ایجاد کند، و یا متوصل به برچسب‌ها و تفکرات قالبی و استریوتایپ-های[۱۹۰] موجود برای تحقیر زن شود، که او البته راه دوم را انتخاب می کند.

- مقوله های اصلی و فرعی: از خود بیگانگی زن، جایگاه زن(جایگاه فرودست زن)

«درست رو به رویش یک آینه‌ی قدی او را در کت بلند مرغوب اما بی-ریخت خانم ویلتز نشان می‌داد. با چند سانت پای کج و کوله‌ی لخت بالای جوراب های ساق بلند.» (نفرت،دوستی...، ۱۳۹۶: ۱۸۹)

جوهانا، با مدل‌های تعریف شده زیبایی زنان، فاصله زیادی دارد. او پاهای درشت و غیر ظریفی دارد، دست های کار دیده و پوستی که چندان لطیف نیست. او هیکل درشتی دارد که با لباس‌های مد روز، جور درنمی آید. برای تعریف زیبایی زنان در جامعه سرمایه داری، دستگاه‌های زیادی به کار انداخته شدند تا مدل ایده‌آل را به نمایش بگذارند. مدلی که همه زنان باید با آن مقایسه شوند. این مدل، زنی ظریف، آفتاب ندیده و کار نکرده است. مدلی که حتی در جوامع مردسالار پیش از سرمایه‌داری، در نزد بسیاری از فرهنگ‌ها، زیبا تلقی نمی‌شده است.

«ثروتمندان بی‌کاره‌ی جامعه سرمایه‌داری، برای پوشاندن زیست تهی، ملال‌آور و انگل‌وار خود، به پراکندن این اندیشه پرداختند که زندگی بیکارگی «زندگی

---

[190] Stereotype: تفکرات قالبی و کلیشه‌ای

خوب» و «زندگی زیبا» است. برای نشان دادن گواه، آن‌ها دستان نرم و کار نکرده و سپیدِ یاس مانند خود را با ناخن‌های بلند سرخ رنگ به نشانه‌ی زیبایی و زندگی خوب بالا بردند»(هنسن و دیگران، ۱۳۸۱: ۱۲۰).

- مقوله های اصلی و فرعی: برخورد با مسائل(استواری و ایستادگی)، از خود بیگانگی زن

«جوهانا با صدایی تمرین شده گفت: «فکر کردم بشه کت و دامن پشت ویترین را پرو کنم، اون سبزه.»، زن گفت: «اوه، اون کت و دامن نازیه. اونی که توی ویترینه سایز دهه. شما به نظرم... چهارده هستین؟»، جیر جیر کنان از کنار جوهانا برگشت به آن قسمت از مغازه که لباس‌های معمولی‌تر، کت و دامن‌ها و پیراهن‌های روز آویزان بودند. «خوش‌شانس هستین. چهارده همین‌جا است.»، پیش از هرچیز، جوهانا به برچسب قیمت نگاه کرد. راحت دو برابر آن چیزی بود که او انتظار داشت و قصد نداشت طور دیگری وانمود کند. «خوب گرونه.»، «بافت خیلی ظریفی داره.» زن خنگ‌بازی در آورد تا کاغذ آرم آن را پیدا کند و بعد توضیحات راجع به جنس آن را خواند. جوهانا خیلی هم به او گوش نمی‌داد چون لبه ی لباس را گرفته بود تا دوخت تو دوزی‌ها را بررسی کند.» (نفرت،دوستی...، ۱۳۹۶: ۱۹۱ – ۱۹۰)

مسئله‌ی بر طبق مد روز بودن، برای زنان ثروتمند یک سرگرمی و البته، یک سرکوب ایدئولوژیکی پنهان است. اما برای زنان طبقات فرودست، تنها به همین مسئله خلاصه نمی‌شود. آن‌ها به دلیل چهره‌ها و پوست‌های آفتاب‌دیده و کارکرده‌ی خود، مجبورند هزینه بیشتری برای منطبق شدن با مد و مدل ایده‌آل بپردازند، به علاوه، سطح درآمد آن‌ها بسیار پایین است و درصد زیادی از آن را

باید خرج زیبا شدن کنند. از همین روست که جوهانا و زنانی مثل او، ستمی مضاعف از دستگاه تبلیغات مد و آرایش بر دوش می‌کشند.

- مقوله های اصلی و فرعی: از خود بیگانگی زن

«اول فقط به لباس نگاه کرد. خوب بود. اندازه اش خوب بود. دامنش کوتاه‌تر از آن بود که او عادت داشت، اما خب چیزی که او به آن عادت داشت مد نبود. لباس هیچ مشکلی نداشت. مشکل چیزی بود که از آن بیرون می‌زد. گردنش و سرش و صورتش و دست‌های بزرگش و پاهای کلفتش.

«به جایی رسیدین؟ می تونم یه نگاهی بندازم؟»، جوهانا فکر کرد هرچقدر می‌خواهی نگاه بیانداز (آدم زشت با لباس زیبا عوض نمی شود.)، خودت هم به زودی خواهی‌دید. زن اول از یک زاویه و بعد از زاویه‌ی دیگر نگاه کرد. «البته به جوراب نایلون و پاشنه بلند نیاز دارین. چطوره؟ توش راحتین؟» ، جوهانا گفت:« لباسه خوبه. مشکل لباسه نیست.»» (نفرت،دوستی...، ۱۳۹۶: ۱۹۲ - ۱۹۱)

شخصیت زن، چه بخواهد چه نخواهد، طبق جریانات و مدها و کلیشه‌های موجود در جامعه شکل گرفته است. زن، زیبایی و شخصیت‌اش را از جامعه گرفته و در نتیجه، چون هم‌خوانی با آن حس نمی‌کند، اعتماد به نفش‌اش را از دست داده و خود را زشت و نام‌گون می‌بیند. او در آخر مجبور شده است که برای ادامه زندگی و زیباتر بودن، به این تفکرات و مدها تن بدهد.

نکته دیگری که زنان فرودست در جریان زیبا شدن قربانی آن می‌شوند، سرکوب شخصیتی آنان است. تحت هیچ شرایطی، آن‌ها نمی‌توانند مانند زنان ثروتمند از چندین دست لباس مارک‌دار، برخوردار باشند. از همین‌رو آن‌ها مجبورند، یک

لباس مارک‌دار یا چندین لباس بی‌کیفیت ولی متنوع را خریداری کنند. اگر حتی بپذیریم که مخاطبان، در برخورد با آن‌ها این نکته را متوجه نمی‌شوند، هم‌چنان خود آن‌ها بر این واقعیت واقفند، و این واقعیت به شدت خود آن‌ها را سرکوب می‌کند.

«کوهی از کالاها که در یک هفته فروخته شده است، ممکن است با دستور مد تازه کهنه اعلام شود. در اینجا ما نمونه خوبی داریم که آیا زنان چیزهایی را که نیاز دارند و می‌خواهند، به دست می‌آورند یا آن‌چه را که می‌خرند، از روی نیاز و خواست اجباری است. به تازگی روزنامه نیویورک تایمز نوشته است که کریستین دیور، طراح نامدار مُدِ ثروتمندان، که سبک لباس‌های او برای فقیران کپی می‌-شود، این توان را دارد که دامن پنجاه میلیون زن آمریکایی را یک شبه بالا ببرد یا پایین بیاورد یا هر دو کار را انجام دهد. تفاوت سه یا چهار اینچ در بلندی دامن می‌تواند دنیای زنان را زیر و رو کند. شاید برای ثروتمندان دور انداختن لباس-هایشان و خرید لباس نو گونه‌ای سرگرمی باشد اما برای بینوایان، مصیبت بار است. با این همه، درست از طریق چنین دستورهای مد است که سودجویان پروارتر می‌شوند»(همان: ۱۱۳).

- مقوله های اصلی و فرعی: حمایت زنان از یکدیگر، فراموش شدگی زن، مردسالاری حاکم بر جامعه، وابستگی زن به مرد

«زن گفت: «نمی‌دونم. شاید اهل اینجا بودم اوضاع فرق می‌کرد. به نظر من مردم اینجا خیلی غریب‌کشان. شما که محلی نیستین، هستین؟»، جوهانا گفت: « نه.»، «به نظرتون غریب‌کش نیستن؟»، غریب کش؟ « منظورم اینه که یه آدم غیر خودی سخت می‌تونه با اونا قاطی بشه.»

جوهانا گفت: «من عادت دارم تنها باشم.» ، «اما شما یک نفر رو پیدا کردین. دیگه لازم نیست تنها باشین، قشنگ نیست؟ یه روزهایی فکر می‌کنم چه موهبتیه که آدم متأهل باشه و توی خونه بمونه. البته من متأهل هم که بودم به هر حال کار می‌کردم. آه، خب. شاید مردی از کره ماه یه روز بیاد تو و عاشق من بشه و وضعم خوب خوب شه.»» (نفرت،دوستی...، ۱۳۹۶: ۱۹۶)

زن فروشنده، مطلقه است و در حالی که کسب و کاری برای خودش دارد و از استقلال خوبی برخوردار است، آرزو می‌کند که ای کاش همسری داشت، تا مجبور نباشد کار کند. در جامعه مرد سالار این تنها مرد نیست که نمی‌خواهد زن کار کند. همان‌طور که گفتیم، گفتمان مردانه و ایدئولوژی مردانه را، زنان نیز کسب و استفاده می‌کنند. در بسیاری از مواقع، زنان به خاطر نحوه آموزششان، تنها زمانی احساس رضایت می‌کنند که خواسته‌های مردسالارانه جامعه را رفع کنند. بسیاری از زنان دوست دارند که مردی غیرتی، حامی آن‌ها باشد، خود را ضعیف می‌دانند و کار کردن را یک جور جفا. البته می‌توان تصور کرد که، زنی که بر خلاف این آموزه‌ها حرکت کند یا مطلقه باشد، تحت چه فشار اجتماعی قرار می‌گیرد و گاهی اوقات، برای رها شدن از این فشارها دوباره به مناسباتی که از آن گسسته، تن می‌دهد.

- مقوله های اصلی و فرعی: از خود بیگانگی، تعلق زن به مرد

«از بابت اشاره‌اش به ازدواج احساس حماقت می‌کرد، خود مرد اسمی از ازدواج نبرده بود و باید این را در نظر می‌گرفت. آنقدر حرف‌های دیگر زده شده بود - یا نوشته شده بود- چنان شیفتگی و نیازی ابراز شده بود که به نظر می‌رسید امر ازدواج صرفا از قلم افتاده باشد. همان‌طور که

ممکن است آدم در مورد از خواب برخواستن حرف بزند و در مورد صبحانه خوردن نه، با این که حتما این قصد را داشته است. با همه این ها باید چاک دهانش را می بست.» (نفرت،دوستی... ، ۱۳۹۶: ۱۹۷)

زن، ناخودآگاه، به دنبال سر و سامان گرفتن است و این مسئله باعث شده تا در تیپ ظاهر و لباس پوشیدنش با وجود هزینه بالا تغییر ایجاد کند. برای زیبا و خوب جلوه کردن در نزد مردی دیگر. با وجود بیان نشدن مسئله ازدواج از طرف مرد، مسیر فکری زن، سریعا به سمت آن حرکت می‌کند و حتی اقدامات لازم را نیز انجام می‌دهد. جواهانا، فاقد اعتماد به نفس است. با این همه، تمام جرأت و شجاعت خود را جمع کرده است تا از زندگی که دارد بگسلد و به سراغ سرنوشتی برود که حداقل برای خواننده داستان، بسیار تاریک است. او نمی‌داند که تمام نامه‌هایی که از طرف مرد برای او فرستاده شده است، شوخی دو دختر نوجوان بوده و بس. و این مسئله تقریبا برای مخاطب و خواننده واضح است که به کجا ختم خواهد شد.

- مقوله های اصلی و فرعی: جایگاه زن(جایگاه فرودست زن)، مادری، فراموش شدگی زن، از خود بیگانگی زن

«این که کسی به او کشش پیدا کند اتفاق نادری بود و او مدت‌ها بود که این را می‌دانست. سابیتا هنگام خداحافظی از او ككش هم نگزیده بود - با این که می شد گفت جوهانا نزدیک‌ترین تصوری بود که سابیتا از یک مادر داشت، از وقتی مادر خودش مرده بود. آقای مک کالی از رفتن جوهانا به این دلیل ناراحت می‌شد که او سرویس خوبی می‌داد و پیدا کردن جایگزین برایش سخت بود، اما این تنها چیزی بود که او به آن

فکر می‌کرد. هم آقای مک کالی و هم نوه‌اش متفرعن و از خود راضی بودند.

همسایه‌ها هم بدون شک جشن می‌گرفتند. جوهانا با هر دو سمت ملک مشکل داشت. از یک طرف با سگ همسایه مسئله داشت که به باغچه او چنگ می‌زد تا ذخیره استخوان‌هایش را دفن یا دوباره پیدا کند، که بهتر بود این کار را در خانه خودش انجام دهد. و از طرف دیگر مسئله‌اش درخت آلبالو بود که توی حیاط مک‌کالی بود اما بیشتر محصولش را روی شاخه‌هایی می‌داد که روی حیاط بغلی خم شده بودند. در هر دو مورد قیل و قال راه انداخته بود و برنده شده بود. سگ به زنجیر کشیده شد و همسایه‌های دیگر از خیر آلبالوها گذشتند. اگر می‌رفت روی نردبام دستش به آن طرف و حیاط آن‌ها هم می‌رسید اما آن‌ها دیگر پرنده‌ها را از روی شاخه‌ها نمی‌پراندند و این در میزان محصول تغییر ایجاد کرده بود.» (نفرت،دوستی...، ۱۳۹۶: ۲۰۰ - ۱۹۹)

هیچ‌کس جوهانا را دوست ندارد. او تنها یک خدمتکار است، یک وسیله. شاید بتوان گفت که، جواهانا در واقع نماد اغراق‌شده‌ی کارخانگی مادران است. آن‌ها ظرف می‌شورند، پخت و پز می‌کنند، بچه (سابیتا)ها را بزرگ می‌کنند، ولی دیده نمی‌شوند. همان‌طور که در داستان دورنمای کاسل راک هم نشان داده شده است، حتی در شرایط بسیار متفاوتی مانند زندگی بر روی کشتی نیز، این وظایف از آن‌ها ساقط نمی‌شود. زنان مسئول همه آنچه در خانه اتفاق می‌افتد، هستند. از مراقبت از اثاثیه گرفته تا بچه‌ها و باغچه، و انجام هر کار و حل هر مشکلی بر عهده آنان است. از همین رو است که جوهانا، به عنوان نماد اغراق شده کار خانگی زنان، بر سر ایفای این مسئولیت سنگین، چهره خشک و خشنی از خود ساخته است.

- مقوله‌های اصلی و فرعی: نمود فشارهای اجتماعی(وسواس)، مردسالاری حاکم بر جامعه، جایگاه زن(جایگاه فرودست زن)

«اثاثیه تو اسطبل پشت خانه بودند که فقط در حد یک انبار بود نه یک اسطبل واقعی با حیوان و علوفه. حدود یک سال پیش که جوهانا برای بار اول نگاهی به آن‌ها انداخت حسابی خاک گرفته و پر از فضله کبوتر بودند. لوازم با بی‌احتیاطی روی هم تلنبار شده بودند بدون اینکه چیزی آن‌ها را بپوشاند. هر چه را که زورش می‌رسید کشیده بود توی حیاط، تا توی اسطبل برای دسترسی به تکه‌های بزرگ‌تر که زورش به آن‌ها نمی- رسید، جا باز شود. کاناپه و بوفه و کنسول و میز ناهار خوری. پاتختی‌ها را می‌توانست جدا کند. چوب‌ها را اول با دستمال گردگیری کرد و بعد روغن لیمو به آن‌ها مالید و وقتی کارش تمام شد، مثل آب‌نبات برق می- زدند - آب‌نبات افر، چوب‌ها از افرای طرح‌دار بودند. به چشم او فاخر می- آمدند، مثل رو تختی ساتن یا موی طلایی. فاخر و مدرن کاملا بر عکس چوب تیره و خش‌های آزار دهنده‌ی مبلمانی که داخل خانه از آن‌ها نگهداری می‌کرد. آن زمان به آن‌ها به چشم اثاثیه‌ی او نگاه کرده بود و این پنجشنبه که دوباره آن‌ها را بیرون آورد هم همین‌طور. روی آنهایی را که در زیر قرار می‌گرفتند، با ملافه‌های کهنه پوشانده بود تا در برابر آن‌چه رویشان تلنبار می‌شد، محافظت شوند و روی آن‌ها را که رو قرار می گرفتند هم پارچه کشیده بود تا از دست پرنده‌ها در امان باشند. در نتیجه، فقط غبار نرمی روی آن‌ها را گرفته بود. اما آن‌ها را قبل از این‌که به همان شکل دوباره سر جایشان بگذارد گردگیری کرد و روغن لیمو زد تا برای وانتی که جمعه می‌آمد آماده باشند.» (نفرت،دوستی...، ۱۳۹۶:

۲۰۳ - ۲۰۲)

جوهانا، حتی در زمانی که قصد دارد از وضعیت کنونی خود جدا شود، هم‌چنان بار این مسئولیت را بر دوش می‌کشد، او تمام اثاثیه‌ای را که قرار است با قطار نزد پدر سابیتا بفرستد، با دقت وسواس گونه‌ای تمیز می‌کند. وسواس یکی از نمودهای شخصیتی فشار بیش از حد اجتماعی است.گویی انجام این کاراها به هویت و شخصیت او تبدیل شده است. او مدام در پی مراقبت و نگهداری است، از آقای مک‌کالی، از سابیتا همانند دخترش و حتی گاهی از اسباب و اثاثیه. او در نامه‌ای که به آقای مک‌کالی می‌نویسد نیز، بر این موضوع تأکید می‌کند:

«آقای مک کالی عزیز

من امروز بعد از ظهر (جمعه) با قطار از اینجا می‌روم. می‌فهمم که این کار بدون اطلاع قبلی صورت گرفته. در عوض حقوق آخرم را که این دوشنبه می‌شود به اندازه سه هفته نمی‌خواهم. توی زودپز روی اجاق گوشت پخته هست که فقط باید گرم شود. به راحتی سه وعده غذا می-شود و شاید حتی تا وعده چهارم بکشد. به محض این که داغ شد و آن مقدار که می‌خواستید از آن برداشتید، درش را ببندید و بگذاریدش توی یخچال. یادتان نرود، بلافاصله درش را بگذارید تا فاسد نشود. با احترام به شما و سابیتا، و به احتمال زیاد وقتی جابیافتم با شما در تماس خواهم بود. جوهانا پری.

پ.ن: من اثاثیه‌ی آقای بودرو را برایشان فرستادم چون به آن نیاز داشتند. یادتان باشد وقتی دوباره گرمش می‌کنید آب کافی در زودپز باشد.» (نفرت،دوستی...، ۱۳۹۶: ۲۰۳)

- مقوله های اصلی و فرعی: جایگاه زن(جایگاه فرودست زن)، داغ ننگ، مردسالاری حاکم بر جامعه، گفتمان جنسیتی

«با خودش گفت لااقل باید خدا را شکر کند که کسی بالای سر سابیتا بود و لازم نبود او نگرانش باشد. دخترخاله اش –البته دختر خاله‌ی همسرش رکسان- گفته بود که سابیتا را به مدرسه خوبی خواهد فرستاد تا دست کم کمی متانت بیاموزد.» (نفرت،عشق...، ۱۳۹۶: ۲۰۴)

دختربچه باید متانت بیاموزد. خانواده و مدرسه، به عنوان دستگاه‌های ایدئولوژیک جامعه، یکی از مهم‌ترین وظایفشان، تحمیل و درونی‌کردن آموزه‌های سیستم کلی برای کودکان است. دختر باید متانت بیاموزد، آرام باشد، حرف شنوی بیاموزد، یادبگیرد که صدایش را بلند نکند، بلند نخندد و بسیاری از آموزه‌های دیگر.

- مقوله های اصلی و فرعی: مردسالاری حاکم بر جامعه، گفتمان جنسیتی

«(آقای مک‌کالی) متعلق به نسلی بود که گفته می شد بینشان مردهایی هستند که حتی نمی‌توانند آب را جوش بیاورند، و او یکی از آن ها بود.» (نفرت،دوستی...، ۱۳۹۶: ۲۰۷)

متون بالا نشانگر ناتوانی مرد از انجام ساده‌ترین کارها در خانه است. مفاهیم موجود در اجتماع و خانواده‌ها در جامعه سنتی مردسالار، به گونه‌ای است که کارکردن مرد در خانه، امری عجیب بوده و پذیرفته نیست و در زمره ناتوانی‌های او قرار نمی‌گیرد و حتی گاهی برای آنان نوعی افتخار و مردانگی به حساب می-آید. زن در خانه، تمامی کارها را انجام می‌دهد. او حتی برای داغ کردن غذا توسط مرد مدام باید به او یادآوری کند تا آب در غذا بریزد.

متن بالا را، از طرف دیگر، می‌توان کاملا در بستر یک گفتمان جنسیتی خواند و آن را به بررسی نشست.

«گفتمان‌های جنسیتی هم‌چون سایر گفتمان‌ها از ویژگی‌هایی برخوردارند: اولا آنها مشهود و معنا دارند؛ چنان‌که معمولا، دختربچه ها را «خوشگل» و پسربچه ها را «قوی» می‌خوانیم، یا زنان را عاطفی و مردان را معقول می‌نامیم. ثانیا گفتمان‌ها می‌توانند حساس و مکمل یا رقیب و متعارض باشند؛ چنان‌که وقتی می‌گوییم؛ «مردان به تنهایی از عهده کارشان بر نم آیند»، به ضرورت تشکیل خانواده‌ها برای آن‌ها نظر داریم، یا وقتی می گوییم، «مادر، فرزند دختر را بیشتر از فرزند پسر دوست دارد»، به تعارض‌های اجتماعی جنسیتی و عطف توجه عاطفی زنان به شرایط مزیور ارجاع می دهیم»(محمدی اصل، ۱۳۸۹: ۲۶).

- مقوله های اصلی و فرعی: جایگاه زن(جایگاه فرودست زن)، مردسالاری حاکم بر جامعه

«آقای مک‌کالی نمی‌دانست مشکل چه بود یا این که اصلا مشکلی وجود داشت یا نه. مارسل (دختر او) به لندن رفت تا مسئله‌ی زنانه‌ای را حل کند و در بیمارستان مرد.» (نفرت،دوستی...، ۱۳۹۶: ۲۰۸)

مسائل زنانه، مختص زنان است و مردی که از آن‌ها سر در بیاورد مورد تحقیر و تمسخر دیگران قرار می‌گیرد. از همین رو، مسائل مربوط به رحم، قائدگی، دستگاه تناسلی، بیماری‌هایی هم‌چون سرطان پستان و...، در نزد مردان در جامعه مردسالار، بی‌اهمیت و دست‌آویز لطیفه‌ها و ناسزاهای بی‌شمار است. بدن زن همواره در جوامع مردسالار مورد مناقشه است. این مسئله را بیش از هر گروهی، فمینیست‌های رادیکال، بررسی کرده و در مورد آن به ارائه نظریه پرداخته اند. از جمله دست‌آورد های این فمینیست‌ها ارائه تحلیل دقیق از حق بر بدن در زنان است. مسئله پنهان ماندن مسائل زنانه، در بسیاری از فرهنگ‌ها و در بین بسیاری

از اقوام مشترک بوده و هست. برای مثال در ایران، چین و یا حتی در اروپا و در انگلستان عصر ویکتوریایی.

«در شرایط ویژه‌ی انگلستان دوره‌ی ویکتوریایی و پیامدهای طولانی بعدی‌اش، خرده فرهنگ زن، با پنهان کاری مشخص شده بود؛ به ویژه مخفی داشتن تجربه جسمی زن بودن؛ بلوغ، قاعدگی، آغاز فعالیت جنسی، آبستنی، زایمان و یائسگی ـچرخه کامل جنسی زن- که خصلت یک زندگی مخفی را داشت»(رابینز، ۱۳۸۹: ۱۲۷).

- مقوله های اصلی و فرعی: برخورد با مسائل(فرار)، جایگاه زن(جایگاه فرودست زن)

«او و زنش بی‌شک والدین مهربانی بودند که مارسل بیچاره‌شان کرده بود. وقتی با یک سرباز نیروی هوایی فرار کرده بود، امیدوار بودند که لااقل حال و روزش خوب باشد. نسبت به آن دو در حد یک زوج جوان شایسته، بزرگواری به خرج دادند، اما همه چیز خراب شد. او در برابر جوهانا پری هم همان‌قدر بزرگواری به خرج داده بود و حالا می‌دید که چطور از او هم پشت پا خورده است.» (نفرت،دوستی...، ۱۳۹۶: ۲۰۹)

دختر آقای مک کالی از خانواده خود فرار کرده و سپس با مردی که افسر نیروی هوایی است ازدواج می‌کند. در مجموع هشت داستانی که ما از داستان های آلیس مونرو تحلیل کردیم این چهارمین مورد دختر فراری است. دختران فراری کسانی هستند که از وضعیت کنونی و تحت ستم خود بریده‌اند، اما جوابی ریشه‌ای و تحلیلی برای شرایطشان ندارند. آن‌ها فکر می‌کنند با فرار کردن از نابرابری‌ها خلاص خواهند شد، در حالی که هر کجا که آن‌ها پا می‌گذارند، پیش از آن‌ها،

مناسبات، درست هم‌چون ایزدان شر پای گذاشته‌اند. در بسیاری موارد آن ها مجددا دست به فرار می‌زنند یا از پای در می‌آیند.

- مقوله های اصلی و فرعی: وابستگی زن به مرد

«خانم شولتز آن روز توی مغازه نبود. معمولا او بود که پشت پیشخوان می‌ایستاد، کفش‌ها را تحویل می‌گرفت و به شوهرش نشان می‌داد و آنچه را که او می‌گفت منتقل می‌کرد. بندهایشان را در می‌آورد و وقتی کفش تعمیر شده پس داده می‌شد پولش را می‌گرفت.» (نفرت،دوستی،...، ۱۳۹۶: ۲۱۳)

همان‌طور که پیشتر اشاره کردیم، در جامعه آن روز کانادا زنان به نقش آفرینی اقتصادی در کنار همسران خود مشغول می‌شدند. و به صورت مستقل کمتر پیش می‌آمد که به کار اقتصادی مشخصی مبادرت ورزند.

- مقوله های اصلی و فرعی: برخورد با مسائل(فرار)، برخورد با مسائل(استواری و ایستادگی زن)

«مرد گفت اگر بتواند یک دقیقه صبر کند می‌تواند او را تا آن پایین برساند. و با این که پذیرفتن چنین پیشنهادی برای او تازگی داشت، به سرعت خودش را سوار اتاقک داغ و روغنی وانت او دید.» (نفرت،دوستی،...، ۱۳۹۶: ۲۳۲)

جواهانا، بعد از فرار از خانه‌ای که در آن کار می‌کرد، جرأت پیدا کرده و دیگر آن آدم تودار و خجالتی سابق نیست. او سوار ماشین یک غریبه می‌شود تا او را به مقصدش برساند. گسست از کار خانگی و مناسبات است که به زن چنین امکانی را داده است. با این حال، در بدو مواجهه با پدر بیمار سابیتا، او مجددا به خود

قبلی اش بازگشته، و شروع به پرستاری از مرد و انجام دادن کارهای خانه می-
کند.

«جوهانا گفت: «مثل یه تن آجر رو سرت خراب شده. خریدن تایر و
تعمیر کردن ماشین بیشتر می‌ارزه تا کم‌ترین خرجی برای اینجا. از
همه بهتر اینه که قبل از بارش برف به اونجا برسیم. و دوباره اثاثیه رو
با قطار بفرستیم، تا وقتی می‌رسیم اون‌جا به دردمون بخوره. ما هرچی
برای مبله کردن یه خونه لازمه داریم. «شاید کاری که پیشنهاد می‌کنن
خیلی خوب نباشه»، «می‌دونم. اما درست می‌شه»»
(نفرت،دوستی،...،۱۳۹۶: ۲۴۴)

مرد، از حضور زن تعجب کرده است، اما به دلیل این که او می‌توانسته «راه حلی»
برای خلاص‌شدن از شرایط کنونی‌اش، چه در زمینه‌ی زندگی کنونی‌اش، بیماری
و چه در زمینه روابطش با دیگر زنان باشد، حضور او را با آغوشی باز پذیرفته
است.

- مقوله های اصلی و فرعی: مادری(مادر - پرستار)، تعلق زن به مرد،

«فکر تولدی دوباره در ذهنش نقش می‌بست. این تحولی است که به آن
نیاز دارم. قبلا هم پیش آمده بود که این را بگوید، اما مطمئنا نوبت آن
هم می‌رسید که این واقعیت داشته باشد.» (نفرت،دوستی،...،۱۳۹۶:
۲۴۵)

جوهانا زمانی که به خانه و همسری تعلق می‌گیرد، احساس می‌کند که دوباره
متولد شده است. گویی زندگی او تا قبل از ورودش به این خانه وجود نداشته و
اهمیت چندانی نداشته است. این مسئله نشان می‌دهد که همسری کردن و
مادری و مراقبت از دیگران به شدت با شخصیت و هویت او گره خورده است.

- مقوله های اصلی و فرعی: جایگاه زن(جایگاه فرودست زن)، مادر-پرستار، از خودبیگانگی، داغ ننگ

«در حال حاضر توی زندگی‌اش در رابطه با زنان مسئله‌ای وجود داشت. در واقع دو زن، یک زن جوان و یک زن مسن‌تر (یعنی یکی به سن خودش) که از وجود یکدیگر با خبر بودند و آماده بودند تا گیس‌های هم را بکنند. همه آنچه اخیرا از آن دو عایدش می‌شد، عربده و شکایتی بود که با این حق طلبی به آخر می‌رسید که آن ها عاشقش هستند. شاید برای این معضل هم راه حلی پیدا شده بود.» (نفرت،دوستی،...، ۱۳۹۶: ۲۴۳)

مرد برای زنان ارزشی زیادی در زندگی‌اش قائل نیست. او دو زن را در زندگی در کنار خود نگه داشته و نمی‌تواند از هیچ‌کدام دست بکشد و حتی توانایی حل این مشکل را نیز ندارد و حرکات آنان برایش عجیب است. در آخر، ورود و حضور جوهانا، باعث حل شدن و ختم ماجرا می‌شود. او نسبت به جوهانا اعتراضی ندارد، زیراحضور او، ناتوانی مرد را پوشانده، مشکلاتش را حل کرده، و خانه و زندگی‌اش را سامان بخشیده است. همانند فرشته نجاتی که ناگهان روبرویش ظاهر شده است.

جدول خلاصه مقوله‌های اصلی و فرعی داستان سوم؛ نفرت، دوستی، خواستگاری، عشق و ازدواج

مقوله‌های اصلی	مقوله‌های فرعی
1. مادری	1. جایگزینی شخصی به جای مادر اصلی 2. مادر- پرستار
2. نمود فشارهای اجتماعی بر زن	وسواس
3. وابستگی زن به مرد	1. وابستگی مالی 2. وابستگی روانی
4. از خود بیگانگی زن	
5. جایگاه زن	جایگاه فرودست زن
6. فراموش شدگی زن	
7. برخورد با مسائل	1. فرار 2. استواری و ایستادگی
8. مردسالاری حاکم بر جامعه	
9. داغ ننگ	
10.گفتمان جنسیتی	
11.حمایت زنان از یکدیگر	

داستان چهارم: داستان «بُعد»

چکیده داستان:

بُعد داستان یک فاجعه است، نهایت شکل سرکوب یک زن. بعد از بازگوییِ روابط یک زن و همسرش است. دُری که مادر خود را در ابتدای جوانی از دست می-دهد، با پرستار مردی که در بیمارستان مادرش کار می‌کند، روابطی عاشقانه می-سازد. او باردار می‌شود و پس از بارداری، با لیود؛ همان پرستار بیمارستان، ازدواج می‌کند. آن‌ها سه بچه به دنیا ،می‌آورند. و بعد از مدتی، به مرور زمان با هم درگیری‌هایی پیدا می‌کنند. دری نمی‌خواهد دیگران از مشکلاتشان با خبر شوند، و با مگی که همسایه و دوستش است هیچ وقت درد و دل نمی‌کند. تا این که یک بار بعد از یکی از دعواهایشان او از خانه بیرون می‌زند. در حالی که لیود با هشدار به او می‌گوید که این کار را نکند، ولی او مصر است و به سوی خانه مگی می‌رود. بعدتر متوجه می‌شوند که پس از رفتن او، لیود هر سه کودک شان را کشته است.

با این حال دری بعد از مدتی به ملاقات لیود در زندان می‌رود. و این کار را به صورت یک عادت انجام می‌دهد. او هم‌چنان به دنبال تعریف هویتی برای خود، هرچند از سوی کسی است که فرزندانش را کشته است.

- **شخصیت های زن داستان**

شخصیت اصلی: دُری

شخصیت های فرعی: مادر دری، مگی، سرپرستار

تحلیل داستان:

- مقوله‌های اصلی و فرعی: جایگاه زن (جایگاه فرودست زن)، برخورد با مسائل (تسلیم شرایط شدن)، فراموش شدگی زن، مردسالاری حاکم بر جامعه

«کار روزانه‌اش از نوع نشستنی نبود. در مسافرخانه کامفورت خدمتکار بود. سرویس‌های بهداشتی را ضدعفونی می‌کرد و تخت خواب‌ها را مرتب می‌کرد و فرش‌ها را جارو می‌زد و آینه‌ها را پاک می‌کرد. این کار را دوست داشت —تا حدی فکرش در این مدت مشغول می‌شد و چنان خسته‌اش می‌کرد که شب بتواند بخوابد. به ندرت با ریخت و پاش افتضاحی رو به رو می‌شد، هرچند بعضی از زن‌هایی که با آن‌ها کار می کرد، می‌توانستند داستان‌هایی تعریف کنند که مو به تن آدم راست می کرد. این زن‌ها از او مسن‌تر بودند و همه‌شان فکر می‌کردند او باید تلاش کند تا شغل دیگری گیر بیاورد. بهش می‌گفتند تا هنوز جوان و خوش بر و رو است باید برای یک کار پشت میزی اداری آموزش ببیند. ولی او از کاری که می‌کرد راضی بود. دلش نمی‌خواست با مردم حرف بزند.» (بعد، ۱۳۹۲: ۱۲۵)

درست است که نوشته بالا در زمانی رخ می‌دهد که فاجعه، رخ داده است و می‌توان آن را توصیفی از حالات روانی «دُری» بر شمرد، اما اگر از دیدی استعاره‌ای به شخصیت سرکوب‌شده دُری نگاه کنیم، در خواهیم یافت که او، در واقع تمثیلی است از نهایت سرکوبی‌ای که می‌تواند بر یک زن در جامعه زن ستیز رخ دهد. «زن سرکوب شده در موقعیت شغلی فرودستی قرار دارد و از این مسئله ناراضی نیست. اگرچه این وضعیت محصول نظام سرمایه‌داری است اما این نظام

نمی‌توانست بدون حمایت مردسالاری موجود در جامعه، جایگاه زنان را در مقام-های شغلی چنین فرودست نگه دارد. مردان به واسطه بسط ایدئولوژی و فرهنگ مردسالارانه نمی‌توانستند بپذیرند که زن‌ها برابر با آنان کار می‌کنند. این خواسته در بسیاری از زمان‌ها به صورت نظام‌مندی اجرایی شده است. برای مثال؛ در سال ۱۸۵۴ اتحادیه‌ی ملی حروف‌چینان تصمیم گرفت طی اقدامی از استخدام حروف چینان زن حمایت نکند »(اعزازی، ۱۳۹۳: ۲۳۵).

و یا »در سال ۱۸۷۸ یکی از اعضای اتحادیه (سیگارپیچ‌ها) از بالتیمور به آدولف استرسر رییس اتحادیه نوشته: »ما از ابتدا علیه جنبش ترویج کار زنان در هر سمتی از توتون دسته کردن تا سیگار برگ پیچیدن و هر کار دیگری مبارزه کرده ایم»«(همان: ۲۳۴). از همین‌رو می‌توان گفت که سرمایه‌داری و پدرسالاری در ارتباطی متقابل به یکدیگر برای تحکیم‌شان کمک کرده و می‌کنند. »وضعیت حاضر زنان در بازار کار و ترتیب فعلی مشاغل تفکیک شده بر اساس جنس نتیجه‌ی یک روند تعاملی بلند مدت میان پدرسالاری و سرمایه‌داری است» (همان: ۲۴۰).

- مقوله های اصلی و فرعی: وابستگی زن به مرد، از خودبیگانگی زن

»موهایش بلند، موج دار و قهوه‌ای بود. جعد و رنگ موهایش طبیعی بود، همان‌طور که شوهرش دوست داشت و صورتش خجول و ملایم بود —انعکاسی کم‌تر از آن چه شوهرش می‌خواست در چهره اش ببیند داشت.» (بعد، ۱۳۹۲: ۱۲۶)

تصور و مقیاسی که دُری از زیبایی و صورت خود دارد، برپایه‌ی آن‌چیزی است که مطلوب شوهرش است یا نیست. جمله‌های — همان‌طور که شوهرش دوست داشت- یا —کمتر از آن چه شوهرش می‌خواست- این مسئله را به خوبی نشان

می‌دهد. تابع‌بودن زیبایی با خواست شوهر، پارادوکس بزرگی را به همراه می‌آورد، که برای هر زنی از نظر شخصیتی ناگوار است و هویت او را به شدت دچار خدشه می‌کند. بر پایه‌ی آن‌چه دستگاه‌های تبلیغاتی و سیستم‌های ارزش‌ساز، در جوامع مردسالار، بنا کرده‌اند، زنان پیش از ازدواج، باید به گونه‌ای خود را در مجامع عمومی ظاهر کنند که بتوانند همسر مناسبی اختیار کنند.

«در رقابت شوهریابی و امنیت اقتصادی، آرایش برای تأکید بر سکس لازم است. این امر ممکن است ناگوار، مسخره و خفت‌بار باشد اما یک حقیقت محض از زندگی معاصر است که از همه آرایه‌های خیالی و رویایی تهی است»(هنسن و دیگران، ۱۳۸۱: ۹۱).

اما چرا در نظام سرمایه‌داری پیدا کردن شوهر مناسب از جایگاه متفاوتی نسبت به نظام‌های پیش از آن برخوردار است؟

«سرمایه‌داری، نمی‌تواند برای همه کارگران خواه زن یا مرد، کار فراهم کند. از نیمی از جمعیت مرد جامعه انتظار می‌رود که گذران زندگی نیمه‌ی دیگر را تأمین کنند. این کار از راه ازدواج انجام می‌گیرد. و پیچیده‌ترین و خیال‌پردازانه ترین، و باریک‌بینانه ترین نگرش‌های اخلاقی و زیبایی شناسی پدید آمده، تا این رابطه مردانه-زنانه به راه بیافتد»(همان: ۹۱). هرچند بعد از شکست‌ها و بحران-های عظیم سرمایه‌داری، زنان ازدواج کرده نیز مجبور شده و می‌شوند که با دستمزدی پایین وارد بازار کار شوند.

پارادوکس اما زمانی حادث می‌شود که، زن به واسطه همان آرایش و خودآرایی، به ازدواج مردی در آمده و حالا مرد از او می‌خواهد که دیگر آرایش نکند چرا که ممکن است از نظر دیگر مردان جذاب به نظر برسد و محیط خانواده را با چالش

رو به رو کند. گویی زن در هیچ کدام از بازه‌های زمانی پیش و پس از ازدواج، «خود» ی ندارد و همواره تابع آن چیزی است که مردان می‌پسندند.

- مقوله‌های اصلی و فرعی: از خودبیگانگی، وابستگی زن به مرد، مردسالاری حاکم بر جامعه

«در تمام یک سال و نیمی که کار می‌کرد حتی یک تکه لباس جدید هم برای خودش نخریده بود. او سر کار یونیفورمش را می‌پوشید و هر جای دیگری که می‌خواست برود، لباس‌های جینش را به تن می‌کرد. دیگر به خودش زحمت آرایش کردن نمی‌داد، چون آن زمان که شوهرش بهش اجازه نمی‌داد و حالا هم هرچند می‌توانست آرایش کند، این کار را نمی‌کرد.» (بعد، ۱۳۹۲: ۱۲۷)

همان‌طور که گفتیم، زن تابع آن چیزی است که مرد می‌پسندد. حالا که پس از فاجعه، نیازی به پسندیده شدن از طرف جامعه و مردان ندارد، آرایش نمی‌کند و ظاهرش چندان برایش مهم نیست.

- مقوله‌های اصلی و فرعی: حمایت زنان از یکدیگر، مادری

«دُری وقتی شانزده ساله بود - هفت هشت سال پیش - هر روز بعد از مدرسه برای ملاقات مادرش به بیمارستان می‌رفت. مادرش بعد از یک جراحی در ناحیه کمر که گفته بودند جدی است ولی خطرناک نیست، در حال بهبود بود. لیود خدمتکار بیمارستان بود. او و مادر دری از این جهت شبیه به هم بودند که هر دو جزو هیپی‌های قدیمی بودند - هرچند لیود در واقع چند سالی جوان‌تر بود - و هر گاه وقت می‌کرد به اتاقش می‌آمد و در مورد کنسرت‌ها و راهپیمایی‌های اعتراضی که هر دو در آن حضور یافته بودند، در مورد بیدادگرانی که می‌شناختند، در مورد

استفاده از مواد مخدری که منجر به غش کردنشان شده بود و خلاصه در مورد این‌جور چیزها صحبت می‌کردند.» (بعد، ۱۳۹۲: ۱۲۹)

لیود تقریبا هم سن مادر دری است. آن‌ها هر دو تجریه دهه ۷۰ میلادی و جنبش‌های آن زمان را از سر گذرانده‌اند. سرنوشت هر دوی آن‌ها اما به یک چیز ختم شده است؛ سرکوب و تهی‌شدگی. مادر دری زن معترضی بوده است از آن جنس زن‌هایی که معتقد بودند، «نسل ما دوبار به دنیا آمده. خود من، اولین بار در سال ۱۹۳۸ و بار دیگر در برکلی در سال ۱۹۶۴ و در کوران مبارزات جنبش آزادی بیان متولد شدم... در جامعه آرمانی هیپی‌ها، هر کس پلیس خود خواهد بود. زمانی که ما همه آزاد باشیم چه نیازی به ساختاری بروکراتیک و خشن به نام اف بی آی وجود دارد؟»(فتوره چی، ۱۳۸۷: ۱۱۱ - ۱۱۲)

- مقوله های اصلی و فرعی: برخورد با مسائل(استواری و ایستادگی)، مادری

«شبی مادرش از یک انسداد خون ناگهانی مرد. مادر دری دوستان زن زیادی داشت که می‌توانستند از دری مراقبت کنند - دری برای مدتی با یکی از آن‌ها ماند- اما دری دوست جدیدشان، لیود را ترجیح می داد.» (بعد، ۱۳۹۲: ۱۳۰)

مادر دری، به واسطه فعال اجتماعی بودنش و گذشتن از مرزهای قراردادیِ «زن بودنِ» در آن زمان، زن مهجور و تنهایی نیست. او توانسته دوستان زیاد و هم-چنین روابط اجتماعی فعالی داشته باشد.

- مقوله های اصلی و فرعی: مادری(مادر - منفعل)، وابستگی زن به مرد، برخورد با مسائل(تسلیم شرایط شدن)

«دری در سالگرد تولد بعدش باردار بود و بعد از آن بود که ازدواج کرد. لیود قبلا هیچگاه ازدواج نکرده بود، هرچند حداقل دو بچه داشت که جای دقیقشان را نمی‌دانست. آن‌ها به هر حال رشد می‌کردند و بزرگ می‌شدند. فلسفه زندگی او با پیرتر شدنش تغییر کرد -حالا به ازدواج و دوامش و کنترل نکردن زاد و ولد اعتقاد پیدا کرده بود.» (بعد، ۱۳۹۲: ۱۳۰)

دُری صاحب بدن خود نیست، او بارداری منفعلی را تجربه می‌کند. در واقع بارداری، این محضر اقتدار و زندگی بخشی زن، در جوامع مردسالار، عامل اصلی به بند کشیدنشان می‌شود. بسیاری از فمینیست‌ها، خصوصا برخی از فمینیست-های رادیکال چون پیرسی معتقد بودند که برای رهایی از کنترل مردان باید زنان جلوی بارداری خود را به اشکال مختلف بگیرند. هرچند افراد دیگر با پذیرش این که بارداری در جامعه مردسالار عامل سرکوب زن است، راه حل آن را جلوگیری صد در صد از بارداری نمی‌دانند، بلکه انجام آگاهانه آن را مد نظر قرار می‌دهند.

«رولند[۱۹۱]، به خلاف پیرسی[۱۹۲]، از زنان نمی‌خواست که از این آخرین سنگر اقتدار زنانه یعنی قوای باروری دست بکشند. رولند قدرت زنان در به دنیا آوردن زندگی‌های تازه را اقتداری مثبت و ایجابی می‌دانست که به نظر او با اقتدار منفی و سلبی مردانه که از راه سلطه بر طبیعت و زنان به مدد فناوری اعمال می‌شود، متفاوت است. تنها باید قدرت‌های سرکوبگر از میان بروند نه همه شکل‌های سلطه ی بشر؛ و به گفته رولند قوای باروری زنان هر چه باشد، سرکوب‌گر نیست. یگانه سر مشق سلطه زنان بر زندگی همانا توانایی فرد یا گروه برای برقراری پیوند با دیگران است»(تانگ، ۱۳۹۵: ۱۳۹).

---

[191] Robin Rowland
[192] Marge Piercy

- مقوله های اصلی و فرعی: وابستگی زن به مرد، مردسالاری حاکم بر جامعه

«شبه جزیره سی‌شلت را پیدا کرد و خودش و دُری آنجا زندگی کردند - آنجا این روزها مملو از جمعیت است- پر از دوستان قدیمی، شیوه‌های زندگی قدیمی و عاشقان قدیمی است.» (بعد، ۱۳۹۲: ۱۳۰)

در این جا نیز می‌بینیم که لیود یا همان مرد است که محل زندگی را انتخاب می-کند. بدون توجه به نظر و یا خواست همسرش. و زن در انتخاب جای زندگی، منفعل و بدون حرف است.

- مقوله های اصلی و فرعی: داغ، تعلق زن به مرد، مادری(مادر منفعل)، برخورد با مسائل(تسلیم شرایط شدن) شرایط شدن، گفتمان جنسیتی

«دیمیتری اولین بچه‌ای بود که قلنج داشت. دری فکر می‌کرد شاید به خاطر این باشد که زیاد شیر نمی‌خورد یا شاید شیرش به اندازه کافی مغذی نیست یا شاید هم زیاد مغذی است. به هر حال این وضعیت خوب نبود. لیود از لالش‌لیگ خانمی را آورد تا با دری صحبت کند. آن خانم به دری گفت به هر قیمتی که شده نباید بهش شیرخشک بدهد. وضعیتش بحرانی است و ممکن است خیلی زود شیرخوردن از سینه را پس بزند. طوری حرف می‌زد که انگار یک تراژدی در میان است. تقریبا می‌دانست که دری بهش شیر خشک داده و به نظر می‌رسید بچه هم همین‌طور ترجیح می‌دهد ←بچه سر شیرخوردن از سینه نق نق می‌کرد. تا سه ماه فقط بهش شیر خشک می‌داد و دیگر راهی وجود نداشت تا این موضوع را از لیود مخفی کند. دری به لیود گفت شیرش خشک شده و باید دیگر بهش شیرخشک بدهند. لیود با عصبانیت یکی از سینه‌های

دری را فشار داد و دو قطره شیر بیچاره را از سینه‌اش چکاند. به دری گفت او یک دروغ‌گو است. گفت مثل مادرش یک فاحشه است.گفت: «همه ی هیپی‌ها فاحشه بودند.»» (بعد، ۱۳۹۲: ۱۳۴)

«مادر منفعل» در نوشته های مونرو، بر مادری اتلاق می شود که در برابر توجه دیگران نسبت به کودک خود، کم توجه تر است. در بسیاری موارد تنها یک نظاره گر است. خصوصا در برابر آنچه همسرش از او در قبال کودک می‌خواهد، تسلیم است.

«در این‌جا، مجددا سیطره مرد بر بدن زن توصیف می‌شود. زن به عنوان وسیله تولید مثل و دستگاه پرورش بچه، که تحت تملک مرد قرار دارد، باید همان‌گونه رفتار کند که صاحب خود می‌پسندد. در نظر بسیاری از فمینیست‌ها از جمله دوبوار[۱۹۳] و فایرستون[۱۹۴]، حاملگی و بچه‌دار شدن، یکی از بزرگ‌ترین موانع زنان در راه رسیدن به آزادی است.

«مادر بودن، یک کارکرد زنانه عام است. به علاوه در بیشتر جوامع، پرستاری بچه‌های پیش‌دبستانی و یا نابالغ، خواه مذکر یا مونث، از نظر اجتماعی به عنوان نقش زنان شناخته شده است. از نظر بسیاری از نظریه‌پردازان فمینیست سفید اخیر، مادری یکی از مشکلات عظیمی بود که فمینیسم به آن می‌پرداخت، زیرا که مادری و استقلال اقتصادی با یکدیگر ناسازگار دانسته می‌شدند. در تفکر سیمون دوبوآر درباره مادری، حاملگی معمولا نتیجه جلوگیری ناموفق از آبستنی است، بارداری عبارت است از زمان آسیب‌شناسی‌های مرضی. زاییدن یک ضربه روانی است، و بچه خودش موجودی واگذاشته به پرستاری یک زن روان نژند است که به قدری ناکامی‌های جسمی و اجتماعی دارد که در خیال، وحشت‌زده

---

[193] Simone De Beauvoir
[194] Firestone

است که کودکان بی‌دفاع به مراقبت او واگذاشته شده‌اند. و از نظر شالامیت فایرستون، مادر بودن اختصاصی بایست به طور آرمانی با زهدان‌های مصنوعی و بچه‌پروری متمرکز جایگزین شود تا درد و نفرت از بارداری و محرومیت‌های اجتماعی زنان را که در بچه‌داری دراز مدت قرار دارد، کاهش دهد»(رابینز، ۱۳۸۹: ۲۶۶). با این همه، بسیاری دیگر از فمنیست‌ها، با این نظر موافق نبوده و معتقدند که فایرستون و دوبوآر مسئله را فهمیده‌اند اما چرایی به وجود آمدنش را نه. زنان می‌توانند با بارداری آگاهانه پیش روی سرکوبی که از این طریق با آن مواجه می‌شوند، بایستند.

به علاوه، زن معترض یعنی مادر دری، با برچسب –فاحشگی- شناسانده می‌شود. گویی عصیان و اعتراضی و خلاف جریان جامعه مردسالار حرکت کردن از سوی زن، او را مستحق تنبیه و باز پس دادن نتیجه اعمالش می‌کند. خواه این تنبیه زبانی باشد و خواه عملی و رفتاری.

- مقوله های اصلی و فرعی: مادری(مادر- پرستار)، برخورد با مسائل(استواری و ایستادگی)، مردسالاری حاکم بر جامعه، تعلق زن به مرد، داغ ننگ

«در آن ناحیه یک مادر دیگر هم بود که در خانه به بچه‌هایش درس می‌داد. اسمش مگی بود و یک واگن باری کوچک داشت. لیود برای سر کار رفتن به ماشین احتیاج داشت و دری هم رانندگی یاد نگرفته بود. برای همین وقتی مگی بهش پیشنهاد داد هفته‌ای یک بار به مدرسه برساندش تا تمرین‌های درسی تمام شده را تحویل دهد و تمرین های جدید بگیرد، دری خوشحال شد. البته آن‌ها همه بچه‌ها را با خودشان می‌بردند. مگی دو تا پسر داشت. پسر بزرگترش آلرژی شدیدی داشت و

مادرش باید خیلی مراقب چیزهایی می‌بود که پسر می‌خورد و این دلیل آن بود که در خانه بهش تعلیم می‌داد. به نظر می‌رسید که از پسر کوچک‌تر هم باید خیلی مراقبت کند. او می‌خواست با برادرش بماند و او هم به هر حال با آسم مشکل داشت. دری چقدر وقتی بچه‌های خودش را با آن‌ها مقایسه می‌کرد به خاطر سلامتی شان سپاس گذار بود. لیود بهش می‌گفت دلیلش این است که دری تا وقتی هنوز جوان بوده بچه-دار شده در حالی که مگی آن‌قدر صبر کرده تا به مرز یائسگی رسیده. داشت در پیری مگی اغراق می‌کرد ولی درست بود که خیلی صبر کرده تا بچه دار شود. مگی آدم خوش‌بینی بود. او و شوهرش شریک زندگی هم بودند تا وقتی که مگی توانست دوره‌ی تجربی کارش را تمام کند و در حومه‌ی شهر خانه‌ای دست و پا کنند. صبر کردند و بعد تشکیل خانواده دادند.» (بعد، ۱۳۹۲: ۱۳۷)

از وظایفی که خانواده مردسالار خصوصا در جامعه سرمایه‌داری برای مادران ترسیم می‌کند، تیمارداری دائمی از فرزندان و شوهر و در کل خانواده، و آن چیزی است که زن در کنار کار خانگی انجام می‌دهد و اگر زنی از طبقه مرفه نباشد، در کنار کار بیرون از منزل خود، موظف به انجام آن است. «زنان را در درجه‌ی اول مسئول مراقبت از سلامتی و بهداشت خانواده‌هایشان می‌دانند و آنان در مقام تیمارداران غیر رسمی و بدون مزد نقش مهمی در نگهداری از بیماران، معلولان، سالمندان و دیگر گروه‌های وابسته ایفا می‌کنند. هیلاری گراهام (۱۹۸۵) می‌گوید که، «زنان تأمین کننده‌ی مراقبت‌های غیر رسمی بهداشتی در اقتصاد خانگی‌اند و این نقش از یکی سو ناشی از تقسیم جنسی کار است (که مرد را نان آور و زن را تیماردار می‌شمارد) و از سوی دیگر محصول تقسیم مکانی کار است. (که اجتماعات کوچک محلی را عرصه‌ی مراقبت‌های روزمره‌ی پزشکی، و

نهادهای متمرکز طبی را محل تأمین مهارت‌های تخصصی پزشکی به حساب می‌آورد). به نظر گراهام خدمات بهداشتی زنان سه جنبه دارد: تدارک بهداشت، آموزش بهداشت، و میانجی‌گری برای کمک تخصصی در مواقع بحرانی. یعنی از یک سو بسیاری از تیمارداری‌های روزمره‌ی خانگی زنان در زمینه‌ی حفظ بهداشت و تن درستی است، از سوی دیگر مسئولیت آموزش بهداشت به فرزندان خویش را بر عهده دارند و سرانجام تصمیم‌گیری درباره‌ی ضرورت مراجعه به پزشک نیز عموما با زنان است و عملا هم خودشان باید فرزندان را نزد پزشک ببرند»(آبوت و والاس، ۱۳۸۷: ۱۶۸).

هر قصوری در این راستا، مستوجب توبیخ و تنبیه و در کمترین شکل، سرزنش او است. تقریبا در تمامی داستان‌هایی که مورد بررسی ما بودند، آلیس مونرو، مادر، دختر و یا خواهری را در این نقش ترسیم می‌کند. مشخصا خانواده با ابزارهایی که در دست دارد بیش از همه نهادهای دیگر به این امر دامن می‌زند. «فارغ از این که زن در کجای این جامعه زندگی کند، چیزی که بیش از همه در شکل دادن به باورهای او و پابرجا ماندن سرکوب او نقش دارد خانواده و ایدئولوژی خانواده است»(زارتسکی، ۱۳۹۰: ۲۰).

پاراگراف بالا تأکیدی بر نقش‌های سنتی زنان به عنوان پرورش دهندگان و تیمار داران بچه‌ها می‌باشد. از دید مرد سنتی، این کوتاهی و تقصیر زن بوده است که کودکان مگی مریض هستند و او باید خودش را فدا می‌کرده و در سنین پایین بچه‌دار می‌شده است. همسر مگی، متفاوت با همسر دُری است. او برخلاف آموزه‌های جامعه مردسالار، در زندگی‌اش با مگی همراه بوده و کنارش است. مگی زنی است در مقابل دُری. او زنی است توانا که مهارت‌ها و توانایی‌های مختلفی در زندگی کسب کرده و همین مسئله باعث شده است که برخلاف دُری، زنی

توانمند و با اعتماد به نفس بالا و روی پای خود باشد. و بتواند با مردی متعادل و همراه ازدواج کند.

- مقوله های اصلی و فرعی: داغ ننگ، گفتمان جنسیتی

«لیود بهش می گفت: «لزی». البته فقط پشت سرش این حرف را می‌-
زد. پشت تلفن باهاش شوخی می‌کرد و جلوی دری ادا و اصول در می‌-
آورد: «لزی پشت خطه.»» (بعد، ۱۳۹۲: ۱۳۷)

در داستان حفره‌های عمیق و کوئینی نیز چنین تصویری به نمایش در آمده بود. این‌که زن نباید رابطه‌ای خارج از خانه داشته باشد. این مسئله از نظر مرد موجب آن می‌شود که احتمال طغیان و عصیان در زن بیشتر شود و نتوان او را به آن شکل که مطلوب مرد است سرکوب کرد. فرد خارج از خانه، حتی اگر زن باشد، با برچسب‌هایی متفاوت شناسانده می‌شود. لیود در طول داستان اصرار دارد که مگی قصد سوء استفاده از دری و یا برهم‌زدن رابطه خودش با دری را دارد. او زنی متفاوت از دری است و این مسئله نگرانی لیود را بر می‌انگیزد. اما زنان، از رابطه دوستانه با هم‌جنس خود مقصود دیگری دارند که معمولا در درون خانواده برآورده نمی‌شود.

«زنان و دختران غالبا دوستی را بر مبنای آن پیوند نزدیکی تعریف می‌کنند که در قالبش بتوانند هر چیزی را به هم بگویند؛ زیرا گمان دارند بهترین دوستان آنانی هستند که همه چیزشان را با هم در میان می‌گذارند. این در میان‌گذاشتن، نه فقط مبیّن حوادث کوچک و بزرگ روزمره که متضمّن کل احساسات آنان است. در واقع زنان، روابط خانوادگی و فامیلی را نیز به همین شکل تعریف می‌-
کنند و خانواده خوب را حائز سطحی از پیوندهای نزدیک می‌انگارند که اعضایش بتوانند با فراغ بال به ذکر حوادث روزمره و احساسات خویش در آن بپردازند»

(محمدی اصل، ۱۳۸۸: ۱۱۱). با این همه، زنان، در محیط خانواده‌های مردسالار، به خاطر روابط از بالا به پایین مرد با زن، به چنین هدفی نمی‌رسند.

- مقوله های اصلی و فرعی: برخورد با مسائل(استواری و ایستادگی)، مادری(مادر- منفعل)، مردسالاری حاکم بر جامعه، داغ ننگ، جایگاه زن(جایگاه فرودست زن)

«بیشتر در مورد بچه‌ها و غذاهایی که می‌پختند، صحبت می‌کردند و دری فهمید مگی قبل از کارآموزی در سراسر اروپا به سختی مسافرت کرده و مگی هم متوجه شد دری وقتی ازدواج کرده چقدر جوان بوده. همین‌طور فهمید که بار اول به چه سادگی باردار شده و بعد دیگر به راحتی باردار نمی‌شده و این موضوع لیود را به شک انداخته بوده و او به قفسه لباس‌های دری سر کشیده و دنبال قرص‌های ضد بارداری گشته چون فکر می‌کرده زیرزیرکی از آن‌ها استفاده می‌کند. مگی پرسید: «و همین‌طور هم بود یا نه؟»، دری شوکه شد. گفت که جرأت چنین کاری را نداشته.» (بعد، ۱۳۹۲: ۱۳۸)

در جامعه سرمایه‌داری همان‌طور که پیشتر گفتیم، مردسالاری عرصه تاخت و تاز بیشتری کسب کرد. یکی از مواردی که همواره فعالان زنان خصوصا رادیکال فمینیست‌ها بر آن تأکید داشته‌اند، بحث حق بر بدن بوده است که در چنین جوامعی به شکل بی سابقه‌ای مورد تاخت و تاز قرار گرفته است. زن در داستان می‌گوید که جرأت استفاده از قرص ضد بارداری را ندارد و این دقیقا به معنای آن است که زن حقی در قبال بدن خود ندارد.

«فمینیست‌های رادیکال، بیش از فمینیست‌های لیبرال و مارکسیست، توجه عمومی را به شیوه‌های کنترل مردان بر بدن زنان جلب کرده‌اند. این کنترل، خواه

به شکل قوانینی که جلوگیری از بارداری و عقیم سازی و یا سقط جنین را محدود می‌کنند یا به شکل خشونت علیه زنان (هرزه نگاری، آزار جنسی، تجاوز و کتک زدن زنان) در هر صورت تحمیل فشاری به شدت بی‌رحمانه است. محرومیت شخص از اختیار بر بدن خود به معنای محرومیت از انسانیت خویش است»(تانگ، ۱۳۹۵: ۱۲۰). مرد در این‌گونه جوامع، قادر مطلق محیط خانه است. همه چیز تحت فرمان و به اراده او است و حتی اگر فکر کند و تنها سوءظن داشته باشد که چیزی بر خلاف خواستش در جریان است، همه چیز را زیر و رو می‌کند تا مانع آن شود. آن‌چه مرد می‌خواهد باید انجام شود. حرف مرد معمولا –یک کلام- است.

«در دیالوگ زن و شوهرها پای سفره‌ی غذا، که معمولا فرزندان شاهد آنند حرف مرد یک کلام است و پدر به هیچ قیمتی نمی‌تواند وعده و وعیدها و برنامه-هایش را تغییر دهد و لذا زن بایستی خود را با این شرایط وفق دهد؛ زیرا حق تصمیم‌گیری قبلا برای شوهر در نظر گرفته شده و رفتارهای دیگران می‌بایستی در این پرتو ارزیابی گردد»(محمدی اصل، ۱۳۸۸: ۱۰۹).

- مقوله های اصلی و فرعی: مردسالاری حاکم بر جامعه، گفتمان جنسیتی، داغ ننگ

«سرپرستار خیلی تشریفاتی و رسمی بود و برای همین لیود به جای این که اسمش، خانم میشل، را صدا بزند بهش می‌گفت خانم پتیاره‌ی لعنتی.» (بعد، ۱۳۹۲: ۱۳۹)

مرد، نمی‌تواند این را برتابد که زنانی در مقام‌هایی بالاتر از او مشغول خدمت و کار کردن هستند. این مسئله، تمام هستی‌شناسی مردسالارانه‌ی او را در هم می‌ریزد، برای همین، او از تحقیرهای کلامی استفاده می‌کند تا جایگاه مقام

بالادستش را پست‌تر از خود نشان دهد. آماری از تقسیم‌بندی‌های مشاغل بر اساس جنسیت در آمریکا به ما نشان می‌دهد که زنان عموما شغل‌های دسته پایین‌تر و غیر تخصصی‌تری را صاحب می‌شدند.

«برای زنان بیش از مردان احتمال دارد که به طور کلی و نیز در درون طبقه بندی‌های شغلی، در مشاغل کم منزلت و کم درآمد قرار گیرند. گرچه احتمال اشتغال زنان به کارهای اداری بیش از مردان است، ولی فقط شمار اندکی از آنان به کارهای تخصصی یا مدیریت دست پیدا می‌کنند. آن گروه از زنان هم که به کارهای تخصصی اشتغال دارند، عمدتا در حوزه‌های نیمه تخصصی رده‌های پایین‌تر نظیر معلمی مدرسه، کتابداری، پرستاری و خدمات اجتماعی قرار گرفته‌اند. برای مثال، در سال ۱۹۸۰، نود درصد از کل پرستاران را زنان تشکیل می‌دادند (هرچند فقط هفتاد درصد از مقام‌های بالای اجرایی در اختیار آنان بود.) در حالی که تنها هفده درصد از پزشکان عمومی و ۰٫۷ درصد از مشاوران پزشکی زن بودند. در دستگاه اداری در سال ۱۹۸۴ هفتاد و شش درصد از دفتریاران، شش درصد از متصدیان دفاتر و پنج درصد از معاونان زن بودند و هیچ زنی مدیر نبود»(آبوت، ۱۳۸۷: ۱۹۱). این مسئله به خوبی نشان می‌دهد که تقسیم‌بندی های شغلی نیز در جهت تقویت این شکل از تفکر گام بر می‌دارند.

• مقوله های اصلی و فرعی: وابستگی زن به مرد، برخورد با مسائل(تسلیم شرایط شدن)

«گاهی لیود از دشمن‌هایش جک می‌ساخت، درست مثل این بود که خودش را مسخره می‌کند. حتی اگر دری خودش شروع به خندیدن نمی‌کرد، باید همراه لیود می‌خندید.» (بعد، ۱۳۹۲: ۱۳۹)

دری زنی منفعل است و صرفا برای همراهی با شوهرش به اجبار می‌خندد. این روندِ اجبار به تقلید هیجان، یکی از مهم‌ترین شیوه‌ها در جهت تهی‌کردن فرد از «خود» و «خویشتن» است. «تأمل در رابطه‌ی زبان و جنسیت گویای سلطه‌ی اجتماعی مرد و فرودستی اجتماعی زن در عرصه محاورات کلامی است. این الگو در فضای مردسالار مثلا سبب می‌شود مردان، متکلم وحده شده و زنان به مخاطبین تأییدکننده ایشان مبدل گردند» (محمدی اصل، ۱۳۸۸: ۲۰۹).

- مقوله های اصلی و فرعی: وابستگی زن به مرد، برخورد با مسائل(تسلیم شرایط شدن)

«اگر لیود از بیرون رفتنش با مگی و بقالی رفتنشان جلوگیری می‌کرد برایش دردسر ساز می‌شد. اما بدتر از آن شرمندگی‌اش بود. مجبور می-شد دروغ های احمقانه از خودش بسازد تا بتواند مسائل را برایش توضیح دهد ولی مگی به هر حال متوجه موضوع می‌شد —حداقل می-فهمید دری دارد دروغ می‌گوید و این طور تعبیر می‌کرد که احتمالا دری در شرایطی واقعا بدتر از شرایط خودش قرار دارد. مگی طریقه زندگی و نگاه پوچی نداشت.» (بعد، ۱۳۹۲: ۱۴۰)

دُری برای حفظ شرایط موجود و آبرویش مجبور است به مگی در مورد عدم همراهی‌اش، دروغ بگوید و بهانه بیاورد. با این حال ، زن، در چنین شرایطی که در آن مجبور شده است تا «خواست خود» و به تبع آن «خویشتن خود» را زیرپا بگذارد دچار یک سرگشتگی و پارادوکس بزرگ می‌شود. برای همین، او مجبور است برای خود و در ذهنش دلیلی بیاورد تا از زیر بار چنین تناقضی رهایی پیدا کند. همان‌طور که بارها در داستان‌های دیگر نیز مطرح کردیم، در جوامع

مردسالار، این تنها مرد نیست که تحت هژمونی و ایدئولوژی زن‌ستیزانه تفکر می‌کند و به عمل دست می‌زند بلکه خود زن نیز با چنین ارزش‌هایی رشد پیدا کرده و تربیت شده است. از همین رو، دری حق و اصالت را به خواست شوهر خود می‌دهد و همان‌طور که در نقل‌قول بعد نشان داده شده است خود را با توجیه تحکیم خانواده و روابط داخلی آن، توجیه می‌کند.

- مقوله های اصلی و فرعی: وابستگی زن به مرد، مردسالاری حاکم بر جامعه، گفتمان جنسیتی، برخورد با مسائل(تسلیم شرایط شدن)، مادری(مادر- پرستار)

«بعد دری از خودش پرسید اصلا چرا باید اهمیتی بدهد که مگی ممکن است چه فکری کند. مگی یک بیگانه بود و حتی کسی نبود که دری زیاد باهاش راحت باشد. فقط لیود و دری و خانواده‌شان مسائلی مهم بودند. این را لیود می‌گفت و البته درست هم می‌گفت.» (بعد، ۱۳۹۲: ۱۴۰)

«به تدریج، همه چیز به هم ریخت. لیود مستقیما از رفت و آمدش با مگی جلوگیری نکرد، اما خیلی عیب‌جویی می‌کرد. فرضیه لیود این بود که آلرژی و آسم بچه‌های مگی تقصیر خود مگی است. می گفت دلیلش اغلب خود مادرها هستند. قبلا همیشه از این چیزها در بیمارستان می-دیده. اغلب هم سر مادرهایی که خیلی از بچه‌دار شدن جلوگیری می-کردند و زیادی تحصیل کرده بودند، چنین بلاهایی می‌آمده. دری حرف ناعاقلانه‌ای زد و گفت: «گاهی فقط بچه‌ها مریض به دنیا میان. نمی‌تونی بگی همیشه تقصیر مادرها است.»، «اوه. چرا نمی‌تونم؟»، «منظورم تو

نیستی. منظورم این نیست که تو نمی‌تونی. منظورم اینه که یعنی اونا نمی‌تونن حتما این‌جوری متولد بشن...»

«از کی تا حالا صلاحیت پزشکی گرفتی؟»، «من که نگفتم صلاحیت پزشکی دارم.»، «نه. و نداری هم.»، بد بود و بدتر هم شد. لیود می‌خواست بداند آن ها، دری و مگی، در مورد چه چیزهایی حرف می‌زنند. «نمی‌دونم. واقعا چیزی نمی‌گیم.»، «خنده داره. دو تا زن تو یه ماشین رانندگی می‌کنن. اولین باریه که چنین چیزی می‌شنوم. دو تا زن در مورد چیزی حرف نمی‌زنن. اون می‌خواد ما رو از هم جدا کنه.»، «کی؟ مگی؟»، «من این‌جور زن‌ها را می‌شناسم.» ، «چجور زن‌هایی؟»، «زن‌هایی مثل اون.»

«احمق نباش.»، «مواظب حرف زدنت باش. به من نگو احمق.»، «آخه اون برای چی باید بخواد چنین کاری کنه؟»، «من از کجا بدونم؟ می‌خواد دیگه. صبر کن تا ببینی. تو رو به جایی می‌رسونه که گریه و زاری کنی و بگی من چه حروم‌زاده‌ای هستم.»» (بعد، ۱۳۹۲: ۱۴۰ - ۱۴۱)

همان‌طور که قبلا هم گفته شد، چون زن در جامعه مردسالار، پرستار و تیماردار اصلی کودک است، تمام اتفاقات و مریضی‌های او نیز تقصیر اوست؛ حتی بیماری‌هایی که کودک از هنگام تولد درگیرش بوده است. این مادر بوده که باعث بیماری کودکش شده است و بابت آن مسئول است.

نکته اصلی دیگری که در این‌جا می‌بینیم این است که، دُری حق اظهار نظر ندارد، همان‌طور که کوئینی ندارد، همان‌طور که مادر داستان صورت ندارد، همان‌طور که ماری و اگنس در دورنمای کاسل راک ندارند. زنان داستان‌های مونرو، به خصوص مادران داستان‌های او، زیر سلطه تمام قد مرد و یا شوهر خود

قرار دارند. زن در جوامع سنتی و مردسالار، حق پرخاش ندارد، حق سؤال کردن ندارد، حق منطقی جلوه دادن صحبتش را ندارد، ولی در مقابل مرد است که می تواند زن را سوال پیچ کند، به زن پرخاش کند و به او ناسزا بگوید، او را بزند و دست آخر ادعا کند که تمام حرف‌هایش منطقی است و اصلا او است که مرجع منطق در خانواده است. در کل زن حق ندارد سلطه مرد را زیر سؤال ببرد.

«گرچه زن از عصر پیشاتاریخ تا کنون سازنده و انتقال‌دهنده زبان است؛ اما مرد ملاک انتظارات بهنجار آن و رعایتش در عرصه‌ی گفتمان‌های اجتماعی به شمار می‌آید. در این صورت زنی که مردانه سخن می‌گوید یا با کلامش نظم مردانه را مثلا از حیث تهییج جسمانی به هم می‌ریزد؛ علیه سلطه شوریده و انحرافش از قدرت نهادینه‌ی مذکر با تنبیهاتی چون نامفهوم بودن، از خودبیگانگی، مردسانی و خاموشی و بایکوت سازی و تمسخر و تحقیر مواجه می‌گردد»(محمدی اصل، ۱۳۸۹: ۱۵۳).

- مقوله های اصلی و فرعی: برخورد با مسائل(۱. فرار، ۲. استواری و ایستادگی)، مردسالاری حاکم بر جامعه، حمایت زنان از یکدیگر

«دُری تمام آن راه را در تاریکی پیاده طی کرده بود، اول از جاده شنی که با لیود در آن‌جا زندگی می‌کردند گذشته و بعد هم بزرگراه را پشت سر گذاشته بوده. هر بار که یک ماشین می‌آمده تو یک چاله چوله‌ای قایم می‌شده و این تا حد زیادی سرعتش را کم کرده بود. به ماشین-هایی که می‌گذشتند نگاه می‌کرده و فکر می‌کرده ممکن است یکی از آن-ها لیود باشد. نمی‌خواست لیود او را پیدا کند. نه تا وقتی که هنوز مثل شیر زخمی بود. دفعه‌های قبل قادر بود لیود را بترساند، حالا یا با گریه و زاری و حتی زدن سرش به زمین یا با مناجات خواندن...

اما امشب دری از خانه بیرون زده بود، چون فقط می‌خواست به هدفش برسد. کتش را پوشیده بود و از در بیرون آمده بود. در حالی که لیود پشت سرش می‌گفت: «این کار رو نکن. بهت هشدار می‌دم.»» (بعد، ۱۳۹۲: ۱۴۲)

دُری در گذشته، در مواجهه با بی‌منطقی‌ها و مشکلات زندگی، منفعلانه‌ترین راه-ها را در پیش می‌گرفته؛ گریه و زاری و آسیب به خود. اما این‌بار، برای اولین بار، می‌آشوبد. او بر خلاف هشدار شوهرش، خانه را ترک می‌کند و به مگی پناه می-آورد. این سرکشی اما هرگز نباید بدون پاسخ بماند. در یک نظام مردسالار، خشونت جسمی با زن، تحقیر او و بازگرداندنش به زور، منع او از بازگشت به خانه، انواع و اقسام گزینه‌ها پیش روی مرد است. اما پاسخ مرد به این عمل دُری، نهایتِ مطلق تنبیه است، نهایتی که حتی از کشتن زن نیز پا فراتر می‌گذارد.

- مقوله های اصلی و فرعی: حمایت زنان از یکدیگر، وابستگی زن به مرد

«دری حتی وقتی تا اندازه‌ای آرام شد هم نمی‌خواست همه حقیقت را بروز دهد و بگذارد مگی بداند او تا خرخره توی مشکل فرو رفته. تازه او اصلا نمی‌خواست رفتارهای لیود را توضیح دهد. مهم نبود که چقدر ازش خسته شده، به هر حال او هنوز نزدیک‌ترین فرد زندگی‌اش بود و او نمی‌خواست همه چیز را با گفتن این‌که دقیقا بینشان چه می‌گذرد فرو بریزد و بی‌وفایی محض کند.» (بعد، ۱۳۹۲: ۱۴۳)

دری حتی در زمانی که از خانه بیرون زده و سرکشی کرده است نیز وفاداری اش را به شوهر خود حفظ می‌کند و به مگی دلیل اصلی آن چه باعث شده از خانه بیرون بزند را نمی‌گوید.

در این‌جا است که فاجعه رخ می‌دهد. مرد، نهایت سرکوب و تنبیه را بر زن روا می‌دارد و در جواب رفتن زن، بچه‌هایشان را می‌کشد. مونرو می‌کوشد مسئله دیگری را نیز در این میان به نمایش بگذارد. درست است که بچه‌ها فرزندان مرد نیز هستند، اما انگار مرد، از فرآیند تولید مثل و پرورش کودکان جدا و با آن بیگانه است «اوبرین باروری را از دریچه بیگانگی مردان با آن تحلیل می‌کرد. او معتقد بود مردسالاری در حقیقت تلاش مردان برای مقابله با احساس بیگانگی خود با تولید مثل و راهی برای جبران آن است. بیگانگی مرد با تولید مثل و بنابر این با کودکان، دست کم منبعث از سه عامل است: نخست این که پیوستگی مکانی و زمانی میان تخمک و کودک حاصل از آن چون در درون بدن زن رخ می دهد شکسته نمی شود اما پیوستگی مکانی و زمانی میان اسپرم و کودک حاصل از آن چون در خارج از بدن مرد رخ می دهد شکسته می شود. عامل دوم این که بار اصلی تولید مثل یعنی بارداری و زایمان را باید زنان و نه مردان به دوش بکشند و عامل سوم این که زن از پیوند خود با کودکی منحصر به فرد یقین دارد یعنی دست کم در لحظه تولد او می داند که آن کودک از گوشت و خون او است اما مرد همواره نسبت به پیوند خود با کودکی منحصر به فرد نامطمئن است یعنی حتی در لحظه تولد کودک نیز یقین ندارد که این فرزند به واقع از سلاله ی او باشد. از آنچه تا کنون گفته شده روشن است که مادریت را می توان از لحظه ای که نطفه کودک بسته می شود رابطه‌ای هم‌زیست دانست، اما این تلقی در مورد رابطه پدریت صادق نیست»(تانگ، ۱۳۹۵: ۱۳۰ - ۱۳۱) و از همین‌رو است که می‌تواند آن‌ها را «وسیله» ای برای تأدیب زن در نظر بگیرد. در مقیاس‌های کم‌تر فاجعه آمیز، این روند به شکل کتک‌زدن بچه‌ها یا تنبیهات بدنی دیگری از طرف پدر، به صورت بسیار متداولی (حداقل شاید تا همین چند دهه قبل)، دیده می‌شده است.

- مقوله های اصلی و فرعی: مردسالاری حاکم بر جامعه، مادری(مادر-پرستار)، جایگاه زن(جایگاه فرودست زن)

"بعد از آن ماجرا به پلیس چه گفته بود - و در روزنامه‌ها گفته‌هایش وجود داشت- گفته بود: «من این کار رو کردم که از بدبختی نجاتشون بدم.»، «چه بدبختی؟»، لیود گفته بود: «این بدبختی که بدونن مادرشون قالشون گذاشته و رفته.»» (بعد، ۱۳۹۲: ۱۴۷)

این بچه‌ها نیستند که باید این مسئله را بفهمند چرا که آن‌ها در لحظه فهمیدن این مسئله از –بودن- تهی می‌شوند. در واقع، لیود شاید بدون این که خود بداند، قصد دارد به مادر نشان دهد که وظایفش را آن‌طور که باید و یا آن‌طور که او می‌خواسته است، انجام نداده و مستحق چنین سزایی است.

- مقوله های اصلی و فرعی: گفتمان جنسیتی، مادری(مادر- پرستار)

«دری کاملا به یاد می آورد جر و بحثشان چطور شروع شد. یک قوطی اسپاگتی خریده بود که یک فرورفتگی خیلی کوچک رویش بود. به خاطر همین در حراجی فروخته می‌شد و دری از این که می‌توانست صرفه جویی کند، خوشحال بود. با خودش فکر کرده بود کار هوشمندانه‌ای می‌کند. اما وقتی لیود در موردش شروع به سوال پرسیدن کرد، چیزی بهش نگفت. به دلایلی فکر کرد بهتر است وانمود کند که متوجه این موضوع نشده. لیود گفته بود: هرکسی بود متوجه می‌شد. ممکن بود همه‌ی ما مسموم بشیم. چش شده؟ چی تو ذهنش می-گذشته؟ نقشه کشیده بوده این ماده سمی رو روی بچه های اون امتحان کنه؟» (بعد، ۱۳۹۲: ۱۴۷ - ۱۴۸)

زن تیماردار و پرستار خانواده و مخصوصا بچه ها است ولی در عین حال قابل اطمینان نیست و در صورتی که گمان برود کوچکترین خطایی در این راه از او سر زده است مستحق تنبیه است، چه برسد به این که قصد داشته باشد، (هرچند تنها در ذهن بیمار مرد)، کاملا بر خلاف این وظیفه عمل کند و دست به کشتن اعضای خانواده بزند.

- مقوله های اصلی و فرعی: وابستگی زن به مرد

«در واقع اولین یکشنبه بعد از این که لیود کمابیش گفت برایش مهم نیست دری پیشش برود، دوباره به دیدنش رفت. لیود سرما خورده بود. خودش نمی‌دانست چطور مریض شده. گفت شاید آخرین باری که دری را دیده مریض بوده و همین هم دلیل کج خلقی‌اش شده.» (بعد، ۱۳۹۲: ۱۵۱ - ۱۵۲)

دُری، پس از مدتی و بعد از رهایی از شوک حادثه، به ملاقات لیود در زندان می‌رود از سویی می‌توان این مسئله را به این شکل در نظر گرفت که او حالا زنی تأدیب و آرام شده است و باید به سراغ کسی بازگردد که همه هویت خود را از او گرفته است، حتی اگر این فرد کودکانش را کشته باشد. به علاوه زنان در جریان پرورش یافتن و اجتماعی شدن در جامعه مردسالار، بیشتر افرادی دلسوز به بار می‌آیند، که برای این مهم از ارزش‌ها و اصول خود نیز دست می‌کشند. عباس محمدی اصل در کتاب «جنسیت و زبان شناسی اجتماعی» این مسئله را از طریق گفتمان‌های جنسیتی بازگو می‌کند.

«زنان بیش از مردان در باب بروز حوادث نامطلوب برای مردان، اظهار تأسف می‌کنند و آن را گویای حس درونی خویش می‌یابند. این بدان معنا است که متکلم نه تنها نقش جنسیتی خویش را شناخته بلکه با اقتدار شخصی، این ایدئولوژی را

در درون خویش اداره و ابراز می‌کند. جنسیت‌ها خود را از طریق زبان می‌شناسند و سلسله مراتب اقتدار را از همین طریق به مردان وا می‌گذارند و ایدئولوژی نابرابری را در خویش محفوظ می‌دارند و به نگهبانی از آن بر می‌خیزند»(محمدی اصل، ۱۳۸۸: ۱۴۶).

- مقوله های اصلی و فرعی: وابستگی زن به مرد

دُری نیز، خود تمام معنایِ هستیِ از معنی خالی شده‌اش را در بازگشت به نزد شوهرش می‌یابد:

«لیود از بین تمام آدم‌ها ممکن است همان شخصی باشد که دری حالا باید با او باشد. دری چه سود دیگری می‌توانست در این دنیا داشته باشد؟» (بعد، ۱۳۹۲: ۱۶۰)

فراز دوم داستان بُعد در آخر این داستان رخ می‌دهد. جایی که دری در راه یکی از همان ملاقات‌های حالا به عادت تبدیل شده با لیود است، و پسربچه‌ای را می-بیند که تصادف کرده و خون از سرش جاری است. او خود را سریع بر بالای سر او می‌رساند.

- مقوله های اصلی و فرعی: مادری(۱. مادر- پرستار، ۲. هویت یافتن زن به واسطه رفتارهای مادری)، برخورد با مسائل(استواری و ایستادگی)،

«نفس نمی‌کشید ولی انگشت‌های دُری روی گردن صافش یک نبض پیدا کرد. یکی از چیزهایی که بهش گفته بودند به یاد آورد. لیود آن را بهش یاد داده بود تا در صورت بروز حادثه برای بچه‌ها وقتی که خودش حضور نداشت، دری به کارش گیرد.» (بعد، ۱۳۹۲: ۱۶۳)

دری با توجه به بلد بودن عمل سی پی آر، می‌تواند نفس کودک را بازگرداند و به او زندگی ببخشد. زن اعطاء کننده‌ی هستی است. حتی زمانی که تمام آن‌چه او به آن هستی بخشیده، از بین رفته باشد، او باز هم می‌تواند در دیگری این هستی را به وجود بیاورد، حتی در یک فرد در حال مرگ. این کارکرد اسطوره‌ای زن در بسیاری از داستان‌ها تکرار می‌شود. مثلا در مسافران بهرام بیضایی، مرده‌ها تنها به این دلیل که – مادر- مرگشان را نمی‌پذیرد و چشم انتظارشان است، بازمی‌گردند. دُری نیز با بخشیدن این هستیِ تازه، نشان می‌دهد که زنده است و زنی است ورای آن‌چه جامعه مردسالار او را در آن محدود کرده است.

جدول خلاصه مقوله‌های اصلی و فرعی داستان چهارم؛ بعد:

مقوله‌های اصلی	مقوله‌های فرعی
1. مادری	1. مادر- پرستار 2. مادر- حمایتگر 3. مادر- منفعل 4. هویت یافتن زن به واسطه رفتارهای مادری
2. تأثیر آموزه‌های اجتماعی	صبر و بردباری
3. از خود بیگانگی زن	
4. جایگاه زن	جایگاه فرودست زن
5. وابستگی زن به مرد	۱. وابستگی روانی ۲. وابستگی مالی
6. تعلق زن به مرد	
7. برخورد با مسائل	1. فرار 2. تسلیم شرایط شدن 3. استواری و ایستادگی
8. داغ ننگ	
9. مردسالاری حاکم بر جامعه	
10.فراموش شدگی زن	
11.گفتمان جنسیتی	
12.حمایت زنان از یکدیگر	

داستان پنجم: داستان «کوئینی»

چکیده داستان:

کوئینی دختری است که با ناپدری بزرگ می‌شود. راوی داستان، خواهر ناتنی کوئنیی است که از ناپدری و مادری دیگر به دنیا آمده است. او کوئینی را در کودکی دختری آرام ومهربان و دل‌نازک توصیف می‌کند. در جوانی اما کوئینی از واقعیت زمخت خانواده خود فرار می‌کند و با مرد میانسال همسایه (آقای ورگیلا)، که به تازگی همسر خود را از دست داده است، از شهر می‌رود. کوئینی چند سالی بعد از آن نیز از آقای ورگیلا، که دیگر همسر او شده است، نیز فرار می‌کند و با یکی از دانشجوهای او به جایی دیگر می‌رود. در خلال این سال‌های فرار و در بازه اول آن، خواهر کوئینی یعنی راوی داستان، یک بار به دیدن او و آقای ورگیلا می رود. او در داستان، از کوئینی کلیشه‌ی همسری «صبور و آرام» را برای مخاطبان ارائه می‌دهد. سال‌ها بعد راوی داستان بسیار چشم انتظار کوئینی می‌شود و به دنبال او می‌گردد. اما کوئینی ناپدید شده است. با این‌حال راوی بارها احساس می‌کند کوئینی را در شکل ها و در نمود انسان‌های متفاوت می‌بیند. پر بیراه نیست اگر بگوییم که آلیس مونرو کوئینی را نمادی از زنان جامعه خود می‌داند. از همین روست که کوئینی در پایان داستان در قالب انسان‌های دیگر دیده می-شود. زنانی که به جای ایستادگی و مبارزه بر علیه آنچه آنان را در این جایگاه قرار داده، فرار می‌کنند. تاب ایستادگی در برابر چارچوب و ساختارهای موجود را ندارند اما درست نمی‌دانند که چه باید بکنند و اصلا وضعیتشان برای چه، به شکل کنونی است.

- ## شخصیت های زن داستان:

شخصیت اصلی: مادر راوی داستان

شخصیت های فرعی: نانسی، شارون ساتلز، خدمتکار

شخصیت های مرد داستان یعنی پدر، باغبان و همسر فوت شده شارون ساتلز و حتی راوی نیز همگی نقشی فرعی دارند.

تحلیل داستان:

- مقوله های اصلی و فرعی: از خود بیگانگی زن، تعلق زن به مرد، جایگاه زن(جایگاه فرودست زن)، مردسالاری حاکم بر جامعه

««شاید بهتر باشه من رو دیگه به این اسم صدا نکنی.»، کوئینی را توی ایستگاه مرکزی یونیون دیدم و این را همانجا به من گفت. گفتم: «چه اسمی؟ کوئینی؟» گفت: «استن خوشش نمی‌آد. می‌گه یاد یه اسب می-افته.» شنیدن «استن» گفتن او برایم غافلگیر کننده‌تر بود تا این که سعی داشت به من بفهماند اسمش دیگر کوئینی نیست، بلکه « لنا » است.» (مونرو، ۱۳۹۵، ۱۰۳)

زن در روابط و مناسبات بین خود و همسرش یک پذیرنده است. او هر آنچه شوهرش اراده کند یا دوست بدارد را می‌پذیرد و انجام می‌دهد حتی اگر انجام چنین کاری او را از هویت پیش از همسر بودنش جدا کند. مونرو با تاکید بر این که استن یا آقای ورگیلا از «اسم» زن خود خوشش نمی‌آید و این‌که این اسم او را یاد یک حیوان می‌اندازد قصد دارد تا به شکلی نمادین از خود بیگانه شدن زن را در روابط زناشویی نشان دهد. همان‌طور که اشاره شد، مفهوم از خود بیگانگی

اولین بار توسط هگل استفاده شد و بعد‌ها مارکس و انگلس آن را بسط دادند و مشخصا در مورد طبقه کارگر از آن استفاده کردند. بعدتر بسیاری از فمنیست‌ها خصوصا فمنیست‌های مارکسیست و سوسیالیست، این مفهوم را برای تبیین جایگاه زن در جوامع پدرسالار و مردسالار، به کار بستند.

«از دید فورمن بی‌خویشتنی زنان مسئله‌ای عمیقا آزار دهنده است زیرا زنان موجودیت خود را فقط در رفع نیازهای دیگران می‌بینند. دغدغه‌ی فورمن این بود که زنان در صورت بی نیازیِ خانواده و دوستان خود برای خویشتن موجودیتی قائل نمی‌شوند»(تانگ، ۱۳۸۷: ۸۲). کوئینی نیز در اینجا خود و خویشتنی ندارد. به صرف این که استن، شوهرش از اسم او خوشش نمی‌آید، آن را کنار می‌گذارد. در ادامه داستان نیز، این بی‌خویشتنی و عدم داشتن موجودیت کوئینی چندین بار ذکر می‌شود. او همواره به دنبال تعریف خود با دیگری است. درست است که او شرایط محیط زندگی خود را نمی‌پذیرد ولی برای فرار از آن همواره به یک «دیگری» نیاز دارد. در کودکی او یک انسان متظاهر است و در واقع با نمایش آنچه «او» نیست از این واقعیت فرار می‌کند و بعد‌ها با توسل به استن و بعد از او اندرو.

در جامعه ما نیز، این مسئله به وفور دیده می‌شود. بسیاری از دختران جوان تنها به این دلیل ازدواج می‌کنند که از بند مناسبات خانواده خود رها شوند، غافل از این که در بند مناسباتی نو گرفتار خواهند آمد. این گزاره به هیچ روی قصد رد مطلق مناسبات خانوادگی را ندارد بلکه تأکید بر شرایط و چارچوب‌های تحمیلی است که ممکن است در بسیاری از خانواده‌ها نیز وجود نداشته باشد.

- مقوله‌های اصلی و فرعی: از خود بیگانگی زن

«موهایش مشکی رنگ شده، دور صورتش با مدلی که آن دوران بعد از شنیون آمد، پف کرده بود. رنگ زیبای تیره و روشن آن‌ها که –رو، طلایی و زیر، قهوه ای سوخته بود- همینطور لختی آبشار مانندشان، دیگر وجود نداشت. پیراهنی با نقش و نگار زرد به تن داشت که به بدنش می‌چسبید و می رسید تا کمی بالاتر از زانوهایش. خط مصری دور چشمانش همراه با سایه‌ی بنفش، چشمانش را بزرگ‌تر که نه، کوچک‌تر کرده بود. انگار که آگاهانه، قصد پنهان کردنشان را داشته باشد. گوش‌هایش حالا سوراخ بودند و دو حلقه‌ی طلایی آویزان از آن ها تاب می‌خوردند.» (مونرو، ۱۳۹۵: ۱۰۳ و ۱۰۴)

آرایش بر طبق مد روز داشتن، نشانگر تحت تاثیر رسانه و آموزه‌های اجتماعی بودن یک زن است. معمولا زنانِ از خودبیگانه شده بر طبق شرایط اجتماعی خود، و تحت تاثیر استریوتایپ[۱۹۵]های برساخته توسط نهادهای ذینفع، دست به آرایش می‌زنند (این گفته البته در مورد مردان نیز صادق است.) در اینجا مونرو برای ما زنی را تعریف می‌کند که «عادی» است، به این معنا که هر آنچه جامعه از او خواسته است را رعایت می‌کند. او باید بر طبق استانداردهای موجود (در همین داستان کوئینی با مدل‌های هالیوودی سنجیده می شود)، در جامعه ظاهر شود. در جامعه برابر و غیر جنسیتی زن یا مرد برای جلب توجه نیازی به آرایش کردن خود نداشته و ندارند. نمونه آن را در جوامع پیش از پدرسالاری به وضوح می‌بینیم.

«درجامعه بدوی، که هم‌چشمی جنسی وجود نداشت، نیازی به آرایش و مد برای زیبایی ساختگی نبود. چهره و پیکره‌ی زنان و مردان هر دو با رنگ و نقش و نگار آراسته می‌شد ولی نه برای زیبایی. این رسم از مجموعه‌ای از نیازهای مختلف در

ارتباط با زندگی و کار پیدا شده بود»(رید، ۱۳۸۳، ۱۴۸). مونرو به مخاطب کوئینی را نمادی از همه زنان نشان می‌دهد. لازم است تاکید کنیم که منظور از همه زنان، آن دسته از زنانی هستند که بر طبق آموزه‌های تحمیل شده، زندگی و فکر می کنند و البته متاسفانه اکثریت این جنس را شامل می‌شود. پر واضح است که همیشه استثناها حتی در قالب جمعیت های بسیار زیاد وجود داشته است. از سویی دیگر کوئینی از طریق آرایش اصرار دارد که خودش نباشد و شبیه آن-چیزی بشود که از او خواسته شده است.

- مقوله های اصلی و فرعی: از خود بیگانگی زن، تعلق زن به مرد، جایگاه زن(جایگاه فرودست زن)، مردسالاری حاکم بر جامعه

«گفت: «هنوز خیلی راه‌ها مونده.» بعد گفت: «راه. استن از —راه‌ها- گفتن من هم خوشش نمیاد.»» (مونرو، ۱۳۹۵: ۱۰۵)

«رادیویی از یکی از پنجره‌های طبقه‌ی بالا موسیقی پخش می‌کرد. کوئینی گفت: «یکی از اون چیزهایی که استن نمی تونه تحمل کنه: اون رادیو.»... گفت: «یک کدوم از اون سطل‌های اون بیرون، سر راه. یادت که نمیره؟ میره؟ این جعبه‌تم نذار جایی که جلوی چشمش باشه. متنفره از این که به یادش بیافته.»" (مونرو، ۱۳۹۵، ۱۰۷)

در این چند قسمت نیز، ما با زنی بدون خویشتن رو به رو هستیم که تمام تلاشش را می‌کند تا آنچه موجبات رضایت شوهرش را فراهم می‌کند، به درستی انجام دهد. کوئینی پنجره اتاق را می‌بندد تا صدای رادیو شوهرش را اذیت نکند، به خواهرش تذکر می‌دهد که وسایلش را از جلوی چشم شوهرش بردارد تا او را اذیت نکند و حتی سعی می‌کند کلمات و اصطلاحاتی که شوهرش از آنها خوشش نمی‌آید را به خود یادآوری کند تا مبادا از آن‌ها جلوی او استفاده کند.

زن در اینجا تنها مفعول یا ابژه‌ای صرف است. او باید همان‌طور که شوهرش به عنوان نماینده اجتماع از او می‌خواهد «شکل بگیرد» و «رفتار کند».

بلا کِش بودن زن در بسیاری از آثار ادبی و هنری دیده می‌شود، چه آن که از واقعیتی سرچشمه می‌گیرد که زنان در آن زندگی می‌کنند. کافکا، داستایفسکی، آستین و بسیاری دیگر چون مارگاریت دوراس نیز در نوشته های خود چنین زنانی را به نمایش می‌گذارند. «در آثار دوراس زنان همواره خشونت مردان را خواه در نقش معشوقه یا همسر و خواه در نقشِ پسر، تایید و تهییج می‌کنند. زنان در مقام بلاکِشی و منفعلِ کنش‌ناپذیر در نظام حاکم مشارکت می‌کنند و حتی می‌کوشند آن را حفظ کنند»(نجم عراقی و دیگران، ۱۳۸۲: ۲۶۰).

- مقوله های اصلی و فرعی: داغ ننگ، وابستگی زن به مرد

راوی داستان یعنی خواهر کوئینی، در این قسمت نحوه ایجاد ارتباط با خواهر خود را توضیح می‌دهد. از طرفی مادر راوی داستان فوت کرده است و از طرف دیگر کوئینی پدر ندارد. پدر راوی و مادر کوئینی قصد دارند با هم ازدواج کنند و در این راستا پدر راوی در حال توضیح دادن آنچه رخ خواهد داد به او است.

> ««قراره با خانمی ازدواج کنم که یه دختر کوچولو هم سن و سال تو داره.» پدرم این را گفته بود: «و این دختر کوچولو پدری بالای سرش نیست. پس باید به من قول بدی که هیچ وقت سر به سرش نذاری و به اون در این باره حرف بدی نزنی. پیش میاد که شما دو تا با هم دعواتون بشه یا اختلاف نظر پیدا کنید. مثل همه خواهر ها، اما این اون چیزیه که هرگز حرفش رو نمی‌زنی. اگر هم بقیه بچه ها زدند تو هیچ وقت طرف اونا رو نمی گیری.» برای این که حرفی زده باشم گفتم من هم

مادر ندارم اما تا به حال هیچ کس حرف بدی به من نزده است. پدرم گفت: «این فرق می کنه.»»(مونرو، ۱۳۹۵، ۱۰۷ و ۱۰۸)

بدون شک در جوامع مردسالار نداشتن مادر و نداشتن پدر از یکدیگر متفاوت است. نداشتن مادر می‌تواند معلول بسیاری از شرایط و برچسب‌های پذیرفته‌شده از قبیل وفات او، بدکاره بودن او، نساز بودن او، هوس ران بودن او و غیره باشد. به هر حال در چنین جوامعی کودک —خواه دختر و خواه پسر- هویت خود را از طریق پدرش به دست می‌آورد. اما نداشتن پدر به خودی خود و احتمالا تحت هر شرایطی ننگ و داغی است غیر قابل عبور. حتی اگر پدر کودکی در جنگ و با افتخار کشته شده باشد، در صورت عدم ازدواج مجدد همسرش یا همان مادر کودک، مادر، ممکن است، با انگ‌ها و برچسب‌های متعددی از طرف اجتماع رو به رو شود. گویی او به مردی نیاز دارد تا او را از جامعه و هرزگی‌های آن و قضاوت‌ها مصون نگه دارد.

از طرف دیگر، خانواده‌های تک سرپرست که عموما زنان اداره‌کننده آن‌ها هستند، معمولا دچار سختی و رنجی مضاعف نسبت به خانواده‌های هسته‌ای هستند.زیرا در این خانواده‌ها، علاوه بر نقش‌های تحمیل‌شده‌ی مربوط به خانه داری، زن موظف است نقش نان‌آور را نیز داشته باشد و به همین دلیل گاهی به سختی می‌تواند از عهده‌ی هر دو وظیفه بر بیاید. با توجه به این که تعداد این خانواده‌ها رو به افزایش است باید در نظر داشت که این زنان سرپرست خانواده، و البته کودکان این شکل از خانواده‌ها، تا چه حد تحت فشار هستند. «امروزه ممکن است کودکانی در خارج از چهارچوب ازدواج متولد شوند اما نقش سنتی مادری معمولا همان است که بود، در واقع به خلاف گذشته که احتمالا در چنین مواردی کودک به پرورشگاه سپرده می‌شد اکنون بیشتر احتمال دارد که بچه با مادر واقعی (طبیعی) خود زندگی کند. اما به هر حال بر اثر افزایش طلاق و شمار

نوزادان نامشروع، بچه‌های بیشتری ناگزیرند دست کم بخشی از دوران کودکی خود را در خانواده‌های تک سرپرست به سر ببرند و این خانواده‌ها را تقریبا بدون استثناء زنان سرپرستی می‌کنند»(آبوت، ۱۳۸۷: ۱۲۴). شاید برای رهایی از چنین شرایطی است که بسیاری از زنان ترجیح می‌دهند دوباره در مناسبات زناشویی زندگی کنند. برای مردان اما اوضاع از این قرار نیست. مردان برای خوب تربیت نکردن کودکان بدون مادر در خانه خود، هیچ‌گاه بازخواست نمی‌شوند. وظیفه آن‌ها از دید عموم جامعه، تنها نان‌آور بودن است و نه تربیت کودک. از طرف دیگر، حضور مردان به تنهایی بدن همسر در جامعه، باعث قضاوت و انگ خوردن آنان نیست، بلکه تنها حس همدردی و دلسوزی را برمی‌انگیزد.

- مقوله های اصلی و فرعی: حمایت زنان از یکدیگر، جایگاه زن(جایگاه فرودست زن)، از خود بیگانگی زن

«کاملا در اشتباه بود. ما اصلا همسن و سال به نظر نمی‌آمدیم. چون کوئینی وقتی پدرم با بت ازدواج کرد، نه ساله بود و من شش ساله. البته بعدها که من دو سال تحصیلی را یکی کردم و کوئینی یک سال رفوزه شد، در مدرسه به هم نزدیکتر شدیم و من هرگز ندیدم کسی با کوئینی بد رفتاری کند. او کسی بود که همه دلشان می‌خواست با او دوست باشند. با این که بازیکن حواس پرتی بود، همیشه قبل از بقیه برای تیم بیسبال انتخابش می‌کردند و با این که املایش خیلی بد بود اول از همه برای تیم لغت‌بازی انتخاب می‌شد. همچنین من و او هرگز با هم دعوایمان نشد. حتی یک بار. او با من بیش از اندازه مهربان بود و من او را بیش از اندازه ستایش می‌کردم. من او را به خاطر موهای طلایی و تیره و چشمان خمارش - حتی تنها به خاطر چهره و خنده‌اش- می پرستیدم. خنده‌اش به شیرینی و زمختی شکر خام بود. جالب این بود

که با همه‌ی امتیازاتش می‌توانست دل‌نازک و مهربان باشد.» (مونرو،
۱۳۹۵، ۱۰۸)

مونرو از سویی در این قسمت از داستان در حال ترسیم روابط خواهرانه و
حمایت‌گرایانه خصوصا از سوی کوئینی است و از سوی دیگر این ارزش متداول
در جامعه را نشان می‌دهد که زن صرف داشتن خوش بر و رویی و شیرین زبانی و
خودنمایی و بدون نیاز به داشتن «مهارت» دیگری مقبول و مورد توجه است.
حتی می‌توان گفت که این نداشتن مهارت‌های دیگر در جامعه به نوعی برای زن
یک امتیاز مثبت و حسن است. نداشتن توانایی خاصی، مهارت خاص و دانش در
زمینه‌ای مشخص، بیش از هر چیز دیگری، زن را مهیا و آماده‌ی خانه‌داری و
ایفای نقش‌های تحمیلی می‌کند. احتمال سرکشی و اعتراض در چنین زنانی
پایین‌تر است. در کنار این‌ها، اگر زن، زیبایی و خوش زبانی مد نظر جامعه مرد
سالار را نیز داشته باشد، از مقبولیت دو چندانی برخوردار خواهد شد.

«اما برای زنان پیشرفت کردن مذموم است. زیرا خود ما هم به زنانی علاقه‌مندیم
و احساس ترحم می‌کنیم که «مظلوم و بدبخت» باشند و از پدران، برادران یا
شوهرانشان —توسری بخورند- هنوز در تعریف‌هایمان از «زن خوب»، زن مظلوم
در نظرمان می‌آید، زنی که چندان «هار» نباشد تا بتوان برای او دلسوزی کرد،
ولی به این فکر نمی‌کنیم که کجا «زن مظلوم» فضیلت دارد»(احمدی خراسانی،
۱۳۸۴: ۱۲۰).

در مورد نقش حمایت‌گرایانه‌ی کوئینی نیز، باید به این نکته اشاره کرد که او، در
واقع نقش مادر نداشته‌ی راوی داستان را ایفا می‌کند. کوئینی سخاوتمندانه
مهربان و دلسوز است، چرا که راوی داستان در کودکی نیاز به چنین کسی داشته
است. این نیاز مسلما نمی‌تواند از طرف نامادری پاسخ داده شود. کودک در

بسیاری از مواقع به نامادری یا پدر، به عنوان غاصب جایگاه شخص اصلی می-نگرد، پس او نیاز دارد تا کسی را در این جایگاه قرار دهد.

- مقوله های اصلی و فرعی: برخورد با مسائل(فرار)

«صبح روز گم شدن کوئینی، همان صبح اوایل زمستان، به محض بیدار شدنم حس کردم که رفته است... تختش خالی بود و توی دستشویی هم نبود.» (مونرو، ۱۳۹۵، ۱۰۸ و ۱۰۹)

کوئینی بدون هیچ خبری (حتی به خواهر خود)، فرار می‌کند. این اتفاق از آن-جایی که به هیچ رو قابل پیش‌بینی نبود، خانواده را در شُک فرو می‌برد. در ادامه داستان مشخص می‌شود که، او به همراه آقای ورگیلا، همسایه‌شان که همسر خود را مدتی پیش بر اثر بیماری از دست داده، فرار می‌کند. ارتباط با مردی که جای پدر کوئینی است، نشان‌دهنده‌ی نیازی اساس در او است که در ادامه به آن اشاره خواهیم کرد:

- مقوله های اصلی و فرعی: برخورد با مسائل(فرار)، داغ ننگ

«نوشته بود: تصمیم دارم با آقای ورگیلا ازدواج کنم. ارادتمند: کوئینی. پدرم گفت: «زیر ظرف شکر» بت قاشقش را پرت کرد. داد زد: «از مرتیکه شکایت می‌کنم. اون دختره رو هم می‌اندازم توی کانون اصلاح و تربیت. به پلیس خبر می دم.» پدرم گفت: «اون هجده سالشه و اگه بخواد می‌تونه ازدواج کنه. پلیس به این خاطر جاده‌ها رو نمی‌بنده.»«کی میگه اونا تو جاده‌ن؟ حتما چپیدن توی یه هتلی، چیزی. دختره ی احمق با اون ورگیلای یبس چشم گاوی.» «اینطور حرف زدن اونو بر نمی گردونه.» «نمی خوام برگرده. حتی اگه سینه خیز بیاد. این آشیه که خودش پخته که با اون مرتیکه چشم گاوی بخوره. هر غلطی هم

بخواد باهاش بکنه برام مهم نیست.» «بسه دیگه.»»" (مونرو، ۱۳۹۵، ۱۱۲ و ۱۱۳)

در قسمت اول نقل قول بالا، کوئینی به پدر و مادر خود گفته است که می‌خواهد با آقای ورگیلا ازدواج کند. آقای ورگیلا نوازنده پیانوی موفقی است که در خانه ای آبرومند زندگی می‌کند، او همسرش را به تازگی از دست داده و بنا به توصیفات داستان، حداقل دو برابر کوئینی سن دارد. توجه به این نکته که، کوئینی بدون پدر و در حسرت آن بزرگ شده است، می تواند دلیل این انتخاب کوئینی را به ما نشان دهد. دختر به دنبال پدر گمشده‌ی خود است تا بتواند هویت مخدوش خود را بازبیابد اما در این راه موفق نیست.

این قسمت از داستان با « بسه دیگه » ی پدر تمام می‌شود. گویی، امر مرد خانواده، مقدس است و جای بازگشت ندارد. زمانی که او بخواهد موضوعی را شروع، و زمانی که او بخواهد آن را تمام می‌کند.

- مقوله های اصلی و فرعی: از خود بیگانگی زن، جایگاه زن(جایگاه فرودست زن)

"بت یک کت پوست خریده و با تأسیس یک کلینیک زیبایی توی خانه‌مان کارش را توسعه داده. برای این کار از اتاقکی استفاده کرده که قبلا پدرم در آن می‌خوابید و او هم تخت سفری و نشنال‌جئوگرافی‌اش را به دفتر کارش منتقل کرده —اتاقک پیش ساخته‌ای متعلق به نیروی هوایی که توی حیاط شرکت علم کرده است. وقتی پشت میز آشپزخانه می‌نشستم و برای امتحان ورودی دانشکده درس می‌خواندم صدای بت را می شنیدم: «پوست به این حساسی هرگز نباید بهش لیف بکشید» —

می خواست به زنی که صورتش ملتهب بود لوسیون و کرم غالب کند."
(مونرو، ۱۳۹۵، ۱۱۱۴)

بت یا همان مادر کوئینی، زنی است که کار اقتصادی‌اش را در خانه انجام می‌-
دهد، کاری که به تمامی زنانه است؛ آرایشگری زنان. به علاوه مونرو از بت زنی
میان‌مایه را به نمایش می‌گذارد. که اصول اخلاقی ثابتی ندارد. زمانی که بخواهد
چیزی بفروشد، از حربه‌های غیر اخلاقی و البته رایج جامعه سرمایه‌داری استفاده
می‌کند. زمانی که از فردی خوشش نیاید، پشت سر او حرف می‌زند و به شدت
فردی روزمره و کسالت‌آور است. بت با توجه به این توصیفات نمی‌توانسته نقش
مادر را برای کوئینی و راوی داستان ایفا کند. شاید از همین رو است که راوی
داستان برای پر کردن جای خالی مادرش به سراغ کوئینی می‌رود. قسمت بعدی
که از داستان کوئینی آورده‌ایم نیز تاکیدی است بر برداشت ما از شخصیت بت.
کار و اشتغال زنان خصوصا در زنان طبقه متوسط، در جامعه مردسالار عموما یا
در خانه انجام می‌شود و یا به نحوی وابسته به شوهرانشان است. «وقتی که شوهر
صاحب یک فروشگاه است، همسرش ممکن است که شش روز در هفته از ساعت
هشت صبح تا هشت بعد از ظهر، پشت صندوق بنشیند یا اگر مرد مثلا نانوا باشد
و کالایی را که می‌فروشد، خود تولید کند، یا فروشنده‌ی سبزی و میوه باشد و
آن‌ها را به بازار ببرد، همسرش ممکن است در تمام طول روز فروشگاه را اداره
کند. همچنین ممکن است زنان در یک غذا خوری خانوادگی یا در یک باغ میوه
کار کنند یا در موسسه حقوقی شوهر، زیر دست او کار کنند. همچنین ممکن
است که زن در کارهای اداری، به شوهر کمک کند ــ برای باز کردن و بایگانی
نامه ها، تعیین وقت و ماشین کردن گزارش ها. یا حتی ممکن است که زنان به
جای شوهران خود کار کنند: همسر یک مربی رانندگی ممکن است در محل کار
همسرش بنشیند و شماره رمز بزرگراه‌ها را که بخشی از کار تعلیم رانندگی است،

به مشتریان آموزش دهد. همسر مردی که یک کلینیک سلامت را اداره می‌کند، نه تنها می‌تواند به مشکلات کارکنان رسیدگی کند و برای حفظ وجدان کاری، تلاش کند، بلکه قادر است کلاس‌های ورزش ایروبیک را نیز اداره کند»(اعزازی، ۱۳۹۳ :۲۶۲).

- مقوله های اصلی و فرعی: مردسالاری حاکم بر جامعه، تعلق زن به مرد، جایگاه زن(جایگاه فرودست زن)، حمایت زنان از یکدیگر، برخورد با مسائل(تسلیم شرایط شدن)

راوی داستان در قسمت بعد از زمانی روایت می‌کند که خانم ورگیلا هنوز زنده است و او و کوئینی برای تنها نبودن و مراقبت از او و انجام کارهای خانه به خانه آقای ورگیلا می‌رفتند.

«لیوانی را پر آب کرد، پشت به ما ایستاد و آن را یک نفس سرکشید. دقیقا مثل وقت‌هایی که خانم ورگیلا و کوئینی و من دور میز آشپزخانه‌ی خانه‌ی آنها، خانه‌ی بقلی‌مان، نشسته بودیم. آقای ورگیلا یا از جلسات تمرین برگشته بود یا تدریس پیانو را در اتاق جلویی، چند دقیقه‌ای تعطیل کرده بود. با صدای قدم‌هایش خانم ورگیلا لبخند هشدار دهنده‌ای به ما می‌زد. و هر سه نفر سرمان را پایین می‌انداختیم و به حروف الفبای بازی اسکرابل‌مان چشم می‌دوختیم تا به او این اجازه را بدهیم که اگر نخواست، متوجه ما نشود. بعضی وقت‌ها نمی‌شد. باز شدن در کمدها، چرخاندن شیر آب، گذاشتن لیوان روی پیشخوان مانند زنجیره‌ای از انفجارات کوچک بودند. انگار در زمان حضورش به کسی حق نفس کشیدن نمی‌داد.» (مونرو، ۱۳۹۵، ۱۱۵)

در مورد نقش سلطه‌گر مرد هم می‌توان از دیدگاه‌های تاریخی بهره برد و هم از دیدگاه‌های روانکاوانه، روانشناسانه و جامعه شناسانه دیگر. مرد چرا و به چه دلیلی می تواند حالتی را در خانه ایجاد کند که کسی اجازه نفس کشیدن در آن نداشته باشد؟ می‌توان این سوال را از طریق واکاوی هویت برساخته مرد یا جنس مذکر در جامعه مردسالار بررسی نمود. ساندرا هاردینگ[۱۹۶] نویسنده کتاب «سیاست جنسیتی دوران طفولیت[۱۹۷]»، بروز سلطه‌گری در مرد را در دوران طفولیت او واکاوی می کند؛ «بحث هاردینگ این است: مادریِ زنان، دوگانگی خود-دیگری را در شخصیت مذکر به وجود می‌آورد. جستجوی پسران برای کسب هویتی مجزا با توجه به مشکلات خاص جدا شدنشان، آنان را به سمت شکل دادن (مرزهای من —خود-) به شکلی غیر قابل انعطاف (نفوذناپذیر) می-کشاند و گرایش می‌یابند که به دیگران، به ویژه زنان، در تقابلی خصومت آمیز با خودشان بنگرند. این دوگانگی خود-دیگری صرفا نوعی تقابل و تضاد نیست بلکه سلسله مراتبی است که در آن —خود- ارزشمندتر است. از این رو مردان به لحاظ روانی تمایل به سلطه‌گری دارند و می‌خواهند خود را در مقابل ارباب در ارتباط با دیگر مردان، با طبیعت و البته با زنان قرار دهند»(اعزازی، ۱۳۹۳: ۱۱۲).

- مقوله های اصلی و فرعی: جایگاه زن(جایگاه فرودست زن)، برخورد با مسائل(تسلیم شرایط شدن)

«می‌گفتند با گروه‌های مختلف کر و باشگاه‌های آوازش هم، رفتاری همین‌قدر دیکتاتور مآبانه دارد. با این حال، بین خواننده‌هایش، به خصوص خانم‌ها برو بیایی داشت. برای کریسمس برایش بافتنی می-بافتند. جوراب و شال گردن و دست‌کش‌هایی که در راه بین مدرسه و

---

196 Sandra Harding
197 Gender Politics of infancy

کر گرم نگهش دارند. بعد از این‌که خانم ورگیلا مریض تر از آن شده بود که خانه‌داری کند، همان وقت‌ها که کوئینی مدیریت امور خانه را به عهده داشت، یک بار از توی کشو یک تکه بافتنی بیرون کشیده و جلوی صورت من تکان داده بود. این یکی بدون نام فرستنده رسیده بود. نمی-توانستم حدس بزنم چیست. کوئینی گفت: «معامله گرم کن. خانم ورگیلا گفته اینو نشونش ندم چون فقط عصبانی‌ش می‌کنه. نمی‌دونی معامله گرم‌کن چیه؟» گفتم: « اه »، «واسه شوخی.»» " (مونرو، ۱۳۹۵، ۱۱۶)

مرد، در بیرون خانه، روابط اجتماعی زیادی دارد و حتی همانند ارتباط خود با کوئینی، احتمالا روابط نامشروعی خارج از محیط خانواده خود. از طرف دیگر، اما زن او یعنی خانم ورگیلا محصور در خانه است و روابط اجتماعی خاصی ندارد. به علاوه او با توجه به این که می‌داند همسرش روابطی خارج از چهارچوب خانواده دارد، چیزی بر زبان نمی‌آورد تا نکند مردش از این که او صرفا می‌داند ناراحت و عصبانی شود.

- مقوله های اصلی و فرعی: از خود بیگانگی زن

«وقتی او را نشسته توی گیشه‌اش دیدم، فهمیدم آن آرایش و آن موهای پف‌کرده‌ی رنگ شده و آن گوشواره‌های حلقه‌ای آنقدر ها هم عجیب نبودند. کوئینی شبیه بعضی از همان دخترهایی بود که از خیابان رد می‌شدند یا آمده بودند تا فیلم را با دوستانشان ببینند. و شباهت زیادی به همان دخترهایی داشت که تصاویرشان روی پوسترهای دور و بر او دیده می‌شد. به نظر می‌رسید بین او و دنیای درام، مناسبات و

مخاطرات عشقیی که توی سالن روی پرده تصویر می‌شد، ارتباطی وجود دارد.» (مونرو، ۱۳۹۵، ۱۱۶ و ۱۱۷)

کوئینی در محل کارش، که یک گیشه سینما است، خود را طوری آرایش می‌کند و لباس می‌پوشد که شبیه زنان روی پوستر و یا جوانانی باشد که به سینما رفت و آمد می‌کنند. کوئینی سر مشق‌های تبلیغاتی عرضه شده و تحمیل شده توسط رسانه را پذیرفته و با شبیه شدن به آن‌ها به صورت ناخودآگاه سعی می‌کند که از خویشتن خود دوری کند. دستگاه تبلیغات، اهدافی چند منظوره دارد. از طرفی با عرضه چهره خاصی از زنان سعی در ایجاد نیازهایی مثل خرید لوازم آرایش، لباس‌های خاص و... دارد و از طرف دیگر برای آنان که توانایی شبیه شدن به الگوها را ندارند، اهرمی است که از نظر روانی فرد را سرکوب می‌کند. همچنین وظیفه دیگر این ماشین بزرگ کمک برای حفظ مناسبات موجود در جامعه است. «همچنان که بازار کالای سرمایه‌داری گسترش می‌یافت، توجه سرمایه‌داری روز به روز بیشتر به جمعیت زنان یعنی خریداران مهم همه گونه کالای مصرفی مانند خانه و مبلمان خانه، پوشاک خود و فرزندانشان، نیازهای مادران، پیش و پس از تولد کودک، نیازهای زیبایی جنسی آنها برای نگهداریِ مهر شوهران خود، و مانند این جلب گردید»(هنسن و دیگران، ۱۳۸۱: ۱۲۱).

- مقوله های اصلی و فرعی: از خود بیگانگی زن، تعلق زن به مرد

«کوئینی دور تا دور پنجره‌ی پشت ظرف شویی پاپیتال نصب کرده بود. و قاشق های چوبی را توی یک لیوان بی‌دسته‌ی زیبا چیده بود. دقیقا همان کاری که خانم ورگیلا می‌کرد.» (مونرو، ۱۳۹۵، ۱۱۸)

می‌توان برداشتی دو سویه از پاراگراف بالا داشت. اول این‌که کوئینی همان‌طور که پیشتر ترسیم کرده بودیم، شبیه تمام زنان دیگر است و خویشتنی ندارد. او

سعی می‌کند خود را شبیه دیگران کند. از طرف دیگر می‌توان این گونه برداشت کرد که آقای ورگیلا چنان سیطره‌ای بر امور خانه دارد که حتی نحوه چیدمان وسایل آشپزخانه را او تعیین می‌کند و از همین رو است که وسایل آشپزخانه چه در زمان خانم ورگیلا و چه در زمان کوئینی جای یکسانی داشته و دارند.

- مقوله های اصلی و فرعی: مردسالاری حاکم بر جامعه، فراموش شدگی زن، جایگاه زن(جایگاه فرودست زن)

«یاد پیشانی بلند و سفید خانم ورگیلا افتادم و جعد ریز موهای سیاه و سفیدش. یا گوشواره‌های مرواریدش و بلوزهایی که پاپیونی گره‌زده دور یقه‌شان داشتند. او از آقای ورگیلا یک سر و گردن بلندتر بود و مردم فکر می‌کردند دلیل این که آن‌ها با هم از خانه بیرون نمی‌روند همین است. اما دلیل واقعی‌اش این بود که او تنگی نفس داشت. از پله که بالا می‌رفت نفسش می‌گرفت یا وقتی رخت‌ها را روی بند پهن می‌کرد. حتی اواخر پشت میز که می‌نشست و اسکرابل بازی می‌کرد هم نفسش می-گرفت.» (مونرو، ۱۳۹۵، ۱۱۹)

مرد نباید ضعیف‌تر از زن خود به نظر برسد، در غیر این صورت آماج تمسخر دیگران قرار می‌گیرد. مردی که از زن خود قد کوتاه‌تر، نحیف‌تر و بی دست و پا تر باشد، با این پیش‌داوری مواجه می‌شود که تسلیم همسر خود است و چه چیزی در جامعه مردسالار و برای مردی که تحت آموزه‌های این جامعه بزرگ شده است، می‌تواند از این زجرآور تر باشد. به علاوه در این پاراگراف به این مسئله نیز اشاره می‌شود که زن تحت هر شرایطی موظف به انجام کارهای خانه است، حتی اگر مبتلا به بیماری‌ای لاعلاج و در شرف مرگ باشد.

- مقوله های اصلی و فرعی: برخورد با مسائل(۱. استواری و ایستادگی، ۲. تسلیم شرایط شدن)

«کوئینی دوست داشت کار کند چون سال آخر مدرسه را رد شده بود و نمی خواست تکرارش کند.» (مونرو، ۱۳۹۵، ۱۲۰)

کوئینی بر خلاف دختر دیگر داستان یا همان راوی علاقه‌ای به درس و مدرسه ندارد. او حتی در دوران مدرسه یکی دو کلاس را رفوزه شده بود. راوی اما زنی است با هدف تحصیلی مشخص که قصد دارد در آینده معلم شود و البته این اتفاق نیز برای او می‌افتد. توجه به این نکته که راوی داستان کودکی است که پدر داشته و کوئینی نه، می‌تواند ما را به هدف مونرو از توصیف این دو شخصیت رهنمون کند. کوئینی به شدت انسانی گم گشته است، او نه برنامه ای برای زندگی دارد و نه هدفی و همه این ها احتمالا ناشی از فقدان پدر است. «در شرایط فرهنگی، اقتدار پدر برای خانواده لازم است، چرا که در مراحل بعدی هنگامی که فرزندان باید به دلیل تربیت‌پذیری فرهنگی با والدین خود در یک جا زندگی کنند، به نوعی اقتدار برای اعمال نظم نیاز است، همان‌طور که در دیگرگروه‌های انسانی نیز این اصل صادق است. گروه بندی اعضای خانواده که نه بر پایه‌های نیازهای زیست شناختی بلکه بر فرهنگ استوار است، از تطبیق غریزی کاملی برخوردار نیست، از همین رو، به ستیزه‌ها و دشواری‌هایی می‌انجامد که نوعی اعمال فشار حقوقی برای تداوم آن نیاز است»(مالینوفسکی، ۱۳۸۷: ۲۲۴). منظور مالینوفسکی از بیان –اقتدار- نه اعمال زور و سلطه‌جویی، بلکه مفهومی است که کودک بی‌پناه بتواند به آن تکیه کند. این اقتدار در مادران نیز باید وجود داشته باشد تا کودک بتواند از رشد مناسبی برخوردار گردد. مالینوفسکی معتقد است که در دوره ی خاصی از رشد فرزندان، اگر اقتدار پدر

وجود نداشته باشد، کودک در مسیر صحیح رشد قرار نمی‌گیرد و نمی‌تواند چارچوب‌های فرهنگی و ارزشی جامعه را به‌درستی درک کند.

- مقوله های اصلی و فرعی: وابستگی زن به مرد

«کوئینی گفت آقای ورگیلا هر روز صبح حواسش به قرص‌ها هست و هر شب خانم ورگیلا را با اسفنج می‌شوید. حتی سعی می‌کند ملافه‌ها را توی وان بشوید، انگار که توی آن خانه چیزی به نام ماشین لباسشویی وجود ندارد. یاد وقت‌هایی افتادم که توی آشپزخانه اسکرابل بازی می-کردیم و آقای ورگیلا بعد از نوشیدن لیوان آبش دست روی شانه ی خانم ورگیلا می‌گذاشت و آه می‌کشید گویی که از سفر دراز و طاقت فرسایی باز گشته باشد. می‌گفت: «سلام پیشی.» خانم ورگیلا سر برمی-گرداند تا بوسه‌ای خشک و خالی به دست او بزنند. او هم می گفت: « سلام پیشی.» بعد آقای ورگیلا به ما نگاه می کرد، به کوئینی و من، انگار که حضور ما به هیچ وجه آزارش نمی‌داد.» (مونرو، ۱۳۹۵، ۱۲۰)

راوی داستان روابط خانم و آقای ورگیلا را در دوره‌ی بیماری خانم ورگیلا عاشقانه و از آقای ورگیلا شخصیتی حمایت‌گر توصیف می‌کند. این دو مفهوم در ارتباطات زوج‌ها در جوامع مردسالار نقشی جدا نشدنی از یکدیگر دارند. زن باید برای مرد – بی پناه - جلوه کند و از مرد خود انتظار حمایت‌گری دارد و مرد نیز زنی را بیشتر می‌پسندد که مظلوم و ساده و بی‌پناه باشد تا بتواند از او حمایت کند. این مسئله خصوصا از نظر زبانی مورد توجه است. در هنگام حرف زدن‌های عاشقانه در بسیاری از مواقع زن لحنی کودکانه به خود می‌گیرد تا بر این بی-پناهی تأکید کند و مرد با پاسخ دادن به او به زبان کودکانه به نوعی او را در این بازی همراهی می‌کند. آقای ورگیلا احتمالا از این رو بیش از همیشه عاشقانه

رفتار می‌کند که همسرش از همیشه بی پناه‌تر است. آقای ورگیلا با -پیشی-
خطاب کردن همسر خود به نوعی بر این جایگاه حمایت طلبانه زن تأکید می-
کند. گویی زن همچون گربه‌ای، نیازمند مراقبت و توجه دائم است.

- مقوله های اصلی و فرعی: مردسالاری حاکم بر جامعه، جایگاه زن(جایگاه
  فرودست زن)، تعلق زن به مرد، برخورد با مسائل(تسلیم شرایط شدن)

در ادامه داستان کوئینی برای یک مهمانی که با جمع دوستان و شاگردان
همسرش برگزار می‌شود، کیکی درست می‌کند. او در حین مهمانی فراموش می-
کند که کیک را بیاورد و فردای آن روز هرچه می‌گردد، کیک را پیدا نمی‌کند.
آقای ورگیلا که به روابط همسرش با اندرو (یکی از شاگردان آقای ورگیلا)،
مشکوک است و خوشبین نیست، کوئینی را متهم می‌کند که در حالت مستی
کیک را به اندرو داده تا او آن را به خانه خود ببرد. کوئینی هرچه اصرار می‌کند
که این کار را انجام نداده آقای ورگیلا نمی‌پذیرد.

«این آغاز تقلای طولانی و تیره‌روزانه‌ی کوئینی بود. فقط می‌توانسته
بگوید نه. نه، نه، من کیک را به هیچ کس نداده‌ام. من کیک را به اندرو
نداده‌ام. من دروغ نمی‌گویم. نه. نه. استن گفته: «احتمالا منگ بودی.
عقلت سر جاش نبوده و درست یادت نمیاد.» کوئینی گفته که این‌طور
نیست: « اونی که منگ بود تو بودی.» استن با دست بلند شده به سمت
او آمده، درحالی که می‌گفته هرگز به او نگویند که منگ بوده، هرگز
نگویند. کوئینی جیغ زده: «نمی‌گم. نمی‌گم. معذرت می‌خوام.» و او
کتکش نزده اما کوئینی زده بوده زیر گریه. همین‌طور گریه می‌کرده و
سعی می‌کرده او را متقاعد کند. چرا باید کیکی را که آن‌قدر برایش

زحمت کشیده بود، بدهد به کسی؟ چرا او حاضر نبود حرفش را باور کند؟ چرا باید به او دروغ بگوید؟ استن گفته بود: «همه دروغ می‌گن.»

و هر چه کوئینی بیشتر گریه می‌کرد و به او التماس می‌کرد حرفش را باور کند، او خونسرد تر و گزنده‌تر می شد. «یکم منطقی باش. اگه اینجاست بلند شو پیداش کن. اگه اینجا نیست دادیش به کسی.»

کوئینی گفته بود این منطقی نیست. چون او آن را پیدا نمی‌کند لزوما دلیل نمی‌شود که آن را به کسی داده باشد. بعد، استن دوباره با چنان آرامش و لبخندی به او نزدیک شده بود که برای یک لحظه کوئینی فکر کرده بود قصد دارد ببوسدش. در عوض دستانش را دور گلوی او فشار داده و فقط برای یک ثانیه نفس او را بریده بود. حتی جای انگشتانش هم نمانده بود. گفته بود: «آهان... حالا قراره به من درس منطق بدی؟» بعد رفته و لباس پوشیده بود تا به رستوران برود و بنوازد.» (مونرو، ۱۳۹۵، ۱۲۶ - ۱۲۷)

منطق، در نزد مرد است. زن، بی‌منطق است، قوه تفکر ندارد و هیچ چیز آقای ورگیلا را آنقدر عصبانی نمی‌کند که گفتن کلمه‌ی «منطقی نیست» یک زن به او.

به علاوه، در این قسمت از نوشته، ما با دو مسئله دیگر نیز مواجه هستیم؛ ضعیف بودن زن و زاری کردن او در مقابل مرد بی تفاوت و قوی، و همچنین برخورد فیزیکی مرد نسبت به زن. در جامعه مردسالار مرد در خانواده نماینده دولت و نیروی‌های قهری در جامعه است، سرپیچی از اوامر او گناه است و مستوجب تنبیه. این تنبیه می‌تواند فیزیکی باشد و یا به اشکال پیچیده‌تر روانی یا محروم-سازی زن اعمال شود. مرد، به عنوان نماینده مراکز قدرت در خانواده، از

پشتیبانی همه جانبه آن ها برخوردار است، و مراکز قدرت نیز به وفاداری مرد نسبت به ارزش های جامعه مردسالار. «در جوامع مردسالار و سنتی، اخلاق اقتدارگرایانه، به عنوان یک سری ارزش‌ها و کارهای فرمایشی که وجدان افراد را از کودکی تحت تاثیر قرار می‌دهد، نظامی محدود کننده و سلطه‌گرانه است و چنین نظام اخلاقی در یک جامعه‌ی مرد محور رویکردی همگام با وجدان آزاد فرد ندارد بلکه از سوی مراکز قدرت در نظام های مردسالاری تعیین می‌شود. بدین ترتیب، در بسیاری موارد اخلاقیات با ماده‌ها و تبصره‌های نو، برای سرکوب اندیشه، احساسات و الگوهای مستقل رفتاری زنان، ابزاری می‌شود تا در برابر انواع جدید نافرمانی‌های زن – در کنار شکل‌های قدیمی آن- با متنبه کردن اخلاقی او دیگران را نیز هشدار دهند. اخلاقی که چیزی جز اعمال خشونت درونی بر زنان نیست که از سوی نهادهایی که ارزش های جامعه را بازتولید می کنند، اعمال می شود»(احمدی خراسانی، ۱۳۸۴: ۶۰ - ۶۱).

- مقوله های اصلی و فرعی: تعلق زن به مرد، گفتمان جنسیتی، برخورد با مسائل(فرار)

«گفتم: «ولی اون اشتباه می‌کرد.»،«خب معلومه که اون اشتباه می‌کرد! کریسی مردها طبیعی نیستند. این یکی از چیزاییه که وقتی ازدواج کردی یاد می‌گیری.»،«پس هیچ وقت ازدواج نمی‌کنم. هیچ وقت ازدواج نمی‌کنم.))،گفت: «اون فقط غیرتی شده بود. خیلی غیرتی شده بود.»،«هیچ وقت.»،«خب، من و تو با هم خیلی فرق داریم، کریسی. خیلی فرق داریم.»(مونرو، ۱۳۹۵، ۱۲۹)

کوئینی، در جواب اعتراض خواهرش(کریسی)، از غیرتی‌بودن مرد خود حرف می-زند و به این مسئله می‌توان گفت افتخار نیز می‌کند. کریسی یا همان راوی

داستان، نیز، راه حلی ریشه‌ای برای این مسئله ندارد؛ او تنها می‌گوید که من ازدواج نخواهم کرد. البته از این نظر او همچون بسیاری از فمنیست‌های رادیکال به مسئله پاسخ می‌دهد. «فمینیست‌های رادیکال از گذشته، همواره در تبیین ماهیت به شدت پیچیده و ریشه‌دار نظام جنس/جنسیت و هم‌چنین در ترسیم راه‌های برون‌رفت از آن، پیشتاز بوده‌اند. رهاشدن زنان، از قفس زنانگی از مواردی است که رادیکال فمنیست‌ها راه‌های متعددی برای آن پیشنهاد کرده‌اند و طیف گسترده این پیشنهادها از تلاش برای خلق فرهنگی دو جنسیتی که تفاوت مرد و زن در آن به حداقل برسد تا جایگزینی فرهنگ مردانه با فرهنگی زنانه را در بر داشته است. از دیگر مواردی که فمنیست‌های رادیکال برای آن راه‌های متعددی پیشنهاد کرده‌اند، توانمندسازی زنان، با هدف فرار از سلطه جنسی مردان است. این پیشنهاد ها نیز، در طیف گسترده‌ای جای گرفته‌اند، که یک سوی آن، دگرگون ساختن نهاد دگرجنس خواهی است، چنان که مرد و زن هیچ‌یک نقشی مسلط نداشته باشند و سوی دیگرش طرد کامل دگرجنس خواهی و روی آوردن به تجرد یا خوددوستی، یا همجنس‌خواهی است. البته بیشتر حرف‌های رادیکال فمنیست‌ها پیرامون نظام جنس/جنسیت را فمینیست‌های غیر رادیکال نیز مطرح کرده‌اند اما امتیاز شرح و تفصیل و موشکافی شیوه‌هایی که مردان (نه فقط جامعه یا شرایط) زنان را به رفتارهای جنسی و نقش‌های جنسیتی سرکوبگر وا می‌دارند، باید به فمنیست‌های رادیکال داده شود»(تانگ، ۱۳۹۵ : ۱۵۸-۱۵۷).

- مقوله های اصلی و فرعی: تعلق زن به مرد، از خودبیگانگی زن

«آه کشید. گفت: «من مخلوق عشقم.» فکر کردم آدم ممکن است این جمله را روی پوستر یک فیلم ببیند. مخلوق عشق. شاید روی پوستر یکی از فیلم‌هایی که توی سینمای کوئینی نمایش می‌دادند.»(مونرو، ۱۳۹۵، ۱۲۹)

در نظر کوئینی عشق مترادف با انقیاد است. انقیاد و تحت سلطه دیگریِ مرد قرار گرفتن. در جامعه مردسالار، عشق به معنای تبعیت صرف زن از مرد است. هر انچه که موجب دلخوری و عصبانیت مرد شود، این «عشق» را در هم می‌ریزد. پس کسی که مخلوق عشق است باید به مناسبات موجود تن در دهد تا به هویتش لطمه‌ای وارد نشود. اگرچه این شکل از انقیاد، مختص جامعه سرمایه-داری نیست، امّا مناسبات تولیدی در جامعه سرمایه‌داری این نقش را بیش از پیش بر زنان تحمیل کرده است. شکل کنونی خانواده نیز، در تحکیم این مناسبات نقش پر رنگی دارد. «در چنین وضعیتی می‌بایست مسئولیت حمایت از آن زن وابسته و فرزندان او بر دوش کسی گذاشته شود و این مسئولیت از طریق ازدواج همگانی به شوهران و پدران سپرده شد.. هرچند تضمینی به این مزدبگیران داده نشد... برابر آموزه‌های کلیسا، ازدواج، ساخته‌ای آسمانی بود و پاداش بهشتی داشت. اما امروزه این تبلیغات را راه انداخته اند که خانواده واحدی طبیعی است که بدون آن انسان‌ها نمی‌توانند نیازهای طبیعی خود را برای عشق ورزی و فرزندخواهی برآورده سازند. از این رو این وظیفه طبیعی پدر و یا مادر شد که برای کسانی که به آن ها دلبستگی دارند وسایل زندگی را فراهم کنند، خواه بیکار باشند یا ناتوان و یا حتی مرده باشند»(رید، ۱۳۸۳، ۱۰۷).

- مقوله های اصلی و فرعی: از خود بیگانگی زن، برخورد با مسائل(استواری و ایستادگی)

«کوئینی تصمیم گرفته بود که بازهم مدل موهایم را عوض و چشمانم را آرایش کند. اما نتیجه آن‌چیزی نبود که او پیش بینی می‌کرد. گفت: «تیپ ساده واقعا به تو بیشتر میاد.» صورتم را شستم و همان رنگ همیشگی را به لب‌هایم زدم.» (مونرو، ۱۳۹۵، ۱۳۰)

کوئینی قصد دارد خواهر خود را آرایش کند، اما کریسی، بیشتر از آنچه که او فکر می‌کند دارای خویشتن و خود است و همین مسئله، باعث می‌شود که آرایش برای او مناسب به نظر نیاید. در واقع می‌توان گفت، زنی که دارای خویشتن است، نمی‌تواند تن به آن‌چه استریوتایپ‌ها معرفی می‌کنند و آموزه‌های اجتماعی از او می‌خواهند بدهد. در واقع همان‌طور که کوئینی تایید می‌کند، کریسی زیباست، حتی بدون آرایش و در نهایت سادگی. این زیبایی، همان زیبایی است که پیش از پیدایش صنعت آرایش و دستگاه تبلیغاتی بزرگ و وسیع آن، مد نظر بوده است. زیبایی که محصول جهان سرمایه نیست، بلکه کاملا بر خلاف خواسته‌های آن است. آنتوانت کانکیوف در نامه‌ای، در سال ۱۹۴۵ به هفته نامه رزمنده در آمریکا، تفاوت این شکل از زیباییِ خواست دستگاه‌های سرمایه‌داری را که به یک استاندارد تبدیل شده است، تبیین می‌کند: «مقاله شما در باره «حق زیبا بودن» که در آن به بحث درباره کاربرد لوازم آرایش و آزار زیباکننده دیگر پرداخته‌اید، اندیشه‌هایی را بر انگیختند که من می‌خواهم با خوانندگان شما در میان بگذارم. من بیش از سه چهارم قرن زیسته‌ام و در جوانی‌ام هرگز لوازم آرایش به کار نمی‌بردم. در واقع در آن زمان، استفاده از آن ناپسند شمرده می‌شد. اما باز هم زیبایی و شور عشق داشتیم. اینک وضعیت کنونی را چگونه می‌توان توضیح داد؟ به گمان من ورود زنان به صنعت با این وضعیت رابطه بسیار دارد.

در همان هنگام که بانوان ثروتمند لوازم آرایش را برای چهره‌ی پریده رنگ خود به کار می‌بردند که به سبب مهمانی‌های پیاپی زمستانی و شب های پر از نوشیدنی و رقص پدید آمده است، زنانی که در کارخانه‌ها و فروشگاه‌ها کار می‌کنند به سبب خستگی بدنی ناشی از کار سخت، هوای بد، ناهار شتاب زده و زندگی سراسر شتاب و نگرانی خود، رنگی پریده و چهره‌ای خسته دارند. زنی که کار می‌کند لوازم آرایش را نه تنها برای خشنودی خود و یا چهره زیبا داشتن و یا

به دست آوردن عشق‌های خیال انگیز احتمالی به کار می برد، بلکه باید زیبا و گیرا به نظر برسد تا کار خود را نگه دارد. به گمان، من اگر زنان، زندگی عادی و بهداشتی داشته باشند چهره آن‌ها جور دیگری خواهد شد. آن‌ها کونه‌های گلگون، چشمان درخشان و لبان سرخی را که ما در جوانی داشتیم دارا خواهند شد. از دید من، آرایش، نمود زندگی ناسالم سرمایه‌داری است. مسئله مهمی نیست اما چه بهتر که این نکته را درک کنیم که دگرگونی در کار زنان حتی بر کوچک‌ترین فرم زندگی آن‌ها اثر می‌گذارد. من نمی‌خواهم به سرزنش آرایش بپردازم. به گمان من ما باید هنوز لوازم آرایشی را مدت ها به کار بریم» (به نقل از هنسن و دیگران، ۱۳۸۱: ۱۳۱-۱۳۰).

- مقوله های اصلی و فرعی: حمایت زنان از یکدیگر،

«حالا می‌توانستم بروم و برای خودم دنبال جایی برای زندگی بگردم. شاید فردا، یکشنبه، اگر داروخانه تعطیل باشد. فکر کردم اگر حتی فقط یک اتاق داشته باشم، کوئینی جایی را خواهد داشت که اگر آقای ورگیلا دوباره از دستش عصبانی شد به آن پناه ببرد. و اگر کوئینی زمانی تصمیم می‌گرفت آقای ورگیلا را ترک کند (با توجه به شکلی که کوئینی داستانش را تمام کرده بود، اصرار داشتم به این موضوع به عنوان یک احتمال فکر کنم)، آن وقت با حقوقی که هر دو می‌گرفتیم شاید می‌توانستیم آپارتمان کوچکی بگیریم. یا لااقل اتاقی با یک اجاق تک شعله و یک توالت و یک دوش که مال خودمان باشد. می‌شد مثل همان زمانی که توی خانه ی خودمان با پدر و مادرمان زندگی می‌کردیم، با این تفاوت که پدر و مادرمان آنجا نبودند.» (مونرو، ۱۳۹۵، ۱۳۲ و ۱۳۳)

در این‌جا نیز نویسنده، بر نقش همیاری بین زنان تأکید دارد. نقشی که از دیرباز جوامع زنانه در انجام آن ید طولایی داشته‌اند. در واقع هر گروه ستم دیده‌ای به مرور زمان و با توسل به راهکارهای مختلف برای مقابله با ستم وارد شده، هرچند بیشتر به صورت ناخودآگاه دارای یک اتحاد و همبستگی می‌شود. در این داستان نیز کریسی به دنبال حمایت از خواهر خود است حتی اگر تنها در خیالش این حمایت‌گری شکل بگیرد.

- مقوله‌های اصلی و فرعی: برخورد با مسائل(فرار)، وابستگی زن به مرد

«گفت: «نمی خوای بدونی نامه‌ام از طرف کیه؟»،نمی توانستم حدس بزنم.گفتم: «بت؟»، چون امیدوار بودم پیشنهاد آشتی از طرف بت آن چیزی باشد که به خاطرش گل از گل کوئینی شکفته. حتی به نوشته‌ی روی پاکت هم نگاه نکرده بودم. حالت صورت کوئینی عوض شد — یک- آن طوری نگاه کرد که انگار نمی‌دانست بت کیست. بعد شادی را به چهره‌اش بازگرداند. آمد و دستانش را دور من حلقه کرد و با صدایی لرزان و خجول و پیروزمندانه در گوشم گفت: «از طرف اندرو. می‌تونی سینی رو براشون ببری؟ من نمی‌تونم. الان نمی‌تونم. اوه، متشکرم. » (مونرو، ۱۳۹۵، ۱۳۶)

کوئینی به صورت پنهان با اندرو ارتباط دارد. این یک الگوی معمول و رایج در بین آن دسته از زنان ناآگاه است که از وضعیت کنونی خود، راضی نیستند؛ فرار به آغوش یک حمایت‌گر دیگر برای رهایی از وضعیت موجودشان. همانطور که پیشتر گفتیم این فرار می تواند از پدر به سوی همسر، از همسر به سوی معشوقی دیگر و همین‌طور تا آخر ادامه داشته باشد.

- مقوله‌های اصلی و فرعی: حمایت زنان از یکدیگر، فراموش شدگی زن، از خود بیگانگی زن، برخورد با مسائل(فرار)

«من فقط برای دیدن شهر یا پیدا کردن یک شغل تابستانی نبود که به تورنتو آمده بودم. آمده بودم تا بخشی از زندگی کوئینی باشم. یا اگر لازم شد بخشی از زندگی کوئینی و آقای ورگیلا. حتی وقتی خیال زندگی کردن با کوئینی را در سر می‌پروراندم، این رویا به نحوی به آقای ورگیلا و این که کوئینی چطور حقش را کف دستش می‌گذارد، مربوط می‌شد.

و هنگامی که به بلیط برگشت فکر می‌کردم، چیز دیگری برایم مسجل بود؛ این که می‌توانستم برگردم و با بت و پدرم زندگی کنم و بخشی از زندگی آن‌ها باشم. پدرم و بت. آقا و خانم ورگیلا. کوئینی و آقای ورگیلا. حتی کوئینی و اندرو. این‌ها زوج بودند و هر کدام، هر قدر هم نا مربوط به هم، در حال حاضر یا در گذشته‌شان، پناهگاهی خصوصی با فراز و نشیب‌های خاص خود داشتند که من از آن بیرون مانده بودم. و باید می‌ماندم، می‌خواستم که بمانم. تک افتاده، چون هیچ چیز در زندگی آن‌ها نمی‌یافتم که به من درسی بدهد یا دلگرمم کند.»(مونرو، ۱۳۹۵، ۱۳۹)

نمی‌توان به صورت قطع گفت که کریسی زنی دارای خویشتن است، بلکه تنها در مقایسه با کوئینی است که او این گونه جلوه می‌کند. کریسی نیز مانند بسیاری از زنان دیگر بخشی از زندگی دیگران است. او هیچ‌گاه برای خود زندگی جداگانه و به دنبال آن هویت جداگانه‌ای ندارد. او خود را در ارتباط با زندگی

۳۳۱

دیگران تعریف می‌کند. حتی پس از ازدواج نیز در تعریفی ورای —شخص- هویت پیدا می‌کند؛ به عنوان مادر و یا همسر شوهر خود.

همان‌طور که گفتیم، بعد از مدتی، کوئینی دوباره فرار می‌کند. او نمی‌داند بر علیه چه چیزی می‌شورد و چرا دائما در گریز است و احتمالا زندگی جدیدش با اندرو نیز تفاوت چندانی با زندگیش با آقای ورگیلا نخواهد داشت.

- مقوله های اصلی و فرعی: رویا و رویا پردازی

« بعضی اوقات این توهم را دارم که کوئینی را می‌بینم. موضوع این نیست که دلم می‌خواهد، یا سعی می‌کنم که او را ببینم، و حتی این‌طور نیست که واقعا باور داشته باشم که او را دیده‌ام. یکبارش در یک فرودگاه شلوغ بود و او یک لباس مالزیایی به تن داشت و کلاه حصیری گل داری به سر. آفتاب سوخته و هیجان زده، با ظاهری مرفه در جمع دوستانش. یک بار هم بین زن‌هایی بود که پشت در یک کلیسا منتظر فرصتی بودند تا نظری به یک جشن عروسی بیاندازند. یک کت جیر پر از لک و پیس به تن داشت و به نظر مرفه نمی‌آمد. یک بار دیگر هم ایستاده بود پشت خط‌کشی خیابان، و صفی از بچه‌های یک کودکستان را در راهشان به سمت استخر یا پارک راهنمایی می‌کرد. روز گرمی بود و هیکل چاق و میانسالش به وضوح و به راحتی توی شلوارک گل دار و تیشرت پیدا بود. آخرین و عجیب ترین دفعه در یک مغازه در توین فالزِ ایالت آیداهو بود. در حالی که خرت و پرت‌هایی را که برای یک نهار پیک نیکی انتخاب کرده بودم به دست داشتم از گوشه ای بیرون آمدم و خانم پیری را دیدم که به چرخ خریدش تکیه زده بود، انگار که منتظر من بوده باشد. زن قد کوتاه و پر چین و چروکی با دهانی قاچ قاچ و

پوست چرک نا سالم. موهای زرد و قهوه ای زبر و سیخ، شلوار بنفشی که به برآمدگی کوچک شکمش می رسید... چرخ خریدش خالی بود. حتی کیفی به دست نداشت.» (مونرو، ۱۳۹۵، ۱۴۱ و ۱۴۲)

آلیس مونرو، با این قسمت از نوشته نشان میدهد که همه زنها گویی کوئینی هستند. سرنوشت کوئینی و زندگی او و ستمی که بر او رفته است، سرنوشت بخش زیادی از زنان جامعه است. زن مرفه، زن فقیر، زن تحصیلکرده و دارای شغل، زنی با لباس مالزیایی، زنی لاغر، زنی میانسال اما آنها درست مثل کوئینی نمیدانند که کوئینی هستند، نمیدانند که جامعه چه بر سر آنها آورده است.

با این حال اما کریسی یک بار زنی را پیدا میکند که احساس میکند، خودش میداند که کوئینی است.

- مقوله های اصلی و فرعی: رویا و رویا پردازی، داغ ننگ

«و بر خلاف آن زن های دیگر، این یکی انگار می دانست که کوئینی است. با چنان آشنایی شادی آور و چنان اشتیاقی به شناخته شدن، به من لبخند زد که فکر کردم این تمنایی عمیق است —لحظه ای که فقط یک روز در هزار روز به او عطا شده بود تا بروزش بدهد. و تنها کاری که من کردم این بود که با خوش رویی و به سردی، انگار که برای غریبه ای دیوانه، لبخندی زدم و راهم را ادامه دادم به طرف صندوق.» (مونرو، ۱۳۹۵، ۱۴۲)

زنی آگاه که میداند بر او چه رفته است. زنی که نگاه جستجوگر و پرسش مدار کریسی را بیجواب نمیگذارد. کریسی در به در دنبال زنی است که بر شرایطش آگاه باشد، زنی که بداند «کوئینی» است، نه مثل کوئینی جوان که با هزار شکل از آرایش «کوئینی» بودن خود را مخفی نگاه میدارد. اما درست در زمان مواجهه

۳۳۳

با چنین زنی، کریسی با او چون دیوانه‌ای برخورد کرده و فرار می‌کند. گویی این برچسب همیشگی بر زنان معترض و مبارز است. آن‌ها یا دیوانه هستند یا هرزه یا مجنون و زیاده خواه. آن‌ها توسط مردان و حتی هم‌جنسان خود از جامعه طرد می‌شوند.

«..... راهروها را بالا و پایین دویدم و گشتم. اما به نظر می‌آمد پیرزن در همان فرصت کوتاه رفته باشد. شاید درست بعد از من بیرون آمده بوده، شاید الان در راه برگشت در امتداد خیابان های توین فالز باشد. پیاده، یا سوار ماشینی که فامیل یا همسایه‌ای آن را می‌راند. یا شاید ماشینی که خودش آن را می‌راند.... مستقیم به صورت آدم‌ها نگاه می‌کنم و احتمالا می‌ترسانمشان، چون در سکوت داشتم به آن‌ها التماس می‌کردم به من بگویند کجا می‌توانم کوئینی را پیدا کنم. تا این که به خودم آمدم. خودم را متقاعد کردم که این ممکن نیست. و هر آن کسی که کوئینی بود یا نبود، مرا جا گذاشته بود.» (مونرو، ۱۳۹۵، ۱۴۲ و ۱۴۳)

درست در زمانی که کریسی قصد می‌کند تا برگردد و زن را پیدا کند، زن نیست می‌شود، گم می‌شود. گم شدن زنِ آگاه می تواند نماد بسیاری از مفاهیم باشد. زنان آگاه، آنقدر مهجور و طرد شده هستند که به ندرت دیده می‌شوند. به علاوه، کریسی فکر می‌کند که زن، کوئینی است، روح و یا تصور کوئینی است که به دیدن کریسی آمده است، تصوری که خیلی زود از بین می‌رود؛ گویی کوئینی هیچ وقت آگاه نشده و تبدیل به همه زنان دیگر شده است.

جدول خلاصه مقوله‌های اصلی و فرعی داستان پنجم؛ کوئینی:

مقوله‌های اصلی	مقوله‌های فرعی
1. مادری	1. جایگزینی شخصی به جای مادر اصلی 2. مادر- منفعل
2. از خود بیگانگی زن	
3. جایگاه زن	جایگاه فرودست زن
4. وابستگی زن به مرد	1. وابستگی روانی 2. وابستگی مالی
5. تعلق زن به مرد	
6. برخورد با مسائل	1. فرار 2. تسلیم شرایط شدن 3. استواری و ایستادگی
7. داغ ننگ	
8. مرد سالاری حاکم بر جامعه	
9. حمایت زنان از یکدیگر	
10.گفتمان جنسیتی	
11. فراموش شدگی زن	
12.رویا و رویا پردازی	

داستان ششم: داستان «دورنمای کاسل راک»

چکیده داستان:

دورنمای کاسل راک داستان خانواده‌ای اسکاتلندی در قرن نوزدهم است، که از
زادگاه و موطن خود یعنی اسکاتلند، در حال مهاجرت به کانادا و دنیای جدید آن
هستند. این داستان، یک روایت چند خطی، از بازه‌ای از زندگی افراد این خانواده،
در کشتی ای است که به سمت کانادا در حال حرکت است. از این رو نمی‌توان
یک خط مشخص داستانی برای آن ترسیم کرد. مونرو در این نوشته می‌کوشد، تا
شخصیت‌ها و حالات روانی و رفتاری آن‌ها را تا حدودی ترسیم کند. شاید بتوان
با اغماض «اگنس» را شخصیت اصلی این داستان در نظر گرفت. او مادری است
باردار که به همراه همسر خود ، دیگر بچه‌اش، پدرشوهرش، برادر شوهرش و
خواهر شوهرش به این سفر آمده است.

- **شخصیت های زن داستان:**

اگنس، ماری و نتی که تقریبا نقش های اصلی هستند

مردان داستان تماما نقش هایی فرعی دارند.

تحلیل داستان:

- مقوله های اصلی و فرعی: فراموش شدگی زن، مادری(۱. مادری پدیده-ای دردناک، ۲. مادر- پرستار)، برخورد با مسائل(تسلیم شرایط شدن)

«بعضی‌ها پارچه‌های پیچازی و شال‌های خود را به جایی آویزان کرده‌اند تا برای خانواده‌شان فضایی نیمه خصوصی بسازند. اگنس هم پارچه‌ی رویی خود را که دورش پیچیده در می‌آورد و همین کار را می‌کند. بچه توی شکمش وول می‌خورد. صورتش مثل ذغال داغ است، نبض پاهایش تاپ تاپ می‌زند و گوشت وسط پاهایش ورم کرده و بستر دردناک تاول زده‌ای است. لبه‌هایی که به زودی بچه باید بشکافدشان و بیرون بیاید. مادرش احتمالا می‌دانسته باهاش چکار باید کند. احتمالا می‌داند چه چیزی برای نرم نگه داشتن آنجا ضمادی تسکین دهنده است. وقتی به مادرش فکر می‌کند، احساس بدبختی چنان بهش چیره می‌شود که دلش می‌خواهد یکی را بزند.» (دورنمای کاسل راک، ۱۳۹۲: ۱۴)

اگنس، تنها و درمانده است. او باید مانند بسیاری از مادران، خصوصا مادران دنیای قدیم، درد و رنج ناشی از بارداری‌اش را به تنهایی تحمل کرده و بر دوش بکشد. عدم همراه بودن مادر، نشان دهنده گسستی است که اگنس، بیش از بقیه خانواده، از گذشته خود تجربه خواهد کرد. او با این که یک بار وضع حمل کرده است، اما در برابر وضع بارداری و بچه درون شکمش منفعل است. این مسئله که اگنس، در زمان بارداری مادرش را می‌خواهد، در بسیاری از داستان‌ها و روایت‌ها نشان داده شده است. این‌که زنان در هنگام سختی‌ها، به دنبال محبت‌ها و کمک‌های مادران خود هستنند. مادری، برای اگنس، تنها یک پدیده‌ی دردناک و سخت است، طوری که لذتی از آن نمی‌برد. او با یادآوری مادرش، انگار یاد تمام

سختی‌ها و اذیت‌های مادری کردن می‌افتد و احساس بدبختی بر او چیره می-شود. او می‌خواهد از این مسئله فرار کند ولی نمی‌تواند به همین‌خاطر، آنقدر عصبانی و مستأصل می‌شود که دلش می‌خواهد کسی را بزند.

«از نظر سیمون دوبوار[۱۹۸]، مادری مقام والایی دارد و زن از طریق مادری به بهترین نحو کمال می‌پذیرد؛ اما به شرطی که این وظیفه را آزادانه به عهده بگیرد. بایستی زن در موقعیت روانی، اخلاقی و مادی باشد که اجازه تحمل بار آن را به او بدهد، در غیر این صورت، نتایج آن شوم خواهد بود»(احمدی،۱۳۷۹: ۴۰).

- مقوله های اصلی و فرعی: جایگاه زن(جایگاه فرودست زن)، فراموش شدگی زن، گفتمان جنسیتی

«اندرو چنین کاری نخواهد کرد، والتر فقط مسخره‌بازی در می‌آورد و در مورد ماری هم که به سختی می‌تواند تصور کند حتی در حضور پدرش صدایی از ته حلقش بیرون بیاید.» (دورنمای کاسل راک، ۱۳۹۲: ۱۵)

ماری (خواهر شوهر اگنس)، به واسطه سیطره‌ی جایگاه پدر و سایه آن بر زندگی‌اش، در برابر او و احتمالا دیگر مردها منفعل و کناره‌گیر است. او در حضور پدر به خود جرأت صحبت‌کردن نمی‌دهد. فضای مردسالار، او را زنی ناتوان و بدون اعتماد به نفس بار آورده است.

- مقوله های اصلی و فرعی: گفتمان جنسیتی، مردسالاری حاکم بر جامعه، جایگاه زن(جایگاه فرودست زن)، داغ ننگ

«قد ماری – برادرهایش به‌ش می‌گویند ماری بدبخت- کمتر از پنج پا است و صورت جمع و جور و کوچکی دار، با چانه‌ی برجسته‌ای که قلمبه شده و پوست صورتش پر از جوش‌های قرمزی است که زمان زیادی نیاز

---

[198] Simon Dubuar

دارند تا محو شوند. وقتی دارد صحبت می‌کند دهانش طوری کش می‌-
آید که انگار همه کلمات با آب دهانش و با دندان‌های کج و معوجش قر
و قاطی شده و پاسخی که می‌دهد کلمات ریز ریزی است که به زور از
دهانش بیرون می‌آید و سخت است که دیگران فکر نکنند او کند ذهن
است. خیلی سختش است که به چشم‌های کسی نگاه کند؛ حتی اگر از
اعضای خانواده‌اش باشند. فقط وقتی پسرک را روی پاهایش می‌نشاند،
می‌تواند محکم و منسجم حرف بزند.» (دورنمای کاسل راک، ۱۳۹۲: ۱۶
- ۱۷)

همان‌طور که اشاره شد، ماری بسیار در خود مانده است و این مسئله، به واسطه
نقص رشدی مادرزادی‌اش، و هم‌چنین ظاهر نامناسب و مسخره شدن او توسط
اطرافیان خصوصا عزیزانی است که او آن‌ها را خیلی دوست دارد. او تنها زمانی به
خود مسلط می‌شود که کودکی در بغل او قرار بگیرد و وظیفه نگهداری و مراقبت
از او به عهده‌اش گذاشته شود. شاید بتوان گفت، نقص رشدی ماری و خجالت‌-
زدگی و کناره‌گیری بیش از حد او، به نوعی تداعی‌کننده دخترانی است که در
شرایط نابرابر جنسیتی به دنیا آمده و رشد می‌کنند. دختران در جوامع سنتی و
مردسالار، در محیط‌های بسته، به دور از جامعه و خیابان و به دور از «دیگران»
رشد می‌کنند. و مجموعه این عوامل باعث می‌شود تا تجربه زیستی مهجورانه‌ای
را در پیش بگیرند. شاید بتوان گفت، ماری نمونه‌ای اغراق آمیز (وظیفه ادبیات و
هنر، پر رنگ کردن و نمادین‌ساختن های این چنینی است)، از بسیاری از
دختران است.

«دختران در گروه‌های کوچک بازی می‌کنند و اکثر مواقع بازی‌های دو نفره را
ترجیح می‌دهند. اعضای گروه بازی، همسن هستند. بازی‌های آن‌ها در مکان‌های
سربسته و خصوصی مثل خانه صورت می‌گیرد. در مکانی که هم‌بازی‌ها باید به

بازی دعوت شوند. بازی‌ها جنبه همکاری و تعاون دارد. فعالیت‌های مربوط به بازی به هیچ وجه جنبه رقابتی ندارد و کسی به خاطر داشتن قدرت از دیگران متمایز نمی شود»(نرسیسیانس، ۱۳۸۳: ۸۷).

- مقوله های اصلی و فرعی: داغ ننگ، جایگاه زن(جایگاه فرودست زن)، فراموش شدگی زن، گفتمان جنسیتی

«یه دختر هم دارم. از همشون بزرگ‌تره ولی تقریبا کوتوله است. مادرش وقتی اونو حامله بود، یه قوچ گذاشت دنبالش.» (دورنمای کاسل راک، ۱۳۹۲: ۲۱)

پدر ماری یا همان پدرشوهر اگنس؛ جیمز، زمانی که در مورد دخترش صحبت می‌کند، به وضوح لحنی سرزنش‌آمیز و تحقیرگونه را پیش می‌گیرد. او با بی-اهمیتی تمام در مورد دخترش صحبت می‌کند و علت نقص او را از مادرش می-داند. از نظر او، همسرش؛ مادر ماری آن‌طور که سزاوار بوده، در دوران بارداری از خود مراقب نکرده است.

- مقوله های اصلی و فرعی: مردسالاری حاکم بر جامعه، جایگاه زن(جایگاه فرودست زن)

«زن ها به شدت درگیر شست و شو و آب‌کشی و چلاندن لباس‌های کثیف هستند. این بزرگ‌ترین بدبختی و ناگهانی‌ترین نوع بهبود است که در طول عمرم دیده‌ام.» (دورنمای کاسل راک، ۱۳۹۲:۲۲)

در چنین شرایط در حال گذاری نیز، این زنان هستند که باید امور خانه داری و وظایف روزمره خود را انجام دهند. حتی زمانی که شوهرانشان برای کاری به بیرون از خانه نمی‌روند، و اصلا خانه و هویتی وجود ندارد، زنان هم‌چنان تحت ستم هستند و از بند مناسبات خود رها نشده‌اند. اگر جامعه خودمان یعنی ایران

را، به عنوان یک جامعه در حال گذار، بتوانیم به این کشتی تشبیه کنیم، می‌توانیم وضعیت زنان در کشتیِ عازم کانادا را عمیق‌تر درک کنیم. گام نهادن در دنیای مدرن، بیش از آن‌که موهبت‌های خود را متوجه زنان کند، مردان را کام می‌بخشد؛ چرا که زنان، به عنوان خانه‌داران حالا مدرن شده، به همان زیست پیشین خود، با دستگاه‌های جدید، ادامه می‌دهند، علاوه بر آن، تضادها و تناقض‌هایی که تا پیش از آن درگیرش نبودند، (مانند رعایت مد و حفظ ظاهر)، به سختی هایشان اضافه شده است.

«جراید زنانه، به طور فراوان به زن این هنر را تعلیم می‌دهند که جاذبه‌های خود را حفظ کنند و در عین حال ظرف هم بشویند و آشپزی هم بکنند، در خلال بارداری رعنا و ظریف هم بمانند، طنازی، مادری، صرفه‌جویی را باهم سازگار کنند، اما زنی که خود را مکلف کند که این دستورات را به دقت به کار ببندد، خیلی زود آشفته می‌شود و به سبب هم و غم و نگرانی‌ها تغییر قیافه می‌دهد»(دوبوار، ۱۳۷۹: ۴۰۴).

یکی از شخصیت‌های اصلی دیگر این داستان، والتر، برادر شوهر اگنس است. او تنها کسی است که یادداشت‌هایی از سفر بر می‌دارد و به ثبت وقایع می‌پردازد. والتر، شخصیت متفاوت داستان دورنمای کاسل راک است. او بیش از بقیه، رها از قید و بندهای اجتماعی و مناسبات آن توصیف می‌شود. در طول سفر، او با دختر یکی از ثروتمندانی که با همان کشتی، ولی در جایگاه ویژه در سفر است، آشنا می‌شود. دختر، درگیر بیماری تنفسی است. قسمت‌هایی از داستان به بازگو کردن صحبت‌ها و روابط این دو می‌گذرد. مونرو، بدون شک، مجبور است تا دختر ثروتمند؛ نتی، را دچار یک بیماری کند. نویسنده‌ی واقع‌گرایی چون مونرو، به

خوبی می‌داند که از نظر خواننده، برقراری ارتباط یک دختر ثروتمند با جوانی از طبقه ضعیف جامعه، بعید به نظر رسیده، و یا حداقل ذهن خواننده را درگیر مسئله دیگری می‌کند که منظور او نیست، به همین دلیل است که مونرو نتی را دچار نقصی می‌کند، تا به وسیله آن از جایگاه طبقاتی خود منزه شده و بتواند در این قسمت به ایفای نقش بپردازد. در سراسر نوشته‌های والتر می‌توان رگه‌هایی از زبان زن ستیزانه و جنسیتی را مشاهده کرد.

- مقوله های اصلی و فرعی: گفتمان جنسیتی، مردسالاری حاکم بر جامعه، از خودبیگانگی زن، جایگاه زن(جایگاه فرودست زن)

«والتر در نوشته اش «طوری نوشته خواهر که انگار او هم ماری بدبخت است. اما این طور نیست. اگنس دختری قد بلند با موهای ضخیم و تیره و چشم های سیاه است. قرمزی یکی از گونه‌هایش به اندازه یک کف دست تبدیل به لکه‌ای قهوه‌ای شده. خال مادر زادی است که مردم بهش ترحم می‌کنند چون اگر آن را نداشت خوش قیافه می‌شد. والتر به سختی می‌تواند نگاه کردن به آن خال را تحمل کند، اما نه به دلیل آن-که زشت است، بلکه به خاطر این که اشتیاق دارد بهش دست بزند تا با نوک انگشت‌هایش لمسش کند؛ شبیه پوست عادی نیست بلکه شبیه مخمل روی پوست آهوی کوهی است. احساس او در مورد اگنس چنان آزار دهنده است که اگر بخواهد حرف هم بزند با لحن ناخوشایندی می-تواند باهاش صحبت کند و اگنس هم جوابش را با چاشنی تحقیرآمیزی پس می‌دهد.» دورنمای کاسل راک، ۱۳۹۲: ۲۳)

از نظر والتر اگنس نیز چون ماری است، ناقص. اما چه چیزی در اگنس این ناقص بودن را به وجود آورده؟ نمی‌تواند خال روی صورت او همه‌ی بهانه باشد، چرا که

این خال یک نشانه است. نشانه‌ای که حتی والتر نیز می‌خواهد بفهمد و لمسش کند در واقع، زن بودن اگنس است که او را با ماری برابر می‌کند، نقص بزرگ در همین مسئله نهفته است.

- مقوله‌های اصلی و فرعی: مادری (۱. مادرپرستار، ۲. مادری پدیده‌ای دردناک)، حمایت زنان از یکدیگر، جایگاه محترم زن باردار

«مادرش سرش را بهش نزدیک می‌کند و با صدای کشیده و لحنی بی‌اشتیاق می‌گوید: «دخترم تو تلاش نمی‌کنی. باید بیشتر تلاش کنی.»، مادرش بهترین لباس‌هایش را پوشیده و مثل یک بانوی ادینبورویی با صدای نازک حرف می‌زند. شیطان گند زده توی دهانش. اگنس سعی می‌کند تفش کند. می‌داند سمی است. با خودش فکر می‌کند من الان بلند می‌شوم و از شر این سم خلاص می‌شوم. دارد سعی می‌کند خودش را از بدنش رها کند، مثل توده‌ای لباس کهنه که می‌اندازند توی آتش. صدای مردی را می‌شنود که دارد دستوراتی می‌دهد. می‌گوید: «بگیریدش» و اگنس از آن دنیا جدا می‌شود و خودش را چنان کش می‌آورد تا وارد این دنیا شود و در بطن آتش قرار گیرد.

همان مرد می‌گوید: «اه، اه، اهن» و طوری نفس نفس می‌زند که انگار مسابقه دو داده. ماده گاوی که خیلی سنگین است و با صدای مهیبی فریاد می‌کشد بلند می‌شود و روی شکم اگنس می‌نشیند. مرد می‌گوید: «حالا. حالا.»، و وقتی دارد تلاش می‌کند گاو را بلند کند، با نهایت استقامتش ناله می‌کند: «احمقا. چجوری گذاشتن بیاد تو؟»» (دورنمای کاسل راک، ۱۳۹۲: ۲۴ - ۲۵)

در اوهام اگنس در لحظه زایمان، مادرش بالای سر او ظاهر شده اما نقشی حمایت‌گرایانه ندارد. او هم‌چون زنی اشرافی ظاهر شده است. او معتقد است دخترش آن‌طور که باید تلاش نمی‌کند. او همچون نمادی از آموزه‌ها و تفکرات سنتی گذشته و اشرافی، از زن می‌خواهد که همانند چیزی که همیشه از زنان خواسته شده،تلاش و تحمل کند. ولی اگنس، آن‌جور که باید تلاش نمی‌کند و نمی‌خواهد از وضعیت کنونی‌اش فارغ شود. وضعیت در حال گذارِ اگنس در زمان بارداری، درست همانند وضعیت اوست در کشتیی، یعنی وضعیت موقت بی تعریفی، وضعیت‌هایی که او را در حالت کم‌ترین فشار ممکن قرار می‌دهد. در کشتی هر کسی به فکر خودش است و از امر و نهی‌های معمول پیش از آن در خانه، خبری نیست. در دوران بارداری و زایمان، زن یا مادر، لحظاتی از توجه مثبت را تجربه می‌کند که نمی‌تواند پیش یا پس از آن به دست بیاورد. بخشی از تحلیل‌گران فمینیست معتقدند، باروری و زایمان منشأ اصلی تبعیض علیه زنان است و زنان باید برای رهایی از وضع موجودشان کنترل این مسئله را در دست بگیرند. از این دست می‌توان به فایرستون[۱۹۹] و دوبوار اشاره کرد.

«زیرا او به جای مناسبات تولید، مناسبات بازتولید (تولید مثل) را نیروی محرکه-ی تاریخ می‌پنداشت و می‌گفت برای درک علت فرودستی زنان نسبت به مردان به توجیهی زیست شناختی نیاز داریم نه اقتصادی. البته فایرستون به ما یادآوری می‌کرد که نباید نابرابری میان جنس‌ها را به تفاوت‌های طبیعی مشهود میان آن-ها نسبت دهیم بلکه باید این نابرابری را ناشی از این واقعیت بدانیم که تفاوت نقش زنان و مردان در تولید مثل، (نخستین تقسیم کار در مراحل آغازین شکل-گیری طبقات انجامید و الگویی نیز برای تبعیض میان کاست‌ها بر مبنای ویژگی-های زیستی)،به دست داد. از آن‌جا که فایرستون معتقد بود ستم بر زنان منشأ

---

[199] Shulamith Firestone

زیست شناختی دارد، به این نتیجه رسید که آزاد سازی زنان مستلزم انقلابی زیست شناختی است، کمابیش به همان شیوهای که مارکس نتیجه گرفت ستم-دیدگی کارگران که ماهیت اقتصادی دارد مستلزم انقلابی اقتصادی است. همان-گونه که پرولتاریا باید برای نابودی نظام طبقات اقتصادی کنترل ابزار تولید را به چنگ آورد، زنان نیز باید برای نابودی نظام طبقات جنسی مهار ابزار تولید مثل را در دست بگیرند»(تانگ، ۱۳۹۵: ۱۲۲ - ۱۲۳).

دوبوار نیز معتقد است که:

بین نگاه تحقیرآمیزی که جامعه به زن دارد و نگاه محترمانهای که به مادر میشود، سوءنیت خاصی وجود دارد. و این تناقض، جنایتکارانه است که تمام فعالیتهای عمومی از زن مضایقه شود و عرصههای کسب و کار مردانه به رویش بسته بماند، ناتوانیاش در تمام زمینهها اعلام شود و در عین حال، ظریفترین و دشوارترین اقدامها؛ یعنی تربیت فردی بشری به او واگذار شود. عادتها و سنتها، هنوز هم آموزش، فرهنگ، مسئولیتها و شرکت در فعالیتهایی که باعث امتیاز مردان است را، از بسیاری از زنان، دریغ میدارند، ولی کودکان را بیپروا به آغوش آنان میدهند(ایولین، ۱۳۸۳: ۲۴).

این نحوه نگرش مخالفان بسیاری دارد اما میتوان از چنین دیدگاهی نیز قسمتی از واقعیت را دید. شیوهی بارداری زنان در جوامع سنتی مردسالار، که پی در پی و بدون اراده، و نیر بدون توجهات بهداشتی و زیستی است، موجب رانده شدن آنها از روابط اجتماعی بلند مدت با دیگران، ضعف جسمانی آنها و تحمیل وظایف مادری (به شکل دلخواه

جامعه مردسالار) به شکل بدون توقف است. تمام هراس ناخودآگاه اگنس از همین رو است.

• مقوله های اصلی و فرعی: مادری(مادر- پرستار)، جایگاه زن(جایگاه فرودست زن)، فراموش‌شدگی زن

«یک روز جیمز کوچک می‌رود. ماری توی صف آب شستشو است و سرش را بر می‌گرداند و جیمز کنارش نیست. فقط داشت چند کلمه با زنی که جلویش ایستاده بود حرف می‌زد، داشت سؤالی را در مورد اگنس و نوزادش پاسخ می‌داد. فقط اسم نوزاد ―ایزابل- را به آن زن گفته بود و در همان لحظه جیمز کوچک گذاشت رفت. همه چیز در عرض یک ثانیه به هم می‌ریزد. دنیا یک جور دیگر می‌شود. ماری این ور و آن ور می‌رود و اسم جیمز را فریاد می‌زند. به سمت غریبه‌ها می‌رود به سمت ملوان‌هایی که وقتی بهشان خواهش و تمنا می‌کند بهش می‌- خندند. «شما یه پسر کوچیک ندیدین؟»......... ماری در آن لحظات پر اضطراب دارد به وضوح می‌بیند دنیایی که برایش تبدیل به موجود دهشتناکی شده هنوز برای این آدم‌ها مثل قبل عادی است و حتی اگر جیمز واقعا هم ناپدید شده باشد همین‌طور باقی خواهد ماند. حتی اگر سینه خیز به سمت نرده‌های کشتی رفته باشد ―تمام جاهای نزدیک به نرده را نگاه کرده و اقیانوس بلعیده باشدش. ظالمانه‌ترین و غیر قابل باورترین اتفاق برای او از دید دیگران فقط غم‌انگیز است نه یک بلای غیر طبیعی. برای آن‌ها غیر قابل باور نیست......» (دورنمای کاسل راک، ۱۳۹۲: ۲۶ - ۲۷)

ماری مملو از اضطراب است. او کودکی را گم می‌کند که تنها راه ارتباطی‌اش با جهان پیرامون و منبع شکل‌گیری هویت جدیدش است. کودکی که به او اعتماد به نفس و امید زندگی می‌دهد. اگنس با او خوب نیست، پدرش برای او ارزشی قائل نیست، برادر کوچکش والتر، او را دست می‌اندازد، و حتی اندرو برادر بزرگترش و همسر اگنس که بهترین رفتار را با او دارد، نگاهی ترحم‌آمیز به او دارد، که ماری را گاهی می‌رنجاند. تنها کسی که با او همانند یک انسان معمولی برخورد می‌کند، جیمز کوچک است که حالا گم شده.

رابطه ماری با کودک برادرش، تداعی‌کننده رابطه مادر با فرزندش است. ماری هم‌چون یک مادر، از او نگهداری می‌کند، مواظب اوست، از او دفاع می‌کند و او را مورد حمایت خودش قرار می‌دهد. از طرفی، فرزندان خصوصا پسران تنها راه ارتباطی مادران سنتی که تمام زندگیشان را تنها وقف کودک و زندگی او می‌کنند، با جهان بیرون از خانه هستند. این پسران، تنها کسانی هستند که هرچند شاید برای دوره‌ای، همه تعاریفشان وابستگی کاملی به مادرانشان دارد. حالا ماری (زنِ ناقص مادر) این تنها روزنه ارتباط و منبع الهام و اعتماد به نفس خود را از دست داده و شاید بیش از هر چیز، نگران خود و آینده خودش است.

- مقوله های اصلی و فرعی: برخورد با مسائل(استواری و ایستادگی)، مادری(مادر- پرستار)، تأثیر آموزه‌های اجتماعی(صبر و بردباری)

«اگنس نمی‌خواهد اجازه دهد آن‌ها با سرزنش‌ها و سخنان ادینبورویی‌شان او را سر جایش بنشانند و به آن‌ها می گوید: «من برای شیرم به نمک احتیاج دارم.» به هر حال آن‌ها از دید او آدم‌های احمقی هستند.. مجبور است بهشان توضیح دهد چگونه باید در شیر اول کمی نمک بریزند، «تنها چند دانه سر انگشتت می‌زنی و یکی دو قطره از شیر را

روی آن می‌چکانی و می‌گذاری تا بچه پیش از آن‌که از پستان شیر بخورد، آن چند قطره را قورت دهد. اگر این احتیاط صورت نگیرد به احتمال بسیار زیاد بچه تیزهوش نمی‌شود.»» (دورنمای کاسل راک، ۱۳۹۲: ۲۹ - ۳۰)

علی‌رغم مخالفت دیگران، اگنس بر روی خواسته خود پافشاری می‌کند. این جسارت و شجاعت می‌تواند ناشی از چند دلیل متفاوت باشد. اولین دلیل حضور زن بر روی کشتی است، او بر روی جامعه در حالِ گذار یا تعریف ناشده‌ای است که به او، برای اندکی هم که شده، مجال خودنمایی و ابراز عقیده می‌دهد.

دلیل دوم می‌تواند این باشد که، در لحظه پافشاری، او در جمعی زنانه حضور دارد. در بین کسانی که با او برابرند. احتمالا این پافشاری نمی‌توانست در برابر مردان و یا شوهرش اتفاق بیافتد.

و در آخر این که، زن درست است که پس از زایمان ارج و قرب پیشین خود را از دست می‌دهد اما هنوز تا زمان شیرخوارگی کودک به وجود او نیاز است، پس نباید در برابر خواسته‌هایِ او چندان ایستادگی کرد. هر چند در این زمان، عموما به خواسته‌های او با حالتی کنایه یا تحقیرآمیز جواب مثبت داده می‌شود.

- مقوله های اصلی و فرعی: مادری(تعارض مادری و همسری)، جایگاه زن(جایگاه فرودست زن)، فراموش شدگی زن

«اندرو می‌رسد و پای تخت می‌نشیند. هیچ‌وقت او را روی چنین تختی ندیده (یک تخت مرتب، ولو این که به دیوار عمود است) جلوی بانوانی که برای اگنس لگن آورده‌اند تا بشویندش از خجالت سرخ می‌شود. سری تکان می‌دهد — و بی آن که حتی نگاهی به بقچه کنار اگنس بیاندازد، می گوید: «اینه؟ اینه؟» ، اگنس با حالت آزرده‌ای می‌خندد و

می‌پرسد پس فکر می‌کرده چه چیز دیگری بچه باشد؟ همین باعث می‌شود حالت بی ثبات او دچار ضربه‌ای ناگهانی شود و دیگر نتواند به راحتی به وانمود کردن و پنهان کردن احساساتش ادامه دهد. حالا به شدت عصبانی است و با آتش خشمی که فراگرفته‌اش سرخ‌تر هم می‌شود. نه فقط به خاطر حرفی که اگنس زده، به خاطر تمام صحنه‌هایی که می‌بیند. ــ بوی نوزاد و شیر و خون و بیشتر از همه آن لگن، پارچه‌ها، زن‌هایی که کنار اگنس ایستاده‌اند و آن طرز نگاه‌شان برای یک مرد هم نصیحت‌آمیز است و هم تمسخرآمیز. اندرو طوری نگاه می‌کند که انگار نمی‌تواند به گفتن هیچ حرف دیگری فکر کند، برای همین اگنس مجبور می‌شود با لطفی آکنده از خشم بهش بگوید برود و به کار خودش برسد، چون آن‌جا کارهایی باید انجام شود.» (دورنمای کاسل راک، ۱۳۹۲: ۳۱ ‑ ۳۲)

اندرو، برای مادر و کودک تازه متولد شده ارزش چندانی قائل نیست. می‌توان این گونه نیز برداشت کرد که، اندرو یعنی پدر در مقام مرد، نمی‌داند در چنین موقعیتی باید چگونه رفتار کند، اما این شکل از برداشت بیشتر شبیه یک توجیه به نظر می‌رسد. حتی اگر این فرض را نیز بپذیریم، ما با جامعه‌ای مردسالار مواجهیم که چنین لحظه‌ی مهمی در حیات اجتماعی را برای مردان یکسره نادیده انگاشته و آموزشی به آن‌ها برای چنین موقعیتی نداده است.

دلیل دیگر اهمیت ندادن اندرو می‌تواند دختر بودن نوزاد قلمداد شود. از آن‌جا که دختران در آینده نقش بی‌واسطه‌ای در تولید نخواهند داشت، ارزش آن‌ها نسبت به پسران برای خانواده جامعه مردسالار کمتر است، لذا این امر می‌تواند موجبات دلخوری پدر و البته سرکوب شدید مادر را فراهم بیاورد، چرا که او آن‌قدر توانمند نبوده که نوزاد پسر به دنیا بیاورد.

با این حال، مهم‌ترین دلیل چنین برخوردهایی در کنار نگاه جنسیتی به زن و بدن زن پس از زایمان او، به نظر می‌رسد، بیگانگی مرد با تولید مثل و نوزاد خود باشد. مری اوبرین از مهمترین نظریه پردازانی است که در مورد این شکل از بیگانگی و تبعات آن به تحلیل پرداخته است.

«اوبرین[200] باروری را، از دریچه‌ی بیگانگی مردان با آن تحلیل می‌کرد. او معتقد بود، مردسالاری در حقیقت، تلاش مردان برای مقابله با احساس بیگانگی خود با تولید مثل و راهی برای جبران آن است. بیگانگی مرد با تولید مثل و بنابراین با کودکان، دست کم منبعث از سه عامل است: نخست این که پیوستگی مکانی و زمانی میان تخمک و کودک حاصل از آن، چون در درون بدن زن رخ می‌دهد، شکسته نمی‌شود، اما پیوستگی مکانی و زمانی میان اسپرم و کودک حاصل از آن چون در خارج از بدن مرد رخ می‌دهد شکسته می‌شود. عامل دوم این که بار اصلی تولید مثل یعنی بارداری و زایمان را باید زنان و نه مردان به دوش بکشند. و عامل سوم این که زن از پیوند خود با کودکی منحصر به فرد یقین دارد، یعنی دست کم در لحظه تولد او می‌داند که آن کودک از گوشت و خون اوست. اما مرد همواره نسبت به پیوند خود با کودکی منحصر به فرد نامطمئن است، یعنی حتی در لحظه تولید کودک نیز یقین ندارد که این فرزند به واقع از سلاله‌ی او باشد»(تانگ، ۱۳۹۵، ۱۳۰ - ۱۳۱).

- مقوله های اصلی و فرعی: مردسالاری حاکم بر جامعه،

««منظورم اینه که تو منو در حال طناب بازی دیدی. پدرم طناب بازیم رو قایم کرده بود. اما من جایی رو که قایمش کرده بود پیدا کردم.» والتر با لحنی معقولانه و درحالی که دوباره لحن جسورانه خود را باز

[200] Mary Maime O'brien

می‌یابد، می‌گوید: «امروز که روز تعطیل نیست، پس برای چی نباید طناب بازی کنی؟» دخترک می‌گوید: «از کجا بدونم؟ شاید فکر می‌کنه برای این کار زیادی بزرگ شدم. قسم می‌خوری به کسی نگی؟»» (دورنمای کاسل راک، ۱۳۹۲: ۳۳)

کودک دختر به محض بزرگ شدن و زمانی که از سن خاصی (معمولا سن بلوغ جسمی) می‌گذرد، باید رعایت بسیاری از مسایل را بکند. مانند رفتار با متانت، دوری از هرچه او را به کودکی وصل می‌کند (مثل بازی) و یا عدم ارتباط با جنس مخالف. با این همه دلیلی که پدر نتی نمی‌گذارد او طناب بازی کند، این مسئله نیست بلکه شرایط جسمی او است. اما نکته اصلی در این است که خود دختر چنین برداشتی ندارد و منع شدنش از بازی کردن را به آنچه در ابتدا ذکر کردیم ربط می دهد. زیرا او در طول بزرگ شدنش مدام با این نبایدها و موانع رو به رو بوده و اکنون این دستور پدر را هم، به همان موانع نسبت می‌دهد.

- مقوله های اصلی و فرعی: مادری(مادر - پرستار)، برخورد با مسائل(تسلیم شرایط شدن)، داغ ننگ، گفتمان جنسیتی

«اگنس با بی‌تابی خرخر می‌کند. بچه به خاطر آن همه هیاهو و جشن زودتر بیدار شده و حالا اگنس را توی دردسر انداخته. چون می‌خواهد مدام سرش روی پستان باشد و هر وقت اگنس سعی می‌کند پستانش را ازش بگیرد، گریه و زاری می‌کند. جیمز کوچک تمام این ها را از نزدیک می‌بیند و سعی می‌کند پستان دیگر اگنس را بگیرد و اگنس چنان محکم می‌زندش که جیمز تلو تلو می‌خورد. اگنس بهش می‌گوید: «پسرک مک مکو!»، جیمز کمی جیغ جیغ می‌کند و بعد پشت سرش

همان اطراف سینه خیز راه می‌رود و پنجه پای بچه را نیشکون می‌گیرد. صدای یک کتک دیگر.

مادرش می‌گوید: «تو تخم مرغ فاسدی. یکی تو رو انقده لوس کرده که فکر می‌کنی کونلاردی[۲۰۱]» صدای بلند اگنس همیشه باعث می‌شود ماری حس کند که انگار توی شیپور جار می زند.« (دورنمای کاسل راک، ۱۳۹۲:، ۴۱ – ۴۲)

مادر به صورت زیستی و به شکل طبیعی پذیرای کودک تازه به دنیا آمده خود و حامی بزرگ او است. اما در جهان اجتماعی انسان، با بسیاری از موارد نقض آن رو به رو می‌شویم. از مادرانی چون اگنس گرفته که فرزندانشان کلافه‌شان می‌کنند تا مادرانی که فرزندان خود را می‌کشند. ممکن است مسئله کودک‌کشی در بین حیوانات نیز مطرح شود اما نمی‌توان آن را به انسانِ پس از یکجانشین مقایسه کرد. تا پیش از یکجانشینی، انسان نیز چون حیوانات و به منظور عوامل مختلفی خصوصا کنترل جمعیت، مبادرت به سقط، کشتن یا ترک فرزندان خود می‌کرد اما آن‌چه امروز روی می‌دهد، دلایلی به قطع متفاوت از کنترل جمعیت دارد. می‌بایست ریشه چنین حالات مادرانه‌ای را یکسره به آنچه بر زنان در جامعه می-گذرد ربط داد. کودکان در چنین جوامعی، از طرفی زنان را بیشتر در امور خانه مشغول کرده و آن‌ها را از اجتماع و روابط بیرون از خانه دور می‌کنند، و از طرف دیگر، آن‌ها با به دنیا آمدنشان موهبت توجه دیگران و توجه خود مادر به خود را از مادران خود می‌ربایند.

«در انسان، آبستن‌شدن و دوره‌ی آبستنی و زایمان شامل رشته تحولاتی است که مشابه آن را در پستانداران دیگر نیز می‌بینیم. پس از تولد فرزند، تغییرات جسمی

---

[۲۰۱] ملاک اسکاتلندی

جانور را در انسان نیز می‌توان دید. پستان‌های او نیز از شیر زیاد ورم می‌کند و به همان اندازه‌ای که کودک برای رفع عطش و گرسنگی به مکیدن پستان مادر نیاز دارد، مادر نیز برای تخلیه شیر از پستانش، به بچه احتیاج دارد. نیاز بچه به محلی گرم و راحت و امن، را با تمنای پر شور و اشتیاق مادر برای در آغوش کشیدن بچه می‌توان مقایسه کرد. تأمین نیازهای بچه، به مهربانی و دلواپسی مادر به آسایش او بستگی دارد. با این همه جامعه‌ای (در هر سطح فرهنگی که باشد) وجود ندارد که در آن حالات مادری، تنها شامل وضعیت زیستی یا انگیزه‌های فطری باشد. نوعی تاثیرهای فرهنگی -از همان دست که روابط میان عشاق را تعیین و به زن و شوهر اجبارهایی تحمیل می‌کند- در شکل گیری رابطه ی مادر و فرزند نیز دخالت دارد. از همان لحظه آبستنی، این رابطه شکل اجتماعی به خود می‌گیرد. مادر باید تابوها، برخی رسوم و مناسک را رعایت کند. در جوامع متمدن، مقررات اخلاقی و بهداشتی جایگرین این تابوها و رسوم می‌شود و در جوامع ابتدایی، جادو و دین. اما منظور از همه این رسوم و تابوها، بهروزی کودک زاده نشده است. مادر، به خاطر بچه‌ای که در شکم دارد، باید به به برخی آداب تشریفاتی، محرومیت‌ها و ناراحتی‌ها تن دهد. به این ترتیب، پیش از پیدایش واکنش‌های غریزی زایمان، محدودیت‌هایی به مادر آینده تحمیل می‌شود. وظایف مادری از احساس مادری پیشی می‌گیرد و فرهنگ رویکرد آتی مادر را مشخص می‌کند»(مالینوفسکی، ۱۳۸۷: ۱۸۷ - ۱۸۸).

- مقوله های اصلی و فرعی: فراموش شدگی زن، جایگاه زن(جایگاه فرودست زن)، برخورد با مسائل(تسلیم شرایط شدن)

«ماری تعجب می‌کند که پدرش چطور می‌تواند این‌طوری حرف بزند، که حیوانات وحشی چطور می‌توانند پسر خودش را خورده باشند. یعنی این به خاطر غم و اندوهی است که سال‌ها بر تو گذشته، قلب گوشتیت

را تبدیل به قلب سنگی کرده، همانطور که در تراژدی قدیمی می‌گوید؟ و اگر این‌طوری است چه بی‌مبالات و چه متکبر ممکن است در مورد ماری حرف بزند؟ ماری که هیچ وقت حتی کمی هم به اندازه پسرهایش برایش مهم نبوده..» (دورنمای کاسل راک،۱۳۹۲: ۴۳)

گذاره بالا همان‌طور که گفتیم، تأکیدی است بر جایگاه پست‌تر فرزند دختر در برابر فرزند پسر. زمانی که پدری به خود اجازه می‌دهد پسرش را تحقیر کند، احتمالا خیلی بیشتر و بدتر در مورد دخترش رفتار کرده و خواهد کرد. در ذهن ماری و البته در واقعیت هم، پدر به واسطه بسیاری از مسائل، علاقه بیشتری به پسر خود دارد. او این تبعیض را می‌شناسد. زن در جامعه مردسالار، خصوصا جوامع سنتی‌تر، همواره خود را با نگاهی مردانه قضاوت می‌کند و شاخص ترین میانجی این قضاوت پدر است.

«الگوی سنتی جامعه شناسی در مورد نقش پذیری، بر مبنای آموزه‌های مید استوار است که می‌گوید، در جریان پذیرش نقش، کنشگران یاد می‌گیرند تا وجود خویش را از دیدگاه دیگرانی که کمابیش هم نقش خودشان هستند، نظاره کنند. اما اندیشمندان فمینیستی نشان می‌دهند که زن‌ها طوری اجتماعی می-شوند، که وجود خود را از دیدگاه مردان ببینند. حتی هنگامی که دیگران مورد بحث، زنان باشند باز معتقدند که آن زن‌ها نیز با دیدگاه مردانه نظاره‌گر آن‌ها خواهند شد. به این ترتیب برای زنان، «دیگری» نظاره‌گر موجودی است غریب و با جنسی مخالف، ولی برای مردان، «دیگری»، نظاره‌گر موجودی است تقریبا همسان و هم‌فرهنگ با خودش، همان جنسی که در اجتماع و فرهنگ دارای ارزش والایی است»(ساناساریان، ۱۳۸۳: ۱۶۱).

- مقوله های اصلی و فرعی: فراموش شدگی زن، مادری(۱. مادر منفعل، ۲. مادر- پرستار)

«اندرو از پایین به عرشه بالا می‌آید و آب آشامیدنی مردم را حمل می‌-کند. می‌ایستد و کمی نگاه می‌کند. بعد ماری را با پیشنهاد رقص شگفت زده می‌کند. اگنس فورا می‌گوید: «پس کی حواسش به بچه باشه؟ من بلند نمی‌شم برم دنبالش ها!»، اگنس رقص را دوست دارد ولی در حال حاضر از رقصیدن منع شده، نه تنها به خاطر پرستاری از بچه بلکه به خاطر دردناکی بعضی از قسمت‌های بدنش که هنگام تولد بچه داغان شده‌اند. ماری همچنان از رقصیدن اجتناب می‌کند و می‌گوید که تواند برود ولی اندرو می‌گوید: «جیمز رو با طناب می بندیم.»» (دورنمای کاسل راک،۱۳۹۲: ۴۳)

استفاده از مفهوم و تمثیل دنیای جدید در داستان مونرو، به هیچ رو برای نشان دادن دنیای مدرن در برابر دنیای سنتی پیشین نیست. و مونرو در جای جای داستان به این نکته اشاره می‌کند. از همین رو، در داستان مشخص شده است که این خانواده داستان، برای تهیه زمین و راه اندازی کار کشاورزی در حال رسیدن به کانادا هستند نه برای مشغول شدن در کارخانه. دلیل این سفر آن است که، نویسنده بتواند بدون نگرانی از القای پیش فرض به مخاطب، و بدون در نظر گرفتن محیط اجتماعی، به طور ناب‌تر و خالص‌تری به پرداختن شخصیت‌ها بپردازد. به علاوه، این وضعیت تعریف ناشده و خلأ، به شخصیت‌ها امکاناتی را می‌دهد که محیط اجتماعی نمی‌دهد. یکی از دغدغه‌های اصلی نویسندگان، بحث درباره محیطی است که داستان در آن در حال رخ دادن است. این محیط می‌-تواند داستان را کاملا واقعیت‌پذیر و یا کاملا به دور از واقعیت کند. برای مثال، بهرام بیضایی در بین نویسندگان ایرانی، تاکید زیادی بر این مهم دارد. بیضایی در

جواب به این که چرا «چریکه‌ی تارا و باشو غریبه ای کوچک» و یا «غریبه و مه»، در فضای شمال ایران ساخته شده و نه جایی مثل کویر می‌گوید:

«طبعا داستان با فضایش فکر شده و تجزیه پذیر نیست. در کویر واقعیت خشن‌تر است و امکان بیشتری به جلوه و حس حضورِ تقدیر می‌دهد. بیشتر قهر طبیعت حس می‌شود تا نامهربانی شرایط اجتماعی، و گویی پیش چنین تقدیر قاهری، هر استبداد دیگری جزئی است. اگر به کویر می‌رفتیم توضیح مشکلات زندگی روزمره و درگیری با طبیعت آنقدر خودش مسئله بود که موضوع اصلی ما در آن گم می‌شد. این که آب از کجا می‌آید یا نان. در تارا من مجبور نیستم بگویم این بچه‌ها چگونه سیر می‌شوند، طبیعت پاسخ این پرسش است. بله، می‌توانستیم برویم کویر و البته فیلم دیگری بسازیم. ولی می‌بینیم که خانواده آشوب از کویر خودشان را کشانده‌اند به آنجا و هنوز می‌کوشند فضای بسته و معتقدات انعطاف ناپذیر خود را نگه دارند. در کویر مرگ و زندگی هر دو سخت‌تر به چشم می‌آید. در شمال مرده گویی دانه‌ای است که می‌کاری...»(قوکاسیان، ۱۳۷۸: ۱۶۱ - ۱۶۲). بیضایی می‌کوشد دو فضای واقع اجتماعی را با هم مقایسه کند و مونرو می کوشد فضایی را انتخاب کند، تا این واقعیت اجتماعی، جلوه‌ای بسیار کمتر داشته باشد. مونرو می‌خواهد مفهوم فضا را از داستان حذف کند تا مفاهیم مورد نظرش به خوبی منتقل شوند.

- مقوله های اصلی و فرعی: مردسالاری حاکم بر جامعه، جایگاه زن(جایگاه فرودست زن)

«ماری می‌گوید: «نه نه. من نیازی به رقصیدن ندارم.» معتقد است اندرو به حالش تاسف می‌خورد و به یاد می‌آورد آن وقت‌ها چطور در بازی‌های مدرسه و مراسم رقص روی خط کنار زمین می‌ایستاد، هرچند

واقعا می‌تواند به خوبی بدود و برقصد. اندرو در میان برادران ماری تنها کسی است که به ماری چنین توجهی دارد، اما ماری اغلب ترجیح می‌-دهد او هم مثل بقیه رفتار کند و مثل همه به ماری توجهی نکند. ترحم ماری را خیلی آزار می دهد.» (دورنمای کاسل راک،۱۳۹۲: ۴۴)

همان‌طور که در ابتدای داستان نوشتیم، ماری از هر رفتار نابرابری با خود، خصوصا ترحم بدش می‌آید. پس جای تعجب ندارد که چرا گوشه‌گیر شده است. می‌توان گفت در جامعه‌ای که همه نگاه ها به زن نابرابر است و از طرف دیگر، معلولین نیز در چنین شرایطی قرار دارند، کسی که از هر دو بهره برده باشد سرنوشتی جز کناره گیری ندارد چرا که با او یا با دیده تحقیر و شماتت صحبت می‌شود و یا ترحم.

• مقوله های اصلی و فرعی: وابستگی زن به مرد، از خود بیگانگی زن

«ماری دست‌های اندرو را گرفته و با او تاب می‌خورد، سپس از کنار دیگران می‌گذرد، کسانی که به سمتش خم شده‌اند و بدن کوچکتر از معمول او را هل می‌دهند. مثل بچه‌ها می‌رقصد، هرچند زیاد هم مثل آن‌ها جسور و بی‌خیال نیست. بر انبوه پیکره‌ها او احساس بیچارگی دارد. نمی‌تواند متوقف شود؛ یا باید مطابق موسیقی پای‌کوبی کند و بچرخد یا این که تنه می‌خورد می‌افتد.» (مونرو، ۱۳۹۲ دورنمای کاسل راک،۱۳۹۲: ۴۵)

ماری احساس بیچارگی می‌کند، جسور نیست و علی‌رغم میل باطنی خود حتی نمی‌تواند از رقصیدن دست بکشد.او باید طبق آموزه‌ها و خواست‌های جامعه و مردان آن حرکت کند و به رقص درآید. او نمی‌تواند این جریان را متوقف کرده و به سمت دیگری بچرخد. کنترل زندگی و حرکاتش به دست خودش نیست و این

مسئله به او حس درماندگی و ناتوانی می‌دهد. او مانند اطاعت کودکان از والدینشان، از نیروهای موجود در جامعه اطاعت کرده و طبق آن‌ها حرکت می-کند ولی برخلاف کودکان که گاهی مخالف دستورات رفتار می‌کنند، او این جسارت را هم ندارد. ماری در این بین تنها دو را دارد. یا طبق دستورات و آموزه-ها و تفکرات موجود در جامعه حرکت کند و یا با نیروهای موجود تنش پیدا کرده و در آخر از حرکت بیفتد.

- مقوله های اصلی و فرعی: مردسالاری حاکم بر جامعه، جایگاه زن(جایگاه فرودست زن)، تعلق زن به مرد

«پدر شوهرش به جراح - مثل اگنس- نگاهی تحقیرآمیز می‌اندازد ولی آقای سوتر متوجه نمی‌شود، شاید حتی نمی‌فهمد که پیرمرد و پسرک موبوری که صاف نشسته و رو به روی پیرمرد اِست با اگنس نسبتی دارند.» (دورنمای کاسل راک،۱۳۹۲: ۴۸)

آقای سوتر جراحی است که در طول سفر در کشتی حضور دارد و در هنگام زایمان بالای سر اگنس است. صدای مردی که اگنس در لحظه زایمان آن را می-شنید، متعلق به آقای سوتر بود. در طول سفر رفته رفته آقای سوتر نسبت به اگنس احساس علاقه و عشق پیدا می‌کند. سعی می‌کند بهانه‌ای برای نزدیک شدن به او پیدا کند، از معاینه مریضش گرفته تا صحبت در مورد آینده و گرداندن جیمز کوچک. آقای سوتر اما هیچ گاه این علاقه را به زبان نمی‌آورد. اگرچه اگنس، در مواجهه با این علاقه بی‌تفاوت است و حتی پیش خود با تحقیر به آقای سوتر نگاه می‌کند، اما این ابراز علاقه غیر مستقیم باعث می‌شود تا اگنس بیش از پیش به رویا پردازی در مورد زندگی آینده خود در سرزمین جدید

بپردازد. سرزمینی که نه سرزمین موعود است و نه قرار است اتفاق خاصی در آن بیافتد. این را می‌توان از گفت گوی آقای سوتر با اگنس متوجه شد.

- مقوله های اصلی و فرعی: رویا و رویا پردازی، مردسالاری حاکم بر جامعه، تعلق زن به مرد

«می پرسد: «توی کانادا می خواین چیکار کنین؟» از نظر اگنس این سوال احمقانه‌ترین سئوالی بود که می‌شد پرسید. اگنس سرش را تکان می‌دهد؛ چه می‌تواند بگوید؟ می‌شوید و می‌دوزد و می‌پزد و تقریبا می-شود گفت به بچه بیشتر شیر خواهد داد. هر جا که باشد باید این کارها را انجام دهد. به هر حال توی یک خانه خواهد بود، آن هم نه خانه‌ای خوب. اگنس حالا می‌داند که این مرد دوستش دارد ولی روی چه حسابی؟ انگشت‌هایش را روی پوست بدنش به خاطر می‌آورد. هرچند مگر چه اتفاقی می‌تواند برای زنی بیافتد که بچه‌اش هم توی بغلش است. از این که کمی به او صمیمیت نشان دهد احساس آشفتگی می-کند.» (دورنمای کاسل راک،۱۳۹۲: ۴۸)

همان‌طور که نوشتیم، قرار نیست اتفاق خاصی در زندگی بیافتد و اگنس هم‌چون تمام زنان دیگری که در جوامع مردسالار زندگی می‌کنند، می‌باید تن به کارهای روزمره بدهند. او هم‌چنان یک خانه‌دار خواهد بود حالا در خانه‌ای جدید. او در ادامه احتمالا مشکلاتی بیشتر از خانه پیشین خود نیز خواهد داشت، چرا که جهانی که در آن پا خواهد گذاشت جهانی به مراتب صنعتی‌تر از جایی است که تا پیش از این در آن بوده است، و سرمایه‌داری روحش را بیش از دشت‌های اسکاتلند گسترش داده است. نظام سرمایه، بیش از هر زمان دیگری خصوصا در ابتدای خود موجب تضعیف زنان در جامعه شد و اگنس در حال پا گذاردن در

چنین فضایی است و همچون پیامبری می‌داند که در آینده نیز چه چیزی در انتظارش خواهد بود.

«تفکیک شغل بر اساس جنس، نخستین روشی است که جامعه مبتنی بر سرمایه‌داری برای حفظ برتری مردان نسبت به زنان به کار می‌گیرد، زیرا دستمزد کمتر را در بازار کار به زنان تخصیص می‌دهد. دستمزد پایین، زنان را وابسطه به مردان نگه می‌دارد و باعث تشویقشان به ازدواج می‌شود. زنان متأهل باید در خانه برای شوهرانشان کار شاق انجام دهند. مردان در این صورت هم از دستمزدی بالاتر برخوردار می‌شوند و هم نفع تقسیم کار در خانه به آن‌ها می‌رسد. این تقسیم کار خانگی، در عوض باعث می‌شود موقعیت زنان در بازار کار تضعیف شود. از اینجا است که تقسیم سلسله مراتبی کار خانگی توسط بازار کار استمرار می‌یابد و بالعکس. این جریان پیامد رابطه تعاملی دو نظام متصل به هم یعنی سرمایه داری و پدرسالاری است»(اعزازی، ۱۳۹۳: ۲۱۸).

- مقوله های اصلی و فرعی: جایگاه زن(جایگاه فرودست زن)، برخورد با مسائل(استواری و ایستادگی)، فراموش شدگی زن

«ماری چنان جیغ وحشیانه‌ای می‌کشد که هر کسی فکر می‌کند او خودش در چنگال شیطان بوده. و راه را برایش باز می‌کنند انگار که سگ دیوانه‌ای باشد. فریاد می‌زند: «دزد رو نگه دارید. دزد رو نگه دارید. بچه رو ازش بگیرید. بگیریدش. جیمز. جیمز. بپر پایین.» خودش را به جلو پرت می‌کند و قوزک پای بچه را می‌گیرد و چنان محکم بیرونش می‌کشد که بچه از ترس و غضب زوزه می‌کشد. مردی که بچه را گرفته تقریبا واژگون می‌شود ولی ولش نمی‌کند. نگهش می‌دارد و با پا ماری را هل می‌دهد...... همین که تصویر آن مرد شیطان صفت در حال نگه

> داشتن جیمز کوچک و صدای فریاد پر قدرتش را به یاد می‌آورد، احساست تحقیر و شادمانی می‌کند. ماری هنوز هم اعتقاد دارد جیمز کوچک را نجات داده.» (دورنمای کاسل راک،۱۳۹۲ : ۵۱-۵۲)

ماری یک بار دیگر نیز تجربه گم کردن جیمز را داشته و با اضطرابی بسیار زیاد مواجه شده است. این بار نیز جیمز را که در بغل دکتر سوتر است می بیند و از فرط استرس این گونه می پندارد که دکتر، دزدی است که بچه را ربوده و دارد فرار می‌کند. همان‌طور که گفتیم بیش از هر چیز ماری نمی‌خواهد واسطه‌اش را با جهان واقع از دست بدهد. او واقعیت را با تصور خودش تطبیق می‌دهد تا واقعیت نتواند حتی برای لحظه‌ای به باورها و پنداشته‌هایش آسیبی برساند. او با وجود محبت‌ها و تلاش‌هایش همیشه یا تحقیر شده و یا ندید گرفته شده است. ماری احتیاج دارد تا قهرمان کسی در این زندگی باشد، حتی اگر این قهرمانی تنها در تصور او وجود داشته باشد. او برای قهرمان شدن، کارهایی مخالف آن‌چه در کودکی و در جامعه به او دیکته شده، انجام داده است. او جیغ کشیده، خود را به این سو و آن سو پرتاب کرده، به گمان خود دزدی را پیدا و او را دستگیر کرده. و همین مسئله باعث می‌شود تا در عین احساس افتخار، احساس تحقیر نیز داشته باشد.

در ادامه داستان متوجه می‌شویم که، پدر نتی که از ملاقات‌های او با والتر خبر دارد، خود نیز با والتر آشنا می‌شود. او به ظاهر فردی روشنفکر است و والتر را به خاطر خصوصیات و رفتارش می‌پسندد. از والتر می‌خواهد تا بعد از رسیدن به کانادا خانواده خود را رها کند و به سوی مزرعه آن‌ها بیاید. اما والتر که آزادترین فرد این خانواده ترسیم می‌شود، هم‌چنان پای بست خانواده خود است و برای

کمک به پدر و برادرش از خیر این پیشنهاد وسوسه برانگیز می‌گذرد. او به عنوان یک نیروی تولید برای واحد اقتصادی خانواده، پرورش یافته و از این مهم عدول نمی‌کند. در جوامع پدرسالار، فرزند پسر یک نیروی تولید برای خانواده محسوب می‌شود و از همین رو است که تمام ساز و کارهای اجتماعی او را وادار می‌سازد تا از خانواده خود جدا نشود. مسائلی هم‌چون ارث، ایجاد وابستگی‌های عاطفی (خصوصا بین مادر و فرزند پسر)، تزریق این نگره است که پسر باید کمک حال خانواده خود باشد و بندهایی را در زندگی پسران ایجاد می‌کند که نمی‌توانند از خانواده خود جدا شوند و اگر هم این کار را انجام دهند و یا حتی به آن فکر کنند، دچار عذاب وجدان می‌شوند.

> «سال‌ها خواهد گذشت تا دوباره نتی در ذهنش نمودار شود. ولی وقتی نمودار می‌شود والتر متوجه خواهد شد که تا روز مرگش نتی سرچشمه‌ای از شادی باقی می‌ماند. گاهی حتی خودش را با این افکار سرگرم می‌کند که اگر آن پیشنهاد را پذیرفته بود چه می‌شد. پیشرفتی درخشان را تصور می‌کرد و نتی که قد بلند شده و اندامی زنانه پیدا کرده و زندگی دو نفره شان را با هم تصور می‌کرد. چنین افکار احمقانه‌ای که هر مردی ممکن است در خفا بهش بپردازد.» (دورنمای کاسل راک،۱۳۹۲ : ۵۵)

نتی برای والتر سرچشمه‌ای از شادی است. در این جا بهتر است به نقش اسطوره‌ای زن توجه کنیم. زن نماد زندگی و باروری است و سرچشمه جاودانگی و شادی. آناهیتا، دئنا، چیستا، ایشتر، مدئا و بسیاری ایزد بانوان دیگر، نمادهای زایندگی، باروری، باران و... هستند، و در اینجا نتی، تمثیلی زمینی و غیرقابل دسترس از آن‌ها است. بیماری نتی نیز در این‌جا، نمایان‌گر آن‌چیزی است که هر الهه زن، خصوصا آن‌ها که نماد شادی و باروری هستند با خود حمل می‌کنند؛ یعنی مرگ. به عنوان مثال، ایشتر هم‌چنان که الهه‌ی باروری و زایش است، ایزد

مرگ نیز بوده، هرچند بعدا و در بازگفت‌های بعدی این نقش به خواهر او سپرده می‌شود. این مسئله که او خداوندگار مرگ نیز بوده است را می‌توان به خوبی از پرخاشی که گیلگمش نسبت به او روا می‌دارد دریافت. گیلگمش از آمیزش با ایشتر سرباز می‌نهد، چرا که معتقد است او هم‌چنان که زیبا است و توانا و بارده، به هیچ‌کدام از عشاق و فرزندانش وفا نکرده و آن‌ها را به کام مرگ فرستاده است.

- مقوله های اصلی و فرعی: برخورد با مسائل(استواری و ایستادگی)، مادری(مادر- پرستار)

«جیمز پیر می‌گوید: «جیمز اذیتم می‌کنه. گستاخیش رو دوست ندارم. اون بزرگ میشه و بزرگ میشه تا جایی که در مورد اسکاتلند، جایی که متولد شده، یا در مورد کشتی‌ای که سوارش شده چیزی به یاد نمی‌آره. عادت می‌کنه به یه زبون دیگه حرف بزنه، مثل اونایی که رفتن انگلستان. حتی از اونا بدتر. طوری به من نگاه می‌کنه که با نگاهش بگه من و دوره و زمونه من، هر دو مون به سر رسیدیم.» ، ماری می گوید: «اون خیلی چیزا رو به یاد میاره.»، از زمان رقص و حادثه آقای سوتر ماری دیگر در جمع خانواده رک‌تر حرف می‌زند. می‌گوید: «معنی نگاهش گستاخی نیست. فقط به خاطر اینه که همه چی براش جالبه. می‌فهمه چی می‌گین. بیشتر از اونی که فکرشو کنین. متوجه همه چی میشه و بهش فکر می‌کنه.» (دورنمای کاسل راک،۱۳۹۲ : ۵۶)

رخداد، نقش تأثیرگذاری در زندگی افراد دارد. رخداد برخورد با دکتر سوتر و موفق شدن ماری در پس گرفتن جیمز کوچک و قهرمان شدن او، به ماری این امکان و توانایی را داده است که بتواند با دیگران مخالفت کند و حرفش را بزند. او

در برابر پدر خود می‌ایستد تا از تنها روزنه‌ی ارتباطش با جهان پیرامون یعنی جیمز کوچک محافظت کند.

- مقوله‌های اصلی و فرعی: برخورد با مسائل(فرار)، مادری(مادر - پرستار)، رویا و رویا پردازی، مردسالاری حاکم بر جامعه

«ماری فکر می‌کند می‌توانسته جیمز کوچک را بقاپد و به شهر غریبی در کبک فرار کند و به عنوان یک خیاط کار پیدا کند... بعد می‌توانست تمام مسئولیت‌های بچه را به عهده بگیرد و مثل مادری بزرگش کند.

اندرو به این فکر می‌کند چه می‌شد اگر مثل یک مرد آزاد بدون زن یا پدر یا خواهر یا بچه، بدون آن که باری به دوشش باشد زندگی کند. چه کار می‌توانست کند؟ به خودش می‌گوید مطمئنا ضرری ندارد. ضرری ندارد که بهش فکر کند. اگنس از زنانی که توی کشتی هستند شنیده افسرهایی که در خیابان‌های این‌جا هستند مطمئنا از تمام مردهای دنیا خوش‌قیافه ترند و این که تعدادشان ده تا بیست برابر بیشتر از زن‌ها است. یعنی می‌توانی هر چه بخواهی ازشان بگیری - این یعنی ازدواج. با ازدواج با مردی که پول کافی دارد می توانی کالسکه سواری کنی و برای مادرت هدیه بفرستی. اگر فقط تا به حال ازدواج نکرده بودی و دو تا بچه هم نزاییده بودی.

والتر فکر می‌کند هم برادرش قوی است و هم اگنس؛ می‌تواند در حالی که ماری مراقب بچه‌ها است، توی زمین به اندرو کمک کند. کی گفته والتر باید کشاورز بشه؟ وقتی به مونترال برسند، می رود خودش را به شرکت خلیج هادسن می رساند و آن‌ها او را به مرز می‌فرستند، همان‌جا می‌تواند مثل یک ماجراجو ثروتمند بشود.

جیمز پیر دلش می‌خواهد فرار کند و در ملأعام اظهار تاسف می‌کند: «دیگه چطور می‌تونیم توی یه سرزمین غریب ترانه برد رو بخونیم؟»» (دورنمای کاسل راک،۱۳۹۲: ۵۷ – ۵۸)

تمام شخصیت‌ها، با این‌که می‌دانند سرنوشت محتومشان ادامه زندگی قبلی است، اما دست به رؤیا پردازی می‌زنند. مسئله داستان مونرو در دورنمای کسل راک، بیش از هر چیز «نقد خانواده در جامعه مرد سالار» است. اگنس، احتمالا به واسطه آن‌چه بین او و آقای سوتر گذشت، در حال تخیل زندگی با مردان دیگر است. ماری، می‌خواهد فرار کند البته که هم‌چنان در این فرار به «واسطه خود با جهان پیرامون» نیاز دارد و در این فرار جیمز کوچک را نیز به همراه خود خواهد برد، اندرو، به فکر فرار از محیط خانواده و قید و بندهای دست و پاگیرش است، و والتر، با این‌که پیشنهاد پدر نتی را رد کرده است، به این فکر می‌کند که از قید و بندهای زندگی کشاورزی در کنار خانواده خود بگذرد و به جای دیگری برود. در این میان، تنها جیمز پیر است که به گذشته فکر می‌کند، به آن‌چه هویت او بوده و از او دریغ شده است. او به واسطه سن خود، نخواهد توانست زندگی و هویت جدیدی برای خود بسازد و همیشه در حسرت اسکاتلند و گذشته خود خواهد ماند.

- مقوله های اصلی و فرعی: مادری(مادر – منفعل)، مردسالاری حاکم بر جامعه، وابستگی زن به مرد، برخورد با مسائل(تسلیم شرایط شدن)

«اگنس اینجاست و از به دنیا آوردن بچه‌های زیاد نجات یافته. در نامه-ای به اسکاتلند در مورد مرگ جیمز پیر در سال ۱۸۲۹ نوشته، بر اثر سرطان که تقریبا تا زمان مرگش درد نکشید؛ ..... اندرو، در نامه اشاره می‌کند زنش در سه سال گذشته احساس بیچارگی می‌کند. شاید به

طور غیر مستقیم می‌گوید در تمام آن سال‌ها داشته ششمین، هفتمین و هشتمین بچه‌اش را فقط تحمل می‌کرده. احتمالا سلامتی‌اش را بازیافته بوده، چون تا سن هشتاد سالگی زنده ماند. به نظر می‌رسد اندرو موفق شده، هرچند کمتر از والتر که با دختری امریکایی از اهالی مونتگومری در ایالت نیویورک ازدواج کرد. زنش وقتی با او ازدواج کرد، ۱۸ سالش بود و وقتی بعد از تولد بچه نهم‌اش مرد، سی و سه سالش بود.» (دورنمای کاسل راک،۱۳۹۲ : ۵۹)

راوی در آخر داستان همچون ناظری به ما می‌گوید اگنس، ماری و حتی دختر آمریکایی که با والتر ازدواج می‌کند، از سرنوشت مشابهی برخوردار می‌شوند، سرنوشت مشابه اکثر زنان در جامعه مردسالار؛ روزمرگی، به دنیا آوردن، رخت شستن و دست آخر مرگی بدون هیچ دست‌آوردی خاص.

جدول خلاصه مفاهیم اصلی و فرعی داستان ششم؛ دورنمای کاسل راک

مقوله‌های اصلی	مقوله‌های فرعی
1. مادری	1. جایگزینی شخصی به جای مادر اصلی 2. مادر- پرستار 3. مادری پدیده‌ای دردناک 4. مادر- منفعل 5. تعارض مادری و زنانگی 6. تعارض مادری و همسری 7. هویت یافتن زن به واسطه رفتارهای مادری
2. نمود فشارهای اجتماعی بر زن	وسواس
3. وابستگی زن به مرد	وابستگی روانی
4. تعلق زن به مرد	
5. جایگاه زن	1. جایگاه فرودست زن 2. جایگاه محترم زن باردار
6. فراموش شدگی زن	
7. برخورد با مسائل	1. ایستادگی و استواری 2. تسلیم شرایط شدن
8. آموزه‌های اجتماعی	صبر و بردباری
9. مردسالاری حاکم بر جامعه	
10.گفتمان جنسیتی	
11.حمایت زنان از یکدیگر	
12.داغ ننگ	
13.رویا و رویا پردازی	

داستان هفتم: داستان «صورت»

چکیده داستان:

صورت روایت کودکی یک گوینده‌ی رادیو از زبان خودش است. او با ماه گرفتگی‌ای بر روی صورتش به دنیا می‌آید و به همین دلیل در بدو تولد از طرف پدرش طرد می‌شود. مادر برای آسایش کودک ناقص و غیر معمولش در تلاش و تلاطم دائم است. قسمتی از داستان، به رابطه کودک با دختربچه‌ای می‌پردازد که به همراه مادر بیوه‌اش در خانه آن‌ها زندگی می‌کنند. در یکی از بازی‌های این دو، دختر برای شبیه شدن به پسر، صورت خود را با رنگ، قرمز می‌کند که این با سوء برداشت پسربچه و مادرش همراه می‌شود و باعث می‌شود تا دختر به همراه مادرش از آن خانه بیرون انداخته شوند.

سال‌ها بعد گوینده رادیو که حالا در کالجی درس می‌خواند، از طریق مادرش متوجه می‌شود که بعد از بیرون انداخته شدن دختر و مادر او از خانه، دختربچه روزی صورتش را با تیغ می‌برد تا شبیه به او شده باشد. حالا اما این ماجرا برای او تنها یک داستان است و بار احساسی چندانی ندارد.

داستان در کل به رابطۀ پسری با زنان اطرافش می‌پردازد. پسری که نامعمول است. او تا نه سالگی به مدرسه فرستاده نمی‌شود و در خانه درس می‌خواند تا مورد تمسخر دیگران قرار نگیرد. به مدرسه فرستاده نشدن او نشانه‌ای است از عدم جامعه‌پذیر شدن مناسب وی.

- شخصیت های زن داستان:

شخصیت اصلی: مادر

شخصیت های فرعی: نانسی، شارون ساتلز، خدمتکار

شخصیت های مرد داستان یعنی پدر، باغبان و همسر فوت شده شارون ساتلز و حتی راوی نیز همگی نقشی فرعی دارند.

تحلیل داستان:

مقوله های اصلی و فرعی: مادری(تعارض مادری و همسری)، مردسالاری حاکم بر جامعه، مادر- پرستار، جایگاه زن(جایگاه فرودست زن)

« نمی‌دانم آیا پدرم قبل از این که پشت شیشهٔ اتاق پرستاری، بایستد تا اولین نگاهش را به من بیاندازد، مادرم را دید یا بعد از آن. به گمانم باید بعد از آن بوده باشد و این که مادرم وقتی صدای قدم های او را بیرون اتاقش شنیده خشم نهفته در آن را حس کرده اما هنوز نمیدانسته دلیلش چیست. هر چه باشد پسری برای او به دنیا آورده بود و این قاعدتا چیزی بود که هر مردی می‌خواست. حرفی را که پدرم زده می‌دانم. یا حرفی که مادرم می‌گفت او زده:«یه تیکه جیگر قاچ خورده». و بعد «فکرشم نکن که بیاریش توی خونه.»»(صورت:۷۶)

زنِ مادر شده، خوشحال است که پسری به‌دنیا آورده‌است. اگر معدود جوامع کوچک مادرسالاری یا مادرمکانی برجا مانده را جدا کنیم، کمتر فرهنگ و اجتماعی را می‌توان پیدا کرد که عامه‌ی مردم در آن از به دنیا آمدن پسر به جای دختر بیشتر استقبال نکنند. دلیل اصلی این علاقه را باید در بطن شیوه‌های تولید در جوامع مردسالار پس از یکجانشینی انسان بررسی کرد. با روی کار آمدن شیوه‌های تولید مبتنی بر کشاورزی و دامداری، به مرور زمان، زنان از چرخه

تولیدِ مستقیم دور ماندند و بیشتر به امور خانه داری و کارهای پشتیبانی کننده پرداختند.

«این تغییر در مناسبات تازه‌ای ریشه داشت که با تولید نوعی مازاد میان مردم گسترش یافت. شگردهای تازه تولید متمرکز، برای نخستین بار به اولویت دادن به کار مردان بر زنان گروید. گردآوری خوراک، منبع اصلی تغذیه‌ی جامعه های شکارچی‌-گردآورنده، با کودک پروری و شیر دادن یکسره سازگاری داشت. همچنین بود روش‌های کشاورزی مبتنی بر استفاده از کج بیل، اما شخم زنی سنگین و گاو داری و پرورش اسب، چنین نبود. در جامعه‌هایی که زنان این امور را انجام می‌دادند، نرخ زاد و ولد پایین بود و جمعیت‌های راکد داشت و جا به جامعه‌هایی می‌داد که بیشتر زنان را از این نقش‌ها بی‌بهره می‌کرد»(هارمن، ۵۳:).

این امر باعث شد تا زنان به مرور جایگاهِ ارزشمند گذشته خود را از دست بدهند. اهرم‌های ایدئولوژیک پیدا شده بعد از آن همواره بر تشدید فروپاشی جایگاه زنان در دوره‌های مختلف نیز تأثیر داشته‌اند. به عنوان مثال، در حین جنگ جهانی دوم، بسیاری از زنان و بسیار بیش از گذشته، خصوصا در ایالات متحده آمریکا وارد بازار کار شدند و این شوک ورود این نیروی کار عظیم و البته جنبش‌های اعتراضی موجود، رفته رفته موجب تغییر نگرش نسبت به جایگاه زنان شده بود. دولت‌ها و ساختارهای ایدئولوژیک موجود آن زمان برای پیش‌برد اهداف خود سیاستی را بنا گذاشتند که تا به امروز نیز ما شاهد تأثیرات آن هستیم. «هرچند، از دید طبقه کارفرما، استقلال روز افزون و برابری اجتماعی برای زنان با فرابهره‌کشی شدید نیروی کار آن‌ها ناسازگار بود. پس به تبلیغ

آگاهانه برای نظریه‌ای که بعدها به نام راز و رمز زنانه[۲۰۲] شناخته شد، پرداختند. هدف این پیکار گسترده‌ی سیاسی و ایدئولوژیکی، از میان بردن دگرگونی‌هایی بود که در نگرش به نقش درخور و شایسته زنان پدید آمده بود و تبلیغ برای استوار گردانیدن این اندیشه بود که زنان –خواه بخشی از نیروی کار باشند یا نه- نخست و پیش از همه باید همسر، مادر و خانه دار باشند. پس زنان باید کار با مزد کمتر و شرایط کاری بدتر را بپذیرند، باید وقت کمتری صرف فعالیت‌های اتحادیه یا دلبستگی‌های سیاسی کنند و علاقه کمتری به آن نشان دهند»(هنسن و دیگران، :۱۸). همان‌طور که مطرح شد این اهرم‌های ایدئولوژیک خصوصا در نظام یکپارچه کنونی از طریق سرکوب جایگاه اجتماعی زنان بیش از هرچیز به دنبال استفاده از کار ارزان‌تر آن‌ها است. امروز حتی در صنعتی‌ترین کشورهای جهان نیز میانگین حقوق زنان نسبت به مردان در جایگاه هم‌رده بیش از ۷۰ درصد نیست.

پدر در لحظه به دنیا آمدن کودک ابتدا به سراغ کودک تازه متولد شده می‌رود و نه مادری که وضع حمل کرده است. زن، گویی در این جا صرفا وسیله‌ای است برای به دنیا آوردن و زمانی که کارش را به انجام رسانده است دیگر جایگاه سابقِ زنِ حامله را ندارد. فرهنگ معمول بسیاری از جوامع خصوصا جوامع سنتی‌تر، حتی در خود ایران نیز بیان‌گر چنین برخوردی با زنان است. زن تا زمانی که حامل بچۀ مرد است، ارج و قرب دارد و باید به تمام نیازهایش رسیدگی کرد، چه بسیاری از زنان برای تجربه‌ی این جایگاه است که تن به بارداری‌های متعدد می-دهند. زن وسیله است برای به دنیا آوردن بچه ای که از -پشت[۲۰۳]- مرد است. با این همه، زمانی که آن کودک دارای نقصی باشد، این دیگر «پشتِ مرد» نیست

[202] Feminine Mystique

[۲۰۳] اصطلاحات رایج در چنین شرایطی

که می‌تواند حامل نقص باشد، بلکه –زمین‌ی که تخم در آن کشت شده[۲۰۴]– دارای مشکل و آفت بوده است. در صورت سالم بودن نوزاد و یا هر موفقیتی که او بعدتر کسب کند، ارثی است که از پدر بهره برده اما همان‌طور که در داستان رویای مادرم عنوان کردیم، یعنی مادر در جایگاه پرستار، در صورت بروز هر مشکلی این مادر است که تقصیر کار است چه در روند زایمان و یا چه در روند تربیت.

- مقوله های اصلی و فرعی: مادری(۱. مادر- پرستار، ۲. تعارض مادری و همسری)، وابستگی زن به مرد، تعلق زن به مرد:

> «البته که پدرم نمی‌توانست جلوی آمدنم به خانه را بگیرد و مسلما حضورم، وجودم، شکاف هولناکی بین پدر و مادرم انداخت. هرچند باور این که پیشتر شکافی بینشان وجود نداشته برایم سخت است –یکجور عدم تفاهم یا دست کم یأسی دلسرد کننده.»(صورت:۷۶)

رابطه بین مرد و زن به طور معمول در جوامع طبقاتی کمتر می‌تواند رابطه موفق و زایایی باشد، چرا که، دو طرف این رابطه از جایگاه برابری با هم در ارتباط نیستند. معمولا یکی از طرفین که در بیشتر موارد زن است، خود را فدای پیشرفت، آسایش و تعالی طرف مقابل می‌کند. در این جا اما اتفاقی رخ داده است که اندک پیوند احساسی باقی مانده را نیز دچار خدشه کرده است؛ گناه بزرگی که زن در به دنیا آوردن کودک ناقص و از بین بردن تلاش‌های مرد برای ایجاد یک وارثِ درخور، مرتکب شده است. زن هم البته، در چنین جایگاهی خود را مقصر و گناه‌کار می‌داند؛ چرا که شناختی نسبت به خود ندارد. زنِ تنهایِ از جامعه جدا نگه داشته شده، کسی را ندارد که خود را از طریق او باز بشناسد.

---

[۲۰۴] مقایسه ی رحم زن به عنوان کشتگاه ریشه ای دیرینه در فرهنگ های کشاورزی دارد و هنوز هم در بین بسیاری از مردم و فرهنگ ها متداول است.

«در الگوی معروف ارباب-بندهٔ هگل، خودبازشناسی، نتیجهٔ یک پیکار زندگی، و مرگِ یک خودآگاهی دیگر است. خود، تنها وقتی می‌تواند خودش را بازشناسد، که یک خودآگاهی دیگر، آن را بازشناسد. هرچند بازشناسی دیگری، خود را به ابژه‌ی آگاهی خودش تبدیل می‌کند. خود که نمی‌تواند همزمان جایگاه ابژه و سوژه را برای خودش اخذ کند، باید سوبژکتیوته‌اش را احیا سازد، نخست با بازشناسی خودش در دیگری، و بدین وسیله، با این‌همانی با بازشناسی دیگری از خودش، و آنگاه با گرفتن جای دیگری»(الیور، ۱۶۱-۱۶۲:). در حقیقت زنِ اُبژه شده چاره‌ای ندارد جز این که به خود بقبولاند مقصر است. در غیر این صورت تمام هستی برساخته‌اش در هم فروخواهد پاشید.

- مقوله های اصلی و فرعی: مادری(۱. تعارض مادری و همسری، ۲. مادر- پرستار)، از خود بیگانگی زن، مردسالاری حاکم بر جامعه:

«(پدرم)، صبحانه‌اش را تنها می‌خورد و برای نهار به خانه نمی‌آمد. مادرم این وعده ها و بخشی از شامش را با من می‌خورد، باقی‌اش را با او. فکر می‌کنم بالاخره هم سر این قضیه چنان دعوایشان شد که از آن به بعد وقت غذا خوردن من کنارم می‌نشست اما غذایش را با او می- خورد.»(صورت:۷۷)

مادر مطیع است. به قیمت فدا کردن وقتش، احساساتش و توانش. زن در اینجا اراده‌ای از خود ندارد و علی‌رغم ایستادگی موقت که آن هم در بیشتر مواقع حکم یک بازی برای به دست آوردن امتیازاتی را به خود می‌گیرد، به خواسته شوهر خود تن می‌دهد.

- مقوله های اصلی و فرعی: مردسالاری حاکم بر جامعه، از خود بیگانگی زن:

«مادرم به کالج نرفته بود. برای رفتن به مدرسه تربیت معلم مجبور شده بود پول قرض کند. از قایقرانی می‌ترسید، در گلف بازی‌کردن ناشی بود و اگر هم، چنان‌چه بعضی‌ها می‌گفتند، زیبا بود (سخت است چنین قضاوتی را در مورد مادر خودت بکنی)، ظاهرش از آن‌هایی نبود که پدرم بپسندد. کسانی که زیبا می‌یافته‌شان، بر و روی دیگری داشتند. مادر من آرایش نمی‌کرد و تنها موهایش را به شکل تاج باریکی می‌بافت که پهنای پیشانی سفیدش را دور می‌زد. لباس‌هایش ربطی به مد روز نداشتند چرا که کمی بی‌قواره و مجلل بودند؛ از آن زنانی بود که می‌شد با رشته‌ای مروارید نفیس تجسمش کرد، هرچند فکر نکنم هرگز چنین چیزی به گردن آویخته بود.»(صورت:۷۸)

زن، از نظر تیپ ظاهری، هیچ‌گونه شباهتی با ایده‌آل‌های مرد نداشته و ظاهر و رفتاری موقر و اشراف‌گونه دارد. از طرف دیگر در ادامه داستان می‌بینیم که، مرد در زندگی، چندان با همسر خود کاری نداشته و تنها در پی تفریحات و خوش-گذرانی‌های خود است. از تمام این شواهد می‌توان فهمید که این زن، از خانواده-ای به نسبت اشرافی بوده است. او زنی است که، علی‌رغم تغییر شرایط و روی کار آمدن انواع و اقسام مدها و آرایش‌ها، بیشتر ظاهرش شبیه زنان اشرافی گذشته است. زنانی که بیش از زنان جامعه‌ی روز داستان، مهجور و در پس پرده بودند. زیبایی اما از نظر مرد خانواده آن چیز رایجی است که در تبلیغات و آموزه‌های رسانه‌ای و ایدئولوژیک در جریان است. این که چرا مرد زنی را انتخاب کرده است که با معیارهای او و از نظر زیبایی فاصله فراوانی دارد، ریشه در پیدایش تک همسری دارد. بعد از روی کار آمدن تک همسری، ارثیه و جایگاه اجتماعی زن برای ازدواج مهم‌تر از زیبایی او می‌شود به علاوه مرد می‌تواند نیازهای جنسی خود را خارج از مناسبات زناشویی تامین کند؛ مانند آن‌چه که در زندگی این دو

اتفاق افتاده است. «پس از آن که تک همسری جانشین چند همسری شد، در دوران نخستین، ارزش دارایی بر رقابت جنسی سایه انداخت و بر آن برتری یافت. زنِ دارای ارثیه و ثروتمند، با نادیده انگاشتن زیبایی یا تن درستی‌اش، برای مردی که سرگرم انباشت دارایی بود، همسری دلخواه می‌گردید و بر عکس. البته اگر مردی می‌خواست زنی برایّ خود برگزیند به طور طبیعی زنی زیباتر و تن درست‌تر بر می‌گزید اما انباشت دارایی نخستین هدف او بود»(هنسن و دیگران، ۱۰۷:).

در این پاراگراف همچنین بر غیر اجتماعی بودن، مهجور بودن و سختی دیده بودن زن در برابر اجتماعی بودن، شیک پوش بودن و آزاد بودن مرد تأکید می-شود.

- مقوله های اصلی و فرعی: مردسالاری حاکم بر جامعه، جایگاه زن(جایگاه فرودست زن)، تعلق زن به مرد، وابستگی زن به مرد:

«تمام سال‌هایی که در شهرمان زندگی می‌کردیم، به هیچ‌کس برنخوردم که طلاق گرفته باشد. پس حتما زوج‌های دیگری هم بودند که زیر یک سقف زندگی مستقل از همی داشتند.»(رویای مادرم:۷۸)

در جامعه‌ای که راوی داستان برای ما ترسیم می‌کند، طلاق گرفتن و در هم شکستن پیوند زناشویی، امر رایجی نیست. معمولا در چنین جوامعی، زنان تحت ستم بیشتری نسبت به جوامعی که این امر در آن‌ها رایج‌تر است، قرار می‌گیرند. آن‌ها به هیچ رو استقلال را تجربه نمی‌کنند. کما این که، زن بیوه‌ای که در ادامه داستان وارد خانه راوی و خانواده‌اش می‌شود، طرد شده است و اگر دست و دلبازی پدر راوی (به هر دلیلی) نبود، سرنوشت روشنی چشم انتظار زن و دختربچه اش را نمی‌کشید.

- مقوله های اصلی و فرعی: مردسالاری حاکم بر جامعه، وابستگی زن به مرد، گفتمان جنسیتی، مادری(مادر- پرستار)، جایگاه زن(جایگاه فرودست زن):

«(پدرم)، پنجاه و چند ساله بود که سکته کرد و بعد از چند ماه مرد. طبعا مادرم در آن دوره از او پرستاری می‌کرد، در خانه نگهش می‌-داشت، جایی که او عوض این که مهربان و شکرگزار باشد، به مادرم فحش می‌داد. فحش‌هایی که تلفظشان بر اثر بلایی که به سرش آمده بود، روز به روز گنگ‌تر می‌شد، اما همیشه برای مادرم قابل درک بودند و برای پدرم مایهٔ خشنودی.»(صورت:۷۸-۷۷)

مادر همیشه موجودی حمایتگر و مراقب است. چه نسبت به فرند و چه نسبت به همسر در دورهٔ مریضی و ناتوانی او. زن با وجود بی‌وفایی‌ها و بداخلاقی‌های مرد، بازهم به پرستاری و محبت خود ادامه می‌دهد. از طرفی دیگر، با توجه به متن داستان می‌توان گفت که، سایه‌ی مرد به واسطه جایگاهش در جوامع مردسالار همیشه و بدون توجه به وضعیت فیزیکی او بر زندگی روزمره افکنده شده و او است که تعیین‌کننده نهایی امور است. نویسنده با تضعیف مرد و توان او سعی دارد به مخاطبش نشان دهد که این شخصِ مرد نیست که سلطه‌گر است بلکه این، جایگاه، به خودی خود و بدون توجه به فردی که آن را پر می‌کند است که به بازتولید ستم بر زنان می‌انجامد. ووک پارک کارگردان شهیر کره جنوبی، در اثر شگرف خود (old man)، صحنه‌ای را ترسیم می‌کند که در آن برای شکنجه کردن فردی، دندانش را می‌خواهند بکشند. ولی کسی که مسئول انجام این کار است، تنها ادای کشیدن دندان را در می‌آورد و با این حال فرد در حال شکنجه شدن، از درد فریادی بلند می‌کشد. عامل شکنجه رو به او می‌کند و می گوید: «تصور درد از خود درد ترسناک‌تره». و حالا این حکایتِ مبحث جایگاه در روابط

و مناسبات اجتماعی است. تصور جایگاه مرد است که به او نیرو و قدرت می‌دهد نه توان بازو و زور او.

- مقوله‌های اصلی و فرعی: مادری(۱. مادری حایتگر، ۲. مادر- پرستار)، از خود بیگانگی زن:

«تا نه سالگی‌ام خودش را وقف من کرده بود، هرچند این عبارتی نیست که هیچ یک از ما به کار برده باشیم. خودش به من درس داده بود. بعد من را به مدرسه شبانه روزی فرستاده بود.»(صورت:۷۹)

مادر، زنی حمایتگر و پشتیبان است و درهمه حال چه از نظر جسمی و چه از نظر روحی از کودک خود مراقبت می‌کند. او هم‌چون یک وظیفه و بدون لحظه ای تظاهر به این امر، خود را به طور دائم وقف فرزند خود کرده است. اما در این میان، مادر ذره نقش زنانه‌ای که تا پیش از به دنیا آمدن فرزند بر دوش داشته است را دیگر ندارد و یکسره پرستاری شده است برای تربیت فرزند خود. نقش- های پرستاری در مقابل نقش‌های نان‌آور که از آن مرد است، بر دوش زنان جامعه گذاشته می‌شود. زنان تیمارداران اجتماعی هستند. «زنان را در درجه اول مسئول مراقبت از سلامتی و بهداشت خانواده‌هایشان می‌دانند و آنان در مقام تیمارداران غیر رسمی و بدون مزد نقش مهمی در نگهداری از بیماران و معلولان، سالمندان و دیگر گروه‌های وابسته ایفا می‌کنند. هیلاری گراهام(۱۹۸۵) می‌گوید زنان تامین کننده‌ی مراقبت‌های غیر رسمی بهداشتی در اقتصاد خانوادگی‌اند و این نقش از یک سو ناشی از تقسیم جنسی کار است (که مرد را نان آور و زن را تیماردار می‌شمارد) و از سوی دیگر محصول تقسیم مکانیِ کار است (که اجتماعات کوچک محلی را عرصه‌ی مراقبت‌های روزمره پزشکی و نهادهای

متمرکز طبی را محل تأمین مهارت‌های تخصصی پزشکی به حساب می‌-
آورد»(ابوت و والاس، ۱۶۸:).

- مقوله‌های اصلی و فرعی: تأثیر آموزه‌های اجتماعی(صبر و بردباری)،
  برخورد با مسائل(استواری و ایستادگی)، مادری(مادر- حمایتگر)

«برای مادرم نامه‌های خنده‌دار می‌نوشتم. او هم همان‌طور جواب می‌داد؛
با لحن تمسخرآمیزی از وقایع شهر و کلیسا می‌نوشت. یادم هست که
یک‌بار برایم تعریف کرد که سر شیوهٔ بریدن ساندویچ برای عصرانهٔ یک
خانم بگو مگو شده بود، حتی سعی می‌کرد با طنازی و بدون تلخی از
پدرم بگوید و «اعلیحضرت» خطابش می کرد.»(صورت:۸۰)

مادر در همه سختی‌ها کنار فرزند خود است و به مراتب از او سختی‌های بیشتری
کشیده تا فرزند بدون دغدغه بزرگ شود. با وجود تمام سختی‌هایی که مادر
دیده، هنوز در مقابل فرزند، حس شوخ طبیعی و طنازی را در خود زنده نگه
داشته است. فرزندان، معمولا واسطه اصلی زنانِ مادرِ سنتی (منظور مادرانی است
که تمام زندگی خود را فقط وقف کودکانشان می‌کنند)، برای برقراری ارتباط با
جهان اجتماعی پیرامونشان و عامل زنده نگه‌داشتن حس امید در آن‌ها هستند.
به همین واسطه است که نویسنده این طنازی مادر را تنها در ارتباط با فرزندش
نشان می‌دهد و نه در هیچ قسمت دیگری از نوشته خود خصوصا در ارتباط با
همسرش.

- مقوله‌های اصلی و فرعی: مادری(۱. مادر- حمایتگر، ۲. مادر- پرستار)

«مادرم ترتیبی داده بود که بیشتر اوقات ظاهرا از وضع خودم به کلی
بی‌خبر باشم. ادعا می‌کرد به خاطر مرض ریه‌ام و حفاظت از من در برابر
حمله میکروبی است که به جای مدرسه خودش در خانه به من درس

می‌دهد... تأکید روی این عیب بارزم، آزار دیدن و دست انداخته شدن برایم زود بود و موجب می‌شد که خودم را بی‌پناه حس کنم. حالا اوضاع فرق می‌کند، خطری که بچه زودرنجی مثل من را تهدید می‌کرد این بود که بیشتر ترحم و محبت دروغین نصیبش شود تا متلک و انزوا. اما آن‌طور که مادرم احتمالا می‌دانست، زندگی در آن دوران تمام شور و حال و طنز و منشش را از شرارت محض می گرفت.»(صورت:۸۴-۸۳)

پاراگراف بالا نیز، بیان‌گر حمایتگری و مراقبت دائم مادر از فرزندش است. ولی حمایت‌گری مادر تا جایی پیش می‌رود که او کودک نامعمول خود را از جامعه دور می‌کند، این مسئله، می‌تواند خود نتیجه آموزه ها و شرایطی باشد که مادر تحت آن رشد کرده است. مادر همواره نگران آن است که با کودک پسر نامعمولش چنان کودکی احتمالی خودش و بسیاری زنان دیگر برخورد شود. برای همین باعث می‌شود که کودک از جامعه به طور کلی تا سن معینی دور بماند. همین امر نیز در واکاوی شخصیت پسر در آینده به ما کمک می کند تا «تنها بودن» عمیق او را علی‌رغم بیان این که «من آدم تنهایی نبودم» توجیه کند.

«گذار از کودکی به بزرگسالی با نشانه بلوغ، موجب انتقال شخص از نظم خانوادگی به نظم اجتماعی می‌شود و در این میان، حضور در مدرسه یکی از علایم این وضعیت به شمار می‌آید. اهمیت عضویت در مدرسه تا آنجا است که کسانی هم که در آن حضور نیافته یا ترک تحصیل می‌کنند، باز هم به مأخذ محصّل بودن سنجیده می‌شوند یا اعضای مدرسه در صورت کمبود مشارکت تحصیلی، به صفت ضد اجتماعی ملقب می‌گردند»(محمدی اصل، :۱۶۳).

کودک حتی در ادامه نیز به مدرسهٔ شبانه‌روزی فرستاده می‌شود، تا هم‌چنان پیوندش با جامعه از طریق میانجی‌ها باشد. تا پیش از آن، میانجی اصلی او مادر

بوده و بعد از آن، دبیران و کادر مدرسه هستند که میانجی و مدیوم ارتباط او با اجتماع اطرافش هستند.

- مقوله های اصلی و فرعی: مردسالاری حاکم بر جامعه، مادری، وابستگی زن به مرد

«در بزرگسالی آدم تنهایی نبودم. در کنار شنوندگانم، دوستانی هم داشتم. چشمم به دنبال خانم‌هایی بود که دوست دارند مردان نیازمند به کمک را به عنوان نمادی از بخشایندگی‌شان در کنار خود داشته باشند.»(صورت:۸۲)

پسر دوست چندانی ندارد. تنها دوستان او در میان شنوندگانش هستند. آلیس مونرو در این قسمت از نوشته به طرز ماهرانه‌ای وبه طور غیر مستقیم، پرده از نیازی بَر می‌دارد که فرزند پسر همواره با خود همراه دارد. نیاز به مادر. برای مخاطب، این نیاز ممکن است نامعقول به نظر برسد چرا که مادر داستان از همه توان خود برای پروراندن کودک استفاده نموده و باید این نیاز را در کودک سیراب کرده باشد. اگر پا در عرصه تکامل و زیست شناسی بگذاریم –که باید بگذاریم- و سیر تکامل نوع بشر را تا به وجود آمدن گونه هموساپینس یعنی خودمان دنبال کنیم، خواهیم دانست که فرزندان خصوصا فرزندان نوع انسان تشنه آموزش‌پذیری هستند تا بتوانند بیشترین تطبیق را با محیط اطراف خود برقرار کنند. این نیاز، در شرایط طبیعی و تا پیش از یکجا نشینی انسان به خوبی برآورده می‌شده است. اما با روی کار آمدن نظام های مردسالار، مادر، که یکی از واسطه‌های مهم فرزندان برای آموزش پذیری در راستای برقراری ارتباط با محیط طبیعی و اجتماعی اطراف است، حذف شده است. مادری که در خانه زندانی شده باشد و تنها مسیر رفت و آمدش در بین اتاق‌های خانه بگذرد، نمی تواند به

خوبی، نیازهای اساسی و طبیعی فرزند را برآورده کند و لذا فرزند همواره و حتی در بزرگسالی نیز به دنبال جایگزینی و جوابی برای این نیاز خود است. از طرف دیگر، پسر در جامعه حضوری نداشته و زنان زیادی را در اطراف خود ندیده است. زن در نزد او کسی است که حامی باشد و افراد نیازمند به کمک را یاری رساند، درست همانند مادرش.

- مقوله های اصلی و فرعی: مردسالاری حاکم بر جامعه، جایگاه زن (جایگاه فرودست زن)

«روزگاری باغبانی به اسم پیت به همهٔ اینها رسیدگی می‌کرد.... مادرم با ملایمت و احترام با او حرف می زد. اما او نقشه هایی که مادرم برای باغچه داشت را جدی نمی گرفت.» (صورت:۸۳)

در بسیاری از مواقع آموزه‌های مردسالارانه اجتماعی حتی بر دیگر قشربندی‌ها و طبقه بندی‌های اجتماعی فائق آمده و آن ها را زیر پا می‌گذارند. در اینجا ما با باغبانی طرف هستیم که از نظر طبقاتی، با زنِ خانه‌ای که در باغ او کار می‌کند، فاصله زیادی دارد، اما به واسطهٔ مرد بودنش، و با وجود کارفرما بودن زن و احترام گذاشتن او، بر این زنِ به نسبت مرفه، غلبه کرده و حرف‌ها و دستورات او را چندان جدی نمی‌گیرد. البته این نکته لازم به ذکر است که طبقه و قشر بندی- های مختلف در جامعه خط قرمز تبعیض‌های جنسیتی را جا به جا می‌کنند.

- مقوله های اصلی و فرعی: وابستگی زن به مرد

«بچه که بودم، زنی به نام شارون ساتلز با دخترش نانسی چند سالی در آن خانه زندگی می‌کرد. با شوهرش به این شهر آمده بود؛ پزشکی که بنا بود در آن حوالی مطبی راه بیاندازد اما بعد از یک سال از مسمومیت خونی مرده بود. زن مانده بود با بچه‌اش، بی پول و به قول بقیه «بی

کس و کار». که معنی‌اش حتما کس و کاری بود که بتواند کمکش کند یا به او جا بدهد. عاقبت پدرم او را در دفتر بیمه‌اش استخدام کرد و او در کلبهٔ خانواده‌ی بلز ساکن شد.»(صورت:۸۵-۸۴)

زنان تابع وضعیت اجتماعی-اقتصادی مردان و یا پدران خود هستند. به محض این که مردان از زنان گرفته شوند، آن‌ها چون فرشتگانی مطرود محسوب شده و از بهشت طبقاتی خود رانده می‌شوند. شارون ساتلز همسر یک پزشک بوده که اگر بخت یارش می‌بود، می توانست از زندگی به نسبت مرفهانه‌ای در شرایط آن زمان برخوردار باشد. اما بعد از فوت همسرش آواره می‌شود و پدرِ راوی داستان است که به او جا و مکان می‌دهد. در ادامه داستان راوی این نکته را بیان می‌کند که احتمالا رابطه‌ای بین پدرش با خانم ساتلز وجود داشته است. زن، توانایی اداره کردن زندگی خود و مستقل بودن را نداشته است و مرد خانواده از این موقعیت زن بیوه سوء استفاده کرده و در ازای بهره‌کشی جنسی، به او خانه و شغل می-دهد.

- مقوله های اصلی و فرعی: مردسالاری حاکم بر جامعه، جایگاه زن(جایگاه فرودست زن)، از خود بیگانگی زن

«نمی خواهم بگویم که شیفته‌ی شارون ساتلز شده بودم. از همان بچگی به خدمتکار جوان پسر نمایی به نام بسی علاقه‌مند شده بودم که من را با کالسکه‌ام به گردش می‌برد و روی تاب‌های پارک آنقدر محکم هلم می‌داد که از میلهٔ تاب هم بالاتر می‌رفتم. کمی بعد هم نظرم به یکی از دوستان مادرم جلب شد که کتش یقهٔ مخملی داشت و صدایش هم انگار از همان جنس بود. شارون ساتلز از آن زن‌هایی نبود که این طور عاشقش بشوی. صدایش مخملی نبود و برایش مهم نبود که به من

خوش بگذرد. برای یک مادر زیادی دراز و لاغر بود. موهایش رنگ تافی بودند؛ قهوه‌ای با نوک‌های طلایی و در سال‌های جنگ جهانی دوم هنوز آن‌ها را مصری می‌زد. آرایش صورتش مثل هنرپیشه‌هایی که روی پوستر ها دیده بودم غریبه به نظر می‌آمد. و در خانه معمولا کیمونویی می‌پوشید با طرح پرنده‌های کم‌رنگی (لک لک؟) که پاهایشان من را یاد پاهای خودش می‌انداخت. بیشتر اوقات روی کاناپه دراز بود و سیگار می‌کشید. و بعضی وقت‌ها برای خنداندن ما یا خودش، پاهایش را یکی یکی بالا می‌انداخت تا دمپایی‌های پردارش را به هوا پرت کند. وقت‌هایی که از دستمان عصبانی نبود صدای دورگه و کلافه ای داشت که نه نامهربان بود و نه به هیچ وجه شیرین یا دانا یا ملامت گر، با آن طنین و رد اندوهی که از یک مادر انتظار داشتم.»(صورت:۸۶)

پسر بچه داستان صورت، از پرستاری خوشش می‌آید که رفتارهای مخالف با رفتارهای حمایت‌گونه مادرش از خود نشان می‌دهد. تاب را خیلی محکم هل می‌دهد. ظاهری پسرگونه دارد و پرستار دیگری که صدایی مخملی دارد. از طرف دیگر، پاراگراف بالا این‌گونه نشان می‌دهد که کودک در ارتباط با زنان دیگر مانند شارون(زن بیوه داستان) ناتوان است. این ناتوانی اما از کجا سرچشمه می‌گیرد؟ برای کودکی تا به این حد جدا مانده از اجتماع پیش فرض‌هایی در ارتباط با تعریف مفاهیم مادری، زن و جنس مخالف به وجود آمده است که با توجه به تجربیات کم او از زنان مختلف، فهم دگرگونی‌ها و تفاوت‌های زنان و مادران را برایش سخت می‌کند. از نظر او شارون ساتلز شبیه مادرها نیست، چرا که قد و هیکلش شبیه مادر خودش نیست، وقار لازم و آراستگی‌ای که از یک زن توقع می رود را ندارد، مثل مادرش مهربان و حمایتگر نیست، سیگار می‌کشد و در مجموع متفاوت است از آن‌چه یک مادر در ذهن او باید باشد. جدا بودن او از

جامعه و مردم توسط مادرش، موجب شکل‌گیری پیش فرض‌هایی سطحی و محدود در رابطه با مسائل مختلف مانند مادری و حتی عشق شده است.

- مقوله‌های اصلی و فرعی: مردسالاری حاکم بر جامعه، گفتمان جنسیتی

«پدرم دیر سر کار می‌رفت و زود تعطیلش می‌کرد تا به فعالیت‌های مختلف ورزشی‌اش برسد.»(صورت:۸۸)

مرد آزاد است. او می‌تواند به دنبال علایق خودش برود، ورزش کند، در جایگاه یک سرمایه‌دار، هر زمان که بخواهد می‌تواند کارش را تعطیل کند و به آن‌چه دوست دارد بپردازد. اما زن باید خودش را وقف تمام‌وقت کودکش کند بدون هیچ مفری و بدون هیچ فراغتی. و این مسئله کاملا از طرف مادر، پذیرفته شده و طبیعی و منطقی است. آن‌چه چیره دست بودن مونرو را نشان می‌دهد، نحوهٔ توصیف شخصیت‌ها است. او کاملا به ادبیات مردم زمان خودش، که ادبیاتی جنسیتی است، آگاه است. او کاملا آگاهانه، از این ادبیات جنسیتی، در لحظهٔ روایت از زبان شخصیت‌هایش (و نه در زمان توصیف از زبان خود) استفاده می‌-کند. پدر، در کلام راوی داستان (که پسربچهٔ اکنون بزرگ شده است)، مقتدر و استوار و آزاد است و مادر، ظریف و ستم‌پذیر و حتی عصبی. اهمیت استفاده از زبان جنسیتی برای هر چه بیشتر شبیه واقعیتِ اجتماع شدن داستان، انکار ناپذیر است.

«گفتمان جنسیتی دربارهٔ زنان، مردان، دختران و پسران و شیوه‌های رفتار و کنش و انتخاب یا مواضع و روابط و هویتشان صحبت می‌کند. در این گفتمان مثلا نقش پرخاشجویانه به مردان و خودآرایندگی به زنان داده می‌شود. مردان در این گفتمان فاعل جنسی و ملاک هنجاری و عامل اشتغال و آگاه و سابق و سرحال و دارای منش پدرانه تصویر می‌شوند؛ در حالی که زنان از این منظر،

مفعول جنسی و تابع هنجاری و خانه‌دار و عاطفی و همیار و بیمار و حمایت پذیر قلمداد می‌گردند»(محمدی اصل، :۲۷).

با این تصور می‌توان رفتار های مادر را به این شکل در نظر گرفت که او در حال سرمایه گذاری بر روی مرد آینده‌ای است تا بتواند از سوی او حمایت داشته باشد.

- مقوله های اصلی و فرعی: مادری(۱. مادر- حمایتگر، ۲. مادر- پرستار)، جایگاه زن(جایگاه فرودست زن)، مردسالاری حاکم بر جامعه، برخورد با مسائل(فرار)

«مادرم معمولا نانسی را همراهمان به ساحل می‌آورد. نه به آن ساحلی که پایین تپه خانه ما بود و سرسره ی آبی داشت، بلکه به ساحل کوچکتری که باید با ماشین به آنجا می‌رفتیم؛ جایی دور از شناگرها و کسانی که با سر و صدا اسکی روی آب می‌کردند. مادرم بود که به هر دوی ما شنا یاد داد.»(صورت:۸۸)

مادر، مدیوم و میانجی‌ای تنها است و از افراد دیگر دوری می‌کند. او نمی‌خواهد دیده شود. آموزه‌های اجتماعی و سنتی به او دیکته کرده‌اند که به عنوان یک مادر نباید دیده شود. مادری کردن از آن‌جایی که برای مادر این داستان، مانند بعضی از مادرها، حرفه تمام وقت محسوب می‌شود، زن را به سوی انزوا و دوری کردن از جامعه می‌کشاند. حتی اگر نمودِ هیجانی زنِ مادر شده، در مواجهه با این دوری کردن از جامعه، گوشه‌گیری نباشد، نیز، نمی‌توان احساس این انزوا و طرد شدن را نادیده شمرد.

«اما باید مادری کردن را از شرایط انزوایی که کار در آن انجام می‌شود، و در واقع، از دیگر کارهای خانه که با آن ملازمه دارند، جدا کرد. اُکلی[۲۰۵] در تحقیق

[205] Ann Oakley

خود (۱۹۷۴) متوجه شد زنان خانه دار از بچه داری بیش از کارهای دیگر لذت می‌برند. با این حال، بسیاری از آنان احساس تنهایی می‌کردند و در طول روز برای حضور سایر بزرگترها دلتنگ می شدند»(ابوت و والاس، :۱۳۳).

- مقوله های اصلی و فرعی: مردسالاری حاکم بر جامعه، جایگاه زن(جایگاه فرودست زن)، برخورد با مسائل(استواری و ایستادگی)

«نانسی شجاعتر و بی پروا تر از من بود و این ناراحتم می‌کرد، پس یک بار هلش دادم زیر یک موج و نشستم روی سرش.

او لگد زد و نفسش را نگه داشت و خودش را خلاص کرد. مادرم عصبانی شد: «نانسی یک دختر کوچیکه، یه دختر کوچیکه و باید مثل خواهر کوچیکت باهاش رفتار کنی.» این همان کاری بود که من داشتم می-کردم، من او را ضعیف تر از خودم نمی‌دانستم. کوچکتر چرا، اما بعضی اوقات کوچک تر بودن یک امتیاز بود. وقتی از درخت بالا می‌رفتیم، او از شاخه‌هایی که تحمل وزن مرا نداشتند مثل میمون آویزان می‌شد. یک بار هم توی دعوا دستی که با آن از خودم دفاع می‌کردم را گاز گرفت و خون انداخت. گویا آن‌دفعه یک هفته ای از هم جدایمان کردند. اما نگاه‌های خشمگینی که از پنجره به هم می‌انداختیم خیلی زود جایش را به التماس و بهانه‌گیری داد، و تنبیه تمام شد.»(صورت:۸۹-۸۸)

دختر داستان (نانسی)، در مقایسه با پسر شجاع‌تر است، که با توجه به آموزه‌های جنسیتی موجود در جامعه نباید این طور باشد. پسر نیز این مسئله را نمی‌تواند بپذیرد و ناراحت می‌شود. در ادبیات جوامع، خصوصا جوامع سنتی‌تر، دخترِ شجاع‌تر و بی پروا تر لاجرم یا «بی ادب» یا «بی چشم و رو» و یا «تربیت نشده» است. از طرفی، هرچقدر هم که دختر داستان، توانمندتر از پسر باشد ولی بازهم،

اطرافیان این‌گونه تصور می‌کنند که او به دلیل دختر بودنش، ضعیف‌تر است و مردی باید از او مراقبت کند که اینجا این مسئولیت بر عهدهٔ پسر داستان گذاشته شده است. نکته جالب در این قسمت این است که، این شجاعت و بی‌پروایی دختر، توسط مادر کودک پسر، که یک زن است، به واسطهٔ آموزه‌های جنسیتی موجود درجامعه، کاملا نادیده گرفته می‌شود و او باز هم دختر را موجودی ضعیف و پسر را قوی‌تر می‌داند.

«از هنگام شکل یابی جنین دختر در رحم مادر، سرنوشتی متفاوت برای او رقم می‌خورد. این سرنوشت از بدو تولد در آموزش های اولیه و الگوهای رفتاری، و بعدها در آموزش‌های رسمی و غیر رسمی ادامه خواهد یافت. ساختار تربیت و نظام آموزشی در همه‌ی زندگی یک نسل، به مثابه شبکه تو در تو، زن را برای کارهای پست تر تربیت می‌کند و از همان ابتدا جایگاه زن(جایگاه فرودست زن) را در اذهان نسل‌ها، نهادی می‌کند»(احمدی خراسانی، ۷۹:).

- مقوله های اصلی و فرعی: مادری(۱. مادر- حمایتگر، ۲. مادر- پرستار)، داغ ننگ، فراموش شدگی زن

«قرمز نیست»، در حالی که با خشم اشک می ریختم، ضجه زدم «من قرمز نیستم». با نگاه حیرت زده‌اش جلویم زانو زد. اما هنوز نفهمیده بود. بعد نانسی به دنبالم از کلبه بیرون دوید؛ با صورت مبهوت و رنگینش. مادرم فهمید. با صدایی که تا به حال از او نشنیده بودم، صدایی بلند و وحشی و لرزان، سر نانسی فریاد کشید: «توله سگ کثافت. جلو نیا. نبینم جرات کنی. تو دختر خیلی، خیلی بدی هستی. یک ذره عاطفه نداری، نه؟ هیچ وقت بهت یادت ندادند...» اینجا بود که مادر نانسی با موهای خیسی که توی صورتش ریخته بود از کلبه بیرون آمد. حوله ای

۳۸۷

به دست داشت. «خدایا، من اینجا موهام رو هم نمی تونم بشورم...» مادرم سر او هم فریاد کشید.«حق نداری با این لحن جلوی من و پسرم حرف بزنی...». مادر نانسی بلافاصله گفت: «برو بابا، خودت رو ببین چطور صدات رو انداختی سرت». مادرم نفس عمیقی کشید. «صدامو — نداختم- سرم. فقط می‌خوام به بچه ی رذلت بگم که دیگه جاش تو خونه ی ما نیست. اون بچه رذل، بدجنس رذل که پسر منو به خاطر یه اتفاق که دست خودش نیست مسخره می‌کنه. ..... این حرف ها طوری از دهان مادرم سرازیر می شد که انگار درونش سیلابی از خشم و درد و پوچی جریان داشت که هرگز بند نمی‌آمد، حتی با این که داشتم لباسش را می‌کشیدم می‌گفتم: «نکن، نکن.»»(صورت:۹۳-۹۲)

در این داستان نیز همانند داستان رویای مادرم، فاجعه بر مبنای یک سوء برداشت رخ می‌دهد. فاجعه‌ای که همه چیز را در هم می‌ریزد و تک تک شخصیت‌های داستان تا پایان عمر خود درگیر این فاجعه خواهند بود. برای فهم بهتر آنچه بر تک تک شخصیت‌ها گذشته است بهتر آن است که هرکدام را به صورت جداگانه در مواجهه ی با این فاجعه بررسی کنیم:

دختر بچه از روی علاقه و عشقی کودکانه سعی می‌کند خودش را شبیه آن‌چه یا آن‌که دوست دارد، بکند اما با برخورد خشمگینانه‌ای مواجه می‌شود که نمی‌تواند آن را هضم کند. او گیج و مات و مبهوت می‌ماند، زیرا در دنیای کودکانهٔ او قرار نبود این‌گونه شود. شاید این مسئله، بیانگر شرایطی باشد که بسیاری از زنان و دختران در جامعه با آن مواجه هستند. آنان در جامعه، از اهداف و علایق‌شان بنا به دلایلی که آن‌ها را نمی‌فهمند، دور نگه داشته شده و در این میان دچار سردرگمی و بهت می‌شوند. آن‌ها در بسیاری مواقع، باید خود را سانسور کنند تا

چارچوب و نظم موجود در جامعه (که اینجا فراموش شدن نقص پسر است)، بر هم نخورد.

مادر داستان صورت، چنان تا پای جان برای آسایش پسرش وقت صرف کرده و از خود گذشته است که در مواجهه با هرچیزی که پسرش را تهدید می‌کند بدون لحظه‌ای تفکر، جبهه می‌گیرد و به کس دیگری فکر نمی‌کند. او حاضر است خانواده‌ای دیگر قربانی شود اما وظیفه و رسالت حمایت‌گری و حفاظت او خدشه دار نشود. مهم نیست چه چیزی، هر چه در سر راه این وظیفه قرار بگیرد یا هر چه مادر تصور کند که بر سر این راه قرار گرفته است باید نیست و نابود شود، در غیر این صورت، این خود مادر است که با خدشه‌دار شدن این رسالتش، از درون نیست و نابود خواهد شد، زیرا هویت فردی او با پرستاری و حمایت کامل از کودک مشکل‌دار خود گره خورده است.

کودکِ پسر داستان صورت، نماد آموزش پذیری فرد در جامعه است. او نیز نباید در راه رشد و تعالی‌اش (آنطور که خانواده و مادر برای او در نظر گرفته اند) با سدی مواجه شود. همه فنا می‌شوند تا به پسر و هویتش و جامعه پذیری او خللی وارد نشود.

- مقوله های اصلی و فرعی: نمود فشارهای اجتماعی جامعه(وسواس)، تأثیر آموزه‌های اجتماعی(صبر و بردباری)، مادری(مادر - پرستار)، برخورد با مسائل(فرار)

«سعی کردیم مادر را به خانه برگردانیم، ولما از یک طرف و من از طرف دیگر. دیگر آن صدای وحشتناک را از خودش در نمی‌آورد. خودش را جمع و جور کرد و با صدای مصنوعی شادی که تا کلبه برسد گفت: «قیچی باغبونیم رو برام میاری، ولما؟ حالا که بیرونم شاید یه دستی هم

به گلایل ها بکشم. بعضی‌هاشون پلاسیده‌ن». کارش که تمام شد، همه شان ریخته بودند روی زمین. یک دانه هم سر پا نمانده بود، پژمرده و چه غنچه.»(صورت:۹۴)

جامعه به زن حکم کرده است که او علی‌رغم بروز هر فاجعه‌ای، موظف به خویشتن‌داری است. پرخاشگری، اگرچه با اغماض در راستای حمایت از کودکش، برای او پذیرفته شده است، اما به هر روی این برون‌ریزی باعث به وجود آمدن حس گناهکاری در او می‌شود. متانت (که در زبان رایج برای معادل آن از واژه «خانمی» نیز استفاده می‌شود) باید سرلوحه‌ی رفتارهای زن باشد. هرس کردن همه گل‌ها حتی گل‌های سالم نشان می‌دهد که چگونه شخصیت زن در حال سرکوب خود است، همانند وظیفه‌ای که از کودکی بر روی دوش زنان قرار می-گیرد.

- مقوله های اصلی و فرعی: مادری (مادر- پرستار)، جایگاه زن(جایگاه فرودست زن)، وابستگی زن به مرد

«در صدا و صورتش اندوهی ماندگار بود. هرگز از گرفتاری خودش شکایت نمی‌کرد. اما در داستان هایی که می‌گفت آنقدر آدم بی‌گناه و مظلوم و آنقدر ستم پیدا می‌شد که دست آخر باید با دلی گرفته پیش دوستان و زندگی خوشم بر می‌گشتم. دم به دمش نمی‌دادم. شاید تنها چیزی که می‌خواست نشانه‌ای از همدردی یا حتی کمی نوازش بود. اما من زیر بار نمی‌رفتم. او زن عیب‌جویی بود که هنوز آلودهٔ کهولت نشده بود، با این‌حال من چنان در برابرش شانه خالی می‌کردم که انگار حامل یک عفونت مسری است. به ویژه در برابر هر اشاره‌ای که به نقصم می شد شانه خالی می کردم، نقصی که به نظر می‌رسید برای او بسیار عزیز

بود، زنجیری که نمی‌توانستم باز کنم و من را از نطفه‌گی به او بسته بود.»(صورت:۹۶-۹۵)

زن، مادر ستم‌دیده و رهاشده‌ای است. حتی کودکی که او تا پای جان برای آسایشش ایستادگی کرده، توان تحمل او را ندارد. زنی که تمام عشق موجود در وجودش را خرج فرزندش کرده است ولی زمانی که به آن نیاز دارد، آن را از مهم‌ترین شخص زندگی‌اش دریافت نمی‌کند. شاید این سرنوشت بسیاری از مادرانی باشد که هویت فردی و زندگی شخصی خود را فراموش کرده و آن را در شخص دیگری (چه فرزند و چه همسر) خلاصه می‌کنند. زن، حامل افسردگی است که از شرایط زندگی‌اش برآمده و او را هم‌چنان در برگرفته و او را از اجتماع و حتی پسرش دور کرده است.

نقص فرزند، برای مادر موهبتی است که باعث شده تا او در زندگی هدفی به گمان خود، والا وبزرگ و مهم داشته باشد، یعنی محافظت فرزند در برابر جامعه و دیگران از این عیب. در حالی که پسر، براثر حمایت زیاد مادر، یاد نگرفته است که با این عیب به خوبی کنار بیاید، از حمایت‌های زیاد مادر خسته شده و دلش می‌خواهد از بند آن رها شود.

- مقوله های اصلی و فرعی: برخورد با مسائل(استواری و ایستادگی)، رویا و رویا پردازی، از خود بیگانگی زن

«نانسی و مادرش رفته بودند تا در آپارتمانی در میدان شهرمان که مال پدرم بود زندگی کنند. آن‌جا، یک صبح پاییزی، مادر نانسی دخترش را توی حمام در حال بریدن صورتش با تیخ ریش تراشی پیدا می‌کند. خون روی زمین و دستشویی و دست و بال نانسی پاشیده بوده. اما او دست از کارش نکشیده و کوچک‌ترین ناله‌ای از درد نکرده.... مادرم

گفت: «همون سمت صورتش بود. مثل تو». گفتم: «رنگ رو به همه جای صورتش مالیده بود». «آره. اما این‌بار بیشتر دقت کرده بود. فقط همون لپش رو بریده بود. تمام تلاشش رو کرده بود تا خودش رو شبیه تو بکنه.» (صورت:۹۷-۹۶)

دختر، آن‌چنان محو پسر است که بعد از گذشت مدت زمانی، با این‌که این‌دو از یکدیگر دور بودند و ارتباطی هم با یکدیگر نداشتند، با تیغی صورت خود را زخم می‌کند تا از نظر ظاهر شبیه پسر شود؛ و با وجود درد و سن کم‌اش هیچ ناله‌ای هم نمی‌کند. او همیشه قصد داشت تا خودش را شبیه پسر داستان کند. ابتدا به صورت موقتی با رنگ، و هنگامی که موفق نشد، این‌بار تصمیم گرفت کاری کند تا برای همیشه شبیه او بشود.

- مقوله های اصلی و فرعی: مردسالاری حاکم بر جامعه، داغ ننگ، گفتمان جنسیتی، جایگاه زن(جایگاه فرودست زن)، از خود بیگانگی زن

«مادرم گفت: «اگر پسر بود فرق می کرد. ولی برای یک دختر خیلی وحشتناکه.»»(صورت:۹۷)

یک دختر باید زیبا باشد. برای ازدواج، برای کار، برای زندگی. ولی این حکم برای پسرها وجود ندارد و طبق گفته داستان «اگر پسر بود فرق می‌کرد». از طرف دیگر، در این‌جا، ظاهر و زیبایی دختر است که اهمیت فراوان دارد. این که آن دختر بعدتر از فاجعه، صورت خود را با تیغ زخمی کرده است تا به هدفش، یعنی یکی شدن با آن که دوست دارد برسد، اهمیتی ندارد.

به علاوه این مقایسه در برابر یک پسر شکل می‌گیرد. این‌که احتمالا اگر پسری برای شبیه شدن به یک دختر چنین کاری انجام می‌داد، او را دل‌رحم و مهربان می‌خواندند نه مجنون و پریشان و خیال‌باف.

- مقوله های اصلی و فرعی: مردسالاری حاکم بر جامعه، وابستگی زن به مرد

«روز بعد از تشییع جنازه پدرم، مادرم غافلگیرم کرد؛ از من خواست او را برای شام به رستوران ساحلی که در چند مایلی ما بود ببرم (هرچند که در واقع او بود که من را به آنجا می‌برد). گفت: «یه عمره تو این خونه موندم. می‌خوام هوا بخورم.»» (صورت:۹۵)

تنها با حذف کامل مرد به عنوان شخصیت سرکوبگر و نماد قوه قهریه جامعه است که زن داستان، توان نفس‌کشیدن پیدا کرده و احساس آزادی می‌کند. با این همه، این حس بسیار زودگذر است، چرا که جایگاه مرد، علی‌رغم عدم حضورش، بر جای خود استوار است. کما این‌که، در ادامه، زن در خاطرات خود سعی در بازپرداخت شخصیت مردش می‌کند تا بتواند جایگاه او را توجیه کرده و زندگی خود را سرکوب شده به یاد نیاورد.

- مقوله های اصلی و فرعی: مردسالاری حاکم بر جامعه، وابستگی زن به مرد، رویا و رویا پردازی، برخورد با مسائل(فرار)

«نمی دانم این به داستان چه ربطی دارد اما باید بگویم که مادرم در پیری به کلی تغییر کرد. لوده و خیال‌باف شد. می‌گفت که پدرم معشوق خیره‌کننده‌ای بوده و خودش هم گاهی دختر «خیلی بدی» می‌شده. می‌گفت که من باید با «ون دختره که صورتش رو جر داد» ازدواج می-کردم، چون هیچ کدام‌مان هیچ وقت نمی‌توانست سر دیگری بابت لطفی

که به او کرده منت بگذارد. قاه قاه می‌خندید و می‌گفت که هر کدام همان‌قدر داغان بودیم که دیگری.»(صورت:۹۷)

مادر در پیری و در ذهن خود، دنیای دیگری برای جوانی‌اش ساخته است. در واقع ما اینجا، با تجلی آرزوهای مادر و احتمالا بسیاری از زنان دیگر مواجه هستیم، زنی که دنیای برابر برای خود با مردش ساخته است. دنیایی که در آن می‌توانسته دوست داشته بشود و دوست بدارد.

جدول خلاصه مقوله‌های اصلی و فرعی داستان هفتم؛ صورت:

مقوله‌های فرعی	مقوله‌های اصلی
1. مادر- پرستار 2. مادر- حمایتگر 3. تعارض مادری و همسری 4. هویت یافتن زن به واسطه رفتارهای مادری	1. مادری
وسواس	2. نمود فشارهای اجتماعی بر زن
صبر و بردباری	3. تأثیر آموزه‌های اجتماعی
	5. از خود بیگانگی زن
جایگاه فرودست زن	6. جایگاه زن
وابستگی مالی	7. وابستگی زن به مرد
	8. تعلق زن به مرد
1. فرار 2. استواری و ایستادگی	9. برخورد با مسائل
	10.مردسالاری حاکم بر جامعه
	11.داغ ننگ
	12.گفتمان جنسیتی
	13.رویا و رویا پردازی

داستان هشتم: داستان «حفره‌های عمیق»

چکیده داستان:

داستان حفره‌های عمیق، در مورد زنی است که یک روز به همراه همسر و دو پسر و دختر نوزادش به پیکنیکی در اطراف شهر می‌روند. پسرها مشغول بازی می‌شوند اما یکی از آن‌ها در حفره‌ای عمیق می‌افتد. پدر و مادر هر دو، با کمک هم پسر را نجات می‌دهند. پسر در بیمارستان بهبود پیدا می‌کند، اما تبدیل به پسری آرام و حرف گوش‌کن می‌شود. بعد از گذشت مدتی، پسر درس و همه‌چیز را رها کرده و از شهرشان می‌رود. خانواده، مدتی بعد نامه‌ای از او دریافت می‌کنند و از او باخبر می‌شوند ولی دوباره هیچ خبری از او دریافت نمی‌کنند. تا این‌که دختر خانواده، در تلویزیون، در صحنه گزارش یک آتش سوزی او را که در حال امدادرسانی به مردم بود، می‌بینند. مادر داستان او را بعد از مدت‌ها می‌بینند. ولی پسر فردی عزلت گزیده و تارک دنیا شده است و دیگران، از جمله خانواده‌اش را نیز به این راه دعوت می‌کند.

- **شخصیت‌های زن داستان:**

شخصیت اصلی: سالی

شخصیت فرعی: ساوانا

مردهای داستان تماما نقش‌هایی فرعی دارن

تحلیل داستان:

- مقوله های اصلی و فرعی: مردسالاری حاکم بر جامعه، برخورد با مسائل(تسلیم شرایط شدن)

«جام‌های پلاستیکی شامپاینی با خودش برای پیک نیک برداشته بود، اما وقتی الکس متوجه این کارش شد، تصمیم گرفت لیوان‌های واقعی را از کابینت ظروف چینی بردارد و بیاورد، لیوان‌هایی که هدیه عروسی‌شان بود. سالی با آوردن لیوان‌ها مخالفت کرد، اما الکس بر تصمیمش پافشاری کرد. خودش مسئولیت پیچیدن و بسته‌بندی آن‌ها را برعهده گرفت.» (حفره‌های عمیق، ۱۳۹۲: ۹۳)

زن، مشغول انجام وظایف سنتی خود، یعنی خانه‌داری است. او حتی در هنگام عزیمت به سفر نیز چنین باری را بر دوش دارد. او است که باید وظایف سنتی خود را همیشه و تحت هر شرایطی به انجام برساند. با این حال حتی در زمینه ای که تمام مسئولیت متوجه او است، همسرش، تنها درصورتی کاری را انجام می‌دهد که خواسته‌ای متفاوت از زن داشته باشد و او را به سمت کاری که خود می‌خواهد انجام شود، سوق دهد.

- مقوله های اصلی و فرعی: مردسالاری حاکم بر جامعه، وابستگی زن به مرد، برخورد با مسائل(تسلیم شرایط شدن)، جایگاه زن(جایگاه فرودست زن)

«این پیک نیک به مناسبت چاپ اولین مقاله‌ی انفرادی الکس در مجله‌ی زمین شناسی زیتشیرفت فور بود. آن‌ها داشتند به منطقه اوسلر یلاف می‌رفتند، چون الکس عمده تحقیقاتش را در این منطقه انجام

داده بود و خوب البته سالی و بچه‌ها به آنجا نرفته بودند.» (حفره‌های عمیق، ۱۳۹۲: ۹۴)

فعالیت‌های شوهر بیرون از خانه در جریان است. او مکتشفی است که خانواده-اش، یعنی همسر و بچه‌هایشان، از محیط کار او آشنایی زیادی ندراند. انتخاب طبیعت و زمین به عنوان بستر کار الکس، توسط نویسنده، کاملا آگاهانه به نظر می‌رسد. او می‌خواهد مردی را ترسیم کند که با جهان اطرافش بیشترین آشنایی را دارد و در آن به جستجو و کاوش می‌پردازد. در مقابل او، همسرش قرار دارد که تنها سرگرم امور خانه و بچه‌ها است. در پاراگراف بعد، عدم آشنایی سالی با جهان اطرافش و طبیعت به تصویر کشیده می‌شود.

- مقوله های اصلی و فرعی: مردسالاری حاکم بر جامعه، فراموش شدگی زن، برخورد با مسائل(تسلیم شرایط شدن)، مادری(مادر- حمایتگر)

«سالی پشت سر الکس حرکت می‌کرد و مدام سکندری می‌خورد. با قنداق و بچه‌ای –ساوانا- که در بغل داشت آن طور سریع حرکت کردن برایش کمی سخت بود. به هرحال نمی‌توانست هم آهسته حرکت کند و هم بچه‌ها را زیر نظر داشته باشد. بچه‌ها را می‌دید که در امتداد دیوار یورتمه‌وار حرکت می‌کردند و به شکاف‌های سیاه خیره می‌ماندند و در همان‌حال با احتیاط، بیش از حد از خودشان سر و صداهای ناشی از ترس در می‌آوردند. سالی نزدیک بود از شدت خستگی و هراس و نوعی آشفتگی فراگیر آشنا زیر گریه بزند.» (حفره‌های عمیق، ۱۳۹۲: ۹۵ - ۹۶)

سالی در مواجهه با طبیعت آشفته و پریشان است. او مغلوب طبیعت است. طنز تلخ ماجرا در این جا است که زنان و مادران در طول زمانی که نظام‌های طبقاتی

و مردسالار به وجود نیامده بودند، ارتباط بسیار نزدیک‌تری با طبیعت داشتند. همان‌طور که در تحلیل‌های پیشین گفتیم، آن‌ها بودند که حیوانات را اهلی کردند و دانش زراعت را به دست آوردند.

از سوی دیگر مادر، به شکل دیگری نیز و در مفهومی کلی‌تر، به واسطه «بدن مادرانه» خود، ارتباط بی‌واسطه‌تری با طبیعت دارد. این ارتباط با طبیعت، البته از زمان پیدایش نظام‌های مردسالار به چالش کشیده شده و نقطه تحقیر و سرکوب زن قرار گرفته است.

«بدن مادرانه هویت اجتماعی را تا آن‌جا تهدید می‌کند که (بدن مادرانه) با طبیعت پیوند دارد و امر اجتماعی باید خودش را از نیروهای طبیعت متمایز کند. پس آن ترشحات زنانه ─خون و شیر- که با بدن مادرانه پیوند دارند به اکید ترین شکل با آیین‌های فرهنگی و مذهبی قاعده‌مند می‌شوند»(الیور، ۱۳۹۵: ۲۲۷). این تحدید زن به واسطه بدن او، تنها به این دلیل است که ایدئولوژی‌ها باید ارزش‌ها و گفتمان‌های خود را بر جامعه حکم فرما کنند و آنچه خلاف آن‌ها و بر طبق نظم طبیعت باشد مانع مهمی در این راستا خواهد بود.

از طرف دیگر، گویی تمام سختی‌ها و فشارها بر عهده اوست. هم حرکت در مسیر سخت، هم قنداق و نوزاد، هم کنترل‌کردن بچه‌ها، همگی فشار زیادی بر او وارد می‌کند. الکس همسرش، با این‌که کنار اوست ولی تسلی و آرامش خاصی برایش فراهم نیاورده، و بنابراین، او هم خسته است و هم آشفته.

- مقوله های اصلی و فرعی: مردسالاری حاکم بر جامعه، گفتمان جنسیتی، مادری(۱. تعارض مادری با همسری، ۲. مادر- حمایتگر)، داغ ننگ، برخورد با مسائل(استواری و ایستادگی)

«البته الکس معتقد بود کنت فقط برای این‌که تشنه است، آن چرندیات را نگفته و از سر خامی با دیدن سینه‌ی سالی هیجان زده شده. فکر می‌کرد دیگر واقعا وقتش رسیده که ساوانا با شیشه شیر بخورد، در حالی‌که تقریبا شش ماهه بود. و فکر می‌کرد سالی به این شیوه شیر دادن اهمیت نمی‌دهد. گاهی به آشپزخانه می‌رود تا با یک دست کارها را انجام دهد، در حالی که ساوانا حریصانه شیرش را می‌مکد. کنت هم دزدکی به مادرش نگاه می‌کرد و پیتر به شیرخوری مادر اشاره می‌کرد. الکس فکر می‌کرد همه این شر ها از گور کنت بلند می‌شود. به نظرش کنت دردسر ساز بود و ذهن مریضی داشت. سالی می‌گفت : «خوب من باید به کارهایم برسم.»، «اما این کاری نیست که تو مجبور باشی انجام بدی. تو می‌تونی فردا هم بهش شیشه بدی.»، «به زودی این کار رو می‌-کنم. فردا نه. اما به زودی.» او حتی این‌جا هم می‌ذاره ساوانا و شیر خوری، پیک نیک رو خراب کنن.» (حفره‌های عمیق، ۱۳۹۲: ۹۶ - ۹۷)

مرد از ترکیب مادری و عشق ورزی بین خودشان استقبال نمی‌کند. از نظر او، سینه‌های زن هنگامی که بستر شیر دادن به نوزاد می‌شود، پذیرششان امکان‌پذیر نیست. او تلاش می‌کند تا زنانگی را به این اندام زن برگرداند.

از طرف دیگر می‌توان گفت که، بدن مادرانه و نگاه‌کردن به آن توسط دیگری، از نظر مرد کار ناشایست و زننده‌ای است، خواه این دیگری فرزند مادر باشد. مسئله در این‌جا است که در نظام های مردسالار، مرد برای بیان اقتدار خود و تصاحب (بدن) فرزند، به عنوان نیروی کار، ابتدا باید بر بدن زن تصاحب داشته باشد و هر چیزی که آن را خدشه‌دار کند، حتی نگاه، از دید او مزموم و ناپسند است.

«مردان، با خبر از ناپایداری منزلت پدری خویش، استدلال می‌کنند که هر گاه صاحب نیروی کار زایشی زنان باشند، محصولات این نیروی کار نیز به ایشان تعلق می‌یابد. پس مردان به این منظور به دنبال مهار بدن زنانند که بتوانند اختیار بدن کودکان خود را داشته باشند. ابرین تأکید داشت که به همین دلیل زنان باید با فناوری‌هایی که فایرستون این همه از آن‌ها تمجید می‌کرد با احتیاط رو به رو شوند زیرا این فناوری‌ها در واقع راه های تازه ی مردان برای به دست آوردن چیزی (یعنی کودک) در برابر هیچ است.

آدرین ریچ[۲۰۶] نیز مانند ابرین معتقد بود که مردان به قوای باروری زنان حسد می‌ورزند و از آن هراس دارند. حسادت عمدتا ناشی از درک این واقعیت است که «حیات انسان در این کره خاکی از زنان پدید می‌آید» یعنی زنان از قدرتی منحصر به فرد برای آفرینش زندگی برخوردارند. و هراس عمدتا از آنجا سرچشمه می‌گیرد که مردان قوای باروری زنان را مرموز و مهار نشدنی می‌دانند و گمان می‌کنند زنی که می‌تواند جان ببخشد حتما قدرت بازستاندن آن را نیز دارد. به زعم ریچ، این احساس که مرگ نیز به اندازه زندگی از زنان سرچشمه می‌گیرد مبنایی مادی دارد. کودکان از بدو طفولیت به مادر خود —به پستان‌های شیر ده و آغوش پر مهر او- وابسته‌اند. مادر هر لحظه اراده کند می‌تواند شیر و آغوش خود را از کودک دریغ کند و او را به دست مرگ بسپارد. مقدم بر هر چیز همان مادر است که باید به تملک درآید و تسخیر و مهار شود وگرنه پسر را می‌بلعد و به حفره ی تاریک بدن خود باز می گرداند یا با نگاه خیره ی خود او را سنگ می کند»(تانگ، ۱۳۹۵: ۱۳۲ - ۱۳۳) .

الکس نیز در این داستان بدون آن که احتمالا خودش بداند تحت تاثیر این تفکر است. او می‌خواهد هر چه زودتر کودک از بدن مادر گرفته شود و وابستگی اش به

---

206 Adrienne Rich

او کمتر شود تا از قدرت مادر کاسته شود. به علاوه همانطور که گفتیم او نگران احاطه خود بر بدن مادرانه نیز هست و از همین رو است که از نگاه کردن بچه‌ی دیگرشان به پستان مادر ناراحت می‌شود. زن اما نمی‌خواهد سیطره مادرانه خود را از دست بدهد. از همین رو، با وجود مخالفت نکردن علنی و سخت با شوهرش، به گفته و فرمان او نیز تن در نمی‌دهد.

- مقوله‌های اصلی و فرعی: مادری(۱. مادر- پرستار، ۲. مادر- حمایتگر)

«در همین‌حال کنت پشت سر سالی روی زمین می‌لغزد و باقی شامپانی سالی را سر می‌کشد. گویا پیتر این صحنه را دید اما به دلایل غریبی چغلی‌اش را نکرد. سالی چند لحظه بعد متوجه این موضوع می‌شود اما الکس هیچ وقت چیزی نمی‌فهمد، چون زود فراموش می‌کند ته جام سالی چیزی باقی مانده و خودش جام‌ها را می‌پیچد و مرتبشان می‌-کند.» (حفره‌های عمیق، ۱۳۹۲: ۹۷ - ۹۸)

سالی، در اینجا با دو ترس رو به رو است. اول، ترس از این که الکس با پسرشان از سر عصبانیت برخورد کند و از آنجایی که مادران در هر شرایطی مواظب کودکانشان هستند، باید از آن ها محافظت کنند و حتی اگر نتوانند در لحظه این کار را انجام دهند، بعدتر از در دلجویی برای کاری که دیگری (پدر) انجام داده است بر بیایند. مادران همواره این نگرانی را با خود حمل می‌کنند. همانطور که در داستان‌های پیشین مطرح کردیم، مادر- پرستار و مراقب تمام وقت است و هر نقصانی، کوتاهی او تلقی می شود.

ترس دوم اما ترس مهمتری است. ترس از شماتت. سالی نگران این است که الکس او را برای این که مواظب لیوان خود و بچه نبوده است، بازخواست کند.

- مقوله های اصلی و فرعی: مادری(تعارض مادری و همسری)، مردسالاری حاکم بر جامعه، تعلق زن به مرد

«ساوانا خوابش می‌برد و دهانش نوک پستان سالی را رها می‌کند. حالا که پسرها رفته‌اند برای الکس راحت‌تر می‌شود بچه را از سالی جدا کند. سالی می‌تواند بدون نگرانی در مورد سینه رو بازش، آروغ بچه را بگیرد و توی پتو بگذاردش. اگر از نظر الکس این صحنه ناخوشایند است، خوب می‌تواند برود و به اطراف نگاهی بیاندازد و همین کار را هم می‌کند؛ سالی می‌داند وقتی سینه‌هایش به شیرخوری تبدیل می‌شوند، الکس حالش از ترکیب معاشقه و شیر دادن بهم می‌خورد.» (حفره‌های عمیق، ۱۳۹۲: ۹۹)

معاشقه در جوامع مردسالار نهایت تملک بدن زن توسط مرد است. زمانی که کودک از پستان مادر شیر می‌خورد، برای مرد رقیبی پیدا می‌شود که بیش از او بر بدن زن تملک دارد. به علاوه این تملک، برعکس نیز هست چرا که، مادر نیز چنین احساسی مشابه بر بدن نوزاد خود دارد، در حالی که چنین احساسی بر بدن همسر خود ندارد. از همین رو است که ترکیب معاشقه و شیر دادن برای مرد چندش‌آور است.

- مقوله های اصلی و فرعی: برخورد با مسائل(استواری و ایستادگی)، تأثیر آموزه‌های اجتماعی(صبر و بردباری)، مادری(مادر- پرستار)

« سالی متوجه شد الکس دارد تلاش می‌کند راهش را میان شکافی که با قلوه سنگ پر شده بود پیدا کند. بدون این که سرش را بالا کند فریاد زد تا به سالی چیزی بگوید. اما سالی یک کلمه از حرف‌هایش را هم متوجه نشد. سالی از روی زانوهایش بلند شد —چرا روی زانوهایش

نشسته بود؟- و چند نهال درخت را کنار زد و سمت لبه‌ی گودال رفت که سطح قلوه سنگ درونش شاید به سه فوت می‌رسید. الکس هنوز داشت سینه خیز حرکت می‌کرد، در حالی‌که کنت مثل یک گوزن تیر خورده از روی شانه اش آویزان بود. سالی گفت: «من این جام. من اینجام.» کنت را باید پدرش به بالا هل می‌داد و مادرش باید روی رف صخره بالا می‌کشیدش. او پسری لاغر مردنی بود که هنوز به اولین جهش رشدی‌اش نرسیده، اما حالا به نظر می‌رسید به اندازه‌ی یک سیمان وزن دارد. بازوهای سالی در اولین کوشش موفق نبود. وضعیتش را تغییر داد و به جای این‌که روی شکم دراز بکشد دولا شد و با توانی که سالی در سینه و شانه ها داشت و فشاری که الکس از زیر به بدن کنت می‌آورد بالاخره توانستند او را بالا بکشند.» (حفره‌های عمیق، ۱۳۹۲: ۱۰۰ - ۱۰۱)

سالی نقش فعالی در کمک به کنت ایفا می‌کند. حمایت مادرانه سالی برای زنده نگه داشتن و مجددا سالم شدن کنت در این قسمت از نوشته به خوبی ترسیم می‌شود. از طرفی عشق مادری و مسئولیت مادرانه‌ای که بر دوش زن است و از طرف دیگر نگه داشتن روزنه ارتباط با جهان پیرامون، سالی را به این کار وا می‌-دارد و او را از نشستن روی زانوهایش بلند می‌کند و به حرکت در می‌آورد. و نمی‌گذارد که در این جا نقشی منفعل داشته باشد.

- مقوله های اصلی و فرعی: مادر- پرستار، مردسالاری حاکم بر جامعه، جایگاه زن(جایگاه فرودست زن)

در بیمارستان: «الکس با لحن عبوسی به سالی که همراه کنت به اتاق آزمایش رفته بود و پیتر و ساوانا را به او سپرده بود گفت: «اون جا باید هر لحظه از بچه‌ها مراقبت می‌شد.»» (حفره‌های عمیق، ۱۳۹۲: ۱۰۱)

در حالی که الکس و سالی هر دو موافق رفتن با بچه‌های و بازیگوشی‌شان بودند، ولی حالا، این سالی مادر است که از بابت مراقب نبودن از بچه شماتت می‌شود. هر آن‌چه پیش از بزرگسالی برای بچه رخ دهد، مسئولیتش متوجه مادر است. حتی اگر در فضایی که مادر نبوده و تنها فرزند و پدر حضور داشته باشند، اتفاقی برای بچه بیافتد، مادر بعدتر شماتت خواهد شد، که چرا فلان مهارت را برای عدم وقوع آن حادثه مشخص به بچه یاد نداده و در تربیتش کوتاهی کرده است. این مسئولیت، با توجه به تبلیغات متعدد مستقیم و غیر مستقیم از طریق رسانه‌ها، بیشتر از زمان‌های گذشته بر دوش مادران قرار گرفته است. این مسئولیت حتی بیشتر از آن نیز، تا جایی ادامه پیدا کرده است که مسئولیت سلامت همسران نیز بر دوش زنان گذاشته شده است.

«هرگاه خانواده‌ای از تندرستی بی‌بهره باشد، گناه آن را به گردن زن خانواده می‌اندازند. زنان در برابر ملت، مسئول پرورش بچه‌های تندرست و حفظ و مرافبت از سلامتی مردان خود شناخته می‌شوند. بازرسان بهداشت، مددکاران اجتماعی و دیگر کارشناسان رسمی، خانواده را زیر نظر دارند تا مطمئن شوند که زنان به وظایف خود به خوبی عمل می‌کنند. از اوایل سده بیستم، مادر شدن، نه فقط از نظر زایمان و مراقبت‌های پیش از آن، بلکه به لحاظ پرورش فرزندان سالم، جزئی از قلمرو پزشکی بوده است. در اوایل سده‌ی حاضر در زمان جنگ بوئرها، وقتی وضعیت بد گردانی که داوطلب ثبت نام در ارتش بودند، در معرض دید افکار عمومی قرار گرفت و نگرانی‌های بسیاری را در مورد ضعف بنیه‌ی طبقه‌ی کارگر برانگیخت، مادران سهل انگار را ملامت کردند. چنین استدلال می‌شد که، زنان

باید برای مراقبت از خانواده‌هایشان اولویت قائل باشند، از اشتغال دست بکشند و برای مهارت‌های خانگی و بچه‌داری تربیت شوند. دولت به دنبال حرکت خودجوشی که در سده نوزدهم برای سرکشی به خانواده‌های کارگری که کودکان خردسال داشتند پدید آمده بود، مقامات محلی را تشویق و حمایت کرد تا با نظارت مسئولان بهداشت منطقه، دست به استخدام بازرسان بهداشتی آموزش دیده بزنند. تنگ‌دستی و شرایط دهشت‌باری که زنان طبقه کارگر، برای بزرگ کردن فرزندان خود با آن دست و پنجه نرم می‌کردند و بنیه‌ی ضعیف اکثریت این زنان توجهی بر نیانگیخت. شواهد موجود حاکی از آن است که در آن زمان هم مانند امروز، زنان نیازها و خواسته‌های خانواده‌هایشان را در اولویت قرار می‌-دادند و به نیاز های خود توجه چندانی نداشتند» (آبوت و والاس، ۱۳۸۷: ۱۶۹). همان‌طور که اشاره شد، این مسئله خصوصا بر زندگی زنان طبقه کارگر و اقشار فرودست جامعه تاثیر گذارده است.

- مقوله های اصلی و فرعی: رویا و رویا پردازی، مادری

«سالی یک روز به کنت چیزی را گفت که به عقل جن هم نمی‌رسید. گفت که چقدر شیفته‌ی جزیره‌های پرت است، نه علاقه‌مند به جزایر هاوایی یا قناری یا هیبرید یا خرده جزیره‌های یونان که همه می‌-خواستند بروند. دلش می‌خواست به جزایر کوچک یا گم شده‌ای برود که هیچ احدی در موردش صحبت نمی‌کرد و به ندرت کسی به آن مکان‌ها سفر کرده باشد. جزایر اسنشن، تریستان دا کنها، چاتهام و جزیره کریسمس و جزیره ی دیزولاشن و جزایر فارو/ آن دو هر اطلاعی که می توانستند در مورد این جزایر جمع کردند. نگذاشتند کسی در این مورد چیزی بداند. هیچ‌وقت هم به الکس نگفتند مشغول چنین کاری هستند.» (حفره‌های عمیق، ۱۳۹۲: ۱۰۲ - ۱۰۳)

سالی خواسته‌ها و آرزوهایش را از همسر خود، الکس، پنهان می‌کند و تنها با کنت که پسر مجروح شده خود است در میان می‌گذارد. رابطه مخدوش زن و همسر و نگه داشتن راز خود از او، بیان‌گر آن است که این رابطه دو طرفه و برابر نیست. زن نگران آن است که خواسته‌هایش عجیب، بچه‌گانه یا حقیر شمرده شود. «بدین سان زنان در نظام اخلاقی مردانه و سنتی روز به روز بیشتر دچار ستم می‌شوند، ستمی که به طور غیر مستقیم اعمال می‌شود. معنی این سخن آن است که اهمال این ستمگری ها به صورت عقیم گذاردن آمال و احساسات زنان و جلوگیری از بروز اندیشه و افکار صورت می‌گیرد: یعنی تحمیل اراده بر زنان با ابزارهای اخلاقی و غیراخلاقی یا محروم ساختن آنان با پیچیده ترین وسیله ممکن! زنان که به ابتکار خود راه‌های نوینی برای ابراز وجود و طرح اندیشه‌های خود یافته‌اند به وسیله‌ی انواع ممانعت‌ها تحت عنوان اخلاقیات، از حرکت در هر مرحله از پیشرفتشان کنترل می‌شوند. نظام اخلاقی مردانه در جوامع سنتی (ایستا) پاسدار عدم تنوع در زندگی افراد جامعه به ویژه زنان است؛ یعنی از بعد اخلاقی هرگونه تفاوتی را گناه شمرده و سرکوب می‌کند و آن‌گاه که جامعه در مسیر پویایی است و سنت‌ها متحول می‌شوند بی هیچ بی‌شرمی به ابزاری جدیدتر برای متوقف کردن این روند توسل می جوید..»(احمدی خراسانی، ۱۳۸۴: ۶۱).

- مقوله های اصلی و فرعی: مادری(مادر- حمایتگر)، مردسالاری حاکم بر جامعه

«بعد سالی بدون این که به الکس چیزی بگوید به دیدن کنت رفت و متوجه شد او خیلی هم سر کیف است و ده پوندی وزن اضافه کرده. به مادرش گفت به خاطر آبجوئه! حالا کنت رفقایی برای خودش داشت. سالی به ملاقاتش اعتراف کرد و به الکس گفت: «این مرحله جدیدی از

زندگی شه و اون می‌خواد طعم استقلال رو بچشه.»، «تا اونجایی که من می‌دونم به اندازه کافی استقلال داشته.»(حفره‌های عمیق، ۱۳۹۲: ۱۰۴)

پدر به دنبال دلیلی برای جدا شدن فرزند خود از خانواده می‌گردد. ابتدا به سراغ برچسب‌های موجودی می‌رود که همگی از عبارت «جامعه خرابش کرده»، ریشه می‌گیرند. برای این استقلال او برچسب معتاد شدن و مضمحل‌شدن ذهن فرزند را انتخاب می‌کند. پدر نمی‌تواند این استقلال را ناشی از شرایط رشدی فرزند و آنچه در خانواده می‌گذرد، بپندارد چرا که در این صورت تمام ساخت او، تمام تلاشش در طول سال‌های گذشته زیر سوال می‌رود.

- مقوله‌های اصلی و فرعی: داغ ننگ، مادری(مادر - حمایتگر)

«الکس گفت: «مواد مخدر استفاده می‌کنه. شرط می‌بندم. مواد مخدر ذهنش رو شستشو داده. نیمه شب ناگهان الکس از جا پرید و گفت:«رابطه»، سالی کنارش دراز کشیده بود و کاملا بیدار بود.«رابطه چی؟» ، «چیزی که کنت در موردش حرف می‌زنه چیزیه که مجبوری انجامش بدی تا به جایی برسی و بتونی زندگی کنی. تا بتونی بهای رابطه مدام و پیامدهاش رو بپردازی. این براش غیر قابل تأمله.»، سالی گفت: «آخی. چه رمانتیک.» ، «پرداختن به مسائل بنیادی هیچ وقت خیلی رمانتیک از آب در نمی‌آد. تمام چیزی که می‌خوام بگم اینه که اون اصلا عادی نیست.»» (حفره‌های عمیق، ۱۳۹۲: ۱۰۶)

پدر دچار سرگشتگی است. پس از آن که برچسب‌های دم‌دستی نمی‌توانند جواب پرسش او مبنی بر چرایی استقلال خواهی فرزند را بدهند، او به سراغ پرسش‌هایی فلسفی می‌رود. همان‌طور که گفتیم، او برای ادامه حیات زندگی‌ای که

ساخته است و عدم تخریب ذهنیتش باید به یک جواب مشخص برسد. در مقابل اما این مادر است که بر استقلال فرزندشان تأکید و از آن حمایت می‌کند. گویی زن دوست دارد آن‌چه را که خود به دست نیاورده است، فرزندانش به دست بیاورند.

- مقوله‌های اصلی و فرعی: رویا و رویا پردازی، فراموش شدگی زن

«الکس گفت هر چیزی که سالی می‌خواهد بداند احتمالا حالا دیگر می‌تواند در اینترنت پیدا کند. سالی گفت: «معلومه که چیزی نامفهوم نیست.» الکس سالی را از تخت بیرون آورد و به طبقه پایین برد و در زمان اندکی تا چشم بر هم گذاشت ـ تریستان داکُنها ـ صفحه‌ی سبزی بود در جنوب اقیانوس اطلس با اطلاعات فراوان که روی مانیتور نقش بست. سالی جا خورد و عقب رفت و الکس که حالا از او نا امید شده بود علتش را پرسید. «نمی دونم شاید نمی‌خواهم همه‌چیز این‌قدر واقعی نشون داده بشه.» (حفره‌های عمیق، ۱۳۹۲: ۱۰۷)

سالی، زن در خانه مانده‌ای است که برخلاف شوهر دانشمندش، از تکنولوژی روز آگاهی ندارد. به علاوه او می‌خواهد در رویای خود به سر ببرد و جهان واقع را چندان بر نمی‌تابد. جزیره‌هایی که او از روی نقشه پیدا کرده است و برایشان تصویری خیالین ساخته، اکنون با تمام جزئیات و عکس‌ها بر روی اینترنت وجود دارند، و این مسئله باعث می‌شود تصویرهای خیالین او از این جزیره‌ها در هم بریزد. او می‌ترسد نزدیک شود و رویاها و تصاویر ذهنی دیگرش هم درگیر این ماجرا شده و از بین برود.

- مقوله‌های اصلی و فرعی: از خودبیگانگی زن

(در جواب خواست الکس از سالی برای همکاری در زمینه‌ی زمین شناسی)؛

«سالی یاد آوری کرد که هیچ‌چیزی در مورد صخره‌ها نمی‌داند و الکس پاسخ داد که اصلا اهمیتی ندارد. می‌توانست در عکس‌ها از سالی به عنوان شاخص استفاده کند.» (حفره‌های عمیق، ۱۳۹۲: ۱۰۸)

همان‌طور که در داستان‌های دیگر مطرح کردیم، اهمیت اشتغال زن در ساختارها و چهارچوب‌های مردسالارانه نظام موجود بسیار کم است. وظیفه زن، حفاظت و مراقبت از خانه است. زن برای سرگرمی و تنها نبودن می‌تواند کار کند، ولی درآمد او ارزش چندانی ندارد.

«هم مردان و هم زنان اعتقاد دارند که کار برای زن کم‌تر از مرد اهمیت دارد و مردان به لحاظ وظیفه‌ای که در تأمین معاش خانواده دارند، باید دستمزد بیشتری دریافت کنند و از امنیت شغلی بیشتری برخوردار باشند. مردان، نان‌آور به حساب می‌آیند، در صورتی که زنان تیمارداران خانه‌اند. حال آن‌که هیچ دلیل موجهی برای این وضع وجود ندارد و کاملا ممکن است که زن و مرد را به یک اندازه در تامین معاش خانواده و انجام کارهای خانه و بچه‌داری مسئول دانست. در حقیقت، برای بسیاری از زنانی که در بیرون از خانه به کار های مزدی اشتغال دارند فرضیه‌ی «جای زن در خانه است»، بسیار دور از واقعیت جلوه می‌کند. با این‌حال پیامدهای عملی این فرضیه هم‌چنان گریبان‌گیر زنان متأهل است؛ بسیاری از آنان همانند شوهرانشان و کارفرماها و دولت، باور دارند که حتی اگر شغلی هم داشته باشند باز صرفا یا در درجه اول، مسئول خانه‌داری وبچه‌داری اند. این تصور چنان نافذ و از زمره بدیهیات عقل سلیم به شمار می‌آید که به ندرت مورد تردید یا اعتراض واقع می‌شود. انواع شغل هایی که زنان متأهل جستجو می‌کنند یا به ایشان عرضه می‌شود، متأثر از همین تصور است. حتی دخترهای جوانی که تازه مدرسه را تمام می‌کنند در انتخاب شغل از تأثیر آن دور نمی‌مانند، نه تنها به سبب آرزوهای شخصی خود بلکه به دلیل آن‌چه متصدیان

کاریابی، والدین، مدرسه و کارفرماها برای ایشان مناسب تشخیص می‌دهند»(آبوت، ۱۳۸۷: ۱۷۳). این مسئله منجر به این می‌شود که زن خیلی بیشتر از مرد در فرآیند کار در نظام سرمایه داری دچار استحاله و از خود بیگانگی شود. تا جایی که در این‌جا زن مترادف با یک خط کش قرار می‌گیرد.

- مقوله های اصلی و فرعی: وابستگی زن به مرد

«سالی به خودش گفت: «تلویزیون در مورد مالکان ساختمان که چیزی نمی‌نگفت.» ، سالی احتمالا می‌خواست از سیم‌کشی غیر استاندارد و ازدیاد سوسک‌ها و ساس‌ها فرار کند، اما به خاطر ترس از فقر شکایت نمی‌کرد و خودش را گول می‌زد. این روزها فکر می‌کرد الکس توی سرش چیزی زمزمه می کند و مطمئنا در مورد چیزی بود که داشت رخ می‌داد.» (حفره‌های عمیق، ۱۳۹۲: ۱۰۹)

سالی، پس از مرگ همسرش نگاهی انتقادی پیدا می‌کند. این جریان در برخی داستان‌های دیگر مونرو، مانند «صورت» نیز، دیده می‌شود. آنجا نیز مادرِ شخصیت اول یا همان راوی داستان، بعد از مرگ همسرش احساس آزادی می‌کند و شوخ طبعی‌اش نمایان می‌شود. شوهر در سیستم مردسالار، نقش اصلی سرکوب زن را بر عهده دارد. درست همان‌طور که در نظریات چپ‌گرایانه، در یک نظام سرمایه‌دار با از میان رفتن دولت و دستگاه قهریه مردم می‌توانند احساس آزادی کنند، در داستان‌های مونرو زن با از میان رفتن همسر خود این آزادی را تجربه می‌کند.

- مقوله های اصلی و فرعی: مادری(۱. مادر- پرستار، ۲. مادر- حمایتگر)

«سالی تلویزیون را خاموش کرد. ده دقیقه نگذشته بود که تلفن زنگ خورد. ساوانا بود. «مامان تلویزیون روشن بود؟ دیدی چی شد؟» ،

«منظورت آتیش سوزیه؟ دیدمش ولی خاموشش کردم.» «نه... دیدی؟ الان دارم دنبالش می‌گردم همین پنج دقیقه پیش دیدمش. مامان کنت رو دیدم. حالا هر چی می‌گردم تو تصویر پیداش کنم نمیشه. ولی دیدمش.» ، «چیزی شده بود؟ الان باز روشناش می‌کنم. چیزی نشده بود؟»، «نه. داشت کمک می‌کرد. یه طرف یه برانکار رو گرفته بود. یه بچه روش خوابیده بود. نمی‌دونم بچه مرده بود یا زخمی شده بود. ولی کنت... خودش بود. مثل این‌که داشت می‌لنگید، حالا روشنش کردی تلویزیون رو؟ ، «آره»

«خب. خیالم راحت شد. شرط می بندم دوباره برگشته تو ساختمون.» ، «ولی نباید اجازه بدن.»....... اما تلویزیون دوباره کنت را نشان نداد و صحنه های تکراری پخش کرد. «من به توی قضیه رو در آوردم. یه مردی رو می‌شناسم که توی خبرگزاری کار می‌کنه. می‌تونم دوباره اون صحنه رو ببینم. باید بفهمم ماجرا چیه.»» (حفره‌های عمیق، ۱۳۹۲: ۱۰۹ - ۱۱۰)

حالا دیگر فرزندان سالی بزرگ شده اند. ساوانا وکیل شده است و چند زمانی است که از کنت خبری نیست. سالی در چنین شرایطی که همسرش نیر فوت کرده است، بیش از همیشه، از قید و بندها و مناسبات آزاد شده است و در خلوت خود همان‌طور که در پاراگراف پیشین دیدیم، دست به تفکرات انتقادی می‌زند. با این حال، به محض آن‌که در موقعیت مادر قرار می‌گیرد، دوباره در همان حالت قبلی خود فرو می‌رود؛ حمایت‌گر، دلسوز و نگران و بدون فکر خود بودن.

- مقوله های اصلی و فرعی: مردسالاری حاکم بر جامعه، گفتمان جنسیتی، وابستگی زن به مرد، تعلق زن به مرد، داغ ننگ

«سالی با خودش گفت: «ساوانا باید زودتر ازدواج کنه، باید بچه‌دار بشه»

(حفره‌های عمیق، ۱۳۹۲: ۱۱۱)

سالی، با دیدی کلیشه‌ای نگران ازدواج نکردن ساوانا است. با این که او وکیل شده و از استقلال خوبی برخوردار است، او باز هم، این نگرانی را برای دختر خود دارد؛ چرا که یک زن، تنها می‌تواند با مردانی که با آن‌ها رابطه خویشاوندی دارد تعریف شود؛ خواه پدر، برادر و یا از سن مشخصی به بعد با همسر خود. این وابستگی خود سد راه بزرگی برای زنان به حساب می‌آید و از همین رو است که زنی که مستقل باشد و دستش در جیب خودش باشد، مورد پسند جامعه نبوده و با برچسب‌های گوناگون مواجه می‌شود.

«در واقع وابستگی به شبکه خویشاوندی (نه ارتباط پویا و متقابل با آن) از سوی زنان، گرچه با تکیه بر مضامین فرهنگی و باورهای ذهنی و با توجه به انگیزه‌ی ناخودآگاه برای امنیت و ثبات برقرار می‌شود، اما از طرفی برقراری این رابطه به بسط نگرش‌های مردسالارانه و تسلط مناسبات بازدارنده‌ی سنتی بر کانون‌های جدید منتهی می‌شود. این روابط می‌تواند مانعی چند سویه در راه تعالی و رشد شخصیت زن و استقلال هویت وی باشد و دوری هر چه بیشتر او را از فعالیت- های اجتماعی و سیاسی به دنبال آورد»(احمدی خراسانی، ۱۳۸۴: ۱۳۷). با این حال ساوانا دختری است که برخلاف جریان موجود در جامعه حرکت می‌کند. او از کودکی خواسته‌ای داشته و اکنون توانسته است به آن دست پیدا کند. در رسیدن به آنچه می‌خواهد مصر است. مثلا برای پیدا کردن برادر خود از همه توانش بهره گرفته تا در نهایت موفق شد این مهم را به انجام رساند و برادر خود را پیدا کند.

- مقوله های اصلی و فرعی: برخورد با مسائل(استواری و ایستادگی)

«ولی ساوانا وقتی تمام فکر و ذکرش چیزی می‌شد، خیلی یکدندگی می‌کرد. پدرش بهش گفته بود که وقتی ده سالش بوده تا ته یک ایده پیش می‌رفته و اصلا برای همین باید وکیل می‌شده.» (حفره‌های عمیق، ۱۳۹۲: ۱۱۱)

- مقوله های اصلی و فرعی: وابستگی زن به مرد، مادری(مادرحمایتگر)

«بعد (کنت)، در مورد سالی پرسیده بود. سالی یک لحظه فکر کرد توی قفسه سینه‌اش بالونی متورم شده. «چی گفتی؟» ، «گفتم خوبی و شاید کمی سر در گمی. تو و پدر خیلی به هم نزدیک بودید و هنوز فرصت کافی نداشتی که به تنهایی عادت کنی. یعد کنت ازم پرسید می‌تونی به سالی بگی اگه می‌خواد بیاد و منو ببینه. و من هم گفتم که بهت می-گم.» سالی چیزی نگفت.

«مامان حواست کجاست؟» ، «نگفت کی یا کجا؟»، «نه. قراره تا یک هفته‌ی دیگه همون جای قبلی ببینمش و بهش بگم که تو چی گفتی. فکر کنم تا حدی از سفارش دادن خوشش می‌آد. من فکر کردم تو بی چون و چرا می‌خوای ببینیش.»، «معلومه که می‌خوام. راستی واقعا توی آتش سوزی جونش رو به خطر انداخته؟»» (حفره‌های عمیق، ۱۳۹۲: ۱۱۲ - ۱۱۳)

سالی هم‌چون هر شخصیت واقعی دیگر، در لحظات مختلف حالات متفاوت دارد. او اگرچه در بسیاری از جاها یک مادر کلیشه‌ای است، اما ذهنش در لحظه به وجود آمدن امکان دیدار پسرش، به ورای کلیشه‌ها سر می‌کشد. اگر چه مونرو به ما نمی‌گوید که چرا سالی، در جواب دخترش برای دیدن پسر خود تعلل می‌کند، اما پر واضح است که او در فکر زندگی رهای کنت و البته رویای رهایی خود که

حالا کمی به واقعیت نزدیک‌تر شده است، فرو می‌رود. در آخر نیز بعد از ملاقاتش با کنت و دعوت شدنش به زندگی در کنار او، بر خواسته مادرانه خود سرپوش می‌گذارد تا بتواند به سوی رهایی و تحقق خواسته‌های خود گام بردارد.

- مقوله‌های اصلی و فرعی: فراموش شدگی زن، جایگاه زن(جایگاه فرودست زن)، تأثیر آموزه‌های اجتماعی(صبر و بردباری)

«از پله‌ها عقب رفت و به روشنایی رسید. مکثی کرد. مردم عجله داشتند و به عقب هلش دادند. وحشت‌زده و خجالت‌زده بود. وحشت‌زده به خاطر غیبت آشکار کنت و خجالت زده چون داشت چیزی را حس می‌کرد که اغلب مردم بخشی از کشورش در چنین مکانی احساس می‌کنند، هرچند او چیزی نمی‌گفت آن‌ها چه گفته‌اند. انگار در کنگو یا هند یا ویتنام باشی.» (حفره‌های عمیق، ۱۳۹۲: ۱۱۳)

سالی، همان‌طور که با طبیعت آشنا نبود، شناخت مناسبی نیز از اجتماع اطراف خود ندارد. هر چه از محل زندگی خود دورتر می‌شود، به همان نسبت بیشتر دچار اضطراب می‌شود. به او آموخته نشده که چگونه باید با دیگران، به طور متفاوت تعامل داشته باشد و ارتباط برقرار کند. در ادامه داستان و زمانی که سالی با کنت ملاقات می‌کند، او تنها یک مشاهده‌گر خاموش است و کنت است که از وضعیت زندگی هیپی‌وار خود صحبت می‌کند. این خاموشی اما نشان دهنده منفعل بودن سالی نیست، بلکه دقیقا بر عکس، او موجودی کنجکاو است و متعجب، و می‌خواهد بیشترین چیزی را که می‌تواند از محیط اطرافش درک کند. این مسئله، در جایی نمایان می‌شود که، او در ادامه و در جواب خواسته کنت، مبنی بر آمدن سالی و زندگی در چنان شرایطی مانند او، می‌ایستد و مقاومت می‌کند. هرچند می‌توان این‌گونه نیز برداشت کرد که، او می‌خواهد نظم

برساخته زندگی‌اش به هم نخورد، اما سراسر داستان از سالی چنین شخصیتی نساخته است. او حتی می‌خواهد از جایی که با پسرش قرار گذاشته فرار کند، هرچند چنین نمی‌کند. او به پسرش و آن زندگی‌ای که او ترسیم می‌کند اعتمادی ندارد و این نشان دهنده آن است که مادری سنتی در این نقطه برای او ارجحیت ندارد.

«سالی گم می‌شود، بعد راهش را پیدا می‌کند. باز ساختمان بانک. همان دسته آدم‌ها یا آدم‌های جدیدی که پرسه می‌زنند. سواری مترو، پارکینگ ماشین، کلید ها، بزرگ‌راه ها، ترافیک، بعد بزرگراهی کوچک‌تر، غروب زودهنگام... برفی که هنوز نیامده. درختان عریان و زمین‌هایی که در حال تاریک شدن هستند. سالی حومه شهر را دوست دارد. این وقت سال را دوست دارد.» (حفره‌های عمیق، ۱۳۹۲: ۱۲۳)

همان‌طور که گفتیم سالی در مواجه با ناشناخته گمگشته و مضطرب است و نوشته بالا آرام شدن او را در زمان برگشت به خانه و محیط آشنا ترسیم می‌کند.

- مقوله های اصلی و فرعی: مادری(۱. مادر- حمایتگر، ۲. مادر- پرستار)، از خودبیگانگی زن، برخورد با مسائل(استواری و ایستادگی)

«یعنی باید فکر کند که نالایق است؟ گربه از دیدنش خوشحال می‌شود... در چند دقیقه‌ای که صبر می‌کند تا غذایش گرم شود چند جرعه مشروب از لیوانش سر می‌کشد. از عصبانیت می‌لرزد. قرار است چه کار کند؟ به آن خانه‌ی محکوم شده برگردد و کف پوسیده‌ی اتاق را ضد عفونی کند و جوجه‌هایی بپزد که چون فاسد بودند دور ریخته شدند؟ و هر روز به یاد بیاورد که به اندازه مارینی یا هر مخلوق رنج کشیده‌ی دیکری موفق نیست؟ همه‌اش به خاطر این است که توی زندگی که یک

نفر دیگه —کنت- انتخاب کرده، مفید باشد؟» (حفره‌های عمیق، ۱۳۹۲:
۱۲۳)

سالی دیگر نمی‌خواهد در زندگی‌ای که دیگری برای او انتخاب کرده است موفق و
فداکار باشد. او توانسته است از آن مرحله وابستگی عبور کند. اگرچه او اکنون
«خود» ی ندارد اما در پی یافتن آن و طغیان بر علیه وضعیت کنونی‌اش است.

• مقوله های اصلی و فرعی: مادری(۱. مادر- حمایتگر، ۲. مادر- پرستار)،
وابستگی زن به مرد

«کنت بیمار است. از پا در آمده. شاید دارد می‌میرد. کنت به خاطر
ملافه‌های تمیز و غذای تازه ازش تشکر نمی‌کند. وای. نه. کنت ترجیح
می‌دهد روی تختخواب سفری زیر پتویی که در اثر سوختن سوراخ
سوراخ شده، بمیرد. ولی سالی می‌توانست یک چک امضا کند. نه یک
چک سفید. نه با مبلغ زیاد و البته نه با مبلغ کم. کنت با چک به
خودش کمک نمی‌کند و از تحقیرکردن سالی دست بر نمی‌دارد. تحقیر.
نه موضوع این نیست. موضوع شخصی نیست. به هر حال آن روزی که
یک فاجعه کامل رخ نمی‌دهد، یک اتفاقی می‌افتد. چنین روزی نبود،
بود؟ سالی گفته بود: «شاید»» (حفره‌های عمیق، ۱۳۹۲: ۱۲۴)

سالی همچنان از طرف مردان، حتی اگر پسرش باشد، به عنوان یک زن، تحقیر
و دست انداخته می‌شود. سالی در انتهای داستان نیز همچنان موجودی سرگشته
ترسیم می‌شود، کسی که نتوانسته به مرزهای زندگی گذشته خود تن در دهد و
همچنین نتوانسته از آن مرزها عبور کند و زندگی تازه‌ای برای خود بسازد.

جدول خلاصه مقوله‌های داستان هشتم؛ داستان حفره‌های عمیق:

مقوله‌های اصلی	مقوله‌های فرعی
1. مادری	1. مادر- پرستار 2. مادر- حمایتگر 3. تعارض مادری و همسری
2. تأثیر آموزه‌های اجتماعی	صبر و بردباری
3. از خود بیگانگی زن	
4. جایگاه زن	جایگاه فرودست زن
5. وابستگی زن به مرد	1. وابستگی روانی ۲. وابستگی مالی
6. تعلق زن به مرد	
7. برخورد با مسائل	استواری و ایستادگی
8. داغ ننگ	
9. مردسالاری حاکم بر جامعه	
10.فراموش شدگی زن	
11.گفتمان جنسیتی	
12.رویا و رویا پردازی	

فصل پنجم:

بحث و نتیجه گیری

جداول خلاصه مقولات اصلی و فرعی موجود در ۸ داستان نمونه

این فصل، با ارائه‌ی جداول خلاصه مقوله‌های اصلی و فرعی به دست آمده از تحلیل داستان‌ها، آغاز می‌شود. نحوه کدگذاری کتاب‌ها و مقولات در جداول به این صورت است که عدد اول سمت چپ، نشان دهنده عدد مربوط به مقوله اصلی می‌باشد، عدد دوم؛ یعنی عددی که وسط قرار می‌گیرد، نشان‌دهنده شماره کتاب و عدد سوم نشان دهنده عدد مقوله فرعی می‌باشد. بعضی از مقولات اصلی، تنها بوده و مقوله فرعی دیگری ندارند که در جدول خلاصه مقولات، به جای عدد، از علامت « - »، استفاده شده است.

در ابتدا نویسنده تصمیم داشت تا تمامی مقولات، اعم از فرعی و اصلی در این فصل مورد بررسی قرار گیرند ولی به دلیل تحلیل جزیی تمامی مقولات و مفاهیم در فصل گذشته و برای جلوگیری از تکرار و حشو، این نتیجه حاصل شد که تنها مقولات کلی و پر کاربرد و با اهمیت در این فصل از کتاب مورد بررسی بیشتر قرار گیرد. در این فصل، تصویری که مونرو در داستان‌هایش از زن ارائه کرده است، مشخص شده و عوامل تأثیرگذار در شکل‌گیری این تصویر نیز ذکر شده است.

۱. مقوله اصلی: مادری

داستان / مقوله‌های فرعی	رویای مادرم (۱)	بعد (۲)	نفرت،دوستی، ...،عشق،ازدواج (۳)	تیر و ستون (۴)	کوئینی (۵)	دورنمای کاسل راک (۶)	صورت (۷)	حفره‌های عمیق (۸)
مادر- پرستار	۱۱۱	۱۲۱	۱۳۱	۱۴۱	---	۱۶۱	۱۷۱	۱۸۱
مادری منفعل	۱۱۲	۱۲۲	---	۱۴۲	---	۱۶۲	---	---
مادر- حمایتگر	۱۱۳	۱۲۳	---	۱۴۳	---	---	۱۷۳	۱۸۳
مادری پدیده‌ای دردناک و ناخوشایند	۱۱۴	---	---	---	---	۱۶۴	---	---
تعارض مادری و همسری	---	---	---	۱۴۵	---	۱۶۵	۱۷۵	۱۸۵
تعارض مادری و زنانگی	۱۱۶	---	---	۱۴۶	---	۱۶۶	---	---
جایگزینی شخصی به جای مادر اصلی	۱۱۷	---	۱۳۷	---	۱۵۷	۱۶۷	---	---
هویت یافتن زن به‌واسطه رفتارهای مادری	---	۱۲۸	---	---	---	۱۶۸	۱۷۸	---

۲. مقوله اصلی: برخورد با مسائل

نام داستان / مقوله‌های فرعی	رویای مادرم (۱)	بعد (۲)	نفرت، ...... ،عشق،ازدواج (۳)	تبر و ستون (۴)	کوئینی (۵)	دورنمای کاسل راک (۶)	صورت (۷)	حفره‌های عمیق (۸)
فرار	۲۱۱	۲۲۱	۲۲۱	۲۴۱	۲۵۱	---	۲۷۱	---
تسلیم شرایط شدن	۲۱۲	۲۲۲	---	۲۴۲	۲۵۲	۲۶۲	---	---
استواری و ایستادگی	۲۱۲	۲۲۲	۲۲۲	---	۲۵۲	۲۶۲	۲۷۲	۲۸۲

۳. مقوله اصلی: جایگاه زن

نام داستان / مقوله‌های فرعی	رویای مادرم (۱)	بعد (۲)	نفرت، ...... ،عشق،ازدواج (۳)	تبر و ستون (۴)	کوئینی (۵)	دورنمای کاسل راک (۶)	صورت (۷)	حفره‌های عمیق (۸)
جایگاه فرودست زن	۳۱۱	۳۲۱	۳۳۱	۳۳۱	۳۵۱	۳۶۱	۳۷۱	۳۸۱
جایگاه محترم زن باردار	---	۳۲۲	---	---	---	۳۶۲	---	---

۴. مقوله اصلی: تأثیر آموزه‌های اجتماعی

داستان / مقوله‌های فرعی	رویای مادرم (۱)	بعد (۲)	نفرت، ...... ،عشق،ازدواج (۳)	تیر و ستون (۴)	کوئینی (۵)	دورنمای کاسل راک (۶)	صورت (۷)	حفره‌های عمیق (۸)
صبر و بردباری	۴۱۱	۴۲۱	---	---	---	۴۶۱	۴۷۱	۴۸۱

۵. مقوله اصلی: نمود فشارهای اجتماعی جامعه

نام داستان / مقوله‌های فرعی	رویای مادرم (۱)	بعد (۲)	نفرت، ...... ،عشق،ازدواج (۳)	تیر و ستون (۴)	کوئینی (۵)	دورنمای کاسل راک (۶)	صورت (۷)	حفره‌های عمیق (۸)
وسواس	۵۱۱	---	۵۳۱	۵۴۱	---	---	۵۷۱	---
اضطراب	۵۱۲	---	---	---	---	---	---	---

مقوله‌های اصلیِ بدون مقوله فرعی:

۶. از خودبیگانگی زن ؛ ۷. فراموش شدگی زن ؛ ۸ . تعلق زن به مرد؛ ۹. وابستگی زن به مرد ۱۰. حمایت زنان از یکدیگر ؛ ۱۱. داغ ننگ ، ۱۲. گفتمان جنسیتی ؛ ۱۳. رویا و رویا پردازی؛ ۱۴. مردسالاری حاکم بر جامعه

داستان / مقوله‌های اصلی	رویای مادرم (۱)	بعد (۲)	نفرت،دوستی، ...،عشق،ازدواج (۳)	تیر و ستون (۴)	کوئینی (۵)	دورنمای کاسل راک (۶)	صورت (۷)	حفره‌های عمیق (۸)
ازخود بیگانگی زن	---	۶۲-	۶۳-	۶۴-	۶۵-	---	۶۷-	۶۸-
فراموش شدگی زن	---	۷۲-	۷۳-	۷۴-	۷۵-	۷۶-	۷۷-	۷۸-
تعلق زن به مرد	۸۱-	۸۲-	---	---	۸۵-	---	۸۷-	۸۸-
وابستگی زن به مرد	۹۱-	۹۲-	۹۳-	۹۴-	۹۵-	۹۶-	۹۷-	۹۸-
حمایت زنان از یکدیگر	۱۰۱-	۱۰۲-	۱۰۳-	۱۰۴-	۱۰۵-	۱۰۶-	----	۱۰۸-
داغ ننگ	۱۱۲-	۱۱۲-	۱۱۳-	----	۱۱۵-	۱۱۶-	۱۱۷-	۱۱۸
گفتمان جنسیتی	---	۱۲۲-	۱۲۳-	۱۲۴-	۱۲۵-	۱۲۶-	۱۲۷-	۱۲۸-
رویا و رویا پردازی	۱۳۱-	۱۳۲-	---	۱۳۴-	۱۳۵-	۱۳۶-	۱۳۷-	۱۳۸-

مقوله اصلی (گزاره): مادری

«میل به مادری تنها به معنای اشتیاق به داشتن فرزند نیست بلکه اشتیاق به مراقبت کردن از آنان است و این غیر از وظیفه مادری یا مادری از سر اجبار و یا مادری به علت نداشتن کاری غیر از آن است. غریزه مادری شوق و تمنای مادر برای پرورش دادن فرزندان خود و داشتن رابطه متقابلی با آن‌هاست»(دمارنف؛ ۱۳۸۸: ۱۸). «در جهان امروز و بعد از فعالیت‌هایی که جنبش‌های فمنیستی برای از بین بردن تبعیض‌ها علیه زنان انجام داده‌اند، نقش مادری از سوی این گروه‌ها مورد هجوم قرار گرفت و گروهی از فمنیست‌های ضدخانواده مادری را عامل ظلم و ستم به مادر می‌دانند و به گفته ، دکتر دافنه دمارنف [۲۰۷]، نویسنده کتاب غریزه مادری، یکی از اهداف فمنیسم در ۲۵ سال اخیر برچیدن آرمان مادر فداکار و از خود گذشته بوده است...»(دمارنف؛ ۱۳۸۸: ۱۲). «پی‌گیری حضور عشق مادری در تاریخ و روند شکل‌گیری آن تا به امروز، ما را به این ادراک می‌رساند که عشق مادری پدیده اکتسابی است اکتسابی نه به آن معنا که وام‌دار آموزش است بلکه به این معنا که انسان چنین عشقی را در طول زمان به گونه‌ای احساس کرده که حال آن را متصل به ذات خود می‌داند»(لطافتی؛ ۱۳۸۵: ۱۱۱).

تعریف مادر و مادری

«در فرهنگ لغت صبا مادر به فتح دال به زنی که فرزند دارد و به آن مام و ماما هم گفته می‌شود اشاره شده است. مادری معمولاً به مفهوم توجه و مراقبت از کودکان، ارضای نیازهای مادی، عاطفی، روانی، و احساس مسئولیت در قبال آن‌ها

[207] Daphne de Marneffe

و همچنین برقراری مناسباتی است که نیازهای آن‌ها را برآورده می‌کند»(صادقی فسایی، ۱۳۸۶: ۹۱).

«بسیاری از نقش‌های گذشته‌ی مادران، امروزه نیازمند تخصص و هم‌چنین نیازمند سال‌ها تحصیل و کارآموزی است؛ از قبیل، پرستاری، مشاوره و راهنمایی... ولی در دو مورد، نقش مادری بدیل‌ناپذیر است؛ یکی بارداری و زایمان و دیگری عشق نامشروط مادر به فرزند، بر این اساس می‌توان گفت مادر کسی است که زندگی می‌بخشد. مادر نوعی وجود انسانی با نظریه الزامات بیولوژیکی زنانگی است. در این دیدگاه مادری سرنوشت طبیعی زنان و کارکردی غریزی است. مادری معمولاً به معنای توجه و مراقبت از کودکان، ارضای نیازهای عاطفی و روانی آن‌ها و احساس مسئولیت در قبال آن‌هاست در رویکرد معاصر نسبت به جنیست، مادری نمودی از ارتباطات است که در معنای تاریخی، اجتماعی، اقتصادی و حتی نژادی قابل تغییر است. حتی تغییرات فرهنگی نیمه دوم قرن بیستم در مورد مفهوم و ساختار پدری در فهم و تحلیل مادری تأثیرگذار بوده است»(صادقی فسایی، ۱۳۸۶: ۹۵).

«اسطوره عشق مادری جنبه خاصی را داراست که آن را از عشق‌های دیگر متمایز می‌سازد. البته ارزش‌ها و هنجارهای فرهنگی و اجتماعی بر آن تأثیرگذار است. برخی بر این باورند که حتی احساسات و عواطف زن به همسر خود را باید در عشق مادری دانسته و حالتی ثانوی از مادریِ زن است و از غریزه او در انطباق با اوضاع بر می‌خیزد. زمان طفولیت هیچ‌چیز جای مادر را نمی‌گیرد و در هیچ زمانی از زندگی هیچ چیز مادر نمی‌شود هر مادری و هر فرزندی این را به خوبی می‌فهمد»(یزدی، ۱۳۸۸: ۱۵۵- ۱۵۶).

مفهوم مادری، بیشتر مفهومی روانشناسانه و روانکاوانه است و روانشناسان مطرحی هم‌چون زیگموند فروید[۲۰۸]، آنا فروید[۲۰۹]، اریک اریکسون[۲۱۰]، ژاک لاکان[۲۱۱]و.. در باب آن داد سخن سر داده‌اند؛ ولی این نظریات در این پژوهش که به مسائل دیدی جامعه‌شناسانه دارد، جایی ندارد و ما از طرح همه آن‌ها صرف نظر کرده و تنها تعدادی نظریه را به صورت مختصر، به عنوان نمونه بیان می-کنیم.

چند نظریه درباره مادری

- **لوسی ایریگاری**[۲۱۲]

«پژوهش‌های ایریگاری در باب زبان و فلسفه زنانه و تفاوت آن با زبان و فلسفه مردانه مورد توجه بسیاری از محافل فلسفی دنیا قرار گرفته است. او بر جنبش‌های مستقل زنان در فرانسه و ایتالیا تأثیر به سزایی گذاشته است. ایریگاری با پیروی از رویکرد پساساختارگرایانه بر این باور است که هویت زنانه در طول تاریخ به حاشیه رانده شده در عوض هویت مردانه مبنای اندیشه، عمل و گفتار قرار گرفته است. پرسش این است که چگونه هویت زنانه در تقابل با هویت مردانه حفظ می‌شود؟

ایریگاری مانند کریستوا بر این باور است که هویت منحصراً متعلق به جنس مردانه نیست بلکه هویت دیگری به نام هویت زنانه وجود دارد. او برای تبیین این امر که چگونه هویت زنانه (مادری) به نفع هویت مردانه طرد می‌شود، با تکیه بر

---

208 Sigmund Freud
209 Anna Freud
210 Erik Erikson
211 Jacques Lacan
212. Luceirrigary

آرای فلسفی- روانکاوی ژاک لاکان به دو مرحلۀ دوویتی متمایز در فراگرد حیات فردی- اجتماعی انسان اشاره می‌کند.

۱) مرحله بیشازبانی: که در آن وضعیت انسان در دوران کودکی در پیوند نزدیک با مادر است و با مادرش هویت‌یابی می‌کند. در اینجا کودک هنوز زبان نیاموخته و به قلمرو اجتماعی وارد نشده است؛ بنابراین هویت وی قوام نیافته است.

۲) مرحله زبانی: در این مرحله کودک از طریق آشنایی با فرد دیگری به نام پدر از قلمرو مادرانه با پیشازبانی جدا می‌شود و از طریق زبان آموزی هویت جدیدی برای خود رقم می‌زند. در حقیقت کودک با نام پدر وارد این مرحله می‌شود. مرحلۀ زمانی همان هویت جدید است. این هویت پایدار اجتماعی اوست که مبنای نظر و عمل وی قرار می‌گیرد. به نظر ایریگاری پذیرش این هویت جدید با حذف هویت اولیه یا قلمرو مادرانه (زنانه) صورت گرفته است. به نظر وی، زبان، که عرصۀ ورود به هویت جدید است، با مقوله‌بندی مؤلفه‌های مردانه هویتی خاص را برای همه افراد جامع تحمیل می‌کند. از این رو زبان ابزار قدرت هویت مردانه است یا به قول لاکان زبان (قانون پدر) است»(همدانیان و دیگران، ۱۳۹۰: ۱۵۰ -۱۵۲).

- **نانسی چودورو**[۲۱۳]

بازنگری رویکرد فروید حول مادری:

«چودورو شکل‌گیری هویت جنسی را از درون شناخت پویش‌های روانی خانواده و روابط ابژه‌ای کودک با مادرش می‌داند. چودوروف نظریه سنتی روابط ابژگانی و روایت فرویدی رشد هویت جنسی را بازنگری کرد. او نظریات خود را بر پایه

---

[213]. Nancy chodarow

کارهای کارن هورنی و ملانی کلاین، تالکوت بارسونر و روانکاوان مکتب فرانکفورت بنا نهاد. تمرکز بحث چودورو از پدر و عقدۀ ادیپ به مادر و مرحله پیشاادیپی منتقل شده است.

چودورو می‌گوید:

«نفس بنیادین زنانه با جهان پیوستگی دارد و نفس بنیادین مردانه در جدایی است.»

پیوسته و جدا از واژه‌های کلیدی چودورو هستند. از این رو وی بر این باور است که شخصیت دختران درست برخلاف نظریه فروید بر پایه ارتباط ویک دلی (در وهلۀ نخست با مادر) تکامل می‌یابد و این ارتباط برای آن امتیازی است، نه مانع و جلو دارنده، اما شخصیت و حس مردانگی پسران از جدایی و فردیت‌زاده می‌شود. او یکی از مهمترین عوامل سلطۀ مردانه را این می‌داند که پرورش کودکان بر عهده مادران است؛ زیرا زنانی که مادر می‌شوند و (مردانی که مادر-پرورش دهنده کودک- نمی‌شوند) دخترانی به وجود می‌آورند که میل به مادر بودن دارند و پسرهایی به وجود می‌آورند که مردانگی برایشان به معنای برتری مردانه است و ظرفیت‌ها و نیازهای پرورش دهندگی در آن‌ها سرکوب و محدود می‌شود. بنابراین نابرابری جنسی امری جامعه‌شناسانه و روان‌شناسانه به شمار می‌رود نه امری «طبیعی» و زیست‌شناسانه، که در هر نسل باز تولید می‌شود نتیجه اجتماعی این رویکرد سازمان‌دهی وظایف والدین به گونه‌ای است که این وظایف میان زنان و مردان تقسیم می‌شود. چودورو اعتقاد دارد که این سیکل سنتی (بارآوری کودک به دست مادر) باید شکسته شود به عبارت دیگر مردان نیز باید در کار بزرگ کردن کودکان نقش داشته باشند اگر این وضعیت ادامه

یابد زنان همواره تحقیر شده و در حاشیه خواهند بود. یگانه راه برابر زن و مرد همین است»(همدانیان و دیگران، ۱۳۹۰: ۱۵۲- ۱۵۴).

فمنیسم و مادری

«تا قبل از طرح دیدگاه فمینیست‌ها در دهه ۱۹۷۰، مادر بودن موضوع چندان مهمی نبود و در مطالعات خانواده تنها به صورت حاشیه‌ای به آن پرداخته می‌شد، اما پس از این دوره، مادر بودن به عنوان نهاد اجتماعی، تشخص ویژه‌ای پیدا کرد و اهمیتی به مراتب بیش از یک واقعه زیستی یافت»(مک کارتی و ادواردز،۱۳۹۰ : ۴۶۹).

««نظر فمنیست‌ها در باب مادری را عمدتاً باید در مباحث آنان پیرامون بیولوژی تولید مثل جستجو کرد. اما موضوعات مربوط به مادری همواره برای فمنیست‌ها موضوعات مشکلی است، زیرا آنان را در میان مجموعه‌ای از بحث‌های ایدئولوژیکی، بیولوژیکی و ساخت مادری گرفتار می‌سازد»(دی کوئینزیو[۲۱۴]،۱۹۹۹؛به نقل از صادقی فسایی، ۱۳۸۴ : ۲۴).

«لذا به نظر می‌رسد که بحث‌های فمنیستی در مورد مادری با یک نوع تضاد و دوگانگی رو به رو است و موضوع مادری یکی از موضوعاتی است که باعث انشعاب بین فمنیست‌ها می‌گردد. برای مثال، از یک طرف فمنیست‌های کلاسیک را مشاهده می‌کنیم که در مورد مظلوم واقع شدن زنان صحبت می‌کردند و به دنبال دنیای مطلوبی می‌گشتند که در آن زنان خصوصاً مادران برای ارائه شیر مجانی به مادران، مرخصی استعلاجی برای زنان جهت نگهداری از بچه کوچکشان و... مبارزه می‌کردند. و از طرف دیگر فمنیست‌های جدید و عمدتاً رادیکال، با اتخاذ

---

214 Diquinzio

مواضع مختلف با مادری مخالفت می‌نمودند. به اعتقاد آن‌ها باید مادری انکار شود زیرا برای زنان خطرناک است و آن‌ها را در موقعیت‌های پایین‌تر از مردان قرار می‌دهد. این دسته معتقدند که پدرسالاری وظایفی را بر مادر تحمیل کرده است و مادران را وادار می‌سازد که پدرسالاری را در کودکان باز تولید کنند و ارزش‌های فرهنگ مسلط را به فرزندان خود منتقل نمایند و آن‌ها را وادار می‌سازند تا با نقش‌های جنسیتی همنوایی کنند تا سلسله مراتب موجود تداوم یابد. حمایت یا ضدیت با مادری نه تنها در سطح نظریه‌پردازی بلکه در سطح عمل نیز عواقب و نتایج دوگانه‌ای را به بار آورد و منجر به تفاسیر و برداشت‌های متنوع و متضادی گردیده است. برای مثال، در یک تقسیم‌بندی دیگر می‌توان فمنیست‌ها را به فمنیست‌های طرفدار تفاوت و فمنیست‌های طرفدار تساوی تقسیم کرد. فمنیست‌های طرفدار تساوی می‌خواهند که زنان و مردان در تحصیلات، کار، فضای علمی، و فرصت‌های کاری حقوق مساوی داشته باشند ولی حقوق مساوی در فضاهای خصوصی چندان مورد توجه آن‌ها نیست، آن‌ها سعی می‌کنند که اثر تفاوت‌های جنسیتی را در روند قانون‌گذاری کم کنند تا به اهداف خود نایل شوند، از این نقطه نظر می‌توان ادعا کرد که فمنیستی‌های طرفدار تساوی مسائل را برای زنان خصوصاً مادران مشکل‌تر ساخته‌اند. آن‌ها نه تنها خانواده را به عنوان یک نهاد تحقیر کرده‌اند بلکه ارزش مادری را حاشیه‌ای و غیرمهم تلقی نموده‌اند تا آنجا که افرادی چون گرینا معتقدند که قانون‌گذاری در مورد حقوق مادری و زایمان در واقع تقویت‌کننده تصاویر سنتی از نقش‌های جنسیتی و مادری است»(صادقی فسایی،۱۳۸۴: ۲۵).

«در واقع این فمنیست‌ها، استقلال تساوی و موضوعات فارغ از جنیست را به عنوان آزادی شخص هدف قرار می‌دهند وبا تأکید بر تساوی، بدون در نظر گرفتن جنیست، زحمات و اهمیت کار زنان را در دوران حامگی، به دنیا آوردن فرزند،

شیر دادن، و پرورش کودک کاملاً نادیده می‌گیرند و حق زنان را ضایع می‌کنند. برخلاف این دسته فمنیست‌های طرفدار تفاوت معتقدند که زنان نیازهای خاصی دارند و این یک حقیقت بیولوژیک است که فقط زنان می‌توانند بچه‌دار شوند لذا باید مورد احترام قرار گیرند.

اما عده‌ای از فمنیست‌های تندرو چون «فیرستون[۲۱۵]»، تا آنجا پیش می‌روند که بیولوژی تولید مثل را موجب سرکوب زنان می‌دانند. وی برای حمایت از ادعای خود به نظریه «مارلین فرای[۲۱۶]»، در مورد سرکوب و نظریه «مارکس[۲۱۷]»، در مورد حذف تسلط و سرکوب متوسل می‌شوند، مطابق نظریه مارلین فرای سرکوب و تسلط، یک سیستم سیاسی- اجتماعی می‌باشد و طوری طراحی شده که یک طبقه عامرانه بر طبقه دیگر تسلط داشته باشد. و سیستم سرکوب‌گر از موانعی استفاده می‌کند که گروه زیردست را محدود سازد. این موانع می‌تواند در قالب هنجارها، قوانین، رویه‌ها و عملکردهای اجتماعی باشد و مانع توسعه و رشد افراد زیردست گردد. بنابراین تجاوز، خشونت علیه زنان، سوءاستفاده‌هایی که در محیط‌های خصوصی نسبت به زنان رخ می‌دهد و حتی هنجارهای اجتماعی که مادری را هدایت می‌کنند، موانعی است که راه زنان را به سوی پیشرفت و توسعه سد می‌کند. این موانع معمولاً سریع درک نمی‌شوند، ولی با دقت در سازمان‌های جامعه آن را درک خواهیم کرد. از نظر فیرستون و مارلین فرای، زن سرکوب شده، در جامعه مانند پرنده‌ای است که در قفس می‌باشد. اگر کسی پرنده را از دور ببیند تعجب خواهد کرد که چرا این پرنده پرواز نمی‌کند، این بدان جهت است که او سیم‌های قفس را از دور نمی‌بیند اما از نزدیک معلوم می‌شود که این سیم‌ها به هم مرتبط‌اند. فیرستون در این موضوع نیز با مارکس مشترک است که

---

215. Firestone
216. Marlin firy
217. Karl marks

هر نوع و شکلی از سرکوب ناعادلانه است و باید روش‌هایی را برای حذف آن پیدا کرد و لذا وی در پی تبیین موانعی است که زنان را محدود می‌کند. او خشونت جنسی، محدودیت‌های زنان در مقایسه با مردان، بچه‌داری و پرورش بچه را بعضی از این موانع می‌داند و ادعا می‌کند که قالب‌ترین و رایج‌ترین موانع به واسطه بیولوژیی تولید مثل ایجاد می‌شود. در نظر وی، زنان به لحاظ بیولوژی تولید مثل، ضعیف‌تر از مردان هستند لذا مردان همواره بر جامعه مسلط شده و از این ضعف بیولوژیکی سوء استفاده کرده و تقسیم کار مبتنی بر جنسیت را خلق کرده‌اند و در نتیجه زنان به خانه‌داری و بچه‌داری محدود شده‌اند. و مردان در فضای بیرون از خانه مشغول می‌باشند؛ بنابراین بیولوژی وتولید مثل موجب عدم تساوی توزیع قدرت در خانواده بیولوژیکی می‌گردد. علاوه بر این بیولوژی تولید مثل زنان موجب می‌گردد که آن‌ها به لحاظ روانی ضعیف‌تر شوند؛ لذا مردان، جامعه‌ای را خلق می‌کنند که زنان در آن مفعولانه عمل می‌کنند و به واسطه مردان کنترل می‌شوند. اگر چه فیرستون برای ادعای خود هیچ دلیل خاصی را ارائه نمی‌کند، اما در آخر به این نتیجه می‌رسد که حمایت و استفاده از بیولوژی تولید مثل به عنوان یک نهاد به لحاظ سیاسی خطرناک است، زیرا موجب سرکوب زنان می‌گردد، لذا به زنان توصیه می‌کند که تولید مثل خود را کنترل نمایند. در مجموع می‌توان بیان نمود که فمنیست‌های تندرو با بحث در مورد تولید مثل موضع خود را بر علیه مادری اعلام می‌دارند و آن را امری حاشیه‌ای غیرمهم و بازدارنده تلقی می‌کنند»(صادقی فسایی،۱۳۸۴: ۲۶-۲۷).

- **مادری در داستان‌های مونرو**

در اکثر داستان‌های مونرو، مفهوم مادری، به وضوح به چشم می‌خورد. اما این مادری موجود، مفهومی پر از تعارض و متفاوت از یکدیگر است. این مادری

متعارض و روابط مشکل‌دار مادر و فرزند، در نتایج پژوهش‌های دیگری که در زمینه آثار مونرو به انجام رسیده است نیز کاملا دیده می‌شود.

در بعضی از داستان‌ها، مادر، موجودی حمایتگر بوده و از کودک خود کاملا حمایت و مراقبت می‌کند. این‌که آیا این حمایت در حد معقول بوده و یا غلط، از محدوده بررسی و هدف ما خارج است و به آن پرداخته نمی‌شود. ولی در بسیاری داستان‌های دیگر، مادر موجودی منفعل می‌باشد و حتی رفتارهای مربوط به نقش مادری را بلد نیست یا آنگونه که باید از خود عکس‌العمل خاصی نشان نمی‌دهد. مادر منفعل در نوشته‌های مونرو بر مادری اتلاق می‌شود که در برابر توجه دیگران نسبت به کودک خود، کم توجه‌تر است و در بسیاری موارد تنها یک نظاره‌گر است. خصوصا در برابر آنچه همسرش از او در قبال کودک می‌خواهد، تسلیم است. در بعضی داستان‌ها، مادر تنها در نقش یک پرستار فرو می‌رود. گویی پرستاری است که باید از مریض خود مراقبت کند و هرگونه کم و کاستی در این راه با توبیخ و تنبیه همراه است.

در بسیاری از داستان‌ها، زن به دلیل مادر شدن و پذیرش نقش‌های مادری، با همسر خود مشکلات زیادی پیدا می‌کند. مرد داستان، حاضر به پذیرش رفتارهای مربوط به نقش مادر مانند شیردادن نیست و از آن گریزان است. یعنی، زن، هنگامی که در نقش مادری فرورفته و رفتارهای مادرگونه انجام می‌دهد، به واسطه این رفتارها، با همسر خود دچار مشکل و تعارض شده و مرد این رفتارها را نپذیرفته و حتی گاهی اوقات، از آن بیزار است.

زن، در جامعه مردسالار بی‌هویت می‌شود و برای پیدا کردن این هویت، به کارهای مختلفی چنگ می‌زند. یکی از این کارها، پذیرش نقش مادری است. در

بعضی داستان‌های مونرو، زنی بی‌هویت یافت می‌شود که با پذیرش نقش مادری کودکِ شخصی دیگر، هویت یافته و از لاک خود بیرون می‌آید و شکوفا می‌شود.

با بررسی مادری در داستان‌های مونرو، متوجه می‌شویم که گذشته خود مونرو و رابطه مشکل‌دار او با مادرش، کاملا در شکل‌گیری رابطه مادر وفرزند در داستان‌های او مؤثر است. از طرفی دیگر، او در زمانه‌ای زندگی می‌کرده است که تفکرات فمینیستی در حال جولان دادن در فضای اجتماعی جامعه است و زنان به نسبت گذشته، به آزادی‌های زیادتری دست پیدا کرده‌اند. رگه‌های این تفکرات و تأثیرات آن‌ها، (که در قسمت قبل به صورت خلاصه تحت عنوان فمینیسم و مادری آورده شده است)، را می‌توان در شکل‌گیری این مفهوم در داستان‌ها مشاهده کرد.

مقوله اصلی(گزاره): از خودبیگانگی و شرح آن در داستان‌های مونرو

در داستان‌های مونرو، بسیاری از زنان، از خودبیگانه هستند. نمی‌دانند کی و چی‌اند. زن به طور جداگانه برای خود معنا و مفهومی ندارد. او معنای خود را از طریق همسرش، فرزندانش، خانه و زندگی‌اش و حتی ظاهرش به دست آورده است و گاهی این بی‌معنایی و بی‌هویتی، باعث می‌شود که در زندگی، اصلا نداند که در پی چیست، چه می‌خواهد و مدام سر در گم باشد.

این مفهوم اگرچه پیش از مارکس نیز مطرح شده است اما این «کارل مارکس» بود که آن را در دو دوره مختلف زندگی خود و در دو ساحت متفاوت، ولی در ارتباط با هم بسط داد. مارکس، ابتدا مفهوم «از خودبیگانگی» را از دریچه رابطه انسان کارگر، با کار و کالا توضیح داد. «هرچه کارگر ثروت بیشتری تولید می‌کند و محصولاتش از لحاظ قدرت و مقدار بیشتر می‌شود، فقیرتر می‌گردد. هرچه

کارگر کالای بیشتری می‌آفریند، خود به کالای ارزان‌تری تبدیل می-شود»(مارکس،۱۳۸۲: ۱۲۵)؛ و هم‌زمان بر ماهیت انسانی از خودبیگانگی و ریشه اقتصادی آن تأکید داشت. «کار بیگانه شده، با بیگانه ساختن آدمی از طبیعت و از خود، یعنی از کارکردهای عملی و فعالیت حیاتی‌اش، نوع انسان را از آدمی بیگانه می‌سازد»(مارکس، ۱۳۸۲: ۱۳۲). دغدغه‌ی او در این دوره فروپاشی ماهیت انسان به عنوان موجودی – نوعی- بوده است.

ساحت دومی که مارکس در آن قدم می‌گذارد، در اثر شگرف او، یعنی «سرمایه»، قابل مشاهده است. او در این کتاب، با توضیح راز چگونگی شکل‌گیری کالا به عنوان سلول اولیه اقتصاد، مفهوم «بتوارگی کالا» را مطرح می‌کند و سرشت این «بتواره شدن» کالا و تأثیر آن بر زندگی انسانی را بیان می‌کند. «یکسانی یا همانندی کارهای انسانی، شکل شیءوار محصولات کار را به خود می‌گیرد، آن‌گاه که در شیئیت‌شان، به عنوان ارزش، همانند هستند؛ دوم، مقدار زمانی که نیروی کار انسانی مصرف شده، شکل مقدار ارزش محصول کار را پیدا می‌کند و سوم، سرانجام مناسبات بین تولیدکنندگان با یکدیگر، مناسباتی که بستر اهداف اجتماعی و علایق اجتماعی کار آن‌ها است، به شکل رابطه‌ی اجتماعی محصولات کار در می‌آید»(مارکس، ۱۳۸۸: ۱۰۱). مارکس معتقد است جامعه سرمایه‌داری انسان‌ها را مجبور کرده است تا به جای ارتباط رو در رو با یکدیگر، از طریق محصولات کارشان با یکدیگر ارتباط برقرار کنند. «ما با هم تنها به مثابه‌ی ارزش-های مبادله‌ای ارتباط برقرار می‌کنیم»(مارکس، ۱۳۸۸: ۱۰۱).

مارکسیست‌های بعد از مارکس نیز، از این مفهوم در بسط اندیشه‌های خود استفاده فراوانی کردند. به عنوان مثال، «جورج لوکاچ[۲۱۸]»، این مفهوم را برای تبیین مسئله فردگرایی در جامعه سرمایه‌داری به کار بست. «شیءوارگی سرمایه-

[218] György Lukács

دارانه‌ی آگاهی، هم باعث فردگرایی بیش از حد انسان می‌شود و هم سبب چیزوارگی ماشینی او. تقسیم کار، که با سرشت انسان بیگانه است، از یک سو، انسان‌ها را در فعالیت‌شان منجمد و متحیر می‌سازد و آنان را در کارهای‌شان به ماشین واره‌ها و بردگان امور یک نواخت بدل می‌کند؛ از سوی دیگر، به طور همزمان آگاهی فردی آنان را بی‌اندازه افزایش می‌دهد که به علت امکان‌ناپذیری بیان شخصیت انسان‌ها و ارضای آنان در فعالیت‌هایشان، به چیزی میان‌تهی و انتزاعی و به خودپرستی حیوانی تشنه‌ی جاه و مال بدل می‌شود»(لوکاچ، ۱۳۷۷: ۵۶۸).

فعالین جنبش‌های زنان، در سال‌های بعد، از این مفهوم به طور گسترده‌ای استفاده کردند. به جز فمینیست‌های مارکسیست که تأکیدشان در بحث از خودبیگانگی، بر هر دو ساحتی است که مارکس در موردشان صحبت کرده است، اکثر فمینیست‌های وابسته به دیگر جریانات فمینیستی، بر مفهوم از خودبیگانگی در ساحت اول تفکر مارکس تأکید دارند و چندان به مسئله بتوارگی کالا برای تحلیل‌هایشان پایبند نیستند. سرآمد این نظریه‌پردازان، «سیمون دوبووار[۲۱۹]» است که عموما او را یک فمینیست اگزیستانسیالیت می‌دانند. او معتقد است، زن در جامعه مردسالار، تنها در نقش‌های همسر، مادر، زن شاغل، روسپی، خودشیفته و عارف، ایفای نقش می‌کند و برای رهایی، باید از این نقش‌ها رهایی جوید. «دوبووار در تأملی دوباره بر توصیف‌های خود از همسر، مادر، زن شاغل، روسپی، خودشیفته و عارف به این نتیجه رسید که، وجه تأسف بار تمامی این نقش‌ها در آن است که هیچ یک در اصل ساخته خود زن نیست. زن، بی‌بهره از قدرت سازندگی، به دنیای مردانه‌ی جامعه‌ی سازنده پیشکش شده تا آن را تأیید کند. به گفته دوبووار، زن را مرد و ساختارها و نهادهای او ساخته و پرداخته

---

[219] Simone de Beauvoir

کرده‌اند. اما از آنجا که زن نیز مانند مرد فاقد گوهری ازلی است، نیازی ندارد همان چیزی که مرد از او ساخته است باقی بماند. زن می‌تواند فاعل باشد، در فعالیت‌های مثبت و سازنده جامعه درگیر شود و نقش‌های همسر و مادر و شاغل و روسپی و خودشیفته و عارف را کنار بگذارد یا از نو بسازد»(تانگ، ۱۳۹۵: ۳۳۵).

از نگاه او زنان با توسل به دست‌آویزهای موجود هر یک از این نقش‌ها، سعی می-کنند بر اسارت خود غلبه کنند، اما این تنها، برون‌رفت از این نقش‌ها است که این مسئله را امکان‌پذیر می‌کند. زنان دست به تخریب خود، دیگری و یا حل-شدن و یا فرار از این شرایط می‌کنند. برای مثال، بهرام بیضایی در نمایشنامه‌ی «طومار شیخ شرزین»، زنی زیبا را تصویر می‌کند که بر مردی آزادی‌خواه که به برابری زنان معتقد است لطمه می‌رساند، تا با طغیان و تخریب در نقش از پیش تعریف شده برای زن در جامعه مردسالار قرار بگیرد. «شرزین: چه زخم جانکاهی در روح توست و من نمی‌دیدم. نه، هرگز خوبان را خوار نپنداشته‌ام. مادرم بی‌شک زنی بود، و چگونه از زنی سرافکنده، مردی سر بلند بزاید؟

آبنارخاتون: خونی که می‌ریزم از عادت است؛ مگر نه که زنان را هفده خفت است که عادت و مکر و کم خردی کمترین آن‌ها است؟ پس باش تا چنین باشد. حالا خود را چنان ساختم که شما می‌گویید؛ مکار و نابخردا!»(بیضایی، ۱۳۸۵: ۵۱). زن، در واقع از طریق عصیان و با نشان دادن عدم پذیرش و تحقیر آنچه به او تحمیل شده است، نقش را می‌پذیرد و از دست‌آویزهای موجود در نقش برای رهایی استفاده می‌کند.

«به یاد می‌آورم که زمانی یکی از همکاران سابق من، زنی زیبا و هوشمند از اهالی جهان سوم، دل بسیاری از همکاران مرد ما را برده بود. او یک بار به من

گفت: «حالا که می‌خواهند من دیگری باشم، حرفی نیست. من برای آنان دیگری خواهم بود اما باید بهای آن را بپردازند». و چنین نیز شد چون او به روش خود هم مردانگی و هم هوشمندی آنان را دست می‌انداخت و تحقیر می‌کرد»(تانگ، ۱۳۹۵: ۳۳۳).

دوبووار در توضیح نقش‌ها در مورد نقش زن خودشیفته نیز به این تناقض اشاره می‌کند. او معتقد است که نمی‌توان همزمان، هم سوژه و هم ابژه‌ی یک موضوع بود. زن نمی‌تواند همزمان که مفعول است دست به کنشی بزند که نقشی فاعلانه برای او به نمایش می‌گذارد. «نقش زن خودشیفته، نقش زنانه‌ای است که حتی از روسپیگری بغرنج‌تر است. به ادعای دوبووار، خودشیفتگی پیامد دیگر بودن زن است. زن فاعلی ناکام است. چون اجازه ندارد در معنادادن به خود، نقشی ایفا کند و نقش‌های زنانه‌ی او ارضاءکننده نیستند. زن که نمی‌تواند در قالب طرح‌ها و اهداف به خویشتن تحقق ببخشد، ناگزیر واقعیت وجود خود را در حالیت شخص خویش می‌جوید... او به خود اهمیت فراوان می‌دهد چون به هیچ چیز با اهمیتی دسترسی ندارد. پس زن به شیء و مفعول خود بدل می‌شود. او با اعتقاد به مفعولیت خویش –اعتقادی که همه افراد پیرامون او تأیید می‌کنند- مسحور تصویر خود، چهره و بدن و لباس‌های خود، و حتی اثر جادوی آن‌ها می‌شود. احساس توأمان فاعل‌بودن و مفعول‌بودن توهمی بیش نیست، زیرا ترکیب هستی برای‌خود و هستی‌درخود ناممکن است، با این حال، فرد خود شیفته دقیقا با همین حس ثنویت متعالی، معنا می‌یابد»(تانگ، ۱۳۹۵: ۳۳۳).

دوبووار معتقد است، شعارهایی که در راستای آزادی زنان از طریق شرکت در مشاغل و شاغل شدنشان داده می‌شود نیز، یکسره بدون دست‌آورد است و تنها فریبی از طرف جامعه مردسالار و سرمایه‌دارانه است که به از خودبیگانگی روز افزون زنان کمک می‌کند.«پس گمان می‌کنی که زنان با ایفای نقش زن شاغل یا

متخصص، یعنی زنی که خوشبختی او به خشنودی یک مرد خاص یا فرزندان او بستگی ندارد، می‌توانند از دام زنانگی رهایی یابند. اما واقعیت این است که امکانات زن شاغل نیز برای فرار از قفس زنانگی چندان بیشتر نیست. از جهاتی وضعیت زن شاغل به مراتب از همسر و مادر خانه نشین بدتر است، چون از او انتظار می‌رود همیشه و همه جا زن باشد و زنانه رفتار کند. به بیان دیگر، از زن شاغل انتظار می‌رود وظایف شغلی خود را به وظایفی که از زنانگی او بر می‌آید بیافزاید، و البته منظور از زنانگی، نوع معینی از جذابیت ظاهری است. در نتیجه او به تعارضی درونی میان علایق حرفه‌ای و علایق زنانه خود دچار می‌شود. زن شاغل، اگر علاقه به پیشرفت حرفه‌ای را در خود پرورش دهد، به این احساس تأسف گرفتار خواهد شد که از تجسم زنانگی یعنی زن آراسته و خوش لباس با ناخن‌های بلند مانیکور شده دور می‌شود و اگر به ظاهر خود توجه نشان بدهد احساس می‌کند از شاغل (که به خلاف او لازم نیست متصف به خودشیفتگی باشد، عقب می‌ماند»(همان: ۳۳۱ - ۳۳۲).

یکی از مواردی که در جای جای داستان‌های مونرو به چشم می‌خورد و می‌توان آن را زیر عنوان ازخودبیگانگی تعریف کرد، مسئله «آرایش و مد» است. مونرو برای توضیح از خود بیگانه شدن زنان، بارها از این توصیف استفاده می‌کند. بر اساس این دیدگاه که آرایش و مد در راستای بهره‌کشی از زنان است، می‌توان به این مهم رسید که این مسئله موجب از خودبیگانگی زنان می‌شود. «زنان به طور طبیعی زیبا هستند. در رژیم سرمایه‌داری روکش طلا کشیدن بر روی گل سوسن، تنها ریختن میلیون‌ها دلار به جیب سودجویان است. زیبایی همسان با مد نیست بلکه دارای ارزش‌های بالاتر، بهتر و ماندگارتری است»(هنسن و دیگران، ۱۳۸۱: ۹۹).

زن باید برای رضایت شوهر خود چهره خود را از آنچه در لحظه و واقعا هست، متمایز کند. در غیر این صورت، مشکل از خود او است. «اگر شوهری از زن خسته و کوفته با بچه‌های پر سر و صدا، با ماشین لباس‌شویی خراب و از کار افتاده، کوهی از لباس که باید رفو شود و شانه‌ای فروافتاده از ناامیدی، جدا شود، نویسندگان روزنامه‌ها فریاد بر می‌آورند که گناه از زن بوده که مدل موی خود را هر چند گاه یکبار تغییر نداده و هر روز صبح به لبش ماتیک نمالیده است»(هنسن و دیگران، ۱۳۸۱: ۷۳).

مقوله اصلی: گفتمان جنسیتی

«گفتمان، سازه‌ای اجتماعی از واقعیت است که با زاویه‌ای خاص و بنا به شرایط اجتماعی-ایدئولوژیکی، دانشی ارائه می‌کند و مثلا زبان را در قالب وضعیت تعاملی گوینده و شنونده یا نویسنده و خواننده، صورت و معنا می‌بخشد. گفتمان، با تعیین مواضع ذهنی افراد و گروه‌ها، ایدئولوژی‌های تسهیل‌کننده‌ی انجام کردارهای اجتماعی را فراهم می‌آورد و البته می‌تواند با سایر گفتمان‌ها نیز تعامل داشته باشد»(محمدی اصل، ۱۳۸۹: ۲۵).

گفتمان و زبان، اصلی‌ترین راه‌های ایجاد و انتقال مفاهیم و تعاریف هستند. «فرینان دو سوسور[۲۲۰]»، در آثار خود بر اهمیت گفتمان تأکید زیادی داشت و باعث شد این مفهوم به شکل قابل توجهی مورد ملاحظه دیگر اندیشمندان خصوصا اندیشمندان فمینیست قرار بگیرد. «در تفکر سوسور، زبان صرفا وسیله‌ای برای بیان معنی نیست. در عوض، او استدلال می‌کند که فهم ما از جهان به زمینه و فرهنگ خاصی وابسته است و لذا به لحظ زبان شناختی، سازمان‌دهی

[220]Ferdinand de Saussre

می‌شود. معنی در درون زبان صورت‌بندی می‌شود و بیرون از شیوه‌های عملکرد گفتمان، قالب‌گیری نمی‌شود. افزون بر این، معنی (چگونگی فهم جهان) تحت تأثیر ساختار نهفته‌ی زبان شکل می‌گیرد: یعنی از یک نظام ارتباطی میان واژگان ناشی می‌شود. نزد سوسور، مفاهیم بر زبان تقدم ندارند یا کاملا جدای از آن به منزله‌ی هستارهای خودمختار منفرد وجود ندارند، بلکه محصول ارتباطات تقابل‌های درون زبان هستند»(بیسلی، ۱۳۸۹: ۱۳۵).

گفتمان و زبان در مسئله زنان را، می‌شود در ساحت‌های مختلفی بررسی کرد. در کلی‌ترین و اصلی‌ترین ساحت می‌توان گفت که، گفتمان‌های موجود خصوصا در مورد مسائل علمی، گفتمان‌ها و نوشتارهای مردانه و جنسیتی است. در ساحت‌های دیگر می‌توان به نحوه دیالوگ زنان با یکدیگر، مردان با یکدیگر و زنان و مردان با هم و یا زنان و مردان با کودکان اشاره کرد، همچنین می‌توان ریشه‌های بسیاری از ناسزاها و یا حتی طنزها را در بررسی گفتمانی جنسیت زده به جستجو نشست. «در زبان جنسیت‌زده، تجارب آدمی از دیدگاهی مردانه ولی به عنوان هنجاری برای عام مطرح می‌شود. شاهد این ادعا را می‌توان در توضیح بعضی از واژه‌ها در لغت نامه‌های معتبر یافت. هرگاه با این سوال که ـآدم- کیست؟ و یا این که آیا زنان هم جزء مردم هستند، لغت نامه دهخدا را مطالعه کنید، متوجه خواهید شد که در آن جا نوشته شده است:

«آدم به معنی نخستین پدر، در تدوام مترادف مردم، آدمی، آدمیان، انس، ناس، در مثال‌های شاهد آدم، مرد، مردمان مترادف یکدیگرند.»، در همین مدخل، مثال‌هایی نیز زده شده که عبارتند از: «آدم از کوچکی بزرگ می‌شود.»، «مصرع فروتنی سبب بزرگی مرد می‌شود»، «مردمان باید به یکدیگر یاری کنند.»

در این مدخل فوق الذکر متوجه می‌شویم که «آدم‌ها» و «مردم» ، مذکر هستند. «یکی از خصوصیات زبان جنسیت‌زده، نادیده انگاشتن بخش دیگری از مردم است که عموما آن را زنان تشکیل می‌دهند. این امر در تعامل گفتاری، به زن احساس از خودبیگانگی و انزوا می‌دهد. در زبان جنسیت‌زده، بعضی از صفات ارزش در جامعه، فقط در انحصار مردان قرار می‌گیرد و این باعث می‌شود تا زنان در کفه عدالت جایگاه کمتری را به خود اختصاص دهند. به عنوان مثال، -قول مردانه دادن- به نظر می‌رسد قولی است که فقط در دنیای مردان داده می‌شود و ظاهرا از زنان انتظار نمی‌رود که پای حرف خود بایستند. واژگان و عبارات دیگری نیز از قبیل «جوانمردی»، «مرد کار بودن» و یا حتی «مرد رند بودن» و غیره می‌توانند به عنوان مثال‌های خوبی در مورد زبان جنسیت‌زده مطرح شوند»(نرسیسیانس، ۱۳۸۳: ۱۰۷ - ۱۰۸).

«تربیت خانوادگی و تحصیل مدرسه‌ای، پسران و دختران را از همان ابتدا از هم جدا کرده و در مقابل هم می‌گذارد. سرمشق گرفتن خانواده و مدرسه از مناسبات اجتماعی، سپس محور مذکر و حاشیه‌ی مؤنث را میان مرد متکلم و زن مخاطب، به جریان می‌اندازد و تعارض جنسیتی را در این پرتو، به سلسله مراتبی نابرابر اعتلا می‌بخشد. بی‌توجهی نظریه به سکوت و غیاب زنانه در این عرصه قاعدتا غلط‌انداز می‌شود و عنایت به آن، محتاج بینش و روشی جدید است. مثلا در تحلیل محاوره می‌توان دریافت که، وقتی زن لب از لب می‌گشاید، همواره به عنوان زن سخن نمی‌گوید بلکه بنا به نوعی مشارکت گروهی، هویت و جایگاهی را منادی می‌شود که گاه ضد زن است و این البته شرط تداوم تعامل در گروه به شمار می‌رود»(همان: ۵۵).

همان‌طور که گفتیم زبان جنسیت‌زده این اجازه را می‌دهد که ناسزا ها و الفاظ بی‌ادبانه و تحقیرآمیز ویژگی‌های زنانه‌ای داشته باشند. برای شاهد این ادعا نیازی

به این نیست که چنین واژگانی را که به صورت متداول در اکثر جوامع به کار برده می‌شوند در این نوشتار پیاده کنیم. «زبان جنسیت‌زده، می‌تواند کاربرد متمایز و بی‌ادبانه‌ای نسبت به دیگر جنس در جامعه ترویج کند که بار دیگر مخاطب آن عموما زنان هستند. زبان جنسیت‌زده، باعث می‌شود تا زنان تصویر کلیشه‌ای و منفی از خود دریافت کنند و در نتیجه بر انتظارات مردان و یا خود آن‌ها از آنچه شایسته‌ی زن است، تأثیر بگذارد»(نرسیسیانس، ۱۳۸۳: ۱۰۸). گفتمان جنسیتی به صورت روزمره و بدون وقفه، شاید بیش از هر عامل دیگری، در حال سرکوب و تحقیر زنان است. این ادبیات چنان رایج شده است که بعید به نظر می‌رسد زنان، از طریق اطرافیان خود، رسانه‌ها و یا در خیابان آن را تجربه نکنند؛ و حتی برای بسیاری از زنان نیز امری پذیرفته شده و عادی تلقی می‌شود.

- ## مقوله گفتمان جنسیتی در داستان‌های مونرو

در داستان‌های مونرو، این گفتمان، به وضوح به چشم می‌خورد. هنگام برخورد زنان با مردان و شوخی‌های آنان، هنگام تعریف پدری از دخترش و یا مردی از همسرش و نکته جالب توجه، عادی بودن این مسئله برای زنان داستان است.

مقوله اصلی: مردسالاری حاکم بر جامعه

«مردسالاری، نامی است برای نظام و ساختاری که از راه نهادهای اجتماعی، سیاسی و اقتصادی ِ خود، زنان را زیر سلطه دارد»(آبوت و والاس،۱۳۸۵: ۳۲۴).«گاه به جای واژه مردسالاری از واژه پدرسالاری استفاده می‌شود که کار درستی نیست، زیرا پدرسالاری تنها به برخی از جنبه‌های این نظام اقتدار مردانه و به گروه خاصی از مردان اشاره می‌کند»(فرهنگ انگلیسی- فارسی آریان‌پور). «میزان قدرت مردان نسبت به زنان در جوامع مختلف، متفاوت است. با این حال،

در تمام این جوامع مردسالار، مردان سهم بیشتری از مزایای اجتماعی همچون قدرت، ثروت و احترام دارند. تداوم قدرت نظام مردسالاری ناشی از دسترسی بیشتر مردان به مزایای ساختارهای قدرت در درون و بیرون از خانواده و همچنین واسطه‌ی تقسیم‌کردن این مزایای اجتماعی در جامعه است»(آبوت و والاس،۱۳۸۵: ۳۲۴).

«واژه‌ی مردسالاری، در فمینیسم مفهوم مهمی است. هر یک از گرایش‌های فمینیستی برای توصیف زیرِ سلطه بودن زنان به یکی از ویژگی‌های مردسالاری اشاره می‌کنند. فمینیست‌های سوسیالیست و فمینیست‌های مارکسیست، مردسالاری را بیشتر در جنبه‌های مادی و در رابطه با سرمایه‌داری بررسی می‌کنند و معتقدند شیوه‌ی تولید سرمایه‌داری به وسیله تقسیم کار جنسیِ مردسالاری تقویت می‌شود، و مناسبات طبقاتی سرمایه‌داری و تقسیم کار جنسی یکدیگر را تشدید می‌کنند. فمینیست‌های رادیکال، مردسالاری را با سلطه‌ی مردان یکی می‌دانند و معتقدند چون زنان از نظر جنسی کم‌ارزش‌تر شمرده می‌شوند، «طبقه مرد» بر «طبقه زن» حاکم است. فمینیست‌های روانکاو، که مفاهیم روان‌کاوی را به‌کار می‌گیرد، معتقدند شکل‌گیری جنسیت زنانه و مردانه و معیارهای کاذب ناشی از آن، عامل ایجاد نظام مردسالاری و حذف زنان از تاریخ است»(آبوت و والاس،۱۳۸۵: ۳۲۴).

در توضیح تاریخچه و گذشته زنان که در ابتدای فصل ذکر شد، عوامل بروز مردسالاری و مشخصات و تبعات آن نیز مرور شد، با این حال بد نیست اشاره گذرای دیگری نیز بر این مفهوم داشته باشیم. باید به یاد داشته باشیم که مردسالاری همیشه بازتاب نمودهای منفی سرکوب کننده بر علیه زنان نیست. بلکه در بسیاری از صفات و تعاریفی که از زن ارائه می‌دهد و در ظاهر این صفات، مثبت جلوه می‌کنند، این مردسالاری پنهان دیده می‌شود. «برخی دیگر از

اندیشمندان عصر روشنگری مانند روسو بر آن بودند که زنان سرشتی متفاوت با مردان دارند و موجوداتی معنوی‌تر، احساسی‌تر، عفیف‌تر و آرام‌تر از مردان هستند. بسیاری از آنان دل نگران فساد و اخلاقیات حاکم بر جامعه بودند و زنان را از این نظر که از این فساد مبرا ترند، می‌ستودند. با وجودی که این اندیشه نزد روسو به کنار گذاشتن زنان از سپهر عمومی منجر می‌شد»(مشیرزاده، ۱۳۸۸: ۱۲). از همین رو می‌توان گفت نظام مرد سالار به اشکال و انواع مختلف سعی در سرکوب زنان و دور نگه داشتنشان از روابط و اجتماع می‌کند.

«در این میان تصور می‌شد خصوصیات بدنی زنان برای محیط‌های خانگی و خصوصی، تناسب بیشتری دارد. این باور وجود داشت که ویژگی‌های زنان، به گونه‌ای است که حضور آنان را در زندگی عمومی دشوار می‌سازد، چرا که در این نوع زندگی، نیاز به تعقل و تفکر بیشتری است در حالی‌که زنان، بیشتر به عواطف و احساسات خود تکیه دارند و همین تصور باعث می‌شد تا زنان از فعالیت‌های عمومی کنار گذاشته شوند و در تصمیم‌گیری‌های مهم جامعه نقشی نداشته باشند. برای مثال، آن‌ها تا اواخر قرن نوزدهم و حتی بعد از آن نیز حق رأی نداشتند و این‌گونه استدلال می‌شد که پدران و شوهران آن‌ها، به‌مراتب بهتر از خودشان می‌توانند تصمیم‌گیری کنند و در فعالیت‌های سیاسی مشارکت بهتری داشته باشند. اگر زنان می‌خواستند در حق تعیین سرنوشت خود مشارکت داشته باشند، باید وارد این فضای عمومی می‌شدند و ورود به این فضا، برای آنان با مشکلات زیادی همراه بود»(هولمز، ۱۳۹۴: ۹۰-۹۱).

برای مقابله با این سرکوب از اواخر قرن نوزدهم و اوایل قرن بیستم جنبش‌هایی از طرف زنان و در راستای احقاق حقوقشان شکل گرفت و بعدها به شاخه‌های مختلف تقسیم شد. «فمینیسم از این نقطه آغاز می‌کند که زنان سرکوب می‌-شوند و سرکوب ایشان مسئله مهمی است. اقتدار مردان آزادی عمل زنان را

محدود می‌کند چون مردان امکانات اقتصادی، فرهنگی و اجتماعی بیشتری را در اختیار خود دارند»(آبوت و والاس، ۱۳۸۷: ۳۱).

- ## مقوله مردسالاری حاکم بر جامعه در داستان‌های مونرو

این مفهوم، به وسعت فراوانی در داستان‌های مونرو قابل مشاهده است. نحوه رفتار با زنان، توقعات و انتظارات از آنان، دور بودن آنان از فضاهای عمومی و سیاسی جامعه. با مطالعه داستان‌های مونرو به این نتیجه می‌رسیم که، به‌واقع، مردسالاری، تنها یک کلمه نیست بلکه مفهومی وسیع است که بر تمامی ابعاد جامعه تأثیر گذاشته است؛ و زنان بیش‌تر از هر کسی از این مسئله تأثیر پذیرفته-اند. آنان در این فضا آموزش دیده‌اند. یادگرفته‌اند که طبق خواسته‌های جامعه مردسالار حرکت کرده و حتی عکس‌العمل از خود نشان دهند. هویتشان طبق این مفهوم شکل‌گرفته است؛ حتی رفتارهای مادری و همسریشان طبق این مفهوم انجام می‌شود. کار کردنشان نیز، طبق خواسته‌های مردسالاری حاکم است. البته، در این داستان‌ها، هستند زنان و مردانی که خلاف خواسته‌ها و تعلیمات مردسالاری رفتار می‌کنند؛ ولی در جامعه به آن‌ها انگ خورده و شخصی عجیب تلقی شده و سرکوب می‌شوند.

مقوله اصلی: تعلق زن به مرد

دو مفهوم «تعلق زن به مرد» و «وابستگی زن به مرد»، در بین مقولاتی که برای تحلیل داستان‌ها در این پژوهش از آن‌ها استفاده شده است، از یکدیگر تمیز داده شد. در مقوله‌ی تعلق زن به مرد، نشانه‌هایی مشخص شده که بازگو کننده این مسئله است که زن به عنوان یک کالا جزو مایملک مرد تلقی می‌شود. در این خصوص مشخصا رادیکال فمینیست‌ها به طرح مباحث تخصصی‌تری پرداخته‌اند.

«رادیکال فمینیسم، به روایت فایرستون در دیالکتیک جنس، ریشه‌ی جنگ و بهره‌کشی و نژادپرستی را روانشناسی قدرت –اشتیاق پایان‌ناپذیر به تسلط بر دیگران- می‌داند، که از حاکمیت مرد در خانواده سرچشمه می‌گیرد»(زارتسکی، ۱۳۹۰: ۹۱).

زن، در آن زمان به معنی واقعی کلمه جزو دارایی مرد محسوب می‌شود. تا پیش از ازدواج او جزو دارایی‌های پدر یا قیم خود است و آن پدر و قیم وظیفه دارند از آن دارایی به بهترین شکل مراقبت کنند و آن را –نو- نگاه دارند تا بعد این دارایی را در ازای چیزی مشخص –که می‌تواند پول، زمنی، منزلت و یا چیزهایی مشابه باشد- به فرد بعدی یعنی شوهر منتقل کنند. «زن همراه با جهیزیه‌اش به دارایی شوهر خود تبدیل می‌گردد. او می‌بایست تن، مغز و رحم و خدمات خانگی خود را در اختیار شوهر بگذارد. و در این معامله‌ی ازدواج، کنترل خود را بر بدن و ذهن خود از دست داد. زیرا اکنون او با بدن و روح خود دارائی شوهر بود که تصمیم‌های اصلی را می‌گرفت»(رید، ۱۳۸۹: ۱۰۹).

- **مقوله تعلق زن به مرد در داستان‌های مونرو**

در داستان‌های مونرو، زنان به مردان تعلق دارند. در بسیاری از داستان‌های او، زن در زندگی، در برابر مرد، اراده‌ای از خود ندارد و طبق سلیقه و نظر مرد زندگی می‌کند و حتی فرزندان را تربیت می‌کند؛ مثلا، جامعه توقع دارد که زن بعد از مرگ همسر، با خانواده همسرش زندگی کند و به دنبال او می‌آیند. زن، مجبور است، بدون توجه به خواسته شخصی‌اش، برای زندگی به دنبال مرد خود به شهری دیگر برود، و یا این مرد است که رفتارهای زن در خانه و خارج از آن را مشخص می‌کند.

مقوله اصلی: وابستگی زن به مرد و شرح آن در داستان‌های مونرو

همان‌طور که گفته شد، پژوهشگر، این مقوله را از تعلق زن به مرد جدا کرده است، چرا که این مقوله بیشتر بر روابط اجتماعی زن دلالت می‌کند تا وابستگی‌های اقتصادی. در اینجا زن بدون مرد فاقد معنی است او همیشه به عنوان یک تعریف وابسته مثل همسر، مادر و... تعریف می‌شود. همان‌گونه که انسان‌ها بر اساس تعریفی که از طرف دیگران می‌شوند، برای خود تعریفی می‌سازند، زنان نیز خود را این گونه شناختند. زنان، تا سنی مشخص به واسطه خانواده –همان پدر- خود شناخته شده و از سنی به بعد در پی یافتن شوهر بودند تا بتوانند همچنان دارای تعریف باشند. «تعجبی ندارد که همسریابی اغلب یگانه هدف زندگی زنان جوان شد: بدون شوهر، آینده تیره و تار بود»(بردلی، ۱۳۸۶: ۷۵). جالب اینجاست که حتی زنانی که تن به ازدواج نمی‌دادند یا نمی‌توانستند ازدواج کنند نیز، با برچسب‌ها و تعاریف وابسته –از قبیل ترشیده، روی دست مانده، و برچسب‌های تحقیر آمیز دیگر- شناخته می‌شده و متـأسفانه هنوز هم در بسیاری از جوامع شناخته می‌شوند.

قوانین موجود در تمام دوران پس از یکجا نشینی، بر این وابستگی زنان نسبت به مردان دامن زده و همچنان نیز می زنند. به عنوان مثال، در زمان فروپاشی فئودالیسم در انگلستان «جایگاه قانونی زنان متأهل ضعیف باقی ماند. آنان فاقد هرگونه حقوقی نسبت به هر نوع دارایی یا عایدی خودشان بودند، حتی دارایی‌هایی که پیش از ازدواج در تملک داشتند. آنان حق طلاق نداشتند و قانون، حق حضانت از فرزندان را در صورت جدایی زوجین به مرد می‌داد، ولو این که در عمل بیشتر مردان مسئولیت آن را به همسرانشان محول می‌کردند. منزلت زن کاملا با منزلت همسرش تعیین می‌شد. اگر مرد فقیر می‌شد زن مجبود بود همراه او به نوانخانه برود»(همان: ۸۰ - ۸۱).

وابستگی‌های عاطفی و احساس عجز مدامی که بسیاری از زنان در برابر توانمندی مردان نیز دارند، محصول نوع خاص آموزش و تربیت آنان در جوامع مردسالار است. زمانی که تمام دستگاه‌ها از خانواده گرفته تا رسانه و ... بر ارزش‌هایی مشخص پیرامون زنان تأکید می‌کنند، نمی‌توان انتظار داشت که این وابستگی به خودی خود از بین برود. «تأکید بر این که جایگاه اصلی زنان باید در خانه باشد محور اصلی ایدئولوژی خانه‌نشینی را تشکیل می‌داد. این ایدئولوژی در قرن بیستم با واژگان مدرنی چون مهندسی خانه و مدیریت خانه توجیه می‌شد و بدین ترتیب زن واجد سلطه و قدرتی تلقی می‌گشت تا بتواند بی‌قدرتی زنان را در عرصه عمومی جبران کند»(مشیرزاده، ۱۳۸۸: ۲۱۸ - ۲۱۹).

مقوله اصلی: داغ ننگ: اروین گافمن[۲۲۱]

چیستی داغ ننگ (استیگما)[۲۲۲]

به انگ، تهمت و افترایی که بدون پشتوانه و یا حتی با پشتوانه‌ای مردسالارانه به زن داده می‌شود، گفته می‌شود. این مقوله در راستای سرکوب زن خصوصا در غالب گفتمان جنسیتی به کار می‌رود.

«اصطلاح داغ ننگ، برای اشاره به ویژگی یا صفتی به کار برده خواهد شد که بدنام کننده یا ننگ‌آور است. اما باید توجه کرد که قدرت داغ‌زنی،یک صفت نه در ذات خودش، بلکه در روابط اجتماعی ریشه دارد. به عبارت دیگر، صفتی که داغ ننگ بر پیشانی فرد دارای آن می‌زند، می‌تواند به عادی جلوه دادن فرد دیگر

[221] Erving Goffman
[222] Stigma

کمک کند و بنابراین فی‌نفسه نه خوش‌نام کننده باشد و نه بدنام کننده»(گافمن،۱۳۸۶: ۳۲).

اروینگ گافمن در خصوص ترمینولوژی استیگما این‌گونه می‌نویسد: «یونانی‌ها که ظاهرا از چشمان تیزبینی برخوردار بودند، اولین‌بار اصطلاح داغ ننگ را در اشاره به علائم بدنی‌ای به کار بردند که برای اشاره به علائم بدنی‌ای به کار بردند که برای اشره به نکته‌ای غیرعادی و ناپسند در وضعیت اخلاقی فرد مطرح می‌شد. این علائم را روی بدن افراد خاصی می‌بریدند و یا با سوزاندن روی پوست ایجاد می‌کردند. نشان مذکور به روشنی اعلام می‌کرد که فرد حامل آن، برده، مجرم یا خیانتکار است –آدمی لکه‌دار شده، به لحاظ دینی آلوده، که به ویژه در اماکن عمومی باید از وی پرهیز کرد»(گافمن،۱۳۸۶: ۲۹).

«بعدها در دوران مسیحیت، دو لایه‌ی استعاری به این اصطلاح افزوده شده: اولی برای اشاره به مشابه‌های بدنی عنایت الهی که روی پوست، شکل شکوفه‌های در حال باز شدن را به خود می‌گرفت؛ و دومی کنایه‌ای پزشکی و برگرفته از این کنایه‌ی اساسا مذهبی بود که به علائم بدنی ناشی از اختلالات جسمی اشاره داشت. امروزه اصطلاح داغ ننگ، به طور وسیعی تقریبا در همان معنای لفظی اولیه به کار می‌رود، ولی بیشتر به خود رسوایی و ننگ اشاره دارد تا به علائم بدنی ناشی از آن. از این گذشته، نوع ننگ‌هایی که توجه را برمی‌انگیزد، تغییراتی کرده است. اما دانش‌پژوهان علوم اجتماعی، تلاش اندکی در این زمینه داشته‌اند که پیش شرط‌های ساختاری داغ ننگ را توصیف کرده یا حتی تعریفی از خود این مفهوم ارائه دهند»(گافمن،۱۳۸۶: ۲۹).

گافمن معتقد است، «جامعه، ابزارهایی را برای دسته‌بندی کردن افراد و مجموعه صفاتی که تصور می‌شود برای اعضای هر یک از این دسته‌ها[۲۲۳] طبیعی و عادی است، تثبیت می‌کند. محیط‌های اجتماعی[۲۲۴] آن دسته‌هایی از افراد را که احتمال می‌رود در جامعه با آن‌ها روبرو شویم، تثبیت می‌کنند و روال‌های معمول آمیزش اجتماعی[۲۲۵] در این محیط‌های تثبیت شده به ما اجازه می‌دهند که بدون توجه یا اندیشه‌ی خاصی با دیگرانِ از پیش معلوم، مواجه شویم»(همان: ۳۰).

به اعتقاد وی، استیگما، ریشه در مواجهه با دیگری[۲۲۶] دارد: «هنگامی که غریبه‌ای در مقابل ما قرار می‌گیرد، امکان دارد صفتی در او ببینیم که او را از دیگر اشخاصِ دسته‌ی پیش‌بینی شده‌اش متمایز کند و به نوعی نامطلوب‌تر، نسبت دهد– حتی در حالت‌های افراطی امکان دارد او در نظر ما فردی کاملا بد، یا خطرناک یا ضعیف جلوه کند. بنابراین، او در ذهن ما از یک انسان کامل و عادی، به فردی ناقص و کم‌ارزش تقلیل می‌یابد.

صفتی که توانایی انجام این کار را داشته باشد، یک داغ ننگ است، به خصوص اگر تأثیر بدنام کننده‌اش بسیار گسترده باشد؛ بعضی مواقع نیز برای توصیف آن از عناوینی مثل عیب، نقص یا معلولیت استفاده می‌شود. داغ ننگ تفاوت خاصی بین هویت اجتماعی بالفعل و بالقوه‌ی فرد به وجود می‌آورد»(گافمن،۱۳۸۶: ۳۱).

گافمن، استیگما را به انواع زیر تقسیم‌بندی می‌کند:

«سه نوعِ کمابیش متفاوت داغ ننگ را می‌توان نام برد: اولین نوع، زشتی‌ها و معایب مربوط به بدن هستند- انواع بدشکلی‌های جسمانی. نوع دوم، نواقص و کمبودهای مربوط به شخصیت فرد را شامل می‌شوند، مثل متقلب، ضعیف‌النفس

223 category
224 Social Intercourse
225 Social Status
226 Other

و سلطه‌پذیر بودن یا احساسات غیر طبیعی، عقاید انعطاف‌ناپذیر و غیر قابل اعتماد داشتن: این صفات، با توجه به شواهد موجود به کسانی مربوط می‌شوند که برای مثال، دچار اختلالات روانی، زندان، اعتیاد به مواد مخدر، اعتیاد به الکل، هم‌جنس خواهی، بیکاری، اقدام به خودکشی، و رفتارهای افراطی سیاسی هستند. بالاخره نوع سوم، داغ ننگ قومی و قبیله‌ای است که منظور از آن، داغ ننگ‌های مربوط به نژاد، ملیت و مذهب است: این‌گونه داغ ننگ‌ها، می‌توانند در مسیر نسل‌ها انتقال یافته و تمام اعضای یک خانواده را یکسان آلوده سازند. با این‌حال، در تمام این موارد متنوع، از جمله آنچه که یونانیان در نظر داشتند، می‌توان به ویژگی‌های جامعه‌شناختی یکسانی دست یافت: فردی که در آمیزش اجتماعی روزمره به آسانی خصلتی را از خود نشان دهد که او را در کانون توجه قرار دهد و آن عده از ما که با او روبرو می‌شویم را از خود براند، در وضعیتی قرار می‌گیرد که صفات دیگرش نیز در نزد ما بدنام و بی‌اعتبار می‌شوند. چنین فردی در واقع، یک داغ ننگ می‌خورد و تفاوتی نامطلوب با آنچه ما پیش‌بینی کرده بودیم، پیدا می‌کند. در این‌جا، ما و آن افرادی که از انتظارات خاص مورد بحث با دید منفی دست نمی‌کشند، آدم‌های عادی یا بهنجار(نرمال) نامیده می‌-شوند»(گافمن،۱۳۸۶: ۳۴).

کنش متقابل در مواجهه با داغ ننگ (استیگما)

گافمن معتقد است، «نگرش‌هایی که ما آدم‌های عادی نسبت به فرد داغ خورده داریم، و کنش‌هایی که در مقابل‌اش انجام می‌دهیم، کاملا شناخته شده‌اند، زیرا این پاسخ‌ها، همان چیزی هستند که کنش‌های اجتماعی خیرخواهانه، برای تلطیف و اصلاح‌شان طراحی شده‌اند. البته مطابق تعریفی که از اصطلاح داغ ننگ

ارائه شد، ما تصور می‌کنیم یک فرد داغ خورده، انسان کاملی نیست و بر اساس همین تصور، انواع تبعیض‌های مختلف را علیه وی اعمال می‌کنیم، و به شکلی کارآمد، شاید هم اغلب از روی بی‌فکری، فرصت‌های زیستی‌اش را کاهش می-دهیم. در واقع، به نوعی یک نظریه داغ ننگ می‌سازیم، یک ایدئولوژی که پست بودن وی را تبیین کند و دلیلی برای خطرناک تلقی کردنش در اختیار ما بگذارد»(گافمن، ۱۳۸۶: ۳۴-۳۵).

«دغدغه اصلی یک فرد داغ‌خورده در زندگی‌اش ... بر می‌گردد به همان چیزی که غالبا با شکلی ابهام‌آمیز، «پذیرش[۲۲۷] » خوانده می‌شود. افرادی که با فرد داغ-خورده مراوداتی دارند، غالبا نمی‌توانند آن توجه و احترامی را که جنبه‌های سالم هویت اجتماعی وی مطالبه می‌کنند، و خود وی نیز انتظار دریافت آن را دارد، به او ارزانی کنند؛ او زمانی به این مسئله پی می‌برد که می‌بینند بعضی از صفات خودش موجب این وضعیت شده‌اند.

فردِ داغ‌خورده، چگونه به موقعیت خود واکنش نشان می‌دهد؟ در بعضی موارد برای فرد، این امکان وجود دارد که با یک تلاش مستقیم آن‌چه را که به عنوان مبنای عینی نقص‌اش محسوب می‌شود، از بین ببرد، مانند زمانی که یک فرد معلول جسمی از جراحی پلاستیک استفاده می‌کند، یک نابینا از معالجه چشم، یک بی‌سواد از کلاس‌های سوادآموزی، و یک هم‌جنس‌خواه از روان درمانی»(گافمن، ۱۳۸۶: ۳۹).

- **مقوله داغ‌ننگ موجود در داستان‌های مونرو**

داغ ننگ موجود در داستان‌های مونرو، که زنان داستان درگیر آن هستند، همان زن بودن و تصورات و کلیشه‌ای است که جامعه مردسالار از زن بودن در تصور

---

[227] Acceptance

مردم جامعه چه زن و چه مرد ایجاد کرده است. این‌که زن موجودی احساساتی است و از پس کارهای عقلانی و منطقی بر نمی‌آید. دیگر داغ ننگ موجود در داستان‌هایش، مربوط به زمانی است که زنی، برخلاف جریان موجود در جامعه حرکت می‌کند، که در آن صورت به او انگ عجیب بودن زده می‌شود. هم‌چنین زنانی که جدا از جامعه و مردم هستند و متفاوت از تفکرات مردسالاری حاکم بر جامعه فکر می‌کنند و کسی آن‌ها را درک نمی‌کند. این مسئه در گذشته او نیز وجود داشته است. طبق خاطرات خود مونرو، زنانی که به دلیل متفاوت بودن از زنان معمول زمانه او، جلب توجه می‌کردند نیز، دچار این داغ‌ننگ می‌شدند. طبق صحبت‌های مارگارت آتوود در مصاحبه‌اش[۲۲۸]؛ «در زمانه او، نویسندگی، خصوصا نویسندگی برای برای زنان حرفه‌ای عجیب به حساب می‌آمد. این یک قانون نانوشته‌ای بود که زنانی که به دنبال حرفه غیر عادی نویسندگی می‌رفتند به شکل عجیب و غریبی سر به هوا بودند. نیمی از اجداد مونرو از پروتستان‌های اسکاتلندی بودند. قسمت دیگری از اجداد مونرو وابسته به کلیسای انگلیس بودند و بدترین گناه از نظرشان این بود که سر میز شام کسی چنگال را اشتباه به دست بگیرد». به این ترتیب، برچسب زدن به افراد خصوصا زنان بسیار راحت بوده و خود مونرو نیز درگیر این قضیه بوده است. هم به دلیل متفاوت بودن و خلاف نظم و قاعده خانواده حرکت کردن و هم به خاطر شغل نویسندگی او.

مقوله‌های اصلی و فرعی: تأثیر آموزه‌های اجتماعی (صبر و بردباری) برخورد با مسائل (فرار، تسلیم شرایط شدن، استواری و ایستادگی) و شرح این مقولات در داستان‌های مونرو

---

[228] https://www.theguardian.com/books/2008/oct/11/alice-munro

این هر دو مقوله منتج شده از آن چیزی است که زن تحت آن شرایط تربیت یافته و بزرگ شده است. در اکثر داستان‌های مونرو زنی پیدا می‌شود که در برابر پرخاشجویی و بی‌منطقی‌های همسر، و حتی بی‌عاطفگی او، صبوری به خرج می-دهد و سعی در آرام کردن شرایط دارد. صبر و بردباری، نتیجه آموزه‌های اجتماعی تزریق شده به زن و سرکوب فوق العاده زن در ساخت خانواده در جامعه مردسالار است.

«به محض این‌که نوزادی متولد می‌شود، اطرافیانش بر حسب این‌که او دختر یا پسر باشد واکنش متفاوتی از خود نشان می‌دهند و از او نیز توقع عکس‌العمل‌های متفاوتی دارند. تصور این است که دختران ظریف و نازک‌نارنجی و وابسته‌اند در حالی‌که پسران، هم مستقل‌تر و هم نیرومندتر و قدرتمندترند. اواکلی معتقد است همین رفتار دوگانه تأثیر عمیق بر کودکان می‌گذارد و آن‌ها نیز در مقابل چنین رفتاری از خود واکنش نشان می‌دهند و سعی می‌کنند همان‌گونه رفتار کنند که از آن‌ها انتظار می‌رود. جسی برنارد [۲۲۹] جامعه‌شناس مشهور آمریکایی (۱۹۸۱)، معتقد بود زندگی روزمره کودکان را می‌توان به دو دنیای آبی [۲۳۰] و صورتی [۲۳۱] تقسیم کرد... دنیای صورتی، دختران را منفعل و احساساتی بار می‌آورد و دنیای آبی، پسران را فعال و مستقل پرورش می‌دهد»(هولمز، ۱۳۹۴: ۷۲-۷۳).

از همین رو، دختران و پسران در جامعه، به طرق مختلف جامعه‌پذیر می‌شوند و طبق آن به روش‌های مختلف نسبت به مسائل و مشکلات، عکس‌العمل نشان می‌دهند. از آن‌جایی که دختران باید احساساتی‌تر باشند، در مقابل دیگران و سختی‌ها نیز احساساتی‌تر عمل می‌کنند و صبر و بردباری زن در زندگی، یکی از نمودهای این تربیت کلیشه‌ای در زن است. زنان در جامعه از طرق مختلف نسبت

---

229 Jessie Bernard
230 Blue World
231 Pink World

به این‌گونه رفتار کردن تشویق شده و حتی فکر متفاوت عمل کردن و یا اعتراض آن‌ها را می‌ترساند، زیرا با انجام آن ممکن است توسط دیگران حتی هم‌جنسان خودشان مورد مؤاخذه قرار بگیرند.

زنان، حتی در پاسخ‌گویی به مسائل و مشکلات زندگی نیز با توجه به این نوع تربیت و تفکر پاسخ می‌دهند. اکثر زنان داستان‌های مونرو، به جای ایستادگی و حل مسئله، یا فرار را انتخاب می‌کنند و یا تسلیم شرایط شدن را. منظور ما از فرار چیزی ورای این کلمه نیست. فرار در نوشته‌های مونرو هم می‌تواند حالت فیزیکی داشته باشد و هم روانی. یعنی امکان دارد که شخصیت تنها به فرار فکر کند و حتی جرأت عملی‌کردن آن را نداشته باشد. هر دوی این مقولات، نمود همان تربیت منفعلانه دختر در جوامع سنتی با تربیتی کلیشه‌ای است. با نگاه به زندگی گذشته مونرو متوجه می‌شویم که، مونرو، نیز، همانند زنان داستان‌هایش،در برخورد با مسائل، راه تسلیم را انتخاب کرد. او برای حل مشکل مالی خود، ازدواج کرد و با این‌که همسرش با ویژگی‌های شخصیتی او هم‌خوانی نداشت، (طبق گفته خود او)، چون مسئولیت بزرگ پول درآوردن از شانه‌اش برداشته شده بود، به این زندگی تن داد و آن را پذیرفت.

«در واقع کودکان از منابع گوناگونی چون خانواده، دوستان، پرستاران مدرسه،کتاب‌ها، فیلم‌ها و تلویزیون، رفتار جنسیتی مردانه و زنانه را می‌آموزند و در این میان ۵ سال اول زندگی آنان، از اهمیت بیشتری برخوردار است چرا که در همین ۵ سال است که هویت جنسیتی آنان شکل می‌گیرد اگرچه اجتماعی شدن جنسیت فرآیندی است که تا پایان عمر هر فرد تداوم می‌یابد»(همان:۷۳-۷۴).

اما بعضی زنان داستان‌های مونرو، فراتر از آنچه جامعه از زن انتظار دارد رفته و خلاف آن عمل می‌کنند و در مقابل مشکلات و مسائل زندگی ایستادگی به خرج می‌دهند. و البته در این راه، همان‌طور که قبلا گفتیم، انگ بهشان زده می‌شود. «چنین توصیه‌هایی در مورد این‌که ما در موقعیت‌های گوناگون اجتماعی چگونه باید رفتار کنیم به ما نشان می‌دهد که ما می‌توانیم رفتارهای جنسیتی خود را تغییر دهیم. اگر با پدربزرگ‌ها و مادربزرگ‌هایمان در این مورد صحبت کنیم به خوبی متوجه تفاوت‌ها می‌شویم.... هستند افرادی که چنین شیوه‌هایی را نمی‌پسندند و از الگوهایی که توسط رسانه‌ها مطرح می‌شود پیروی نمی‌کنند»(همان:۶۷).

مقوله‌های: رویا و رویاپردازی، وسواس، انتظار، احساس گناه در داستان‌های مونرو

همان‌طور که ذکر شد، زنان در داستان‌های مونرو، اغلب موجوداتی «منفعل و تأثیرپذیر» هستند. در جای جای این داستان‌ها، این انفعال، در تصمیم‌گیری آن‌ها، در مادری کردنشان، در برخورد با مسائل و مشکلات، کاملا به چشم می‌خورد. یکی از نتایج این انفعال در زندگی، رویا و رویا پردازی است.

رویا و رویا پردازی از نظر فروید، یکی از مکانیسم‌های دفاعی است و در آن، فرد به منظور گریز موقتی از شرایط دردناک به رویا پردازی روی می‌آورد. رویا پردازی، هدایت آرزوهای دست نیافتنی و یا نامقبول به قوه تخیل است. از نظر فروید، کارکرد مکانیسم‌های دفاعی کمک به سازگاری و تطابق بهتر فرد با شرایط و محیط پیرامون است. کنار آمدن با واقعیت‌ها. دور نگه‌داشتن سائق‌های نهاد از هوشیاری و حفظ آن‌ها در ناخودآگاه.

«رویا و رویا پردازی»، در بسیاری از داستان‌های مونرو نقشی کلیدی ایفا می‌کند. زن برای ادامه حیات مادی و حتی روحی خود، در مورد آن‌چه می‌خواهد ولی نمی‌تواند به دست آورد به رویاپردازی رو می‌آورد. او از طریق رویاپردازی خلأهای ذهنی‌اش را پر می‌کند تا کمبود موجود را کمتر احساس کند.

«انتظار»، مفهوم دیگری است که در داستان های او به چشم می‌خورد. انتظار کشیدن زنان برای شخص یا اتفاقی بیرونی، تا مشکل آن‌ها را حل کند، آن‌ها را پیدا کند و نجاتشان دهد و استعدادهای آن‌ها را کشف کند. که این مفهوم ناشی از همان منفعل بودن زنان است.

«وسواس» از دیگر مفاهیمی است که مونرو برای بسیاری از شخصیت های زن داستان های خود در نظر می‌گیرد. وسواس نمود و شاخصه یا نهایت آن چیزی است که اکثر زنان در جامعه مردسالار تجربه می‌کنند. نمود فشار اجتماعی است که بر آن‌ها وارد می‌شود و عقده‌های فروخورده فرد در جامعه. در منابع علمی علل بروز وسواس را این‌گونه ذکر کرده‌اند: «اضطراب نیز یکی از عوامل این بیماری است که البته گاهی علت آن اضطراب نیز برای فرد مبتلا به وسواس معلوم نیست. گاهی بر اثر یک اتفاق مشکل آفرین و پرفشار مثل مرگ یکی از نزدیکان یا بعضی مسائل جنسی یا بیماری وسواس رخ می‌دهد. عقده‌های فرو خورده، ناکامی‌های درون ریخته شده نیز گاهی باعث این بیماری می‌شود. گاهی نیز احساس گناه‌کار بودن باعث وسواسی شدن است»(استکتی،۱۳۷۶).

در بعضی از داستان‌های مونرو، زنان دچار «احساس گناه» هستند. زن از این‌که کاری را انجامً داده و یا تصمیمی گرفته و یا راهی را انتخاب کرده است، احساس گناه می‌کند و از این مسئله رنج می‌برد؛ که این مسئله را، علاوه بر تأثیر عوامل و آموزه‌های اجتماعی، می‌توان به گذشته شخصی خود او و احساس گناه مونرو

نسبت به مادرش نیز، مرتبط دانست. همان‌طور که در فصل دوم عنوان شد، مونرو، برای ادامه زندگی و کسب موفقیت، مادر مریض خود را رها کرده و از شهر کوچک خود مهاجرت کرد و حتی نتوانست در مراسم خاک‌سپاری مادرش شرکت کند. و این مسئله طبق گفته خودش، باعث احساس گناه همیشگی او بوده است.

تصویر به دست آمده از زن در آثار مونرو

با توجه به تحلیل‌های انجام شده و مقولات به دست آمده، می‌توان گفت که مونرو زنانی از خود بیگانه، وابسته، بی‌هویت، منفعل و تسلیم را به تصویر می‌کشد. زنانی که در مقابل مسائل، به جای ایستادگی و مبارزه کردن، راه فرار و یا تسلیم را انتخاب می‌کنند. زنانی که همیشه منتظر شخص و یا اتفاقی بیرونی هستند تا مانند شاهزاده‌ای سپیدپوش، آنان را کشف کرده و باعث خوشبختی‌شان شود. زنانی که رویا پردازند و از جایگاه فرودستی در جامعه برخوردارند. زنانی سردرگم، که مادری کردنشان نیز، پر از تعارض است. در این مادری کردن، گاهی با همسر خود دچار تعارض می‌شوند و گاهی آن را متضاد با زن بودن و زنانگی خود می‌دانند و به طور کلی چندان دل خوشی از آن ندارند.

عوامل تأثیر گذار بر شکل‌گیری تصویر زن در داستان‌های مونرو:

فمینسم رادیکال و فمینیست‌های مارکسیسیت و چپ‌گرا

با توجه به بررسی و تحلیل داستان‌های مونرو و مقولات و مفاهیم به دست آمده از داستان‌های او، می‌توان به این نتیجه رسید که، این نویسنده تحت تأثیر آرای

فمینیست‌های رادیکال و فمینیست‌های مارکسیسیت و چپ‌گرا است. در این راستا، در ادامه به توضیح این دو نظریه و وجوح عاریت گرفته شده در داستان‌ها پرداخته می‌شود.

فمینیسم رادیکال

اگر بتوان خطی فرضی و نظری بین شاخه‌های مختلف فمینیسم کشید، فمینیسم لیبرال و زیرشاخه‌هایش در یک سو و فمینیسم رادیکال، سوسیالیست و مارکسیست-سوسیالیت در سوی دیگر این خط قرار می‌گیرند. «برای فمینیست-های رادیکال و طرفدار رهایی زنان، ستم بر زنان در همه جوامع و در قالب هر نوع شیوه تولیدی، ستم اصلی محسوب می‌شد و بنابراین بر آن بودند که انقلاب در این زمینه اولویت دارد و با امحاء ستم جنسی سایر اشکال ستم نیز نابود خواهد شد و دگرگونی اجتماعی در ابعاد وسیعی حاصل خواهد آمد. این جناح از جنبش رادیکال نیز از درون جنبش‌های چپ سر برآورد و تا حد زیادی نیز تحت تأثیر گفتار چپ قرار داشت و در عین حال واضع اندیشه‌هایی شد که در برخی از ابعاد با مارکسیسم سنتی بسیار تفاوت داشت(مشیر زاده، ۱۳۸۸: ۲۷۱).

در مقابل، چپ‌گراها که بنیان ستم را بر نظم طبقاتی می‌دانستند و معتقد بودند که با از میان برداشتن شیوه طبقاتی، آزادی‌های دیگر به وجود خواهد آمد، فمینیست‌های رادیکال بر این باور بودند که ریشه تمام ستم‌ها بر نابرابری جنسیتی استوار است. در بیانیه فمینیست‌های رادیکال نیویورک در سال ۱۹۷۰، این برداشت به صراحت عنوان شده است. «فمینیسم رادیکال، ستم بر زنان را به عنوان ستم بنیادی می‌شناسد که زنان در آن بر اساس جنسیت‌شان به عنوان طبقه فروتر طبقه‌بندی شده‌اند. هدف فمینیسم رادیکال، تشکل سیاسی برای

برانداختن نظام طبقاتی جنسی است. ما به عنوان فمینیسم‌های رادیکال بر آنیم که در مبارزه‌ای بر سر قدرت با مردان درگیر شده‌ایم و مرد تا جایی که با امتیازات متفوق نقش مردان به خود هویت می‌بخشد و آن را اعمال می‌کند، کارگزار ستم بر ما است. ما تشخیص می‌دهیم که آزادی زنان به معنای آزادی مردان از نقش مخرب ستمگری است و در این شرایط دچار این توهم نمی‌شویم که مردان نهایتا بدون مبارزه ار این آزادی استقبال می‌کنند. فمینیسم رادیکال، سیاسی است زیرا تشخیص می‌دهد که گروهی از افراد (مردان) نهادهایی را در جامعه برای حفظ قدرت خود تأسیس کرده‌اند»(همان: ۲۷۲). در این بیانیه، علاوه بر تبیین دیدگاه‌ها و سیاست‌ها، خط مرز مشخص فمینیسم رادیکال با فمینیسم‌های لیبرال مشخص شده است. چرا که برخلاف فمینیست‌های لیبرال که خود را فعالان اجتماعی می‌دانند، این گروه نیز، همچون فمینیست‌های مارکسیست و بخش بزرگی از فمینیست‌های سوسیالیست، خود را سیاسی می-دانند و سر و کار خود را با نهادهای قدرت بر می‌شمارند.

فمینیست‌های رادیکال، دارای نظرات گوناگون، متنوع و گاهی متضاد با یکدیگر هستند؛ اما در برخی اصول و دست آوردها، نقاط اشتراک اساسی با یکدیگر دارند. یکی از مفاهیم مشترک در بین فمینیست‌های رادیکال که خط مرز اصلی آن‌ها با رادیکالیسم فمینیستی یا همان فمینیسم سوسیالیست و فمینیسم مارکسیست-سوسیالیست است، مفهوم –پدرسالاری- است. «مفهوم بسیار اساسی در گفتار فمینیسم رادیکال، پدر سالاری است. همین مفهوم است که همیشگی بودن ستم بر زنان و پذیرش کم و بیش این ستم از سوی زنان یا حتی حس نکردن آن را توضیح می‌دهد و همان‌گونه که همیلتن[۲۳۲] اشاره می‌کند، نقطه گسست اصلی فمینیسم رادیکال از رادیکالیسم فمینیستی (یا فمینیسم مارکسیستی-

[232] Hamilton, op.cit.

سوسیالیستی) است... بر این اساس همه جوامع و گروه‌های اجتماعی به معنایی بسیار بنیادی (سکسیست) هستند و زن ستیز هستند»(مشیرزاده، ۱۳۸۸: ۲۷۷). فمینیست‌های رادیکال، با تأکید بر دو مفهوم پدر سالاری و نظام جنسی، بر این باور هستند که از آن‌جایی که سلطه مردانه در تمام وجوه عمومی و خصوصی زنان رخنه کرده و تأثیر گذار است، سیاست یک امر شخصی و هم‌زمان عمومی است. از نظر آن‌ها، زنان به صرف زن بودن خود، از توانایی درک عمیق‌تری نسبت به جامعه برخوردارند و از همین رو مفهوم «حمایت زنان از یکدیگر» در نوشته‌های آن‌ها به وفور به چشم می‌خورد. در آثار آلیس مونرو، این مفهوم نقش تأثیر‌گذاری در پیشبرد داستان‌ها ایفا می‌کند. هر چند در داستان‌های او، گاهی این حمایت شکسته شده و گاهی بر ضد اهداف اولیه‌اش حرکت می‌کند. «علاقه مفرط فمینیسم رادیکال به بهسازی یا کشف عناصر مثبت در زنانگی (با این ادعیه که اساسا زن بودن و تشکیل گروه‌هایی با دیگر زنان، امر مطلوبی است)، به همراه تلقی‌اش از مردان چونان نفع برندگان از مناسبات جنسی قدرت، منجر به ترسیم خط فارق نسبتا پررنگی میان مردان و زنان می‌شود»(بیسلی، ۱۳۸۹: ۹۲).

از جمله مسائلی که فمینیست‌های رادیکال تأکید زیادی بر آن داشته‌اند و البته این تأکید، منجر به رسیدن به دست‌آوردهای متعددی در این حوزه شده است، اهمیت نقش بدن و کنترل زن بر آن است. «با توجه به اهمیت محوری داده شده به مقوله‌ی جنس در این سیاست انقلابی، جای شگفتی نیست که دل مشغولی ویژه‌ای با مسئله‌ی اعمال کنترل بر بدن زنان را ملاحظه کنیم. نمونه‌ای از این تأکید را در آثار رابین رولاند[۲۳۳] و نقد تند او بر فن‌آوری‌های جدید باروری نظیر لقاح مصنوعی، می‌توان سراغ گرفت. فمینیسم رادیکال، معمولا به عقاید، نگرش‌ها یا الگوهای روان‌شناختی و ارزش‌های فرهنگی می‌پردازد، نه به اقتصاد، سلطه‌ی

---

[233] Robyn Rowland

مردانه و بدن (با تأکید بر جنس) اغلب تنها عنصر مادی تحلیل است(همان: ۹۳). برخی از نظریه‌پردازان این دیدگاه، برای رهایی زنان، تا به آنجا پیش رفته‌اند که معتقدند یکی از راه‌های برقراری برابری، عدم باردار شدن تمام زنان برای مدتی مشخص است.

آن‌ها همچنین مانند چپ‌گراها، معتقدند که برای بررسی یک پدیده، این نه خود پدیده است که حائز اهمیت است بلکه ریشه‌هایی که باعث شکل‌گیری آن شده‌اند را باید شناخت. برای مثال «رادیکال فمینیست‌ها، بیش از آن که به بزهکاری زنانه بپردازند، به تحلیل جرایمی توجه داشته‌اند که زنان در آن قربانی‌اند؛ یعنی اقتدار مردانه، و به ویژه خشونت خانگی و تجاوز جنسی و هرزه نگاری. با این وصف، طبعا دیدگاه رادیکال فمینیستی، بزهکاری زنان را با تکیه بر مناسبات قدرت مردسالاری و استثمار زنان و موقعیت فروتر ایشان بررسی می‌کند(آبوت و والاس، ۱۳۸۷: ۲۲۹).

فمینیسم سوسیالیستی و فمینیسم مارکسیستی-سوسیالیستی

رویکرد این دو نظریه، بسیار شبیه به یکدیگر است؛ با این همه، تفاوت‌هایی با یکدیگر دارند، خصوصا در باب چگونگی گذار از جامعه‌ای که در آن نابرابری جنسیتی وجود دارد. پیروان و مبدعان این نظریه بر آنند که، طبیت بشر و آنچه او را از سایر موجودات جدا می‌کند، کار اجتماعی است. «همان‌گونه که مفهوم لیبرالی طبیعت بشر به تفکر فمینیست‌های لیبرال راه یافته است، فمینیست‌های مارکسیست نیز مفهوم طبیعت بشر را از مارکسیسم برگرفته‌اند... لیبرال‌ها معتقدند آنچه انسان را از سایر حیوانات جدا می‌سازد مجموعه مشخصی از توانمندی‌ها مانند قابلیت تعقل، و یا کاربرد زبان، مجموعه مشخصی از کاربست‌ها

مانند مذهب، هنر و علم و مجموعه مشخصی از الگوهای نگرش و رفتار مانند رقابت و گرایش به رجحان خود بر دیگری است. این نظریه‌ی لیبرالی درباره وضعیت انسان از دیدگاه مارکسیست‌ها مردود است و در عوض تأکید می‌کنند که امتیاز ما انسان‌ها در این است که ابزار بقای خود را خود تولید می‌کنیم. هستی ما، معلول کاری است که می‌کنیم، به ویژه فعالیتی تولیدی مانند ماهیگیری، کشاورزی و خانه‌سازی که برای تأمین نیازهای اولیه خود انجام می‌دهیم» (تانگ، ۱۳۹۵: ۷۳ - ۷۴).

مارکس[۲۳۴] و انگلس[۲۳۵] پیشگامان این نظریه، خود اولین کسانی بودند که در مورد مسئله زنان به طرح مباحث مختلفی پرداختند. خصوصا انگلس در کتاب منشأ خانواده، مالکیت خصوصی و دولت و مارکس در مباحث و نامه‌هایی که در کتاب خانواده مقدس گردآورده است. نظریه مارکس بر دو اصل اساسی استوار است. یکم نظام طبقاتی و نفی آن، و دوم آگاهی طبقاتی برای عبور از نظام طبقاتی و یا حتی تحکیم نظام طبقاتی موجود. آن‌ها معتقد بودند که تمامی ستم‌ها، ریشه در این نظام نا عادلانه تقسیم کار دارد. «تحلیل طبقاتی مارکسیستی نیز، مانند تحلیل مارکسیستی قدرت ابزاری برای درک مفهوم ستم‌دیدگی زنان برای فمینیست‌ها فراهم کرد. مارکس می‌اندیشید که هر اقتصاد سیاسی، آبستن نطفه زوال خود است و معتقد بود که سرمایه‌داری نیز از این قاعده مستثنی نیست»(همان: ۷۸). بنابر این دیدگاه، با فروپاشی نظام سرمایه، تقسیم کار نابرابر جنسیتی نیز از بین می‌رود و برابری جنسیتی در همه ابعاد دوباره شکل می‌گیرد.

---

234 Karl Marx
235 Friedrich Engels

یکی از مفاهیم مهم در فمینیسم که تحت تأثیر آرای مارکس و مارکسیست‌ها شکل گرفت و سپس توسط فمینیست‌مارکسیست‌ها بسیار به کار برده شد، بحث از خود بیگانگی است. «اگر مفاهیم مارکسیستی طبقه و آگاهی طبقاتی را به خاطر بسپاریم، می‌توانیم مفهوم مهم دیگری در هر دو نظریه اجتماعی مارکسیستی و مارکسیست‌فمینیستی، یعنی مفهوم بی‌خویشتنی یا از خودبیگانگی ار دریابیم..» (همان: ۸۰). آن فورمن یکی از مارکسیست‌فمینیست-هایی است که در مورد از خودبیگانگی زنان به طرح مباحثی پرداخته است. «مرد، علاوه بر خانواده، در جهان اجتماعی کسب و کار و صنعت نیز حضور دارد و بنابراین قادر است در این سپهرهای متفاوت ابراز وجود کند. اما تنها جایگاه زنان، چهاردیواری خانه است. شیءشدگی مردان در صنعت، از راه ربودن محصول کار ایشان، به شکل از خودبیگانگی جلوه‌گر می‌شود، اما اثر ازخودبیگانگی بر زندگی و آگاهی زنان شکلی به مراتب ستم‌بارتر به خود می‌گیرد. مردان برای تسکین این احساس بی‌خویشتنی، به ایجاد رابطه با زنان روی می‌آورند اما برای زنان تسکینی وجود ندارد، زیرا دقیقا همین روابط صمیمانه سرچشمه اصلی ستم بر زنان است(آن فورمن به نقل از تانگ، ۱۳۹۵: ۸۲).

توجه به کارِ خانگی زنان، از دیگر مباحثی است که تحت نظریه‌ها و جنبش‌های فمینیست-مارکسیستی به وجود آمد. کارِ خانگی زنان، مسئله طبیعی و همیشگی قلمداد می‌شد و این‌گونه گمان می‌رفت —البته متأسفانه هنوز هم می-رود- که این کار یک عمل تولیدی محسوب نمی‌شود و لذا از درجه اهمیت بالایی برخوردار نیست. «آنچه در باب توصیف ماهیت و کارکرد کار زنان در جامعه سرمایه‌داری بیش از همه فمینیست‌های مارکسیست را می‌آزارد، بی‌اهمیت شمردن آن بود. زنان روز به روز بیشتر مصرف‌کنندگان محض قلمداد می‌شدند،

گویی که نقش مردان، به دست آوردن پول و نقش زنان، صرفا خرج کردن آن با خرید فرآورده‌های عالی صنایع سرمایه‌داری بود» (تانگ، ۱۳۹۵: ۹۳).

«بنستون[۲۳۶] ، اگرچه بر خلاف انگلس، اجتماعی‌شدن کار خانگی را مهمتر از ورود انبوه زنان به عرصه عمومی صنعت دانست و به چهارچوب مارکسیسم وفادار باقی ماند، اما ماریارزا دالاکوستا[۲۳۷] و سلما جیمز[۲۳۸] ، در مقاله‌ی «زنان و براندازی جامعه»، با تخطی از سنت مارکسیستی، ادعا کردند که کار خانگی زنان مولد است اما نه به معنای عامیانه مارکسیستی، یعنی مفید بودن بلکه به معنای دقیق مارکسیستی که «ارزش اضافی» خلق می‌کند." (همان: ۹۵)

- **فمینیسم رادیکال و چپ‌گرا در داستان‌های مونرو**

استفاده از هر دوی این مفاهیم از خود بیگانگی و کار خانگی، که توسط مارکسیست‌فمینیست‌ها مطرح شده‌اند، در آثار مونرو به وفور دیده می‌شود. اکثر زنان داستان‌های مونرو، خودشان را طوری وقف همسر، بچه‌ها یا خانواده خود می‌کنند که در این راه هیچ شکلی از هویت مستقل برایشان باقی نمی‌ماند. در واقع، هیچ شکلی از هویت مستقل برای آن‌ها در این جامعه، ساخته نمی‌شود. در پاره‌ای موارد، معدود زنانی که دارای هویت مجزا از همسر و از نقش مادری خود هستند، هویتی را کسب می‌کنند که آن نیز از طرف جامعه تحمیل شده است. به عنوان مثال، آن‌ها در نقش‌های از پیش تعیین شده –آرایشگر یا پرستار- قرار می‌گیرند. با این همه، بسیاری از زنان نوشته‌های مونرو بر این انقیاد می‌شورند. هرچند این شورش، عموما با سرکوب سنگین‌تر جامعه رو به رو می‌شود و عموما این شورش‌ها، ریشه‌ای نیستند.

---
236 Margaret Benston
237 Mariarosa Dalla Costa
238 Selma James

به علاوه در بحث کار خانگی نیز، اکثر زنان داستان‌های مونرو، ولو در صورت شاغل‌بودن در بیرون از خانه، این مهم را، وظیفه خود می‌دانند. اوج تبلور این دو مفهوم در داستان‌های مونرو را می توان در داستان «بُعد» یافت، زن، در این داستان از خود بیگانه است، کار خانگی وظیفه او است و نباید در آن کوتاهی کند، زن شورش می‌کند، به فجیع‌ترین شکل سرکوب می‌شود و دوباره تا تقریبا انتهای داستان به کارخانگی تن می‌دهد و از خودبیگانگی‌اش دچار آشفتگی مضاعف می‌شود.

عوامل تأثیرگذار دیگر در شکل‌گیری تصویر زن در داستان‌های مونرو

داستان‌های مونرو، طبق مصاحبه‌های او و نیز متخصصانی همانند مارگارت آتوود، به میزان زیادی از فضا و اتفاقات محل زندگی و اطراف و مردمان آن، تأثیر پذیرفته است زیرا خاطره و شرح‌حال نویسی، به میزان زیادی در داستان‌های او دیده می‌شود. پس می‌توان نتیجه گرفت که این داستان‌ها، انعکاس فضای زمانه و مردم آن هستند و از طریق آن‌ها می‌توان به شناخت این فضا و قوانین حاکم بر آن پرداخت.

آلیس مونرو، کودکی و مقداری از جوانی خود را در شهری کوچک در کانادا گذرانده است. با بررسی گذشته خود مونرو، تاریخ حدودی‌ای که داستان‌های او در آن اتفاق می‌افتد و هم‌چنین تاریخ نوشته شدن داستان‌های او و نیز فضای خود داستان‌ها، کاملا متوجه می‌شویم که، جامعه او در حال گذار[۲۳۹] از جامعه

[۲۳۹] «جامعه در حال گذار»، جامعه‌ای است که در حال انتقال از چهارچوب سنت (جامعه سنتی با ویژگی‌های: جمع‌گرایی، قدت، شأن، تقدس‌گرایی، با خود بودن)؛ به مدرنیته (جامعه مدرن با ویژگی‌های: فردگرایی، اقتدار، طبقه، عرفی‌گرایی، ازخودبیگانگی) است. هنگامی که چهارچوب‌های سنتی حاکم شروع به فروپاشی می‌کنند، جامعه وارد «دوره گذار» می‌شود. این

سنتی و مردسالار به جامعه‌ای مدرن است. در آن زمان هنوز رگه‌های مردسالاری در این شهر و جامعه دیده می‌شود و اثر آن در داستان‌ها به وضوح به دیده می‌شود. شاید بتوان گفت که تعلیمات باقی‌مانده از دوران مردسالاری در فضای جامعه مونرو، باعث شده تا زنان، موجوداتی وابسته و بی‌هویت شده و آن‌گونه که شایسته یک زن است، اعتماد به نفس نیز نداشته باشند. این تعلیمات، از طریق آموزه‌های اجتماعی، به وسیله خانواده‌ها و مدارس و هم‌چنین گفتمان جنسیتی موجود در جامعه، در زنان درونی شده و آنان را موجوداتی ناتوان بارآورده است. با گذشته زمان و تغییر جوامع و حرکت آن‌ها به سمت مدرنیته و در نتیجه آغاز دوران گذار، این تعلیمات و توقعات و انتظارات نیز کم کم به سمت مدرن شدن حرکت کرده‌اند.

درست همانند جامعه ایران که در حال گذار از سنت به مدرن می‌باشد. در جوامع سنتی، افراد طبق آموزه‌های آن رشد کرده و انتظارات از آنان نیز طبق همین آموزه‌ها است. در جامعه کاملا مدرن نیز، وضعیت به همین صورت است؛ ولی در جامعه در حال گذار، ملغمه‌ای از هر دو وجود دارد. هم سنتی و هم مدرن، گاهی سنتی گاهی مدرن.

آلیس مونرو، چه در خانواده خود در ارتباط با پدرش و چه در زندگی زناشویی خود در ارتباط با همسرش، این رگه‌های سنت و مردسالاری را دیده و لمس کرده و نمود آن را در داستان‌های خود به تصویر کشیده است. اما مونرو، زنی است متفاوت با دیگر زنان زمانه خود. او در پی موفقیت است و به دنبال هدف

دوره، آمیخته به انواع مشکلات و بحران‌ها است و اگر جامعه بتواند آن‌ها را با موفقیت پشت سر بگذارد، «عصر جدید»، آغاز می‌شود. مهم‌ترین بحران‌های این دوره عبارتند از: بحران هویت، بحران معنا، بحران مشروعیت، بحران نفوذ، بحران مشارکت، بحران توزیع و بحران یکپارچگی. در مقابل، اگر جامعه نتواند با این بحران‌ها به خوبی مقابله کند، در همان حالت برزخ می‌ماند(نبوی، ۱۳۸۹: ۱۹۸).

خود یعنی نویسندگی. او حتی از مادر مریض خود و خانواده‌اش برای رفتن به دانشگاه جدا می‌شود و زندگی جدیدی را آغاز می‌کند. او همانند معدودی از زنان داستان‌های خود است. هر چند مونرو، بعد از ازدواج، زنی کاملا سنتی می‌شود و بعضی او را نویسنده خانه‌دار می‌نامیدند. او در زمانه‌ای جوانی خود را سپری می-کند که، تفکرات فمینیستی در حال جولان دادن در فضای اجتماعی هستند و مونرو نیز به دلیل ویژگی‌های شخصیتی خود نیز، تحت تأثیر بعضی از این تفکرات قرار گرفته و آن‌ها را در نوشته‌های خود نیز منعکس می‌کند. او زنی است متفاوت از زنان سنتی زمانه خود و معترض نسبت به آن‌ها. او نسبت به جامعه زمانه‌ی خود و هر جامعه‌ای که این‌گونه باشد اعتراض دارد. جوامعی که زن را آن‌گونه که شایسته او است درک نمی‌کنند، جوامعی که هویت شخصی وفردی زن را به هر شکل نوین و یا قدیمی، از او می‌گیرند، جوامعی که زن را وابسته و ناتوان بار می‌آورند، جوامعی که مادری واقعی را از زن گرفته است و باعث سردرگمی او در این امر شده است، جوامعی که زن در آن از جایگاه فرودستی نسبت به مردان آن برخوردار است، زنانی که زنان آن از خودشان بیگانه هستند. هرچند خود آلیس مونرو برخلاف تمام شرایط اجتماعی و تاریخی حاکم در شهر و جامعه کوچک خود، به جلو حرکت کرده و حتی چیزهایی را در این راه قربانی خواسته‌ها و اهداف خود کرده است؛ شاید بتوان این‌گونه برداشت کرد که زنان داستان‌های او، انعکاسی هستند از شخصیت خود مونرو و زنان زمانه او؛ زنانی داغ‌خورده، زنانی منفعل، زنانی تأثیرپذیر، زنانی سردرگم و بی‌هویت، زنانی غمگین و ناراضی، زنانی بدون اعتماد به نفس مناسب و واقعی.

نکته مهم در مورد نوشته‌های مونرو این است که، مونرو، زنان جوامع در حال گذار را به خوبی توصیف کرده است، این توصیف به ما نشان می‌دهد که زن با چه سردرگمی‌ها و سرکوب‌هایی رو به رو است. همان‌گونه که ذکر شد، او از

طرفی طبق آموزههای مردسالار و سنتی جامعه رشد کرده ولی از طرف دیگر با خواستهای جامعهی در حال مدرن شدن، رو به رو است. جامعهای که در آن، انتظارات و توقعات، در هم پیچیده و از نظر ماهیتی، گاها کاملا متناقض هستند. «فرآیند گذار از سنتها و ورود به عصر جدید و دنیای مدرن با مناسبات متحول و پیچیده، ابعاد مختلفی از زندگی اجتماعی جوامع بشری را دستخوش تغییراتی اساسی از جمله تغییر در نقشهای جنسیتی ساخته است. به عبارت دیگر، عصر مدرن را در تاریخ بشر میبایست مرحلهای قلمداد نمود که نقشها به تدریج از روند سنتی خود فاصله گرفته و با تحولات جدید رو به رو شدهاند. این تغییر در نقشهای جنسیتی، نقطه عطفی در جایگاه زنان در خانواده و جامعه محسوب میگردد»(توسلی و حیدری، ۱۳۹۴: ۱۳۵). جامعه ما، یعنی ایران نیز، با چنین وضعیتی روبرو است. ایران کشوری است که در چندسال گذشته، خصوصا با پیشرفتهای تکنولوژی فراوان که فاصله بین جوامع و کشورهای مختلف را بسیار کم کرده است، از جامعهای سنتی به سمت جامعهای مدرن و جدید در حال حرکت است. ایران، نه دیگر تمامی ملاکهای یک جامعه سنتی را دارا میباشد و نه ویژگیهای یک جامعه مدرن. یعنی جامعهای است در حال گذار؛ و زنان این جامعه، بیشتر از هر جزء دیگری از این وضعیت تأثیر میپذیرند. زنان اینگونه جوامع، با سردرگمی و دو راهیهای زیادی روبه رو هستند. از طرفی از آنها توقع میرود (چه جامعه و چه خودشان از خودشان این توقع را دارد)، که همانند گذشته مادری فداکار باشند که به تمام فعالیتهای کودک رسیدگی کنند، همسری همه چی تمام باشند که به خوبی و به تنهایی به کارهای منزل برسند؛ و از طرف دیگر، همانند زنان ایدهآل جوامع مدرن امروزی، زیبا و خوشاندام و خوش لباس و سرحال باشند، خوب درس بخوانند و همانند دیگر زنان جوامع مدرن در جامعه به سِمت و جایگاهی برسند. «در جریان این گذار، زنان به تدریج

از دنیایی که صرفا آنها را مادر و همسر میخواند خارج شده و در دنیای جدید در پی انتخاب نقشهای جدید اجتماعی، استقلال و بازتعریف هویت و جایگاه خود برآمدند»(توسلی و حیدری، ۱۳۹۴: ۱۳۵). زن در اینگونه جوامع تحت فشار زیادی است؛ هم از طرف خودش و آنچه بر اثر تبلیغات و یا رسانههای جمعی و مجازی میپندارد باید باشد، و هم از طرف جامعه و خانواده.

میتوان اینگونه گفت که، همیشه و همه زنان در این مسیر موفق نبوده و گاهی این فشار و سردرگمی، نتیجهای ندارد جز خستگی و تسلیم شدن و انفعال زن. زنی که در گذشته یا برای خانواده و فرزند خود و یا در خارج از چارچوب خانواده برای لذت خود میجنگیده، کمکم تبدیل به زنی میشود که منفعل است و تسلیم، دیگر نمیجنگد و راه حل مشکل را در فرار میداند، زنی که منتظر اتفاق یا شخصی از بیرون است تا او را خوشبخت کند، زنی که دیگر برای خود هویت خاصی قائل نیست؛ چون دیگر نمیداند کدامیک از اینها است. مادر است؟ همسر است؟ زنی مدرن است؟ زنی سنتی است؟، او حتی نمیداند از زندگی چه میخواهد.

شاید بتوان، اینگونه تصویر را، اعلام خطری دانست برای جوامع در حال گذار. گویی مونرو با این داستانها، شرایطی که برای زنان وجود دارد اعتراض کرده و نشان میدهد که این سردرگمی و فشارهای چندجانبه و مشخص نبودن نقشه راه برای زنان، زیانهای جبرانناپذیری خواهد داشت. به طوری که اگر همین گونه رها شوند و و تلاشی در این زمینه انجام نشود، زنان به موجوداتی سردرگم و منفعل تبدیل خواهند شد و تمامی ابعاد وجوه زندگی شخصی و اجتماعی آنان نیز تحت تأثیر قرار خواهد گرفت؛ و جامعهای که زن درآن منفعل و سردرگم شود، مطمئنا تبدیل به جامعهای منفعل و فروخورده شده و نمیتواند نسل پیشرو و موفق و مبارزی تربیت کند.

از طرف دیگر، می‌توان گفت، تصویری که مونرو در داستان‌هایش منعکس کرده است، در حوزه ادبی و اجتماعی تأثیر فراوان خواهد گذاشت. اجتماع و ادبیات، آئینه‌هایی رو در رو هستند. همان مقداری که ادبیات متأثر از جامعه است، جامعه نیز متأثر از ادبیات است. بنابراین، به همان میزانی که ادبیات مصرف کننده از کنش‌های اجتماعی می‌باشد، جامعه نیز می‌تواند متأثر از خط دهی ادبیات باشد.

همان‌طور که در فصل اول در قسمت بیان مسئله به تفصیل در مورد تأثیر نوبل بر ادبیات توضیح داده شد، نویسندگان دیگر نیز، به دلیل اهمیت نوشته‌های برندگان جوایز ادبی جهان خصوصا نوبل ادبیات و حرکت همسو و موافق آنان با این نوشته‌ها، از این شخصیت‌ها الگو گرفته و کم‌کم زنانی منفعل و وابسته شبیه زنان مونرو، در داستان‌هایشان پدیدار می‌شوند. هم‌چنان‌که طبق پژوهشی که توسط جلیل شاکری، سهیلا فغفوری و راحله بهادر تحت عنوان, «بررسی تطبیقی مؤلفه‌های زمان روایی در داستان «فرارِ» آلیس مونرو و داستان «پرلاشز» زویا پیرزاد»، در پاییز و زمستان سال ۱۳۹۵ به انجام رسیده است، مشخص شده است که این دو داستان از مَنظرِ زمان روایی، در فُرم و محتوا دارای ویژگی‌های مشترکی همچون مؤلفه‌های زمان روایی با تأکید بر شخصیت‌های زن و رویکردِ اجتماعی به مسائل زنان است. تحلیل این دو داستان نشان می‌دهد که وجوهِ مشترک سبک روایی و محتوایی، با تأکید بر مسائل زنان و رویکرد اجتماعی، به مشکلات آنان در داستان‌های دو نویسنده و مقارن بودن دوره اوج تکامل این سبک از داستان‌ها در امریکا و اروپا (دهه نود میلادی)، با تألیفِ داستان‌های زویا پیرزاد و ترجمه فارسی این آثار، می‌تواند حاکی از متأثربودن او از این سبک داستان‌نویسی آلیس مونرو باشد.

در واقع خانم زویا پیرزاد که از نویسنده‌های زن خوب و موفق کشور ما هستند، و تاکنون جوایز بسیاری در حوزه ادبی ایران به خود اختصاص داده و نوشته‌های

ایشان خوانندگان، خصوصا خوانندگان زن زیادی را به خود اختصاص داده است، در داستان «پرلاشز» خود از مونرو تأثیر پذیرفته است، در حالی که ایشان، در داستان‌های قبلی خود، از افرادی همانند «آلبا دسس پدس [۲۴۰]» و «لورا اسکوئیل[۲۴۱]» ، تأثیر گرفته بودند. تفاوت پیروان این دو سرآمد نقد روزمرگی زنان، و افرادی مانند زویا پیرزاد، با مونرو در این است که، آنان، زن را ۵۰ ، ۵۰ نشان می‌دهند؛ در بخشی ناامید و در بخشی امیدوار. زنان در نوشته‌های آنان، آرمان‌هایی دارند و برای آن آرمان‌ها، زنده‌اند. فرزند دارند، همسر دارند، زندگی دارند، حتی اگر در کنار این‌ها، حسرت‌هایی نیز دارند. اما مونرو و جریان پیرو او، شخصیت زن داستان کاملا تخریب شده است. در حالی که در کارهای موج قبلی، زن فاعل و فعال است، اگرچه که سرخورده نیز هست. اگرچه با آرمان‌هایش فاصله دارد ولی به چیزهایی نیز دل‌خوش است. زن در موج قبلی، مانند «مادام بوآری[۲۴۲] و آنا کارنینا [۲۴۳]»، بر سر خواسته خود (حتی شهوانی و غلط)، می-ایستد، زن در نوشته‌های دسس پدس و پیرزاد، به خاطر بچه و به خاطر زندگی، با وجود تمام سرخوردگی‌ها، می‌ایستد، مادری را می‌خواهد و محکم پای آن می-ایستد تا به آن برسد، هم‌چنان فعال و پویاست، در حالی که همان‌گونه که گفته شد، زن در آثار مونرو، منفعل، وابسته و بی‌هویت است. زنِ مونرو، هیچ‌کدام نیست. نه اینقدر محکم است که به این سمت برود و نه آن‌قدر محکم است که به دنبال خواسته‌های خود برود. اگر مونرو در داستان‌هایش، زن را وابسته نشان داده است و نویسندگان این عناصر را به درستی از داستان‌ها استخراج کنند، قطعا در بومی‌نویسی آن‌ها، این اتفاق نمی‌افتد. حتی اگر در جامعه هم این مقدار تحقیر و

---

[240] Alba de Céspedes y Bertini
[241] Laura Esquivel
[242] Madame Bovary, Novel by Gustave Flaubert
[243] Anna Karenina, Novel by Leo Tolstoy

وابستگی زن وجود داشته باشد، باز هم، نباید با این نوشته‌ها گسترش بیشتری پیدا کرده و از این طریق، تحکیم شود.

طبق گفته سید علی شجاعی، مدیر انتشارات نیستان؛ «هم‌اکنون بعد از چهار سال، تأثیر مونرو در آثار ایرانی قابل مشاهده است. ادبیاتِ کتاب‌هایی که برای بررسی به دفتر انتشارات فرستاده می‌شوند، دارای ادبیاتی است که ما مطمئنیم، تحت تأثیر مونرو است، زیرا قبل از او، ما چنین سبک و ادبیاتی نداشتیم.»

بنابراین، با بررسی و شناخت این فاکتورها، می‌توان از بیمار شدن ادبیات، و در پی آن جامعه، پیشگیری کرد. باید ریشه و سرچشمه آن را شناخت؛ و اگر آن را به خوبی تبیین و تحلیل کنیم، نویسنده جامعه ما، هوشمندانه تأثیر خواهد گرفت نه کورکورانه. اگر این فاکتورها، به نویسنده جامعه گفته نشود، نویسنده نمی‌تواند آن را به درستی کشف کند. زیرا، نویسنده، با آفرینش درگیر است، نه با عقل. مجموعه‌ی اطلاعات، در نویسنده جمع می‌شود، آن‌چه در جامعه اطراف می‌بیند، آن‌چه می‌خواند و... همگی جمع شده و خروجی آفرینشی - الهامی می‌دهد و نه خروجی عقلانی که او بخواهد تحلیل کند که این داستان چنین مشکلاتی را به همراه دارد؛ و این وظیفه پژوهشگر اجتماعی است که این ایرادات و اشکالات را استخراج کند. زیرا هنگامی که نویسنده‌ای اصلاح شود، عده‌ای در پی اصلاح او و نوشته‌هایش، اصلاح خواهند شد.

پژوهشگر در این پژوهش، تلاش کرده است تا به نویسندگان و فعالان اجتماعی این مسئله را گوشزد کند که، باید از خنثی بودنِ مونرو فاصله گرفته و به زن امروز و در حال گذار جهت داد. نویسنده امروز، اگر می‌خواهد برای زنان امروزی داستانی بنویسد، تنها به ارائه گزارشی بسنده نکند، بلکه، به او جهت بدهد تا در جهت رهایی او و در نتیجه جامعه، از سردرگمی دوران گذار، مؤثر واقع شود، در

حالی که الگو برداری از نوشته‌های مونرو، به منزله درجا زدن می‌باشد، زیرا الگوی تازه و بهتری به تصویر کشیده نشده است.

پس با آگاهی دادن به این افراد، خصوصا جامعه ادبی و نویسندگان و فیلم‌سازان کشور، می‌توان از تولید و تصویر چنین فضا و شخصیت‌هایی جلوگیری کرد. زیرا ادبیات و داستان به دلیل تأثیرگذاری فراوان آن بر خواننده، کم‌کم موجب ایجاد و افزایش چنین شخصیت‌های منفعلی می‌شود و زنی با چنین ویژگی‌هایی نمی‌-تواند موفق و شاد بوده، در نتیجه فضای شاد و سالمی در خانواده خود ایجاد کرده و در آینده، نسل خوبی تربیت کند و جامعه‌ای که نیمی از جمعیت آن این‌-گونه باشد، مطمئنا راه به جایی نخواهد برد.

در ادامه، نموداری جهت خلاصه و جمع‌بندی مطالب به دست آمده، آورده شده است:

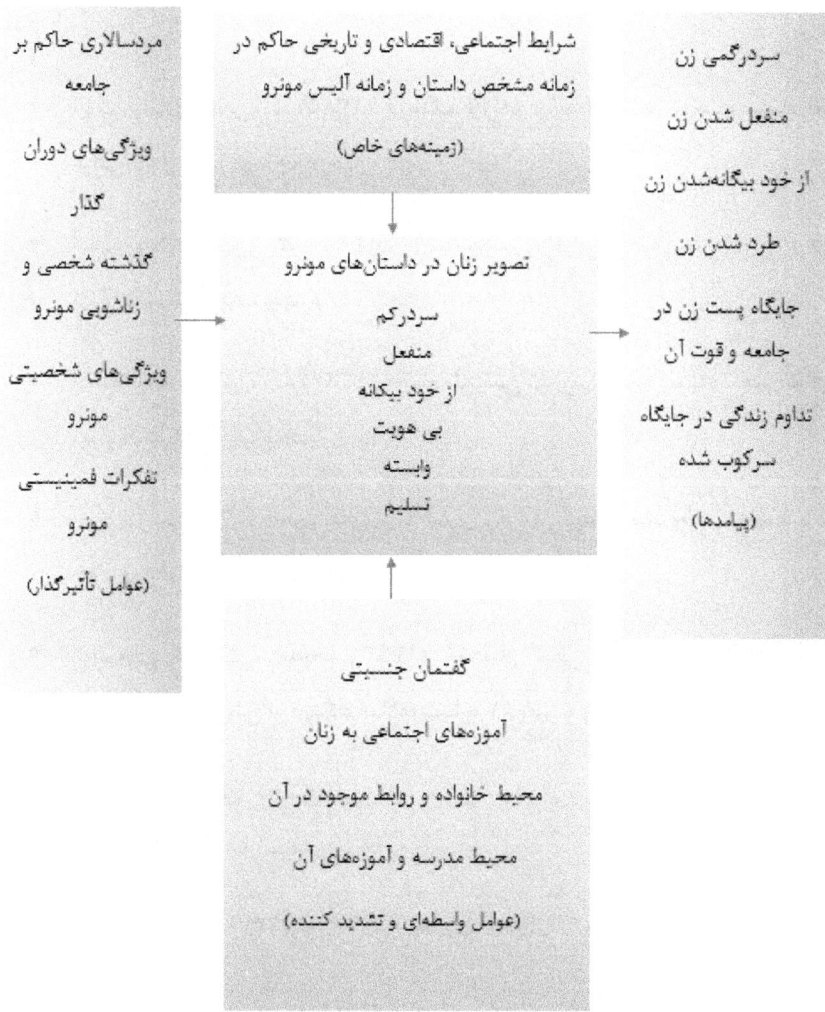

مردسالاری حاکم بر جامعه

ویژگی‌های دوران گذار

گذشته شخصی و زناشویی مونرو

ویژگی‌های شخصیتی مونرو

تفکرات فمینیستی مونرو

(عوامل تأثیرگذار)

شرایط اجتماعی، اقتصادی و تاریخی حاکم در زمانه مشخص داستان و زمانه آلیس مونرو

(زمینه‌های خاص)

تصویر زنان در داستان‌های مونرو

سردرکم

منفعل

از خود بیگانه

بی هویت

وابسته

تسلیم

سردرگمی زن

منفعل شدن زن

از خود بیگانه‌شدن زن

طرد شدن زن

جایگاه پست زن در جامعه و قوت آن

تداوم زندگی در جایگاه سرکوب شده

(پیامدها)

گفتمان جنسیتی

آموزه‌های اجتماعی به زنان

محیط خانواده و روابط موجود در آن

محیط مدرسه و آموزه‌های آن

(عوامل واسطه‌ای و تشدید کننده)

منابع

- آبوت، پاملا؛ والاس، کلر(۱۳۸۵). *فرهنگ واژه‌ها و اصطلاحات*، ترجمه منیژه نجم عراقی،تهران: نشر نی، چاپ چهارم.

- آبوت، پاملا؛ والاس، کلر (۱۳۸۵). *جامعه‌شناسی زنان*، ترجمه منیژه نجم عراقی، تهران: نشر نی، چاپ چهارم.

- آبوت، پاملا؛ .الاس، کلر(۱۳۸۷). *جامعه‌شناسی زنان*، ترجمه منیژه نجم عراقی، تهران: نشر نی، چاپ پنجم.

- آقاری، ژانت(۱۳۷۷). *انجمن‌های نیمه سری زنان در نهضت مشروطه*، ترجمه: دکتر جواد یوسفیان، تهران: نشر بانو.

- ابوالمعالی الحسینی، خدیجه (۱۳۹۲). "تحلیل کیفی متن: استقرا / قیاس"، دو فصلنامه علوم تربیتی از دیدگاه اسلام، شماره ۱، پاییز و زمستان ۱۳۹۲، ۸۵-۱۰۴.

- ادیب حاج باقری، محسن؛ پرویزی، سرور؛ صلصالی، مهوش (۱۳۸۶). *روش‌های تحقیق کیفی*، انتشارات بشری، چاپ اول.

- احمدی، نوشین(۱۳۷۰). جنس دوم(مجموعه مقالات)، تهران: نشر توسعه.

- احمدی خراسانی، نوشین(۱۳۸۴). *زنان زیر سایه پدرخوانده‌ها*، تهران: نشر توسعه.

- استکتی اس. ، گیل (۱۳۷۶). *درمان رفتاری وسواس*، ترجمه عباس بخشی‌پور رودسری و مجید محمود علیلو،انتشارات نشر روان پویا.

- اسمیت، جورج(۱۳۹۲). *گیلگمش کهن‌ترین حماسه بشری*، ترجمه داوود منشی زاده، تهران: نشر دات.

- اشتراس، آنسلم؛ کوربین، جولیت (۱۳۸۵). *اصول روش تحقیق کیفی نظریه مبنایی*، ترجمه دکتر بیوک محمدی، پژوهشگاه علوم انسانی و مطالعات فرهنگی.

- امامی، فاطمه(۱۳۹۳). "بررسی ابعاد سیطره جنسیت بر زندگی تبدیل خواهان جنسی"، پایان‌نامه جهت اخذ مدرک کارشناسی ارشد، دانشکده علوم اجتماعی و اقتصاد، دانشگاه الزهرا.

- امیری، نوشابه (۱۳۸۸). *بهرام بیضایی(جدال با جدل)*، تهران: نشر ثالث، چاپ سوم.

- انگلس، فردریک(۱۳۸۰). ۱. *ماتریالیسم تاریخی* ۲. *ماتریالیسم دیالکتیک*، ترجمه: خسرو پارسا، تهران: نشر دیگر.

- اعزازی، شهلا(۱۳۹۳). *فمینیسم و دیدگاه‌ها*، ترجمه انجمن جامعه‌شناسی ایران- گروه مطالعات زنان، تهران: انتشارات روشنگران و مطالعات زنان، چاپ سوم.

- انگلس، فردریش(۱۳۸۶). *منشأ خانواده، مالکیت خصوصی و دولت*، ترجمه خسرو پارسا، نهران: نشر تهران.

- ایمان، محمدتقی (۱۳۸۸). *روش‌شناسی تحقیقات کیفی*، پژوهشگاه حوزه و دانشگاه، چاپ قم- سبحان، چاپ اول

- ایمان، محمد تقی؛ نوشاد، محمود رضا(۱۳۹۰). "تحلیل محتوای کیفی"، پژوهش، سال سوم، شماره دوم، پائیز و زمستان، ۱۵-۴۴.

- باردن ال. (۱۳۷۴). *تحلیل محتوا*، ترجمه ملیحه آشتیانی و محمد یمنی دوزی سرخابی، تهران: انتشارات دانشگاه شهید بهشتی.

- بردلی، هریت(۱۳۸۶). *دگرگونی ساختارهای اجتماعی: طبقه و جنسیت*، ترجمه محمود متحد، تهران: نشر آگه.

- برزین، مرضیه(۱۳۹۴). "بازنمایی زن در ادبیات عامه‌پسند و مقاومت"، پایان نامه جهت اخذ مدرک کارشناسی ارشد در رشته جامعه شناسی، دانشکده علوم اجتماعی، دانشگاه شیراز.

- بیسکی، کریس(۱۳۸۵). چیستی *فمینیسم*، ترجمه محمدرضا زمردی، تهران: انتشارات روشنگران و مطالعات زنان، چاپ اول.

- بیسکی، کریس(۱۳۸۹). چیستی فمینیسم، ترجمه محمدرضا زمردی، تهران: انتشارات روشنگران و مطالعات زنان، چاپ دوم.
- بیضائی، بهرام (۱۳۸۵). *طومار شیخ شرزین(فیلنامه)*، تهران: انتشارات روشنگران و مطالعات زنان، چاپ هفتم.
- بنیامین، والتر و دیگران(۱۳۹۳). *درباره رمان: مجموعه مقالات*، تهران: سازمان چاپ و انتشارات وزارت فرهنگ و ارشاد اسلامی، چاپ چهارم.
- پرویزی، سرور؛ حاج‌باقری، ادیب؛ صلصالی، مهوش(۱۳۸۹). *روش‌های تحقیق کیفی*، تهران: انتشارات بشری.
- تانگ، رزماری (۱۳۸۷). *درآمدی جامع بر نظریات فمینیستی*، ترجمه منیژه نجم عراقی، تهران: نشر نی.
- تانگ، رزماری(۱۳۹۵). *نقد و نظر: درآمدی جامع بر نظریه‌های فمینیستی*، ترجمه منیژه نجم عراقی، تهران: نشر نی، چاپ پنجم.
- تبریزی، منصوره(۱۳۹۳). "تحلیل محتوای کیفی از نظر رویکرد قیاسی و استقرایی"، فصلنامه علوم اجتماعی، شماره ۶۴، بهار ۱۳۹۳.
- توسلی، افسانه؛ حیدری، مهدیه(۱۳۹۴). *زن و هنر بازنمایی زنان در رسانه*، تهران: انتشارات فرهیختگان دانش.
- توکلی، نیره(۱۳۸۳). "فرهنگ و هویت جنسیتی با نگاهی بر ادبیات ایران"، نشریه-نامه انسان شناسی، شماره ۳، بهار و تابستان ۱۳۸۳ ، ۳۱- ۷۰.
- حامدسقایان، مهدی؛ صدیف، منصوره(۱۳۹۲). "بازتاب روح زنانه در ادبیات نمایشی دفاع مقدس (با مطالعه پنج نمایشنامه نمونه)"، فصلنامه زن در فرهنگ و هنر (پژوهش زنان)، سال پنجم، شماره ۴، زمستان ۱۳۹۲، ۴۶۷- ۴۸۶.
- حسینی، مریم(۱۳۸۴). "روایت زنانه در داستان‌نویسی زنانه"، کتاب ماه ادبیات و فلسفه، تیر ۱۳۸۴، شماره ۹۳، ۹۴- ۱۰۱.

- حسینی، مریم, جهانبخش، فرانک(۱۳۸۹). "سیمای زن در رمان‌های برگزیده محمد محمد علی با تاکید بر نقد ادبی فمینیستی"، نشریه زن در فرهنگ و هنر(پژوهش زنان)، دوره ۱، شماره ۳، بهار ۱۳۸۹، ۷۹-۹۸.

- حدادپور خیابان، شادی(۱۳۸۸). تصویر زن در سینمای ایران، ماهنامه اطلاعات حکمت و معرفت، شماره ۳۷، فروردین ۱۳۸۸، ۶۶-۸۰.

- حکیم‌زاده، فرزاد؛ عبدالمالکی، جمال(۱۳۹۰). پروپوزال‌نویسی در مطالعات کیفی و ترکیبی، تهران: نشر جامعه‌شناسان، چاپ اول.

- دادستان، پریرخ (۱۳۸۶). روانشناسی مرضی تحولی: از کودکی تا بزرگسالی، تهران: سازمان مطالعه و تدوین کتب علوم انسانی دانشگاه‌ها(سمت)، چاپ هشتم.

- دلاور، علی(۱۳۸۳). مبانی نظری و عملی پژوهش در علوم انسانی، تهران: انتشارات رشد.

- دمارنف، دافنه (۱۳۹۰). غریزه مادری در مورد فرزندان و عشق و زندگی معنوی، ترجمه آزاده وجدانی، انتشارات دفتر نشر معارف،چاپ دوم.

- دوبوار، سیمون(۱۳۷۹). جنس دوم، ترجمه قاسم صغوی، تهران: انتشارات توس.

- دونایفسکایا، رایا(۱۳۸۵). مارکسیسم و آزادی، ترجمه حسن مرتضوی و فریدا آقاری، تهران: نشر دیگر.

- دیوید، کان و همکاران(۱۳۹۳). نقد ادبی نو(مجموعه مقالات)، ترجمه هاله لاجوردی و همکاران، تهران: سازمان چاپ و انتشارات وزارت فرهنگ و ارشاد اسلامی، چاپ چهارم.

- ذات‌علیان، غلامرضا؛ وردی، عفت الله (۱۳۸۹). "تصویر زن درآثار راسین با نگاهی بر سه تراژدی آندروماک، بریتانیکوس و فدر"، نشریه پژوهش ادبیات معاصر جهان، شماره ۵۹، پاییز ۱۳۸۹، ۵-۲۰.

- راودراد، اعظم؛ صدیقی خویدکی، ملکه (۱۳۸۵). " تصویر زن در آثار سینمایی رخشان بنی‌اعتماد"، فصلنامه مطالعات فرهنگی و ارتباطات، شماره ۶، پاییز ۱۳۸۵، ۴۵-۳۱.
- راودراد، اعظم؛ تقی زادگان، معصومه (۱۳۹۲). "سپیده یا الی ...؟ خوانش انتقادی فیلم «درباره الی»"، نشریه مطالعات فرهنگی و ارتباطات، دوره ۹، شماره ۳۱، تابستان ۱۳۹۲، ۱۵۷ – ۱۷۳.
- رایف، دانیل و دیگران (۱۳۸۱). *تحلیل پیام‌های رسانه‌ای*، ترجمه مهدخت بروجردی علوی، تهران: نشر سروش.
- راینز، روت (۱۳۸۹). *فمینیسم های ادبی*، ترجمه دکتر احمد ابومحبوب، تهران: انتشارات افراز.
- رید، ایولین (۱۳۸۳). *آزادی زنان، مسائل تحلیل‌ها و دیدگاه‌ها*، ترجمه افشنگ مقصودی، تهران: انتشارات گل آذین.
- ریتز، جورج(۱۳۹۳). *نظریه جامعه شناسی در دوران معاصر*، ترجمه محسن ثلاثی، تهران: انتشارات علمی، چاپ نوزدهم.
- ریخته‌گران، محمودرضا (۱۳۷۸). *منطق و مبحث علم هرمنوتیک*، تهران: نشر کنگره.
- رسولی، مهستی؛ امیرآتشنانی، زهرا (۱۳۹۳). *تحلیل محتوا با رویکرد کتب درسی*، تهران: نشر جامعه‌شناسان، چاپ دوم.
- رضایی، حمید؛ ظاهری عبدوند، ابراهیم(۱۳۹۲). " تصویر زن در قصه های عامیانه فرهنگ بختیاری"، فصلنامه زن در فرهنگ و هنر (پژوهش زنان)، سال پنجم، شماره ۲، تابستان ۱۳۹۲، ۲۳۹-۲۶۰.
- رضوی، فاطمه؛ صالحی‌نیا، مریم (۱۳۹۳). "بررسی شالوده‌شکنانه‌ی نوشتار زنانه: مقایسه سبک تاج‌السلطنه و عزیزالسلطان"، فصلنامه تخصصی نقد ادبی، سال ۷، شماره ۲۶، تابستان ۱۳۹۳، ۴۹-۶۶.

- زارتسکی، الی(۱۳۹۰). *سرمایه‌داری، خانواده و زندگی شخصی*، ترجمه منیژه نجم عراقی، تهران: نشر نی.

- سادوک، بنیامین؛ سادوک، وبرجینیا (۱۳۸۴). *خلاصه روانپزشکی علوم رفتاری، روانپزشکی بالینی*، ترجمه دکتر نصرت ا... پورافکاری، تهران: شهرآب، آینده‌سازان، چاپ دوم.

- سامرست، ویلیام(۱۳۹۱). *درباره رمان و داستان کوتاه*، ترجمه کاوه دهگان، تهران: شرکت انتشارات علمی و فرهنگی، چاپ پنجم.

- ساناساریان، الیز(۱۳۸۴). *جنبش حقوق زنان در ایران- طغیان افول و سرکوب از ۱۲۸۰ تا انتقلاب ۵۷*، ترجمه نوشین احمدی خراسانی، تهران: نشر اختران.

- سفیری، خدیجه (۱۳۸۷). *روش‌های پژوهش کیفی در علوم اجتماعی*، تهران: پیام پویا.

- سلدن، رامان ؛ ویدوسون، پیتر (۱۳۷۷). *راهنمای نظری ادبی معاصر*، ترجمه عباس مخبر، تهران: طرح نو، چاپ دوم.

- سلیمی کوچی، ابراهیم؛ شفیعی، سمانه (۱۳۹۳). "خوانش تطبیقی دو رمان چراغ‌ها را خاموش می‌کنم و دفترچه ممنوع بر اساس نظریه مؤنث‌نگری در نوشتار زنانه"، دو فصلنامه علمی پژوهشی پژوهش‌خای ادبیات تطبیقی، دوره ۲، شماره ۲(پیاپی ۴)، پاییز و زمستان ۱۳۹۳، ۵۷- ۷۸.

- سلیمی، علی؛ باقرآبادی، شهریار(۱۳۹۲). "سایه روشن سیمای زن در رمان‌های نجیب محفوظ (پیامدهای ناگوار گذار از سنت به دنیای جدید)"، نشریه مطالعات داستان دانشگاه پیام نور، دوره ۲، شماره ۲، زمستان ۱۳۹۲، ۷۸-۹۱ .

- سلیمان‌پور، زهرا؛ دلشاد، جعفر(۱۳۹۰). " تصویر زن در اشعار احمد شوقی (عربی)"، دو فصلنامه بحوث فی اللغة العربیة ، شماره ۵، پاییز و زمستان ۱۳۹۰، ۵۷.

- سمتی، محمد مهدی؛ نقوی، سمانه(۱۳۹۱). "بررسی مسائل اجتماعی در رمان «لیل وقضبان» نجیب کیلانی"، دو فصلنامه بحوث فی اللغة العربیة ، شماره ۷، پاییز و زمستان ۱۳۹۱، ۹۳.

- شاکری، جلیل و دیگران(۱۳۹۵)."بررسی تطبیقی مولفه های زمان روایی در داستان «فرارِ» آلیس مونرو و داستان «پرلاشزِ» زویا پیرزاد"، نشریه ادبیات تطبیقی، سال هشتم، شماره ۱۵، پاییز و زمستان ۱۳۹۵.

- شریف پور، عنایت اله؛ لشکری، فاطمه (۱۳۸۹). " بررسی نقش زنان در چند داستان کوتاه دفاع مقدس"، نشریه ادبیات پایداری (ادب و زبان نشریه دانشکده ادبیات و علوم انسانی کرمان)، دوره ۱، شماره ۲، بهار ۱۳۸۹، ۱۶۹ – ۱۸۸.

- صادقی فسایی. سهیلا (۱۳۸۴). "چالش فمنیسم با مادری"، فصلنامه شورای فرهنگی اجتماعی زنان، سال هفتم، شماره ۲۸، تابستان ۱۳۸۴، ۱۹-۴۳ .

- صدوقی، مجید (۱۳۸۶). پژوهش کیفی در روانشناسی و علوم رفتاری. انتشارات هستی‌نما، چاپ اول.

- صفری شالی، رضا (۱۳۸۸). راهنمای تدوین طرح تحقیق. تهران: انتشارات جامعه و فرهنگ.

- عباس زاده، خداویردی؛ طاهرلو، هانیه(۱۳۹۰). " سیمای زن در آثار سیمین دانشور"، دوره۷، شماره ۱۸، پاییز و زمستان ۱۳۹۰، ۳۱-۵۰.

- علوی، فریده؛ سعیدی، سهیلا (۱۳۸۹). "بررسی جایگاه زن در آثار واقعگرایانه جمالزاده و بالزاک"، زن در فرهنگ و هنر(پژوهش زنان)، دوره ۱، شماره ۳، بهار ۱۳۸۹، ۳۹-۵۸.

- غنی‌پور ملکشاه، احمد؛ تیرگر بهنمیری، ساجده (۱۳۸۹). «سیمای زن در پنج گنج نظامی»، فصلنامه علوم ادبی- دانشکده ادبیات و علوم‌انسانی دانشگاه قم، پاییز و زمستان ۱۳۸۹، سال سوم، شماره ۵.

- فالاچی، اوریانا(۱۳۸۷). جنس ضعیف، ترجمه یغما گلرویی، تهران: مؤسسه انتشارات نگاه.

- فتوره چی، نادر(۱۳۷۸). جنبش دانشجویی در آمریکا، تهران: انتشارات فرهنگ صبا.

- فراستخواه، منصور (۱۳۹۵). روش تحقیق کیفی در علوم اجتماعی با تأکید بر نظریه مبنایی، تهران، نشر آگاه.

- فرکلاف، نورمن(۱۳۷۹). تحلیل انتقادی گفتمان، ترجمه فاطمه شایسته پیران و دیگران، تهران: وزارت فرهنگ و ارشاد اسلامی، مرکز مطالعات و تحقیقات رسانه‌ها.

- فرقانی؛ محمدمهدی؛ عبدی، سیدعیسی(۱۳۹۵). "بازنمایی زن در جوک‌های جنسیتی؛ تحلیل گفتمان انتقادی جوک‌های جنسیتی در مورد زنان در شبکه‌های موبایلی"، فصلنامه مطالعات فرهنگ ارتباطات، دوره ۱۷، شماره ۳۳ (شماره پیاپی ۶۵)، بهار ۱۳۹۵، ۳۱-۵۲.

- فلیک، اووه (۱۳۹۱). درآمدی بر تحقیق کیفی، ترجمه هادی جلیلی، تهران: نشر نی، چاپ پنجم.

- فقهی‌زاده، عبدالهادی (۱۳۷۸). نقش و جایگاه زن در حقوق اسلامی – آیت ا... سید محمد حسین فضل ا...، نشر میزان، نشر دادگستر، چاپ اول.

- قائدی، محمودرضا؛ گلشنی، علی‌رضا(۱۳۹۵). "روش تحلیل محتوا از کمی‌گرایی تا کیفی‌گرایی"، روش‌ها و مدل‌های روان‌شناختی، سال هفتم، شماره ۲۳، بهار، ۵۱-۸۱.

- قوکاسیان، زاون(۱۳۷۸). مجموعه مقالات در نقد و معرفی آثار بهرام بیضایی، تهران: نشر آگه، چاپ سوم.

- قوکاسیان، زاون(۱۳۷۸). گفت و گو با بهرام بیضایی، تهران: نشر آگاه، چاپ دوم.

- کاخکی، حمید(۱۳۸۵). "سیاست‌های بازنمایی: جنسیت در آثار نویسندگان زن ایران"، پایان نامه جهت اخذ مدرک کارشناسی ارشد، دانشکده علوم اجتماعی دانشگاه علامه طباطبائی، تهران.

- کرپیندورف، کلوس(۱۳۸۶). *تحلیل محتوا (مبانی روش شناسی)*، ترجمه هوشنگ نایبی، تهران: نشر نی، چاپ سوم.

- کرپیندورف، کلوس(۱۳۷۸). *تحلیل محتوا*، ترجمه هوشنگ نایبی، تهران: انتشارات روش.

- کریس، هارمن(۱۳۸۶). *تاریخ مردمی جهان*، ترجمه پرویز بابایی و جمشید نوایی، تهران: مؤسسه انتشارات نگاه.

- کرایب، یان(۱۳۸۹). *نظریه اجتماعی مدرن: از پارسونز تا هابر ماس*، ترجمه: عباس مخبر، تهران: نشر آگاه، چاپ ششم.

- کرمی، محمدحسین؛ حسام، پور سعید (۱۳۸۴). "تصویر و جایگاه زن در داستان های عامیانه «سمک عیار» و «داراب نامه»"، نشریه علوم اجتماعی و انسانی دانشگاه شیراز، دوره ۲۲، شماره ۱(پیاپی ۴۲)(ویژه‌نامه زبان و ادبیات فارسی)، بهار ۱۳۸۴، ۱۳۶-۱۲۵.

- کلی، الیور(۱۳۹۵). *سوبژکتیویته بدون سوژه‌ها*، ترجمه زهره اکسیری و پویا غلامی، تهران: نشر گل آذین.

- کورس، سارا(۱۳۸۳). "ادبیات و جامعه"، ترجمه دکتر غلامرضا ارجمندی، پیک نور- علوم انسانی، تابستان ۱۳۸۳، دوره ۲، شماره ۲، ۱۳-۲۵.

- کوچکی، زهرا(۱۳۸۹). "بررسی سیمای زن در رمان «شوهر آهو خانم"، نشریه اندیشه‌های ادبی، دوره ۲، شماره ۶ ، زمستان ۱۳۸۹، ۸۵-۱۰۹ .

- گافمن، اروینگ (۱۳۸۶). *داغ ننگ: چاره‌اندیشی برای هویت ضایع‌شده*، ترجمه: مسعود کیانپور، تهران: نشر نی.

- لوکاچ، جرج(۱۳۷۷). *تاریخ و آگاهی طبقاتی*، ترجمه محمد جعفر پوینده، تهران: نسل قلم.

- لنین. و. ای. (۱۳۵۸). *درباره نقش زن در اجتماع*، ترجمه مریم فیروز، تهران: حزب توده ایران.

- مارکس، کارل(۱۳۸۲). *دست‌نوشته‌های اقتصادی و فلسفی ۱۸۴۴*، ترجمه حسن مرتضوی، تهران، نشر آگاه، چاپ سوم.

- مارکس، کارل(۱۳۸۴). *نقد فلسفه*، ترجمه آرتین آراگل، تهران: اهورا، چاپ دوم.

- مارکس، کارل؛ انگلس، فردریش(۱۳۸۵). خانواده مقدس- نقدی بر نقد نقادانه علیه بروبائور، ترجمه تیرداد نیکی، تهران: انتشارات صمد.

- مالینوفسکی، برانیسلاو(۱۳۸۷). *غریزه جنسی و سرکوبی آن در جوامع ابتدایی*، ترجمه محسن ثلاثی، تهران: نشر ثالث، چاپ دوم.

- مایلز، رزالیند (۱۳۸۰). *زنان و رمان*، ترجمه علی آذرنگ(جباری)، تهران: انتشارات روشنگران و مطالعات زنان.

- محمدی اصل، عباس(۱۳۸۱). *جنسیت و زبان شناسی اجتماعی*، تهران: نشر گل آذین.

- محمدپور، احمد(۱۳۸۹). *فرا روش*، تهران: انتشارات جامعه‌شناسان، جلد ۱.

- محمدپور، احمد(۱۳۹۲). *روش تحقیق کیفی: ضد روش(مراحل و رویه‌های علمی در روش‌شناسی کیفی)*، تهران: شر جامعه‌شناسان، جلد دوم، چاپ دوم.

- محمدپور، احمد؛ ملک صادقی، مریم؛ علیزاده، مهدی(۱۳۹۱). " مطالعه نشانه شناختی بازنمایی زن در فیلم های سینمایی ایران (مطالعه موردی: فیلم های سگ کشی، چهارشنبه سوری و کافه ترانزیت)"، نشریه مطالعات فرهنگی و ارتباطات، دوره ۸ ، شماره ۲۹، زمستان ۱۳۹۱، ۴۱ – ۷۰.

- مشیرزاده، حمیرا(۱۳۸۸). *از جنبش تا نظریه‌ی اجتماعی: تاریخ دو قرن فمینیسم*، تهران: نشر پژوهش شیرازه، چاپ چهارم.

- معروفی، یحیی؛ یوسف‌زاده، محمدرضا (۱۳۸۸). *تحلیل محتوا در علوم انسانی(راهنمای عملی تحلیل کتاب‌های درسی)*، نشر سپهر دانش، چاپ اول.

- مغازه‌ای، ملیحه و دیگران(۲۰۱۰). " تصویر زن در داستان آفرینش متون مقدس: مطالعه مقایسه‌ای میان قرآن و کتاب مقدس"، مجله بین المللی علوم انسانی، سال هفدهم، شماره ۱، ۲۰۱۰، ۶۷-۸۲.

- مک‌کارتی، جین ریبنز؛ ادواردز، روزالین (۱۳۹۰) *مفاهیم کلیدی در مطالعات خانواده*، ترجمه دکتر محمد مهدی لبیبی، تهران: نشر علم، چاپ اول.

- مونرو، آلیس(۱۳۹۲). *دورنمای کاسل راک*، ترجمه زهرا نی‌چین، تهران: نشر افراز، چاپ دوم.

- مونرو، آلیس(۱۳۹۵). *رویای مادرم*، ترجمه ترانه علیدوستی، تهران: نشر مرکز، چاپ دهم.

- مونرو، آلیس(۱۳۹۳). "مصاحبه پاریس ریویو با آلیس مونرو"، ترجمه شکیبا شریف-پور و دکتر فرشید سادات شریفی، کتاب ماه ادبیات، شماره۸۴ (پیاپی ۱۹۸)، فروردین ماه ۱۳۹۳، ۴۱-۵۰.

- مهاجر، فیروزه و دیگران، (۱۳۸۲). *فرهنگ نظریه‌های فمینیستی*، تهران: نشر توسعه، چاپ اول.

- مهدی زاده، شراره؛ براءگزاز، آذر(۱۳۹۵). تحلیل محتوای تصویر زن در تبلیغات تلویزیون، دو فصلنامه مطالعات زن و خانواده، سال چهارم، شماره ۱، بهار و تابستان ۱۳۹۵، ۱۳۹-۱۶۹.

- مهدی‌زاده، سید محمد مهدی؛ اسمعیلی، معصومه(۱۳۹۱). "نشانه شناختی تصویر زن در سینمای ابراهیم حاتمی کیا" ، فصلنامه زن در فرهنگ و هنر (پژوهش زنان)، سال چهارم، شماره ۱، بهار ۱۳۹۱، ۸۵.

- میرصادقی، میمنت (۱۳۷۷). *واژه‌نامه هنر داستان‌نویسی*، کتاب مهناز، چاپ اول.

- میرفخرایی، تژا؛ فرهنگی، علی‌اکبر(۱۳۸۴). "تصویر زن در رمان های عامه پسند ایرانی"، نشریه مطالعات فرهنگی و ارتباطات، دوره ۱، شماره ۴، پاییز و زمستان ۱۳۸۴، ۱۹۷-۲۲۱.

- میل، جان استوارت(۱۳۹۳). *انقیاد زنان*، ترجمه علاء الدین طباطبائی، تهران: انتشارات هرمس، چاپ چهارم.

- ناظر فصیحی، آزاده؛ کاظمی، عباس(۱۳۸۶). " بازنمایی زنان در یک آگهی تجاری تلویزیونی"، فصلنامه زن در توسعه و سیاست (پژوهش زنان)، سال ۱۳۸۶، شماره ۱، بهار۱۳۸۶، ۱۳۷-۱۵۰.

- نبوی، سید عبدالامیر(۱۳۸۹). "جامعه‌ی در حال گذار"؛ بزبینی یک مفهوم(ضرورت تحلیل مفهوم دوران گذار با رویکردی میان رشته‌ای)"، فصلنامه مطالعات میان‌رشته-ای در علوم انسانی، دوره سوم، شماره ۱، زمستان ۱۳۸۹، ۱۹۳- ۲۱۳.

- نجم عراقی، منیژه؛ صالح پور، مسده؛ موسوی، نسترن (۱۳۸۲)، *زن و ادبیات : سلسله پاژوهش‌های نظری دربارهٔ مسائل زنان*، تهران: نشر چشمه، چاپ اول.

- نجم عراقی، منیژه و دیگران(۱۳۸۹). *زنان و ادبیات - سلسله پژوهش های نظری درباره مسائل زنان*، تهران: نشر چشمه، چاپ سوم.

- نرسیانس، امیلیا(۱۳۸۴). *مردم شناسی جنسیت*، ترجمه بهمن نوروز زاده چگینی، تهران: نشر افکار، سازمان میراث فرهنگی کشور(پژوهشگاه).

- نوواک، جورج(۱۳۸۵). *نظری گسترده بر تاریخ*، ترجمه مسعود صابری، تهران: طلایه.

- نیکخواه قمصری، نرگس؛ هلالی ستوده، مینا (۱۳۹۲). "از سوژه جنسی تا سوژه انقلابی: بازنمایی زن در گفتمان انقلاب اسلامی"، مجله مطالعات اجتماعی ایران، سال هفتم، شماره ۳ (پیاپی ۲۳)، مهر ۱۳۹۲، ۱۵۰-۱۷۱.

- ویلیام، تنسی(۱۳۸۹). *باغ وحش شیشه‌ای*، ترجمه منوچهر خاکسار هرسینی، تهران: افراز، چاپ سوم.

- هابسبام، اریک(۱۳۸۰). *عصر نهایت ها، تاریخ جهان ۱۹۱۴-۱۹۹۱*، تهران: نشر آگاه.

- هاروی، دیوید(۱۳۸۶). *تاریخ مختصر نئولیبرالیسم*، ترجمه محمود عبدا...زاده، نشر اختران، چاپ اول.

- همدانیان، فاطمه (۱۳۹۰). "نگره ای تطبیقی بر مادری در روان شناسی و ادبیات و ادیان" ، پژوهشنامه زنان، پژوهشگاه علوم انسانی و مطالعات فرهنگی، سال دوم شماره اول ، بهار و تابستان ۱۳۹۰، ۱۴۳- ۱۶۰.

- هولمز، ماری (۱۳۹۴) *جنسیت و زندگی روزمره*، ترجمه دکتر محمد مهدی لبیبی، تهران: نشر نقد افکار، چاپ سوم.

- هنسن، جوزف؛ رید، ایولین؛ واترز، ماری آلیس(۱۳۸۱). *آرایش، مد، بهره‌کشی از زنان*، تهران: گل‌آذین.

- هولستی، ال. آر. (۱۳۷۳). *تحلیل محتوا در علوم اجتماعی و انسانی*، ترجمه نادر سالارزاده امیری، تهران: انتشارات دانشگاه علامه طباطبایی.

- یاسینی، سیده راضیه(۱۳۹۳). "بررسی تطبیقی تصویر زن در ادب فارسی و نگاره-های ایرانی"، فصلنامه پژوهش نامه زنان، شماره ۱۰، پاییز و زمستان ۱۳۹۳، ۱۳۹-۱۶۲.

- یزدی، اقدس. "اخلاق مادری در اسلام و فمنیسم"، فصلنامه علمی – پژوهشی دانشگاه قم، سال دهم، شماره ۳،۱۵۰- ۱۸۳.

- Bahador, R; Zohdi, E. (2015). "Alice Munro's "runaway" in the mirror of sigmund freud". International Journal of Applied Linguistics and English LiteratureOpen Access Volume 4, Issue 2, March 2015, 169-176.

- Bernstein, S. (2015). ""lONGING to SEE DOCUMENTS": Writing and Desire in Alice Munro's Longest Stories". Critique - Studies in Contemporary FictionVolume 56, Issue 4, 8 August 2015, 355-368

- Chang, J. (2016)."Girls and gender in Alice Munro's short stories". Asian WomenVolume 32, Issue 2, 1 June 2016, 27-47.

- Disney, D. (2017)."'Know Thyself'? Borderlinearity in Alice Munro's 'Dimension". Journal of Language, Literature and Culture, 64(1), 2 January 2017, 33-41

- Goldman, M. (2017)." Re-imagining dementia in the fourth age: the ironic fictions of Alice Munro", Sociology of Health and IllnessVolume 39, Issue 2, 1 February 2017, 285-302.

- Holmes, J. (1992). An introduction to sociolinguistics, London, Longman.

- Laduniuk, M. (2015). "Autobiographical in Feeling but Not in Fact: The Finale of Alice Munro's Dear Life". Studia Anglica PosnaniensiaOpen Access Volume 50, Issue 2-3, 1 December 2015, 141-153.

- Leszczynska, E. (2016). " Alice Munro's lives of girls and women: The representation of time in the short-story cycle and its film adaptation". Literary and Cultural Forays Into the ContemporaryVolume 15, 13 December 2016, 49-88.

- Liu, X.; Dai, H.. (2015). " Ethical dilemma and nihilism in Munro's "passion"". CLCWeb - Comparative Literature and CultureOpen Access Volume 17, Issue 5, December 2015, Article number 8,p 6.

- Matusevich, D. (2015). "THE OTHER SIDE OF INSTITUTIONALIZATION. ALICE MUNRO'S VERSION" , Vertex (Buenos Aires, Argentina)Volume 26, Issue 120, 1 March 2015, 138-142.

- McIntyre, T. (2015)." This Is Not Enough": Gesturing beyond the Aesthetics of Failure in Alice Munros material", American Review of Canadian StudiesVolume 45, Issue 2, 3 April 2015, 161-173.

- Szabó, A.F. (2015). Alice munro's australian mirror stories , Brno Studies in EnglishOpen Access Volume 41, Issue 2, 2015, 109-119.

- Showalter, Elaine (1988). "Toward a feminist poetic". Rp-Boston Bedbfore 1375- 1386, 84.

- Thacker, R. (2015). "Evocative and Luminous Phrases: Reading Alice Munros Hateship, Friendship, Courtship, Loveship, Marriage" , American Review of Canadian StudiesVolume 45, Issue 2, 3 April 2015, 187-195.

- https://www.csmonitor.com/Books/chapter-and-verse/2013/1010/5-reasons-Alice-Munro-was-awarded-the-Nobel-Prize-in-Literature-video

- http://www.khabaronline.ir/detail/317923/culture/literature

- www.saat24.com/news/99233/۱۵-سوال-و-جواب-درباره-نوبل-ادبیات

- http://ics.ir/Content/Detail/73/%D8%A2%D8%B4%D9%86%D8%A7%DB%8C%DB%8C-%D8%A8%D8%A7-

- http://press.jamejamonline.ir/Newspreview/1677753084450175295

- https://www.theguardian.com

- https://www.theguardian.com/books/2005/feb/06/fiction.features2

- https://www.theguardian.com/books/2013/dec/06/alice-munro-interview-nobel-prize-short-story-literature

- https://www.theguardian.com/books/2013/oct/10/alice-munro-wins-nobel-prize-in-literature

- https://www.theguardian.com/books/2003/oct/04/featuresreviews.guardianreview8

- https://www.csmonitor.com/Books/chapter-and-verse/2013/1010/5-reasons-Alice-Munro-was-awarded-the-Nobel-Prize-in-Literature-video

Title: **Investigating the Portrayal of Women in the Works of Literature Nobel Winners**; Indicating Alice Munro

Authors: **Maedeh Rahmandoost** (Master of Women Studies, Faculty of Social Sciences & Economics, Alzahra University), **Dr. Afsaneh Tavassoli** (Associate Professor, Faculty of Social Sciences & Economics, Alzahra University)

Cover Design: **Ali Khiabanian**

Publisher: **Supreme Art**, Reseda, CA, USA

ISBN: **978-1942912248**

LCCN (Library Congress Control Number): **2017911898**

Investigating the Portrayal of Women in the Works of Literature Nobel Winners;

Indicating Alice Munro

Maedeh Rahmandoost

Master of Women Studies, Faculty of Social Sciences & Economics, Alzahra University

Dr. Afsaneh Tavassoli

Associate Professor, Faculty of Social Sciences & Economics, Alzahra University